Christoph Kleßmann · Jens Gieseke (Hrsg.)

Allgemeinbildung
Vom Ende des Zweiten Weltkrieges bis heute
Deutsche Geschichte ab 1945
Das muss man wissen

Christoph Kleßmann · Jens Gieseke (Hrsg.)

Allgemeinbildung
Vom Ende des Zweiten Weltkrieges bis heute

**Deutsche Geschichte ab 1945
Das muss man wissen**

Mit Bildern von Hauke Kock

Arena

In neuer Rechtschreibung

1. Auflage 2009
© Arena Verlag GmbH, Würzburg 2009
Alle Rechte vorbehalten
Illustrationen: Hauke Kock
Umschlaggestaltung: Frauke Schneider
Gesamtherstellung: westermann druck Braunschweig GmbH
ISBN 978-3-401-06221-1

www.arena-verlag.de

Inhalt

Die DDR 1949 bis 1989
(Jens Gieseke)

Von der Teilung zur Einheit – Deutschland nach dem Zweiten Weltkrieg

2009 ist ein Jahr der Erinnerungen und der runden politischen Jahrestage. Vor 70 Jahren entfesselte Adolf Hitler mit seinem Überfall auf Polen den Zweiten Weltkrieg. Am Ende dieses Krieges stand 1945 aber nicht ein dauerhafter Frieden, sondern der Beginn des Kalten Krieges mit der Teilung Europas und Deutschlands. Das augenfälligste Symbol dieser Teilung und Feindschaft war die deutsch-deutsche Grenze: Vier Jahrzehnte lang gab es zwei deutsche Staaten, die Bundesrepublik und die DDR. Sie wurden parallel vor 60 Jahren gegründet. Ganze Generationen von Deutschen wuchsen heran, die ihr Land nicht anders kannten. 1989 bereiteten sich beide Staaten auf Jubel- und Erinnerungsfeiern zu ihrem 40-jährigen Bestehen vor. Doch die Geschichte nahm einen völlig anderen und überraschenden Verlauf. Die friedliche Revolution im Herbst 1989 fegte innerhalb weniger Wochen die alte Führungsriege der DDR hinweg und stellte die ehemaligen Besatzungsmächte ebenso wie die Deutschen vor die Möglichkeit zur Wiederherstellung der Einheit, an die kaum noch jemand geglaubt hatte.

Der Fall des Kommunismus in Europa und die Wiedervereinigung Deutschlands liegen nun schon 20 Jahre zurück: Grund, zurückzublicken und Bilanz zu ziehen. Das vereinte Deutschland hat bereits eine Geschichte, die länger ist als die der Weimarer Republik von 1918 bis 1933. Ist die Einheit eine Erfolgsgeschichte geworden? Viele meinen das, aber nicht wenige sehen die Entwicklung erheblich skeptischer. Umfragen zeigen immer wieder, dass »Ossis« und »Wessis« sich keineswegs ohne Weiteres als ein Volk verstehen, sondern deutliche Vorbehalte gegeneinander haben. Warum ist das so und wie lässt es sich erklären? Ist schon in Vergessenheit geraten, in welch trostlosem Zustand sowohl wirtschaftlich als auch politisch sich die DDR in ihrer Endphase befand? Haben die Deutschen ebenfalls vergessen, welche schlimmen Folgen der von ihnen bis zum bitteren Ende geführte Zweite Weltkrieg hatte, wie ihr Land danach geteilt wurde und mit welchen Herausforderungen des Wiederaufbaus sie zu kämpfen hatten?

Die beiden 1949 gegründeten deutschen Staaten wollten Provisorien und Teil eines bald wiederherzustellenden Ganzen sein. Doch die weltpolitische Lage, die von der harten Konfrontation der atomar bewaffneten Supermächte Amerika und Sowjetunion bestimmt wurde, erlaubte das nicht. Die Spaltung mit Fluchtbewegung, Mauerbau in Berlin und zahllosen menschlichen Tragödien prägte die Situation in Deutschland. Aber niemand konnte diese Lage grundsätzlich verändern. Man arrangierte sich, international und im Inneren. Nachkriegsdeutschland entwickelte sich doppelt und beide Teile immer weiter auseinander. Im Zeichen der internationalen Entspannung näherten sich zwar auch die beiden deutschen Staaten wieder ein wenig an, aber Europa wollte und konnte gut mit zwei deutschen Staaten leben.

Das alles ist Geschichte. Das Unerwartete geschah und am 3. Oktober 1990 entstand die Bundesrepublik, die wir heute kennen. Wer aber die Gegenwart und auch ihre Probleme verstehen will, muss in unsere Vergangenheit zurückblicken. Willy Brandt sprach 1989 den zum geflügelten Wort gewordenen Satz: »Jetzt wächst zusammen, was zusammengehört.« Wie lange das Zusammenwachsen dauern und wie mühsam der Prozess sein würde, wusste damals niemand. Wohl alle haben die Probleme unterschätzt. Sie ergaben sich aus der wirtschaftlichen Lage, aus den Altlasten eines heruntergewirtschafteten Landes, aber auch aus den Prägungen, die ein Leben in jeweils völlig unterschiedlichen politischen und gesellschaftlichen Systemen bewirkten.

Deutschlands Nachkriegsgeschichte ist einzigartig und hat unser Land mitgeformt. Wer wissen will, wo es knirscht und wie es weitergehen könnte, findet beim Rückblick vielleicht einige Hinweise für mögliche Antworten. Viele kennen die Zeit vor 1989 nicht mehr aus eigenem Erleben. Umso wichtiger ist es, sich über den welthistorischen Einschnitt von 1989, seine Vorgeschichte, seinen Verlauf und seine Folgen zu informieren. Aus Wissen erwächst Verständnis füreinander, für die besondere Lage, in der Deutschland und seine Bürger sich aufgrund ihrer Geschichte befinden – eine unverzichtbare Voraussetzung für eine erfolgreiche Zukunft des wiedervereinigten Deutschland im 21. Jahrhundert.

Prof. Dr. Christoph Kleßmann und Dr. Jens Gieseke

Das besetzte Deutschland –
die ersten Nachkriegsjahre

Das besetzte Deutschland – die ersten Nachkriegsjahre

Die Zeit vom Ende des »Dritten Reiches« bis zur Gründung zweier deutscher Staaten im Jahre 1949 war nur eine kurze Phase in der deutschen Geschichte des 20. Jahrhunderts. Aber es war eine Zeit tiefer Umbrüche, voll von Zerstörung, Gewalt, materieller Not und deprimierendem Elend. Die Deutschen traf nun erstmals unmittelbar die Verantwortung für den von ihnen begonnenen und bis zum bitteren Ende durchgeführten Krieg – den schlimmsten, den Europa und die Welt bis dahin erlebt hatte. In dieser Situation der Katastrophe und Niederlage bot sich jedoch auch die Chance zu einem wirklichen Neuanfang. Beide Teile des bald gespaltenen Deutschlands nutzten diese Chance auf ganz unterschiedliche Weise.

Wer die Bedeutung dieser wenigen Jahre für die weitere Geschichte der Deutschen in Ost und West verstehen will, muss sich die verheerenden Folgen und Nachwirkungen des Krieges konkret vor Augen führen. Deutschland wurde nicht nur in vier voneinander abgeschottete Besatzungszonen aufgeteilt, es wurde auch um fast ein Viertel seines früheren Gebietes verkleinert. Millionen von Flüchtlingen, Vertriebenen und Entwurzelten mussten auf diesem Territorium ihr Überleben organisieren. Aber auch politisch waren diese Jahre eine einschneidende Umbruchzeit. Von der Nazizeit konnte und sollte nichts mehr bleiben. Die Deutschen mussten – notgedrungen oder aus Einsicht – zeigen, dass sie aus der schlimmen Vergangenheit gelernt und sich von militaristischen Traditionen und Großmachtwünschen verabschiedet hatten.

Im Osten verkündeten die sowjetische Besatzungsmacht und die Kommunistische Partei (KPD) eine »antifaschistisch-demokratische Umwälzung«. Es sollte endgültig Schluss sein mit den Irrwegen der bisherigen deutschen Geschichte, die zur Nazidiktatur geführt hatten. Eine neue Gesellschaft aufzubauen – diese Vision besaß nach den fürchterlichen Erfahrungen des Krieges für viele Menschen anfangs eine beträchtliche Faszination. Aber sie endete in einer erneuten Diktatur. Vom sowjetischen Diktator Stalin war keine Demokratie zu erwarten. Im westlichen Teil Deutschlands wünschte man ebenfalls einen völligen Neuanfang. In Ländern und Gemeinden wurden unter Kontrolle der Besatzungsmächte demokratische Institutionen wiederhergestellt, aber auch kapitalistische Strukturen, die viele deutsche Politiker hatten abschaffen wollen. Manche Kritiker meinten daher, hier würden alte Zustände »restauriert« und Neuanfänge verspielt. Die politische Orientierung am Westen, an den USA und den westeuropäischen Demokratien gehörte zu den wichtigsten Veränderungen. Der Neubeginn wurde erleichtert durch die wirtschaftliche Hilfe aus den USA an das zerstörte Europa.

Die Ordnung der Wirtschaft und der Gesellschaft wies schon wenige Jahre nach Kriegsende im östlichen und westlichen Teil Deutschlands große Unterschiede auf. Das war vor allem auf die gegensätzlichen Vorstellungen zurückzuführen, die einerseits die Sowjetunion, andererseits die USA und ihre Partner über eine gründliche Entnazifizierung und eine Demokratisierung Deutschlands und der Deutschen hatten. So wurde kaum zwei Jahre nach Kriegsende bereits 1947 eine neue Bedrohung sichtbar, die fortan die politische Lage bestimmte: der Kalte Krieg. Er teilte die Welt in zwei politische und wirtschaftliche Lager, die sich zwar nicht militärisch bekämpften, aber ständig bedrohten und mehrfach an den Rand eines »heißen« Krieges brachten. Die Blockade der Zufahrtswege nach Berlin 1948 durch die Sowjetunion war der erste sichtbare Höhepunkt.

Da es nicht gelang, den Kalten Krieg einzudämmen und zurückzudrängen, war mit der Spaltung Europas auch die Spaltung Deutschland unvermeidlich. Niemand hat diese Spaltung von vornherein gewollt, aber niemand hat sie nachdrücklich zu verhindern versucht. So wurden die Deutschen in Ost und West mehr oder minder gezwungen, sich in zwei Staaten zu organisieren. Dennoch erklärten beide Teile, sie wollten die nationale Einheit. Der Westen besaß eine durch freie Wahlen bestätigte demokratische Legitimation, der Osten hatte sie nicht, behauptete sie aber umso lauter. Dass die doppelte Staatsgründung von 1949 in eine 40 Jahre dauernde Teilung Deutschlands münden würde, konnte sich damals niemand vorstellen.

Die Vorgeschichte – Nationalsozialismus und Weltkrieg

Wer war Otto von Bismarck (1815–1898)?

Dieser verdiente Politiker war zum Zeitpunkt der Reichsgründung preußischer Ministerpräsident; nicht der Kaiser, Wilhelm I., sondern der erfahrene Staatsmann Bismarck war der eigentliche Architekt des deutschen Kaiserreiches. Er lenkte als Reichskanzler über lange Jahre geschickt das neue Reich und band es erfolgreich in die Politik der europäischen Großmächte ein; seine Entlassung 1890 war der Anfangspunkt des deutschen Großmachtstrebens, das in den Ersten Weltkrieg führte.

Was war der Bolschewismus?

Die Bolschewiki waren die Partei des kommunistischen Revolutionsführers Lenin, der 1917 in Russland nach dem Sturz des Zaren die Macht eroberte. Lenins Nachfolger Stalin machte sich zum Diktator, der mit gewaltsamen Eingriffen Staat und Wirtschaft umbaute und das Land mit blutigem Terror überzog. Die bolschewistische Revolution machte Russland zum ideologischen Hauptgegner der westlichen Welt und schuf das Vorbild für alle kommunistischen Parteien.

Das Deutsche Reich war 1871 von Otto von Bismarck begründet worden. Nach dem Willen seines Gründers sollte dieser Neuling auf der europäischen Bühne maßvoll bleiben, um mit seinen Nachbarn friedlich auskommen zu können. Diese Vision erfüllte sich jedoch nicht. 1914, nicht einmal 35 Jahre später, brach der Erste Weltkrieg aus – das Ergebnis von Großmachtstreben und Selbstüberschätzung, das millionenfaches Leid über die Welt brachte.

Das Jahr 1933, in dem Adolf Hitler, »Führer« der Nationalsozialisten, deutscher Reichskanzler wurde, sollte in eine noch größere Katastrophe führen. Hitler arbeitete systematisch auf einen Krieg hin, auch wenn er das Gegenteil behauptete. Die Zeitgenossen sahen in ihm den Erlöser aus der **»Schmach von Versailles«,** der das gebeutelte Deutschland wieder zu außenpolitischer Größe und militärischer Stärke führte. So übersahen viele Deutsche auch bereitwillig die negativen Seiten des nationalsozialistischen Regimes: Hitler entfaltete eine terroristische Diktatur, in der jegliche Gegner erbarmungslos verfolgt wurden. Noch verheerender war Hitlers menschenverachtende Rassenpolitik: Die »germanische Rasse«, der sogenannte »Arier«, war nach seiner Ideologie allen anderen menschlichen Rassen überlegen. Besonderes Feindbild waren die Juden, die von den Nationalsozialisten zunehmend diskriminiert und verfolgt und schließlich während des sogenannten Holocaust, der in der Naziführung »Endlösung« hieß, systematisch ermordet wurden.

Außenpolitisch ging es Hitler keineswegs in erster Linie um eine Veränderung der verhassten Grenzen aus dem Versailler Vertrag, sondern um viel mehr. Er wollte »Lebensraum im Osten«, der mit Deutschen besiedelt werden sollte, und vollständige Vernichtung des **Bolschewismus.** Am 1. September 1939 überfielen deutsche Truppen Polen und entfesselten damit den Zweiten Weltkrieg. Das Terrorregime, das die Nationalsozialisten im besetzten Polen errichteten, sprengte alle bis dahin bekannten Vorstellungen. Es war ein Vorgeschmack auf den in noch viel größerem Umfang geplanten und ab 1941 durchgeführten Krieg gegen die Sowjetunion – »Unternehmen Barbarossa« hieß der militärische Plan. Zuvor waren die Tschechoslowakei, die nordeuropäischen Länder, Frankreich und Jugoslawien angegriffen und besetzt worden.

Die Maßlosigkeit der hitlerschen Ziele erschreckte zwar manchen

Deutschen, aber die große Mehrheit war von den anfangs verblüffend schnellen Siegen des »Führers« fasziniert. In den ersten Sommermonaten des Jahres 1941 schien das Riesenreich Stalins, die Sowjetunion, vor dem Zusammenbruch zu stehen. Doch im Winter 1941 kam der deutsche Angriff vor der sowjetischen Hauptstadt Moskau zum Stehen. Sowjetische Gegenoffensiven brachten den deutschen Truppen schwere Verluste bei.

England unter seinem Premierminister Winston Churchill hatte sofort nach dem deutschen Überfall ein Bündnis mit dem sowjetischen Diktator Stalin geschlossen, um die Sowjetunion in ihrem Kampf auf Leben und Tod zu unterstützen. Aber erst mit dem Kriegseintritt der USA unter ihrem populären Präsidenten Roosevelt im Dezember 1941 wurde die Koalition der Alliierten (die »Großen Drei«) übermächtig. Das hinderte Propagandaminister Joseph Goebbels nicht daran, den Deutschen immer wieder den Glauben an den »Endsieg« einzuhämmern.

Das nationalsozialistische Deutschland führte mit ungeheurer Brutalität einen Krieg, in dem Europa unterworfen und die ganze Welt bedroht wurde. Die »Großen Drei« beschlossen daher bereits während der Kampfhandlungen Maßnahmen, um Deutschland dauerhaft zu schwächen und eine künftige erneute Aggression unmöglich zu machen. Voraussetzung war eine »bedingungslose Kapitulation«. Sie wäre militärisch längst vor 1945 notwendig gewesen, wurde aber erst möglich, nachdem Hitler am 30. April 1945 in seinem Bunker Selbstmord begangen und sich so jeder Verantwortung entzogen hatte.

Was ist mit der »Schmach von Versailles« gemeint?

So nannte man in Deutschland häufig den Friedensvertrag von Versailles (1919), der den Ersten Weltkrieg beendete. Er sprach dem besiegten Deutschland die alleinige Kriegsschuld zu, erlegte dem Land hohe Reparationen als Wiedergutmachung für den Krieg auf, verringerte die Armee auf 100.000 Mann und legte Gebietsabtretungen (besonders an Polen) fest. Für einen Großteil der Deutschen bedeutete dieser diktierte Friedensvertrag eine Schande, er wurde von allen Parteien abgelehnt.

BEMERKENSWERTES

Das »Unternehmen Barbarossa« als Ziel von Hitlers Krieg

Dieser Deckname bezeichnete den langfristig geplanten und 1941 ausgelösten Überfall auf die Sowjetunion. Im Unterschied zum Ersten Weltkrieg ging es Hitler nicht mehr nur um den militärischen Sieg, sondern um Vernichtung des Gegners, um Eroberung von »Lebensraum« und seine deutsche Besiedlung in grotesken Größenordnungen bis zum Ural. Die physische Ausrottung aller Juden war eng mit dem Krieg gegen »den Bolschewismus« verbunden.

8. Mai 1945: Der »totale Krieg« endet mit der bedingungslosen Kapitulation

Wie viele Menschen kamen im Zweiten Weltkrieg ums Leben?

Man geht von circa 50–55 Millionen Todesopfern aus. Allein in der Sowjetunion kamen etwa 27 Millionen Menschen um. Sechs Millionen europäische Juden wurden Opfer des Holocaust, der nationalsozialistischen Judenverfolgung. Von den in Deutschland zum Militär eingezogenen 18,2 Millionen Männern kamen 5,32 Millionen um. Als »vermisst« registriert – und zumeist tot – waren 1,5 Millionen Soldaten. Die Zahl der Toten in der deutschen Zivilbevölkerung lag bei 3,7 Millionen.

Was waren die Zwangsarbeiter?

Ohne Millionen von ausländischen Arbeitskräften, die aus den besetzten europäischen Ländern ins Reich deportiert wurden, hätte die NS-Kriegswirtschaft nicht funktioniert. Insgesamt waren während des Krieges rund zehn Millionen Kriegsgefangene und Zwangsarbeiter im Reich beschäftigt. Nach Kriegsende kehrten die meisten in ihre Heimatländer zurück. Etwa eine Million Menschen entschied sich jedoch aus politischen Gründen gegen

Am 8. Mai 1945 schwiegen nach sechs Jahren Krieg endlich die Waffen. Der von Propagandaminister Joseph Goebbels (1897-1945) 1943 ausgerufene »totale Krieg« endete in der totalen Niederlage und Kapitulation Deutschlands. Im Pazifik dauerte der Zweite Weltkrieg noch drei Monate an, bis Japan nach dem Abwurf der Atombomben auf Hiroshima und Nagasaki ebenfalls kapitulierte. Die Gesamtbilanz des von Adolf Hitler systematisch geplanten Krieges, der sich auf die ganze Welt ausgedehnt hatte, war grauenhaft. Noch nie seit dem Dreißigjährigen Krieg im 17. Jahrhundert hatte Deutschland so tief am Boden gelegen, noch nie gab es so viele **Todesopfer,** große Kriegsverluste und verheerende Zerstörungen.

Die befreiten europäischen Länder feierten enthusiastisch das Kriegsende, und das Kapitulationsdatum, der 8. Mai, war fortan ein fester Bestandteil in der historischen Erinnerung der Völker. Was bedeutete dieses Datum für die Bevölkerung in Deutschland? Fühlte sie sich nur besiegt oder auch befreit? Befreit vom nationalsozialistischen Terror, der nicht nur den unterworfenen Nationen, sondern auch den Deutschen furchtbares Elend gebracht hatte?

Auf diese Fragen gibt es viele Antworten. Wer das Kriegsende als Jude, **Zwangsarbeiter,** politischer Häftling, religiöser Gegner der Nazis oder als Flüchtling aus dem Osten erlebte, reagierte anders als ein Soldat an der Westfront; dieser wiederum anders als der an der Ostfront, wo die Kämpfe bis zum Fall Berlins besonders erbittert und brutal verliefen. Flüchtlinge aus den Ostgebieten, aus Großstädten Evakuierte und Ausgebombte, die oft alles verloren hatten, verbanden mit der Kapitulation andere Erwartungen und Hoffnungen als die eingesessene Bevölkerung in Kleinstädten oder Dörfern, die von Kriegszerstörungen weitgehend verschont geblieben waren. Die meisten Menschen waren froh, dass »es vorbei« war. Aber die große Mehrheit des deutschen Volkes empfand das gewaltsame Ende des »Dritten Reiches« kaum als Befreiung. Niedergeschlagenheit, Angst vor der Rache der Sieger mischten sich in die Erleichterung über das Ende der Bombennächte in den Luftschutzkellern. Die zeitgenössische Redensart von der »Stunde null« gibt etwas von dieser gemischten Gefühlslage wieder.

Das Kriegsende erlebten die Deutschen in Ost und West nicht nur zu unterschiedlichen Zeitpunkten, sondern auch in ganz verschiedenen Lebenssituationen. Am härtesten war die deutsche Zivilbevölkerung im Osten betroffen: überstürzte Massenflucht vor den sowjetischen Truppen im eiskalten Winter, weil die Nazibehörden bis zum letzten Augenblick jede geordnete **Evakuierung** abgelehnt hatten; Plünderung und Massenvergewaltigungen durch die sowjetische Rote Armee, die für den Vernichtungskrieg grausame Rache nahm; sinnlose Zerstörungs- und Demontageaktionen im besetzten Gebiet; polnische und tschechoslowakische Racheaktionen und wilde Vertreibungen noch vor den offiziellen Umsiedlungsbeschlüssen der Alliierten; fehlende Unterkünfte und erbärmliche Versorgung der Flüchtlinge und Vertriebenen bei Ankunft im Westen; zerbombte Städte und Industrieanlagen sowie verwüstete Felder – das sind einige Stichworte, mit denen sich die Situation 1945 charakterisieren lässt.

Nicht nur die Deutschen befanden sich in jenen Tagen in Bewegung: Millionen ehemaliger Zwangsarbeiter mussten in ihre Heimatländer zurücktransportiert werden. Viele wollten jedoch nicht mehr zurück, weil die politischen Verhältnisse in Osteuropa durch die siegreiche Sowjetunion einschneidend verändert wurden und nun neue, kommunistische Diktaturen drohten. Als *Displaced Persons* (DP) irrten Hunderttausende in den Besatzungszonen umher oder mussten in Lagern darauf warten, in andere Länder auswandern zu können.

Das Jahr 1945 umfasste somit alles: Kapitulation, Zusammenbruch, Zerstörung und Befreiung.

eine Heimkehr und wurde als Displaced Persons *in den Besatzungszonen registriert und provisorisch in Lagern untergebracht.*

Was versteht man unter Evakuierung?
Evakuierung bedeutet so viel wie Räumung. Im Zweiten Weltkrieg erfolgten Evakuierungen zum einen als Umquartierung der besonders im Westen bombengefährdeten städischen Bevölkerung in Deutschland aufs Land; zum anderen als geregelter Transport der Zivilbevölkerung besonders in Ostdeutschland nach Westen, um den Kämpfen mit der Roten Armee zu entfliehen. Mit Durchhalteparolen (»der Kreis xy wird auf jeden Fall gehalten«) verhinderten die Nazifunktionäre häufig eine rechtzeitige und geordnete Evakuierung.

BEMERKENSWERTES

»Totaler Krieg«

Unter dem Eindruck der Niederlage von Stalingrad 1943 hatte Propagandaminister Goebbels den »totalen Krieg« ausgerufen. Damit wollte er alle Kräfte für den »Endsieg« mobilisieren. »Siegen oder fallen« lautete die Parole. Der angesichts der riesigen Übermacht der Alliierten völlig sinnlose Kampf mit immer mehr Opfern wurde dadurch weiter verlängert.

»Die Großen Drei« – Verbündete und Gegner zugleich

Was ist Kapitalismus?

In der kapitalistischen Gesellschaft reguliert sich der Markt selbst über Angebot und Nachfrage und freien Wettbewerb, es soll nur wenige staatliche Eingriffe geben.

Nach dem militärischen Sieg über Nazideutschland traten schnell die grundsätzlichen Unterschiede in dem Kriegsbündnis der »Großen Drei« zutage – das gemeinsame Ziel, Deutschland zu besiegen, war der einzige Kitt des Bündnisses gewesen. Zwischen Stalins politischen Zielen und denen der westlichen Demokratien konnte es letztlich keine Brücke geben.

Winston Churchill (1874–1965), der britische Premierminister, war ein konservativer Politiker und entschlossener Gegner Hitlers. Er organisierte den Kampf gegen die nationalsozialistische Expansion in Europa. Dafür scheute er auch vor einem Bündnis mit dem bolschewistischen Diktator Stalin nicht zurück.

Woher stammt der Begriff Kommunismus?

Das Wort leitet sich vom lateinischen communis ab, was »gemeinsam« bedeutet. Im 19. Jahrhundert entstanden viele Vorstellungen vom Kommunismus, eine davon ging vor allem auf Karl Marx zurück.

Franklin D. Roosevelt (1882–1945) war einer der bedeutendsten amerikanischen Präsidenten. Er unterstützte frühzeitig Churchill in seinem Kampf gegen Hitlerdeutschland, forderte nachdrücklich dessen »bedingungslose Kapitulation« und hoffte auf eine »New World«, eine neue Weltordnung mithilfe der von ihm begründeten Vereinten Nationen. Sein Nachfolger war **Harry S. Truman** (1884–1972), der nach Roosevelts Tod im April 1945 dessen Politik konsequent weiterführte. Er war überzeugter Gegner des Kommunismus; seine Außenpolitik erlangte vor allem mit der Truman-Doktrin, die vor einer weiteren Ausbreitung des Sowjetkommunismus warnte, Berühmtheit.

Woher stammt der Begriff Sozialismus?

Der Begriff kommt vom lateinischen societas, was so viel wie Bündnis oder Gemeinschaft bedeutet. Viele politische Parteien führen heute die Bezeichnung »sozialistisch« im Namen. Sie sehen ihren politischen Auftrag darin, die Missstände der kapitalistischen Gesellschaftsordnung, nämlich zu große Ungerechtigkeit und zu großes Gefälle zwischen Arm und Reich, auszugleichen.

Gemeinsam standen Churchill, Roosevelt und nach ihm Truman für die »westliche Demokratie«. Diese Gesellschaftsordnung ist gekennzeichnet durch freie Wahlen, in denen die politische Führung bestimmt wird, durch Rechtsstaatlichkeit sowie das Recht auf Eigentum, auf Meinungs-, Rede- und Pressefreiheit. Die **kapitalistische** Wirtschaftsordnung sieht grundsätzlich einen freien Wettbewerb auf dem Markt vor; der Staat soll nur so wenig wie möglich in das Wirtschaftsgeschehen eingreifen.

Diese Ordnungsvorstellung stand in krassem Gegensatz zu der von **Josef W. Stalin** (1879–1953), dem politischen Führer der Sowjetunion. Er war seit 1903 Mitglied der Bolschewiki, der russischen Kommunistischen Partei. Nach Lenins Tode 1924 gelang es ihm, alle wichtigen Ämter an sich zu reißen. Mit blutigem Terror machte er sich zum unumschränkten Diktator in der Sowjetunion, dem »ersten Arbeiter- und Bauernstaat«. Der rücksichtslose, aber schließlich siegreiche Einsatz der Roten Armee gegen Hitlerdeutschland verhalf ihm zu großem Ansehen bei Verbündeten und Anhängern. Mit den USA und Großbritannien jedoch konnte es über das Kriegsbündnis hinaus keine Zusammenarbeit geben – zu weit lagen Demokratie und kommunistische Ideologie auseinander. Vielmehr sollten sich in den folgenden Jahren zwei einander verfeindete Machtblöcke bilden.

Der **Kommunismus** war im 19. Jahrhundert als Reaktion auf das Elend der Arbeiterklasse entstanden, die unter oft katastrophalen Bedingungen lebte und arbeitete. Als Vater des Kommunismus gilt der Deutsche **Karl Marx.** Er sah eine Gesellschaft vor, in der es keine Klassen mehr geben sollte, kein Privateigentum und keinen freien Markt. Alles sollte allen gehören und allen gleichermaßen zugute kommen, die Wirtschaft sollte von staatlicher Seite zum Wohl aller gelenkt werden und nicht zur Bereicherung Einzelner führen. Die Vorstufe zu dieser Idealgesellschaft sollte der **Sozialismus** sein: Durch eine Revolution sollte das Bürgertum entmachtet und die Herrschaft der Arbeiterklasse begründet werden.

Nach der Russischen Revolution von 1917 hatte man begonnen, diese Ideologie in der Sowjetunion umzusetzen; die Herrschaft der Arbeiterklasse, die »Diktatur des Proletariats«, führte jedoch in die Parteidiktatur, die jeden Widerstand brutal unterdrückte.

Wer war Karl Marx (1818–1883)?

Karl Marx gilt gemeinsam mit Friedrich Engels als einer der Schöpfer des modernen Kommunismus. Sie verfassten gemeinsam Das Kommunistische Manifest (1848), eine Art Grundsatzprogramm. Eine Analyse des Kapitalismus legte Marx mit seinem umfangreichen Werk Das Kapital (erschienen von 1867–1895) vor.

BEMERKENSWERTES

Die Grundlagen des sowjetischen Imperiums

Stalin wollte nach dem Überfall Nazideutschlands vor allem Sicherheit für sein Land und seine Herrschaft. Dazu unterwarf er sich die osteuropäischen Länder, die durch die Rote Armee von Nazideutschland befreit worden waren. Schrittweise überführte er sie mithilfe der kommunistischen Parteien in Diktaturen nach sowjetischem Muster. Demokratische, westlich orientierte Parteien wurden gewaltsam ausgeschaltet.

Was soll aus Deutschland werden?
Die Sicht der Sieger

Was sind Reparationen?

Reparationen sind eine Form der materiellen Wiedergutmachung der von Deutschland verursachten Kriegsschäden, anfangs vor allem durch Demontagen (Abbau) von Industriebetrieben, später vor allem durch Exporte aus der laufenden Produktion. Da die Sowjetunion auf die Westzonen keinen Einfluss hatte, befriedigte sie ihren Reparationsbedarf aus der eigenen Zone. Für den wirtschaftlichen Wiederaufbau der SBZ (Sowjetischen Besatzungszone) beziehungsweise der DDR bedeutete das eine erhebliche Belastung.

Welche politische Bedeutung hatte die Oder?

Die Oder ist ein Fluss, der vor Kriegsende auf deutschem Gebiet lag. Ob Deutschland die Gebiete östlich der Oder und ihres Nebenflusses Neiße endgültig an Polen abgeben sollte, wie es auf der Potsdamer Konferenz vorläufig vereinbart wurde, blieb für Jahrzehnte ein Streitpunkt.

Als die Rote Armee im Frühjahr 1945 auf die Hauptstadt des Reiches vorrückte, wiederholte Stalin in einer an die Weltöffentlichkeit, aber vor allem an die Deutschen gerichteten Rede, was er schon 1942 in einem Tagesbefehl für die Rote Armee erklärt hatte: »Die Erfahrungen der Geschichte besagen, dass die Hitler kommen und gehen, aber das deutsche Volk, der deutsche Staat bleibt.« Damit distanzierte er sich von den Plänen, Deutschland in viele kleine Staaten zu zerstückeln. Die Rede sollte ein erstes Signal sein, um die politischen Sympathien der besiegten Deutschen zu gewinnen. Zugleich hoffte Stalin auf politischen Einfluss in den künftigen Westzonen, insbesondere im Ruhrgebiet. Denn die Schwerindustrie an Rhein und Ruhr galt als das Herz nicht nur der deutschen, sondern auch der europäischen Wirtschaft.

Einen »Meisterplan«, was nach Kriegsende aus Deutschland werden sollte, gab es jedoch nicht. Die Verbündeten der Antihitlerallianz hatten unterschiedliche Vorstellungen. Die Beschlüsse der drei Alliierten Großbritannien, USA und Sowjetunion auf den großen Kriegskonferenzen in Teheran (November 1943), Jalta (Februar 1945) und Potsdam (August 1945) geben aber Hinweise auf die wichtigsten Kriegsziele.

Einig waren sich Winston Churchill, Franklin D. Roosevelt und Josef Stalin frühzeitig darin, dass Deutschland gründlich entmilitarisiert, entnazifiziert und dezentralisiert werden sollte, um eine Wiederholung des Unheils für immer unmöglich zu machen. Auch über die Abtrennung großer deutscher Gebiete im Osten und eine Entschädigung Polens für die Territorien, die es an die Sowjetunion abtreten musste, war man sich prinzipiell einig. Doch im Laufe des Krieges veränderten sich die Zielsetzungen und Planungen. Stalin wollte Sicherheit und **Reparationen,** England wünschte Begrenzung des sowjetischen Einflusses und Gleichgewicht auf dem europäischen Kontinent, die USA hatten eine globale Friedensordnung ohne große Gebietsverschiebungen mit liberalem Welthandel ohne Zollschranken vor Augen.

Die Konferenz von Jalta wenige Monate vor Kriegsende ist zum Symbol der Kooperation, aber auch der Teilung Europas geworden. Es gab eine bemerkenswerte Übereinstimmung der »Großen Drei«, jedoch auf Kosten der Völker in Osteuropa. Faktisch erhielt Stalin eine osteuropäische Einflusszone bis zur **Oder.** Ferner wurden die vier Besatzungszonen der Siegermächte in Deutschland festgelegt (Frankreich bekam auf britisches Drängen eine eigene Zone), hohe Reparationszahlungen an die ausgeblutete Sowjetunion wurden zugesagt und Prinzipien einer gemeinsamen Behandlung Deutschlands durch die Sieger vereinbart.

Das Einvernehmen und die Zusammenarbeit waren jedoch nicht von Dauer. Stalin gab sich nicht mit einer politischen Einflusszone zufrieden, sondern begann schnell, die von der Roten Armee befreiten Staaten in Osteuropa (und bald auch die sowjetische Besatzungszone in Deutschland) in »Volksdemokratien«, das heißt kommunistische Diktaturen nach sowjetischem Vorbild, umzuformen. Die demokratischen USA waren nicht bereit, das hinzunehmen, und gingen daher immer stärker auf Distanz zu ihrem früheren Verbündeten.

Darüber hinaus besaßen die USA seit Ende des Krieges mit Japan die Atombombe und waren damit der Sowjetunion strategisch überlegen. Stalin setzte alles daran, um ebenfalls in den Besitz der Bombe zu gelangen und so mit Amerika gleichzuziehen. Ein unseliger Rüstungswettlauf begann – man nennt diese bald nach Kriegsende begonnene militärische, aber auch ideologische, politische, wirtschaftliche und kulturelle Konfrontation zwischen den beiden Supermächten, die jahrzehntelang andauerte, den Kalten Krieg. Der politische Konflikt um den 1947 angekündigten **Marshallplan** war ein erster Höhepunkt.

Was war der Marshallplan?
Es handelte sich um einen 1947 vom amerikanischen Außenminister George Marshall (1880–1959) vorgeschlagenen Hilfsplan, der allen europäischen Ländern Kredite für den Wiederaufbau anbot. Voraussetzung war eine koordinierte Planung, welches Land welche Kredite für welche Zielsetzung benötigte. Stalin sah darin eine Einmischung in die inneren Angelegenheiten der Sowjetunion und der von ihr abhängigen Staaten. Er inszenierte eine große Propagandakampagne gegen die ökonomische »Versklavung« Europas.

BEMERKENSWERTES

War der Kalte Krieg vermeidbar?

Der Sieg über Hitler war nur dank der gemeinsamen Anstrengung der Alliierten möglich. Die Sowjetunion hat dabei den bei Weitem größten Blutzoll entrichtet. Wäre eine Fortsetzung der Kriegskoalition nach 1945 denkbar gewesen und hätte sie der Welt den Kalten Krieg erspart? Das ist nicht eindeutig zu entscheiden, es war aber höchst unwahrscheinlich angesichts der brutalen Herrschaftsmethoden des sowjetischen Diktators Stalin. Auf die Wünsche der von deutscher Herrschaft befreiten Völker nahm er keine Rücksicht, sondern er wollte das sowjetische Imperium ausdehnen und gegen jeden eventuellen Angriff absichern. Die USA sahen im Sowjetkommunismus eine ernsthafte Bedrohung und bemühten sich, ihn einzudämmen.

Das viergeteilte Deutschland – Zonentrennung und Militärverwaltung

Wie war der Alliierte Kontrollrat aufgebaut?

Er war das oberste gemeinsame Organ der vier Oberbefehlshaber der Besatzungsarmeen von 1945 bis 1948. Der Kontrollrat erließ Befehle, Gesetze, Direktiven für ganz Deutschland und musste einstimmig entscheiden. Letzteres setzte natürlich voraus, dass alle Beteiligten dieselben Ziele verfolgten. Da dies nicht der Fall war, musste der Kontrollrat letztlich scheitern. Am 20. März 1948 verließ die Sowjetunion den Kontrollrat.

Wie viele Menschen waren von Flucht und Vertreibung betroffen?

Aus den nun an Polen abgetretenen Ostgebieten sowie aus dem wieder mit der Tschechoslowakei vereinten Sudetenland und anderen osteuropäischen Ländern strömten allein bis 1947 insgesamt zehn bis zwölf Millionen Menschen nach Restdeutschland in die vier Besatzungszonen. Den größten Teil hatten die SBZ und die britische Zone aufzunehmen, gefolgt von der amerikanischen, während Frankreich sich anfangs weigerte und erst etwa ab 1948 bereitfand, eine größere Zahl von Flüchtlingen und Vertriebenen aufzunehmen.

Die wichtigste Grundlage für die Entwicklung Nachkriegsdeutschlands bildete die Potsdamer Konferenz im Juli/August 1945. Da Berlin schwer zerstört war, wählte man den Cecilienhof in Potsdam als Tagungsort. Das Potsdamer Abkommen war politisch eine bedeutsame Übereinkunft; sie enthielt viele Formeln eines Kompromisses zwischen den »Großen Drei«. Sie machte deutlich, dass die dauerhafte Entmilitarisierung und Entnazifizierung Deutschlands die gemeinsame Basis für die Alliierten bildete. Aber wie solche Ziele umgesetzt werden sollten, war bereits höchst strittig.

Insbesondere zwei Probleme mussten dringend gelöst werden: die Höhe und die Art der Reparationen sowie die Festlegung der künftigen Ostgrenze Deutschlands. Stalin wünschte für die Sowjetunion eine fixe Summe von rund zehn Milliarden Dollar. In Erinnerung an die fatalen Folgen der festen Reparationssummen nach dem Ersten Weltkrieg, die Deutschland wirtschaftlich in den Ruin getrieben hatten, wollten die Westmächte aber eine solche Festlegung auf jeden Fall verhindern. Man einigte sich schließlich auf einen Kompromiss, der sich als ziemlich faul erweisen sollte: Jede Besatzungsmacht sollte ihre Reparationswünsche aus ihrer Besatzungszone befriedigen. Stalin stimmte diesem Grundsatz nur zu, weil sich die USA bereitfanden, eine vorläufige Grenzziehung im Osten entlang der Oder und (westlichen) Neiße zu akzeptieren. Das schloss die **Vertreibung** – offiziell hieß es Aussiedlung – von Millionen Deutschen ein.

Nach der Kapitulation vom 8. Mai übernahmen die Oberbefehlshaber der vier Mächte in einer gemeinsamen Erklärung in Berlin vom 5. Juni die Vollzugsgewalt über das besetzte Deutschland. Berlin als deutsche Hauptstadt, geografisch auf dem Gebiet der SBZ gelegen, wurde in vier Sektoren aufgeteilt, ein aus allen vier Siegermächten gebildeter **Alliierter Kontrollrat** sollte in der Besatzungspolitik für eine gewisse Einheitlichkeit sorgen.

Das gelang im Lauf der Jahre immer weniger. Jede Besatzungsverwaltung hatte eigene Strukturen, die Regierungen und Verwaltungen der deutschen Länder mussten nach den Vorgaben ihrer jeweiligen Besatzungsmacht arbeiten. Am stärksten zentralistisch war die Sowjetische Militäradministration (SMAD) aufgebaut, eher dezentral und föderalistisch geprägt die amerikanische und französische, die englische Besatzung wählte einen mittleren Weg. Die Westalliierten achteten darauf, jede Machtkonzentration in einer Zentralregierung, wie sie die Nazis geschaffen hatten, zu verhindern. Bis heute ist der **Föderalismus** ein wichtiges Element des politischen Systems der Bundesrepublik geblieben.

Nach der Potsdamer Konferenz zeigten sich bereits tiefe Risse im alliierten Bündnis. Unter »Demokratie« verstanden die Westmächte und die Sowjetunion jeweils etwas völlig anderes. Über künftige politische und wirtschaftliche Strukturen für Deutschland konnte man sich nicht einigen. So führten die Sowjets ohne Abstimmung mit dem Westen in ihrer Zone schon 1945/46 tief greifende Reformen durch. Sie enteigneten entschädigungslos Landbesitz über 100 Hektar, verstaatlichten die industriellen Großbetriebe und setzten die Schaffung einer **Sozialistischen Einheitspartei** (SED) durch. Möglicherweise noch wichtiger wurde die politische Auseinandersetzung um das amerikanische Hilfsprogramm von 1947, den Marshallplan. Die sowjetische Zone durfte sich daran ebenso wie die osteuropäischen Staaten nicht beteiligen, weil Stalin die wirtschaftliche Übermacht des Westens fürchtete.

Was bedeutet Föderalismus?

Im Unterschied zum Zentralismus beruht die föderalistische politische Ordnung auf den Bundesländern, die eigenständig politische, ökonomische und vor allem kulturelle Aufgaben erfüllen. Die Bundesregierung muss mit ihnen im Bundesrat zusammenarbeiten. So wird verhindert, dass es eine zu große Machtkonzentration gibt.

Der KPD-Vorsitzende Wilhelm Pieck und der SPD-Vorsitzende Otto Grotewohl beim sogenannten Vereinigungsparteitag in Ostberlin

BEMERKENSWERTES

Wie entstand die SED?

Eine wesentliche Voraussetzung für die schnelle Errichtung einer Diktatur auf dem Gebiet der sowjetischen Besatzungszone war die Gründung der »Sozialistischen Einheitspartei Deutschlands« (SED). Formal entstand sie am 21./22. April 1946 aus der erzwungenen Verschmelzung der Sozialdemokratischen Partei Deutschlands (SPD) und der Kommunistischen Partei Deutschlands (KPD). Seit dem Herbst 1945 lief eine große Propagandaaktion für die »Einheit« an. Dabei wurden Einheitsgegner eingeschüchtert und verhaftet, aber auch durch Verlockungen einer Karriere »bestochen«.
In den Westzonen verboten die Militärregierungen die Vereinigung von KPD und SPD. Mit der SED-Gründung fiel bereits eine wichtige Vorentscheidung für die Teilung Deutschlands.

Die deutschen Länder in den vier Besatzungszonen

Die Aufteilung Deutschlands in Besatzungszonen war keineswegs als dauerhafte Teilung gedacht, sondern als »technische« Maßnahme der militärischen Besetzung. In allen Zonen wurden teilweise die alten Länder oder Provinzen wiederhergestellt, zum Teil neue geschaffen (wie zum Beispiel Nordrhein-Westfalen). In der DDR gab es allerdings 1952 eine vollständige Neuordnung, mit der alle Länder aufgelöst und durch Bezirke ersetzt wurden. Erst 1990 entstanden die alten Länder mit dem Beitritt zur Bundesrepublik erneut.

Zwar war die Grenzziehung nicht völlig willkürlich, sondern orientierte sich an früheren Verwaltungsgrenzen. Dennoch wurde durch die Schaffung von vier Besatzungszonen ein ursprünglich einheitlicher Wirtschaftsraum zerstört. So war es zum Beispiel besonders einschneidend, dass die Ostzone von der Schwerindustrie des Ruhrgebiets abgeschnitten war. Einschneidend war auch, dass landwirtschaftliche und eher industriell-gewerbliche Gebiete keineswegs gleichmäßig verteilt waren. Flüchtlinge und Vertriebene konnte man am ehesten in Flächenländern wie Mecklenburg-Vorpommern, Schleswig-Holstein oder Bayern unterbringen. Dort gab es aber kaum Arbeitsplätze. Innerhalb der Zonen hat es daher, sobald das größte Chaos beseitigt war, einen Bevölkerungsaustausch (Binnenwanderung) gegeben, um dieses Missverhältnis auszugleichen.

Reisende konnten anfangs auch im Westen nicht ohne Weiteres von einer Zone in die andere fahren, sondern benötigten eine Art Visum. Ab 1947/48 begann die sowjetische Militärregierung, die Grenze ihrer Zone nach Westen schärfer zu kontrollieren, weil die politischen Spannungen wuchsen und Einflüsse aus den Westzonen verhindert werden sollten. Aber erst 1952 wurde sie systematisch durch Grenzstreifen und Stacheldraht abgeriegelt.

Erst im Juli 1945 gab es gemäß den alliierten Vereinbarungen einen Gebietsaustausch: Die britischen Besatzungstruppen zogen sich aus den nördlichen Teilen Mecklenburgs, die amerikanischen aus Teilen von Sachsen und Thüringen zurück. Berlin als deutsche Hauptstadt wurde in vier Sektoren aufgeteilt und seitdem bis 1948 gemeinsam von allen vier Kriegsalliierten unter einer Militärkommandantur verwaltet.

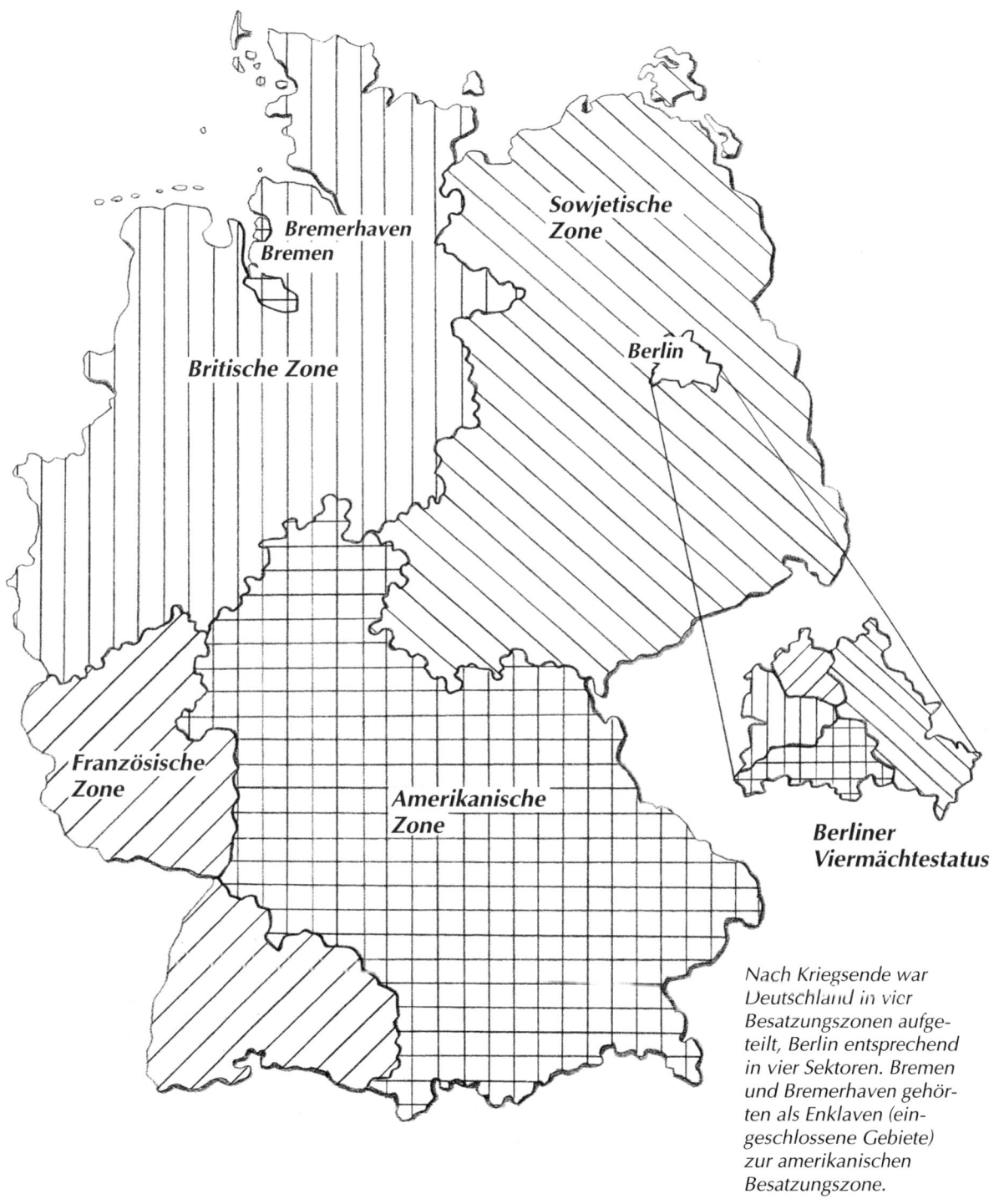

Bremerhaven
Bremen

Sowjetische
Zone

Britische Zone

Berlin

Französische
Zone

Amerikanische
Zone

Berliner
Viermächtestatus

Nach Kriegsende war
Deutschland in vier
Besatzungszonen aufge-
teilt, Berlin entsprechend
in vier Sektoren. Bremen
und Bremerhaven gehör-
ten als Enklaven (ein-
geschlossene Gebiete)
zur amerikanischen
Besatzungszone.

»Neues Leben blüht aus den Ruinen« – Anfänge deutscher Politik

Was bedeutet Antifa?

Antifaschistische Gruppen entstanden in der Endphase des Krieges. Unter Faschismus versteht man totalitäre und nationalistische Regierungsformen wie das Hitlerreich oder auch das System des italienischen Diktators Benito Mussolini, dessen Regime namensgebend für den Faschismus war. Die Antifas waren lockere Zusammenschlüsse von politisch links stehenden Menschen, die nicht passiv das Kriegsende abwarteten, sondern sich engagieren wollten. Viele wurden von den Besatzungsmächten verboten, die meisten gingen in den neu entstehenden Parteien und Gewerkschaften auf. Insgesamt hat es in Deutschland einige 100 Antifa-Gruppen gegeben. Ihre Lebensdauer schwankte zwischen wenigen Wochen und vielen Monaten, die Mitgliederzahl zwischen einem Dutzend und mehreren Hundert.

Das Zitat aus Friedrich Schillers »Wilhelm Tell« vom neuen Leben inmitten der Ruinen findet sich in einem Aufruf von Bergarbeitern im Ruhrgebiet für die Schaffung einer freien Gewerkschaft, der noch vor der Kapitulation verfasst wurde. Dieser Vers entsprach zwar kaum der depressiven Stimmung der großen Mehrheit der deutschen Bevölkerung, aber er zeigt, dass es trotz Zerstörung und Chaos frühzeitig politische und soziale Aktivitäten gab. Jeder Aufbau neuer politischer Strukturen musste jedoch unter schwersten materiellen Bedingungen und einer harten Kontrolle der Besatzungsmächte beginnen.

Frühere Widerstandskämpfer und Menschen, die den Naziparolen nicht gefolgt waren, engagierten sich in Gemeinden, Stadtteilen, in Betrieben, in (noch gar nicht wieder zugelassenen) Gewerkschafts- und Parteigruppen. Im Widerstand und im Exil hatte es vielerlei Zukunftspläne gegeben. Aber niemand konnte wissen, wie Deutschland nach Kriegsende tatsächlich aussehen würde.

In den ersten Wochen und Monaten nach dem Ende des »Dritten Reiches« gab es starke Bestrebungen unter den Anhängern von SPD (Sozialdemokratische Partei Deutschlands) und KPD (Kommunistische Partei Deutschlands), künftig eine Einheitspartei zu schaffen. Die gemeinsame Erfahrung mit der Unterdrückung durch die Nationalsozialisten spielte dabei eine wichtige Rolle. Ferner entstanden in der noch chaotischen Phase des Umbruchs Komitees und sogenannte **Antifa-Gruppen,** die nicht alles nur den Besatzern überlassen wollten, sondern sich beim Wiederaufbau und bei der Entnazifizierung engagierten.

Antifa (historisches Logo)

Die verantwortlichen Vertreter der Besatzungsmächte bemerkten schnell, dass es politisch aktive Kräfte in Deutschland gab, die man entweder nützen oder unterdrücken konnte. Beides fand statt. Auf längere Sicht hatten spontan von unten gebildete Initiativen allerdings keine Chance. Vor allem die SMAD (Sowjetische Militäradministration) war gegenüber jeder Form von spontaner politischer Entwicklung abweisend. Sie wünschte einen schnellen und eher traditionellen deutschen Verwaltungsaufbau. Dazu gehörte auch die baldige, aber von oben gesteuerte Wiederzulassung von **Parteien** und Gewerkschaften. Von einem zentralistischen Wiederaufbau versprach sich die SMAD insbesondere eine bessere Kontrolle. Die Deutschen sollten nichts organisieren und unternehmen, was die Besatzungsmacht nicht wusste und gebilligt hatte.

Zu den ersten Organisationen, die noch ohne offizielle Erlaubnis der jeweiligen Besatzungsmacht in der Trümmergesellschaft entstanden, gehörten auch Gewerkschaften. Die Nazis hatten sie 1933 aufgelöst und in die Deutsche Arbeitsfront (eine der NSDAP angeschlossene Zwangsorganisation) eingebaut. Von einer unabhängigen Interessenvertretung war nichts mehr übrig geblieben. Den Neuaufbau organisierten frühere Gewerkschafter, die im Land oder im Exil den Krieg überlebt und Pläne für die Zukunft gemacht hatten.

In der sowjetischen Zone wurden schon vor der Potsdamer Konferenz politische Parteien und Gewerkschaften zugelassen und zentralistisch aufgebaut. In den Westzonen dauerte es länger und die Militärregierungen achteten streng darauf, dass es keine zentralistischen Strukturen gab.

Welche politischen Parteien konnten 1945 entstehen?

Nach der offiziellen Zulassung politischer Parteien auf der Potsdamer Konferenz konnten in den Westzonen politische Gruppierungen und Parteien zunächst nur im lokalen und regionalen Rahmen entstehen, meist auf Initiative früherer Politiker. Verboten waren selbstverständlich alle Nazi-Organisationen. Es bildeten sich zum Teil wieder die alten Parteien aus der Zeit der Weimarer Republik (Sozialdemokraten, Kommunisten, Liberale), zum Teil entstanden ganz neue. Die wichtigste Neugründung war die Christlich-Demokratische Union (CDU) – mit ihrem bayerischen Ableger CSU – als bürgerliche politische Sammlungsbewegung. Katholiken und Protestanten sollten hier ebenso ihre politische Heimat finden wie Vertreter des Unternehmertums und der Arbeitnehmer.

BEMERKENSWERTES

Die Arbeiter an vorderster Front

Besonders Vertreter der Arbeiterbewegung machten sich frühzeitig Gedanken über einen demokratischen Neuanfang, wie etwa in dem »Aufruf an die Bergarbeiter« aus einer Zeche im Ruhrgebiet vom April 1945, also noch vor der militärischen Kapitulation:
»Kameraden! Mit dem siegreichen Einmarsch der alliierten Armeen sind auch wir Bergarbeiter nach 12-jähriger Nazityrannei wieder freie Männer geworden. Für diese Befreiung von Terror, Knechtschaft und grenzenloser Ausbeutung schulden wir unseren Befreiern aufrichtigen, heißen Dank. Doch dies allein genügt nicht, wir müssen uns der wiedergewonnenen Freiheit auch würdig erweisen, denn mit der Freiheit vor Furcht ist uns die Glaubens- und Gewissensfreiheit, die Rede- und Versammlungsfreiheit, die Koalitionsfreiheit geschenkt worden. Wir dürfen uns wieder zu wirklichen Kampforganisationen zusammenschließen und damit unsere speziellen Berufsinteressen verfechten.«

Die Zusammenbruchsgesellschaft – Leben nach der »Stunde null«

Was versteht man unter Schwarzmarkt?

Das ist ein Markt, der vom Staat nicht erlaubt ist, der Gesetze und Vorschriften, wie zum Beispiel Preisgrenzen, umgeht. Überall in den Städten, aber auch auf dem Lande gab es in Nachkriegsdeutschland diese Form des illegalen Handels. Alles Verwertbare wurde angeboten, meist zu schwindelerregenden Preisen.

Mit welchen Kaloriensätzen mussten die Deutschen auskommen?

Ein durchschnittliches Beispiel: Der Kaloriensatz betrug 1946 1.050 Kalorien pro Tag, das entsprach etwa zwei Scheiben Brot mit etwas Margarine, einem Löffel Milchsuppe und zwei kleinen Kartoffeln.

Nicht nur Verwaltung und Wirtschaft waren mit der Kapitulation und der Besetzung zusammengebrochen. Mindestens ebenso einschneidend waren die riesigen Bevölkerungsverschiebungen, die der Krieg, die Vertreibungen vor Kriegsende und die Umsiedlungsbeschlüsse der Alliierten zur Folge hatten. Auf die Frage »Wo ist Deutschland?« gab es die treffende Antwort: »Deutschland ist unterwegs.«

Man schätzt, dass nahezu die Hälfte der Bevölkerung in Deutschland 1945 sich nicht mehr am früheren Wohnort und Lebensmittelpunkt aufhielt. Soldaten in Gefangenschaft, ehemalige Zwangsarbeiter auf schneller Heimkehr, Evakuierte und Ausgebombte aus den weitgehend zerstörten Städten auf der Suche nach Resten ihrer Habe in den Trümmern, Tausende von politischen Gefangenen und KZ-Insassen, sofern sie den Terror und die Todesmärsche überlebt hatten, vor allem aber Millionen von Flüchtlingen und Vertriebenen aus den deutschen Ostgebieten und aus den osteuropäischen Ländern, die nun in Restdeutschland notdürftig untergebracht und versorgt werden mussten – all diese Menschen charakterisierten die Zusammenbruchsgesellschaft. Bilder aus dieser Zeit zeigen die zahllosen ausgehängten Zettel und mit Kreide oder Farbe auf Ruinenwänden geschriebene Informationen und Suchnachrichten von Menschen, deren Familien auseinandergerissen worden waren. Der 1945 vom Deutschen Roten Kreuz geschaffene Suchdienst bemühte sich, über Zeitungen und die schnell wieder in Gang gesetzten Rundfunkstationen auf der Flucht verloren gegangene Kinder zu Eltern, Verwandten oder Bekannten zu vermitteln.

Besonders einschneidend war der Zusammenbruch des Wirtschaftslebens. Zwar versuchten die Alliierten, die Zwangsbewirtschaftung aus der Kriegszeit fortzuführen, um wenigstens eine minimale Versorgung sicherzustellen. Mit Lebensmittelmarken und Bezugsscheinen wurden die knappen Waren verteilt. Da aber die Einwohnerzahl auf dem geschrumpften Territorium trotz der großen Kriegsverluste drastisch angestiegen war, drohte eine Hungerkatastrophe, sobald die letzten Vorräte aufgebraucht waren. Überall bildete sich angesichts der allgemeinen Not schnell ein **Schwarzer Markt** aus. Er half beim Überleben, verhinderte aber zugleich jeden geordneten wirtschaftlichen Wiederaufbau. Er wurde daher von den

Besatzungsbehörden bekämpft – mit mäßigem Erfolg. Auch der Tauschhandel blühte. Es gab ebenso die Glücksritter, die aus dem Elend anderer ihren Vorteil zu schlagen versuchten, Altnazis, die mit veränderten Namen zu »überwintern« verstanden und bald wieder oben schwammen.

Tauschhandel und Schwarzmarkt wurden zur Überlebensfrage. Gewohnte Normen brachen zusammen und die Grenzen zur Kriminalität wurden endgültig fließend. Die niedrigen **Kaloriensätze** der Lebensmittelzuteilung – am höchsten noch in der amerikanischen, am niedrigsten in der französischen Zone – zwangen die Menschen zum Erfindungsreichtum. Die Besatzungsmächte bemühten sich, das Schlimmste abzuwenden. Durch Lebensmitteleinfuhren verhinderten sie, dass die deutsche Bevölkerung massenhaft verhungerte. Für Schulkinder wurde die nach dem amerikanischen Präsidenten Hoover benannte Schulspeisung eingeführt. Zu einer deutlichen Besserung der Lage kam es aber im Westen erst, als das Verkehrssystem halbwegs repariert war, die Zonentrennung durch die Schaffung der **Bizone** zumindest gemildert wurde und die Währungsreform dafür sorgte, dass Geld wieder seinen Wert erhielt.

Die Phase bis zur Währungsreform war eine extreme Ausnahmesituation. Als solche ist sie in der Erinnerung geblieben – eine Zeit, in der alles »drunter und drüber« ging, eine Zeit des Elends, der Desorientierung, aber auch des Abenteuerlichen.

Was war die Bizone?

Da eine einheitliche Wirtschaftspolitik für alle vier Zonen nicht zustande kam, schlossen sich 1946 die amerikanische und die britische Zone zu einem Verwaltungsgebiet zusammen. Auf diese Weise sollten die künstlichen Grenzen beseitigt und die Hilfslieferungen besser verteilt werden. Die Bizone war damit das größte und ökonomisch stärkste Gebiet im besetzten Deutschland und bildete den Kern der späteren Bundesrepublik. Das Angebot, auch ihre Zone anzuschließen, lehnte die Sowjetunion ab. Frankreich holte diesen Schritt erst 1949 nach.

BEMERKENSWERTES

Schulspeisung in der amerikanischen Zone

Ein Zeitungsbericht von 1947 über die Schulspeisung in Bayern (in der amerikanischen Zone), die aus Restbeständen der Armee organisiert wurde: »Für jedes Land wird wöchentlich ein einheitlicher Plan für die Speisung aufgestellt. In Bayern zum Beispiel erhalten die Kinder am 28. April einen gesüßten Griesbrei, am 29. April Spaghetti mit Tomatenpüree, am 30. April Kartoffelbrei mit Erbsen und Fett, am 2. Mai gesüßte Haferflocken und am 3. Mai eine Tafel Schokolade. Insgesamt werden in Bayern 675.000 Kinder während der Schulzeit verpflegt.«

Flüchtlingselend und Wohnungsnot

Wie konnte man angesichts des zerstörten Verkehrssystems reisen?

Zwar fuhren bald nach der Kapitulation wieder Züge, aber unregelmäßig und oft mit großen Unterbrechungen und Umwegen. Viele Schienen- und Straßenverbindungen waren zerstört und mussten erst repariert werden. In der sowjetischen Zone war der Güter- und Personenverkehr besonders erschwert: Bis 1948 wurden hier als Reparation rund 80 Prozent der zweigleisigen Strecken eingleisig demontiert, andere ganz abgebaut. Reisen von einer Stadt in die andere, von einer Zone in die andere oder auch nur von der Stadt aufs Land mit dem Ziel, sich dort um etwas Essbares zu bemühen, waren oft ein unvorstellbares Abenteuer. Fotos mit Trauben von Menschen noch auf den Dächern und Trittbrettern der Züge geben davon ein plastisches Bild.

Gibt es Zahlen zur Wohnungsnot in Nachkriegsdeutschland?

Noch die offizielle Wohnungsstatistik der Bundesrepublik von 1950 gibt einen Eindruck davon. Sie weist neben 14,63 Millionen Haushaltungen in

Die deutsche Gesellschaft schien durch Krieg, Zerstörung und Vertreibung nicht nur aus den Fugen geraten, sondern auch sozial total verändert. Adel, Bürgertum, Angestellte und Arbeiter – das waren früher die Begriffe gewesen, mit deren Hilfe man die Gesellschaft eingeteilt hatte. Arme und Reiche, Besitzende und Nichtbesitzende waren andere Merkmale. Das schien nun plötzlich alles nicht mehr gültig zu sein. Man sprach von »Schicksalskategorien«, die an die Stelle der alten sozialen Unterschiede getreten waren. Flüchtlinge und Vertriebene hatten meist alles verloren, gleichgültig ob sie adlige Großgrundbesitzer oder einfache Arbeiter gewesen waren. Bombenopfer standen ebenfalls häufig vor dem Nichts. Reich war, wer Wertvolles besaß oder auf dem schwarzen Markt etwas anzubieten hatte, das sich in Lebensmittel umsetzen ließ.

Unterwegs zu sein und zu »organisieren«, war lebenswichtig. Wem das nicht gelang, war besonders schlecht dran: Alte, Kranke, Behinderte. Zu den größten Problemen der Zeit zählte das zerstörte **Verkehrswesen.** Es bildete eines der größten Hindernisse für einen Wirtschaftsaufschwung. Erst als der Transport von Rohstoffen, Gütern und Waren wieder funktionierte, konnten auch amerikanische Hilfsgelder und die Währungsreform 1948 erfolgreich ihre Wirkung entfalten.

Aber die erzwungene Beweglichkeit der Menschen brachte noch andere Folgen mit sich, die langfristig die deutsche Gesellschaft nachhaltig veränderten. Durch Evakuierung und Flucht gelangten Stadtbewohner aufs Dorf, Katholiken in evangelische Regionen, Ostdeutsche nach West- oder Süddeutschland – es fand also eine gewaltige Durchmischung statt. Das sollte später große Auswirkungen auf das wirtschaftliche Leben, aber auch auf die Parteien und das Wahlverhalten haben.

Zunächst hatten jedoch die Flüchtlinge und Vertriebenen mit verbreiteten Vorurteilen der Einheimischen zu kämpfen. Sie waren »Fremde«, die nichts besaßen, einen anderen Dialekt sprachen, Unterkunft und Verpflegung benötigten, um Arbeitsplätze konkurrierten. Willkommen waren sie selten, obwohl doch alle Deutschen die Rechnung für Hitlers Krieg präsentiert bekamen. Hilfsorganisationen und Kirchen haben hier oft die schlimmste Not lindern können. Die Eingliederung der Vertriebenen in die neue Umgebung dauerte jedoch lange und war keineswegs eine reine Erfolgsgeschichte.

Zu den schlimmsten Folgen des Krieges gehörte insbesondere in den zerstörten Städten die **Wohnungsnot.** Insgesamt lässt sich schätzen, dass etwa ein Drittel des Wohnungsbestandes aus der Zeit vor Beginn des Krieges nun völlig zerstört oder unbrauchbar geworden war. In der Ostzone war die Lage aufgrund geringerer Zerstörung und infolge der Ende der 40er-Jahre ansteigenden Fluchtbewegung nach Westen weniger dramatisch. Die Wohnungsversorgung bildete aber auch hier insbesondere in den Städten ein Schlüsselproblem, denn die SBZ hatte die größte Anzahl von Vertriebenen aus den Ostgebieten, die offiziell »Umsiedler« hießen, aufzunehmen.

Solange die überlebenden deutschen Soldaten noch in Gefangenschaft waren, mussten die Frauen alte und neue Rollen übernehmen. Sie waren die eigentlichen Helden der Umbruchszeit. Als **Trümmerfrauen** waren sie nicht nur an der Beseitigung der Schuttberge beteiligt, sie trugen auch die Hauptlast beim Organisieren des Alltags. Konsumgüter wurden immer knapper und waren oft nur auf dem Schwarzmarkt zu bekommen. Schon in den letzten Kriegswochen hatte es stundenlanges Schlangestehen vor den wenigen geöffneten Verkaufsstellen gegeben; Kohlenmangel, Stromsperren und so weiter kamen noch hinzu.

»Normalwohnungen«, zu denen auch 136.200 Behelfsheime von 30 m² und mehr sowie 23.400 Wohnungen in einsturzgefährdeten Gebäuden rechneten, im Einzelnen aus: 626.800 Haushaltungen in Notwohnungen, das heißt Behelfsheimen unter 30 m², Wohnbaracken, Nissenhütten, Bunkern, Wohnlauben, Blechbaracken, Bretterbuden, Wohnwagen, Kellerwohnungen und anderen sowie 762.000 Haltungen in Unterkünften (Lager, Fremdenheime, Gasthäuser und so weiter).

Wofür stand das Bild der Trümmerfrau?
Es charakterisierte die durch Kriegsfolgen einschneidend veränderte und für den Aufbau unverzichtbare Rolle der Frauen. Sie räumten die städtischen Trümmerlandschaften auf und bearbeiteten die Steine zur Wiederverwendung. Sie standen darüber hinaus aber auch als Symbol für zupackende Arbeit im besiegten und verelendeten Deutschland.

BEMERKENSWERTES

Schlimme Vorurteile gegen Vertriebene

Die Vertriebenen wurden häufig von der einheimischen Bevölkerung abgelehnt, ausgegrenzt und als »Polacken« »Rucksackdeutsche« oder »Flüchtlingsschweine« beschimpft. Staatliche und kirchliche Ämter bemühten sich, die Ankömmlinge aufzunehmen und in den bestehenden Häusern und Wohnungen unterzubringen. »Wir wohnen mit vier Personen in einem kleinen Raum«, klagte 1946 ein Vertriebener in Hessen, »während in den Nachbarhäusern mehrere große Zimmer freistehen.« Da viele Dorfbewohner miteinander verwandt waren und so auch zur örtlichen Wohnungskommission Beziehungen hatten, traute sich diese kaum, »bei den lieben Verwandten ein Zimmer zu beschlagnahmen«.

Entnazifizierung und Umerziehung

Was versteht man unter personeller Säuberung?
Damit ist die Entfernung aller Nationalsozialisten aus Machtpositionen und Ämtern gemeint.

Was ist Faschismus?
Faschistische Bewegungen entstanden nach dem Ersten Weltkrieg. Sie waren nationalistisch, antidemokratisch, antikapitalistisch, meist antisemitisch (judenfeindlich), vertraten das Führerprinzip. Der Nationalsozialismus kann als die radikalste Form des Faschismus verstanden werden.

Was waren Spruchkammern?
Sie hatten in einem justizförmigen Verfahren die politische Belastung zu prüfen. Die Methode war wenig effektiv, da die Menschen sich gegenseitig halfen. Sogenannte »Persilscheine«, entlastende Stellungnahmen von unbelasteten Personen, wurden massenhaft beigebracht. So konnten viele Nazis unbeschadet durch das Verfahren kommen. Sühnemaßnahmen durch Geldzahlung oder Arbeitsleistung »reinigten« belastete Personen. Von

Die Alliierten hatten unterschiedliche Vorstellungen über den Nationalsozialismus und damit auch über die besten Methoden, Deutschland vom »braunen Dreck« der Nazis zu säubern. Die radikalsten, aber gegensätzlichsten Konzepte vertraten die USA und die Sowjetunion.

Während die Amerikaner vor allem auf **personelle Säuberung** und demokratische Umerziehung *(reeducation)* setzten, wollten die Sowjets vor allem die wirtschaftlichen Strukturen verändern. Das entsprach ihrem Bild vom **Faschismus.** »Millionen stehen hinter mir«, lautete die Unterschrift einer berühmten Fotomontage von 1932, auf der ein anonymer Kapitalist große Geldscheine in die zum »deutschen Gruß« erhobene Hand Hitlers steckt. Großindustrielle und Großgrundbesitzer sollten entmachtet werden, um so allen faschistischen Tendenzen den Boden zu entziehen. Briten und Franzosen setzten zwar auch auf personelle und strukturelle Veränderungen, verfuhren aber zurückhaltender als die beiden anderen Besatzungsmächte.

Zunächst wurden Deutsche, die im »Dritten Reich« hohe Positionen und Ämter ausgeübt hatten, im sogenannten »automatischen Arrest« verhaftet und in Internierungslager gesteckt, insgesamt etwa 182.000 in den westlichen Zonen. Rund die Hälfte wurde bis 1947 entlassen. Traurige Berühmtheit erlangten die »Speziallager« in der SBZ unter Aufsicht der sowjetischen Geheimpolizei. Einige frühere Konzentrationslager wurden weiter genutzt. Hier fanden sich nicht nur hohe Nazis wieder, sondern häufig auch (vermutete) politische Gegner der Kommunisten. Die letzten Lager existierten bis 1950. Die Todesrate war hier aufgrund der furchtbaren Haftbedingungen besonders hoch; Schätzungen reichen von 65.000 bis 80.000 Toten.

Für die eigentliche Entnazifizierung entwickelten die Amerikaner eine riesige bürokratische Prozedur. Alle Erwachsenen mussten einen Fragebogen ausfüllen, in dem Mitgliedschaften in Naziorganisationen vermerkt werden mussten. Das Überprüfungsverfahren ging dann mit dem »Befreiungsgesetz« 1946 in der amerikanischen Zone an die Deutschen über. Eigens gebildete **Spruchkammern** hatten anhand von »Meldebögen« Überprüfungen vorzunehmen und den Grad der politischen Belastung festzustellen. Die meisten der Betroffenen wurden als sogenannte Mitläufer eingestuft.

Diese Form der Entnazifizierung war ein Fehlschlag und viele große und kleine Nazis schlüpften durch die Maschen. Dennoch bewirkte die Entnazifizierung einen Schock. Man wollte sich nicht noch einmal politisch die Finger verbrennen und hielt sich von radikalen politischen Parteien fern. Die zeitweilige soziale Herabsetzung (durch Verlust des Arbeitsplatzes und Sühnemaßnahmen) machte aus ehemaligen Nazis keine Demokraten, aber beförderte ein allmähliches Umdenken. Dazu trugen auch die Bemühungen zur »**Umerziehung**« wesentlich bei.

Während in der britischen und französischen Zone ähnliche, aber mildere Verfahren der Entnazifizierung praktiziert wurden, ging es in der sowjetischen anders und härter zu. Auch hier wurden einige Hunderttausend aus dem öffentlichen Dienst entlassen. Vor allem aber sah die Sowjetunion in der völligen Entmachtung und Vernichtung des Großgrundbesitzes und des Großkapitals die wichtigste Form der Entnazifizierung. Wer mehr als 100 Hektar Land besaß, wurde ohne Entschädigung enteignet und häufig vertrieben. Die Flächen wurden unter der Parole »Junkerland in Bauernhand« an »Umsiedler«, landarme Bauern und Landarbeiter verteilt. Daneben wurden einige Staatsgüter geschaffen. Große Industriebetriebe wurden nach einer Volksabstimmung am 30. Juni 1946 in Sachsen verstaatlicht. Das Gesetz lautete: »Überführung der Betriebe von Kriegs- und Naziverbrechern in das Eigentum des Volkes«. Tatsächlich waren aber alle großen Industriebetriebe, unabhängig von einer politischen Überprüfung, betroffen.

einer tatsächlichen Säuberung konnte so allerdings kaum die Rede sein.

Was versteht man unter Umerziehung/ reeducation?

Im gesamten Schulsystem und im kulturellen Leben versuchte vor allem die amerikanische Besatzungsmacht, den Traditionen des Obrigkeitsstaates und des blinden Gehorsams etwas Positives entgegenzusetzen. Die Deutschen sollten von den Vorzügen eines demokratischen Stils, gesellschaftlicher Verantwortung und demokratischer Inhalte im Unterricht, in Lehrbüchern, in öffentlichen Ämtern überzeugt werden. Vor allem durch die Sicherung einer freien Presse und unabhängiger Rundfunkanstalten gelang den Westmächten ein großer Schritt in dieser Richtung.

BEMERKENSWERTES

Kritik von der Kanzel

Die Kirchen gehörten zu den scharfen Kritikern des Entnazifizierungsverfahrens. Besonders drastisch fiel eine Kanzelabkündigung vom Februar 1948 in Hessen aus: »Der Versuch, den Nationalsozialismus mit den Mitteln dieses Gesetzes auszurotten, ist auf der ganzen Linie gescheitert. Dagegen hat diese Art der Denazifizierung zu Zuständen geführt, die auf Schritt und Tritt an die hinter uns liegenden Schreckensjahre erinnern. Hunderttausende von Menschen stehen unter beständigem Druck und erliegen der Versuchung, zu aller erdenklichen Unwahrhaftigkeit und Lüge zu greifen, um sich reinzuwaschen.«

Der Nürnberger Prozess gegen die Hauptkriegsverbrecher

Wer wurde zum Tode verurteilt?

Zu den zum Tod Verurteilten gehörten Reichsmarschall Hermann Göring, Hans Frank (Generalgouverneur im besetzten Polen), Wilhelm Frick (Reichsinnenminister), Alfred Jodl (engster militärischer Berater Hitlers), Ernst Kaltenbrunner (Chef des Reichssicherheitshauptamts), Fritz Sauckel (Generalbevollmächtigter für den Arbeitseinsatz), Joachim von Ribbentrop (Reichsaußenminister), Julius Streicher (Herausgeber des Hetzblatts »Der Stürmer«), Arthur Seyß-Inquart (»Reichskommissar für die besetzten niederländischen Gebiete«), Wilhelm Keitel (Chef des Oberkommandos der Wehrmacht), Alfred Rosenberg (Reichsminister für die besetzten Ostgebiete), Martin Bormann (in Abwesenheit, er war verschollen).

Was waren die Nürnberger Nachfolgeprozesse?

Es handelte sich um zwölf Verfahren vor amerikanischen Militärgerichten mit 177 Angeklagten. Vor Gericht standen einzelne Personen als Repräsentanten des »Dritten Reiches«: unter anderem Angehörige der

Schon während des Krieges waren die Alliierten übereingekommen, dass die deutschen Kriegsverbrechen bestraft werden sollten. Im August 1945 unterzeichneten sie ein Abkommen, nach dem ein Internationaler Militärgerichtshof (IMG) zur Verurteilung der Hauptkriegsverbrecher geschaffen werden sollte.

Vom 20. November 1945 bis 30. September 1946 verhandelte der IMG in Nürnberg gegen 24 führende Vertreter der NSDAP, der SS, der Wirtschaft und der Wehrmacht. Einige der wichtigsten Figuren des Dritten Reiches, wie Hitler, Himmler, Goebbels, Bormann und Robert Ley, waren allerdings bereits tot, Reichsmarschall Hermann Göring nahm sich kurz vor der Vollstreckung des Urteils das Leben. Zum **Tod** durch den Strang verurteilt wurden schließlich zwölf der 24 Hauptangeklagten. Sieben erhielten Haftstrafen, einige wurden freigesprochen.

Am Gerichtshof beteiligten sich alle vier Besatzungsmächte mit je einem Richter und Stellvertreter. Als Verteidiger waren deutsche Anwälte zugelassen. Die vier Anklagepunkte der Alliierten lauteten: Verschwörung gegen den Frieden, Führung eines Angriffskrieges, Verstöße gegen das Kriegsrecht, Verbrechen gegen die Menschlichkeit, insbesondere Völkermord.

Der Prozess war ein großes internationales Medienereignis, an dem etwa 200 Journalisten aus 20 Ländern teilnahmen. Der beabsichtigte moralische Besinnungs- und Reinigungseffekt bei der deutschen Bevölkerung blieb jedoch gering. Die meisten Menschen waren mit der Organisation des Überlebens beschäftigt und interessierten sich wenig für Politik und insbesondere die jüngste Vergangenheit. Auch die Grundlagen des Prozesses wurden als »Siegerjustiz« vielfach abgelehnt.

Mit dem Tribunal von Nürnberg sollten künftige Angriffskriege und Kriegsverbrechen geächtet werden. Jeder Legendenbildung über die Naziherrschaft sollte durch eine genaue Beweisaufnahme vor Gericht der Boden entzogen werden. Die gesammelten Dokumente bildeten eine wichtige Grundlage für die Aufklärung der Öffentlichkeit und die historische Forschung.

Das in der Rechtssprechung sonst übliche Prinzip des Rückwirkungsverbots (das heißt Straftaten dürfen nicht durch nachträglich geschaffene Gesetze geahndet werden) wurde hier bewusst und mit guten Gründen aufgehoben. Denn das Nazirecht hatte sich nicht mehr an allgemein gültigen (zum Beispiel naturrechtlichen) Normen orientiert, sondern gezielt eine rasseideologisch aufgebaute Terrorjustiz geschaffen, die gegen jede menschliche Ethik verstieß.

Die hochfliegende Idee, mit diesem internationalen Gerichtsverfahren zugleich eine neue Ära des Völkerrechts zu eröffnen, funktionierte nicht. Dennoch: Staatsmänner und Militärs hatten künftig damit zu rechnen, dass Menschenrechte und Friedensziele ein größeres Gewicht erhielten. Vor allem aber war in Deutschland einer neuen Legendenbildung, ähnlich der **»Dolchstoßlegende«** nach 1918, der Boden entzogen.

Mit diesem Tribunal in Nürnberg war aber nur die Spitze des Eisbergs erfasst. In allen Zonen gab es darüber hinaus Prozesse gegen hohe Funktionsträger und Funktionäre der NS-Zeit. In Nürnberg bemühten sich die USA mit den sogenannten **Nachfolgeprozessen** noch um die weitere Erfassung und Aburteilung deutscher Kriegsverbrechen.

Wehrmachtsführung, die Chefs der Einsatzgruppen der SS, Ärzte, die Experimente an Menschen durchgeführt hatten, hohe Justizbeamte und Industrielle, die wesentlich zur Kriegsvorbereitung beigetragen oder in der Besatzungspolitik eine wichtige Rolle gespielt hatten (unter anderem Flick und IG Farben).

Was war die Dolchstoßlegende?

Sie wurde von verantwortungslosen Militärs nach 1918 verbreitet und behauptete wahrheitswidrig, die militärische Niederlage Deutschlands im Ersten Weltkrieg sei durch den »Dolchstoß« der revolutionären Bewegungen in der Heimat in den Rücken des kämpfenden Heeres erfolgt. Die Dolchstoßlegende war ein wichtiges Propagandainstrument für die Nationalsozialisten auf dem Weg zur Macht.

BEMERKENSWERTES

Die Naziverbrechen

Der Berliner Rundfunk berichtete im August 1946 über den Nürnberger Prozess: »Angeklagt sind die SS, insbesondere die Totenkopfverbände [diese waren auch für die KZs zuständig] ... Dem trockenen Aktenmaterial entsteigen Bilder, deren Brutalität erstarren macht. Ein Protokoll schildert ausführlich das Familienleben des Lagerkommandanten SS-Obersturmbannführer Wilhaus, der zwei- bis vierjährige Kinder in die Luft werfen ließ und nach ihnen schoss, wobei sein neunjähriges Kind ihn mit den Zurufen anfeuerte: ›Papa, bitte noch einmal.‹ Ganz ein Mann nach Himmlers Geschmack, der von der SS gesagt hat, sie werde ein gnadenloses Schwert sein.«
Über den Auschwitzkommandanten hieß es: »Höß berichtet völlig sachlich: ›Es dauerte drei bis 15 Minuten, die Menschen in der Gaskammer zu töten. Wenn das Kreischen aufhörte, wussten wir, dass sie tot sind. Unsere Sonderkommandos nahmen den Leichen die Ringe ab und zogen aus ihren Gebissen die Goldzähne. Das Gold wurde nach Berlin an die SS geschickt.‹«

Not lehrt beten –
die Kirchen sind wieder gefragt

Welche Aufgaben nahmen die Kirchen wahr?

Sie kümmerten sich vor allem um Flüchtlinge, Alte und Kranke, elternlose Kinder. Sie beteiligten sich am Suchdienst, organisierten Sammlungen und sorgten für die Verteilung der Kleider- und Lebensmittelspenden aus dem In- und Ausland, die für viele Menschen lebenswichtig waren.

Was war die »Volkssolidarität«?

Sie war eine im Herbst 1945 in der sowjetischen Zone von kommunistischen Funktionären ins Leben gerufene, zunächst unpolitische Hilfsorganisation. Sie widmete sich anfangs insbesondere der Hilfe für Kinder und der Unterstützung von Vertriebenen und heimkehrenden Kriegsgefangenen.

Emblem der Volkssolidarität

Schon während des Krieges hatte ein hoher Funktionär der NSDAP widerwillig festgestellt, dass »Zeiten der Not für die Kirche Zeiten der Ernte« seien. In der Umbruchphase galt das noch mehr. Die christlichen Kirchen waren 1945 die einzigen äußerlich intakt gebliebenen Großorganisationen. Zwar gehörte die Mehrheit der Christen keineswegs zu den konsequenten Hitlergegnern, aber 1945 glaubten die Besatzungsmächte noch an die »weiße Weste« der Kirchen. Sie galten als moralische Instanz, von der Orientierung erwartet wurde und die bei den Alliierten Respekt fand. Das traf in den Anfangsjahren auch noch für die sowjetische Zone zu, in der eine atheistische Besatzungsmacht und in ihrem Auftrag eine kommunistische Partei das Sagen hatte.

Pfarrern gelang es 1945 manchmal, mit weißen Fahnen die kampflose Übergabe eines Ortes zu sichern, nachdem sich der Nazibürgermeister oder Ortsgruppenleiter aus dem Staube gemacht hatte. Sie wurden auch eine beliebte Adresse für »Persilscheine« im Entnazifizierungsverfahren. Ihre Entlastungsschreiben sollten die politische Unschuld oder Harmlosigkeit der Beschuldigten beweisen. Das mochte oft richtig sein, aber häufig entsprangen solche Zeugnisse auch falsch verstandener christlicher Nächstenliebe.

Die Kirchen sorgten zunächst einmal dafür, dass in den Gemeinden oder in Flüchtlingslagern die schlimmste Not gelindert wurde. Insofern übernahmen sie **Aufgaben** des Staates, solange es diesen noch nicht wieder gab. Das Hilfswerk der evangelischen Landeskirchen und die katholische Hilfsorganisation »Caritas« kümmerten sich ebenso wie die **»Volkssolidarität«** in der sowjetischen Zone um diejenigen, denen es besonders schlecht ging.

Die Kirchen setzten sich aber auch mit Schuld und Verantwortung auseinander, jedoch in sehr widersprüchlicher Art und Weise. Das »Stuttgarter Schuldbekenntnis« der neu geschaffenen Dachorganisation der »Evangelischen Kirche Deutschlands« (EKD) von 1945 bekannte sich zur deutschen Verantwortung für die Verbrechen der Vergangenheit. Ein Schlüsselsatz lautete: »Durch uns ist unendliches Leid über viele Völker und Länder gebracht worden.« Selbst dieses zurückhaltende Schuldbekenntnis stieß bei einigen Landeskirchen und Gemeinden auf Ablehnung. Die Selbstkritik in der EKD-Erklärung blieb merkwürdig blass. Von der Hitlerverehrung der

»**Deutschen Christen**« war nirgends die Rede, ebenso wenig von der Judenvernichtung. Ähnlich allgemein lautete die Schulderklärung der Katholiken durch die Fuldaer Bischofskonferenz vom August 1945.

In den folgenden Jahren spielten Vertreter beider Kirchen auch eine fatale Rolle bei der Aufarbeitung der NS-Vergangenheit. Sie kritisierten heftig die Entnazifizierung, setzten sich bisweilen für politisch Schwerbelastete in Internierungslagern ein und halfen sogar im Verborgenen etlichen hohen Nazifunktionären mit falschen Pässen bei der Flucht ins Ausland. Umso lauter wurde aber in beiden Kirchen die Forderung nach einer »Rechristianisierung«: Der Nationalsozialismus galt als Höhepunkt einer von Gott abgefallenen Gesellschaft und nur durch die Rückkehr zu den christlichen Grundsätzen war demnach ein Neubeginn möglich.

Die Kirchen reagierten hier auf eine neue politische Situation mit alten Antworten, die auf Dauer nicht befriedigen konnten. Denn eine christliche Gesellschaft ließ sich weder in der westlichen Demokratie noch in den neuen kommunistischen Diktaturen realisieren. Auch wo sie nicht wie in der DDR und Osteuropa verfolgt wurden, haben die Kirchen langfristig Einfluss verloren. Gleichwohl hat die Erfahrung mit dem Nationalsozialismus bei bedeutsamen Minderheiten in beiden Kirchen auch ein neues gesellschaftliches und politisches Engagement gefördert. Die früher enge Bindung der Katholiken an eine katholische Partei und der Protestanten an konservative und nationalistische Parteien, wie sie noch in der Weimarer Republik bestand, löste sich auf. Das Parteiensystem in der Bundesrepublik wurde flexibler.

Was wollten die Deutschen Christen?

Sie vertraten eine Verbindung von Nationalsozialismus und Christentum. Der radikale Flügel dieser uneinheitlichen Bewegung übernahm Teile der Rassenideologie (zum Beispiel den »Arierparagrafen«, der Juden aus dem öffentlichen Dienst ausschloss) und lehnte das biblische Alte Testament ab. Die Deutschen Christen befürworteten statt einer Vielzahl von Landeskirchen eine zentralistische Kirchenorganisation mit einem Reichsbischof an der Spitze.

BEMERKENSWERTES

Die Rolle der Kirchen

Im Chaos der Zusammenbruchsgesellschaft fiel den Kirchen vor allem in den Anfangsjahren eine wichtige soziale Rolle zu. Für Ausgebombte, Flüchtlinge und Vertriebene boten kirchliche Institutionen erste Auffangmöglichkeiten und Schutz. Vertriebenenseelsorge konnte helfen, den Heimatverlust zu verarbeiten und die Abneigung der Einheimischen zu überwinden. Verzweifelte Menschen fanden oft in den Gottesdiensten wieder Halt. Insofern bewahrheitete sich das alte Sprichwort »Not lehrt beten«.

Der Hungerwinter 1946/47 – das Ruhrgebiet als Beispiel

Was war ein »Kartoffelbetriebsrat«?

Es war eine spöttische Bezeichnung für die Arbeitervertretung im Betrieb, die eigentlich für soziale und wirtschaftliche Belange der Belegschaft zuständig war, angesichts der miserablen Ernährungslage aber erst einmal dafür sorgte, dass Rohstoffe oder Industrieprodukte gegen Kartoffeln oder anderes getauscht wurden.

Welche Bedeutung hatte die KPD im Ruhrgebiet?

Sie war hier traditionell besonders stark und errang bei den Landtagswahlen 1947 in Nordrhein-Westfalen in vielen Städten über 20 Prozent der Stimmen. Die KPD, zunächst noch nicht wie später ganz von der SED in der Ostzone abhängig, konnte zeitweilig die allgemeine Notlage erfolgreich für populäre Sozialisierungsforderungen und kommunistische Propaganda nutzen.

Was ist ein Kumpel?

Als Kumpel bezeichnet man einen Bergarbeiter.

Die Normalverbraucherrationen des Frühjahrs 1947 seien so niedrig, hieß es in einer Denkschrift der deutschen Ärzteschaft zur Ernährungslage in der britischen Zone, dass sie nur ein Drittel des Bedarfs decken und in wenigen Monaten zum Tode führen würden. In den ländlichen Regionen Deutschlands war die Versorgung zwar nicht so katastrophal wie im Ruhrgebiet, aber in den meisten großen Städten sah es ähnlich aus.

Das Elend hatte viele Ursachen. Das Eisenbahnnetz war vom Bombenkrieg besonders hart getroffen und konnte erst allmählich wiederhergestellt werden. Der hohe Verschleiß bei Lokomotiven und Waggons tat ein Übriges. Die Abtrennung der Ostgebiete wirkte sich verheerend für die Lebensmittelversorgung aus und die Zonentrennung bremste die Lieferungen aus der sowjetischen Zone. Die Bevölkerungszahl in der britischen Zone war durch die Flüchtlinge und Vertriebenen deutlich angestiegen. Wohnungen waren zu einem erheblichen Teil vernichtet, in manchen Städten um weit mehr als die Hälfte des früheren Bestandes. So wurde allein schon die Unterbringung von Arbeitskräften für den Bergbau ein Problem. Ohne Kohlenförderung war aber die Wirtschaft nicht in Gang zu bringen. Schließlich verschlimmerte der extrem kalte Winter 1946/47 den Brennstoffmangel und die Versorgung der Bevölkerung.

Was im dicht bevölkerten Ruhrgebiet besonders drastisch ausfiel, galt grundsätzlich auch für andere Teile Deutschlands. Hinzu kam die tiefe Empörung in der Arbeiterschaft über die Demontagen. Psychologisch wirkten sie in der Situation von Hunger und mangelnder Versorgung erbitternd. Viele Menschen erinnerten sich wohlwollend an die Jahre des »Dritten Reiches«, wo es solche Probleme nicht gab. Dabei wurde meist vergessen, auf wessen Kosten das gegangen war: Ohne ausländische Zwangsarbeiter in der deutschen Wirtschaft und rücksichtslose Ausbeutung der besetzten Gebiete Ost- und Westeuropas hätte die deutsche Kriegswirtschaft nicht funktioniert.

Der Tauschhandel, mit dem auch Betriebsräte den Belegschaften der Industrieunternehmen zu helfen versuchten, konnte nicht dauerhaft funktionieren und behinderte einen wirtschaftlichen Wiederaufbau. Der **»Kartoffelbetriebsrat«** war eine typische Erscheinung im Ruhrgebiet. Aber allmählich drohte die Situation außer Kontrolle zu geraten. »Hungermarsch der Essener Betriebe – 15.000 Krupparbeiter und die Belegschaften verschiedener Schachtanlagen demonstrieren vor dem Rathaus und der Militärregierung«, schrieb eine kommunistische Zeitung Anfang Februar 1947. In zahlreichen Orten gab es in den folgenden Wochen Proteststreiks und Demonstrationen, auf denen eine schnelle Verbesserung der Ernährungslage und eine bessere Organisation der Wirtschaftsverwaltung gefordert wurden. Häufig verbanden sich damit auch alte politische Ziele nach **Sozialisierung** der wichtigen Industrien und einer Bodenreform. Hier trat besonders die **KPD** in Erscheinung.

Die politische Krisenstimmung aufgrund der schlechten Lebensmittelversorgung musste die Briten und Amerikaner alarmieren. 1947/48 verstärkten sie daher ihre Bemühungen, die Kohleförderung im Ruhrbergbau – damals eine Schlüsselbranche für den europäischen Wiederaufbau – zu verbessern. Eine Erhöhung der Kalorien, insbesondere eine bessere Versorgung mit Fett, gehörte zu den Vorbedingungen. »Wie kommt der **Kumpel** zu seinem Speck?«, fragte eine Zeitung im Ruhrgebiet. Die Antwort gab die Militärregierung mit einem Punktesystem zur Leistungssteigerung im Bergbau. Für gute Förderleistungen gab es zusätzliche Sonderzuteilungen von Lebensmitteln, Waren, Schnaps und Zigaretten. Die bei den Amerikanern ohnehin unbeliebten Sozialisierungspläne der deutschen Gewerkschaften gerieten damit zwangsläufig ins Hintertreffen. Die Bergarbeiter entschieden sich im Zweifelsfalle eher für den Speck als für die Sozialisierung.

Was versteht man unter Sozialisierung?
Darunter wurde die Überführung von privatem Eigentum an Großbetrieben, Aktiengesellschaften und Banken in Volkseigentum verstanden. Die Forderung gehörte zu den wichtigsten Programmpunkten aller kommunistischen und sozialistischen Parteien

BEMERKENSWERTES

Die Demontagen in den Westzonen

Die Alliierten hatten für alle Zonen Demontagen vor allem der deutschen Rüstungsbetriebe vereinbart. Dazu wurden Listen angelegt, welche Anlagen zu demontieren (abzubauen) seien, zum Beispiel große Teile der Kruppwerke in Essen oder der Salzgitter-Werke. Im Vergleich zur sowjetischen Zone fielen die Demontagen im Westen aber viel geringer aus und waren rein wirtschaftlich gesehen insgesamt ziemlich unbedeutend. Dennoch stießen sie bei der Bevölkerung angesichts der allgemeinen Notlage auf völliges Unverständnis.

Kulturelles Leben in vier Zonen

Worin lag das Besondere der öffentlich-rechtlichen Rundfunkanstalten?

Nach dem von den Nationalsozialisten gelenkten Staatsrundfunk des »Dritten Reiches« sollte die Unabhängigkeit und politische Vielfalt der Sendungen sowie die Objektivität der Berichterstattung gesichert werden. Der Rundfunk sollte nach amerikanischen Vorstellungen so schnell wie möglich in deutsche Hände übergeben werden. Im Frühjahr 1946 formulierte die Militärregierung »Zehn Gebote« mit Kernforderungen, zu denen gehörten: Sendezeit für verschiedene gesellschaftliche Gruppen (wie Kirchen oder Gewerkschaften), Objektivität und demokratische Kritik, Verbot jeder Diskriminierung und von Gedanken, die grob die Gefühle großer Teile der Zuhörer verletzen.

Kriegsende und Besatzungszeit werden häufig nur mit Zusammenbruch, Zerstörung, Hunger und Elend verbunden. Zu den ersten Nachkriegsjahren gehörte aber trotz dieser »Stunde null« auch ein lebhaftes und buntes kulturelles Leben. Es wurde von den Besatzungsmächten gefördert, weil es zur »Umerziehung« beitragen und die Bevölkerung vom Elend ablenken sollte.

Künstler und Intellektuelle engagierten sich jedoch auch ohne diese alliierten Vorgaben und nutzten die Chancen der neuen Freiheit. Denn während der letzten Kriegsjahre war – vom Kino abgesehen – nahezu das gesamte Kulturleben zum Erliegen gekommen. Nach 1945 entstand erstaunlich schnell und in meist provisorischen Formen der traditionelle Musik- und Theaterbetrieb wieder. Auch die »leichte Muse« wie Operette, Varieté und sogar der Zirkus waren bald wieder da. Besonders in der Viersektorenstadt Berlin trieb die »Kultur in Trümmern« üppige Blüten, weil sich die Besatzungsmächte gegenseitig Konkurrenz machen wollten. »Fast täglich werden neue Theater eröffnet«, stellte ein amerikanischer Bericht schon im Juli 1945 für Berlin fest und betonte die enormen Anstrengungen der Künstler, wenn sie in langen Fußmärschen von mehreren Stunden ihren Arbeitsplatz erreichten. Mit Vorrang gespielt wurden Theater- und Musikstücke, die zuvor von den Nazis aus politischen Gründen verboten worden waren.

Wolfgang Borchert

Ein besonders wirkungsvolles Theaterstück dieser Zeit war Wolfgang Borcherts Drama *Draußen vor der Tür*. Es hatte das Heimkehrerthema zum Gegenstand und war zugleich eine bittere Anklage gegen den Krieg. In der sowjetischen Zone spielten in der Literatur, im Film und in Ausstellungen der Widerstand gegen die Nazis und die Verbrechen im »Dritten Reich« als Themen eine herausragende Rolle. Die politische Zensur blieb zunächst noch zurückhaltend, sodass sich auch hier ein deutlich vielseitigeres Kulturleben als in späteren Jahren entfalten konnte.

In den Westzonen entwickelte sich unter dem Einfluss der amerikanischen Besatzungsmacht schnell eine unter Jugendlichen sehr populäre Swing- und Jazzszene. Von den Nazis war der Jazz als »Niggerkunst« bekämpft und nur in privaten Nischen gehört und gespielt worden. Jetzt konnte er sich als lebendige Musiksprache neu entfalten.

Zum »Aufbruch« in der Trümmerzeit gehörte die kurze Blüte der politisch-kulturellen Zeitschriften. Sie boten gegenüber der publizistischen Öde während des Krieges viele neue Informationen und kritische Diskussionen. Allerdings fanden diese Zeitschriften trotz hoher Auflagenzahlen nur bei einem relativ kleinen Kreis von Intellektuellen und politisch Engagierten Interesse. Dagegen kamen Illustrierte, populäre Romane und Hollywood-Filme erst wieder nach der Währungsreform und nach dem Ende der »Umerziehung« auf den Markt. Bücher wie der Bestseller-Roman *Vom Winde verweht*, später auch als Film ein Kassenschlager, trafen den Geist der Zeit im besiegten Deutschland besser als wertvolle Abhandlungen zur Demokratie oder die Trümmerliteratur.

Zu den wichtigsten Errungenschaften der westalliierten Politik im besetzten Deutschland gehörten der öffentlich-rechtliche **Rundfunk** und eine unabhängige **Presse**. Sie schufen eine unverzichtbare Grundlage für das Funktionieren einer demokratischen Öffentlichkeit.

Was zeichnete die freie Presse aus?

Wer eine Zeitung herausgab, brauchte eine Genehmigung der Militärregierung (Lizenz). Die politische Vielfalt der deutschen Zeitungen war groß und die Kontrolle durch Besatzungsoffiziere locker. So konnte sich eine sehr facettenreiche Presselandschaft entwickeln. Verboten waren aber nationalistische, militaristische, faschistische oder antidemokratische Ideen.

BEMERKENSWERTES

Wolfgang Borchert und sein Stück *Draußen vor der Tür*

Wolfgang Borchert wurde 1921 in Hamburg geboren und starb 1947. Im Zweiten Weltkrieg kam er an die Ostfront, wurde wegen politischer Äußerungen zu neun Monaten Haft verurteilt, konnte fliehen, kam in französische Gefangenschaft und kehrte nach der Kapitulation nach Hamburg zurück. In seinem Heimkehrerdrama, das zunächst 1947 mit großem Erfolg als Hörspiel aufgeführt wurde, verarbeitete er seine Kriegs- und Nachkriegserfahrungen. Im Vorwort heißt es über die Hauptfigur des Dramas, Beckmann, er sei »einer von denen, die nach Hause kommen und die dann doch nicht nach Hause kommen, weil für sie kein Zuhause mehr da ist. Und ihr Zuhause ist dann draußen vor der Tür.«

Der Beginn des Kalten Krieges als Konflikt der Supermächte

Was war die Trumandoktrin?

Im März 1947 erklärte der amerikanische Präsident Truman (1884-1972), es gebe zwei Lebensweisen. Die eine gründe sich auf Freiheit, die andere auf Unterdrückung und Terror durch die Politik einer Minderheit. Mit letzterer war, obwohl er es nicht aussprach, die von der Sowjetunion vertretene Gesellschaftsordnung gemeint. Ziel der USA müsse es sein, die freien Völker zu unterstützen, die sich dem äußeren Druck widersetzten.

Was meint der Begriff Sowjetisierung?

Er beschreibt den Vorgang der Unterwerfung und Umformung der DDR und der Staaten in Ostmitteleuropa nach sowjetischem Vorbild. Sowjetische »Berater« und die Geheimpolizei sorgten dafür, dass es keine nationalen Sonderwege gab, sondern sich alle Stalins Diktat fügten.

Bald nach dem Ende des Krieges wurde die unterschiedliche politische Entwicklung der Ost- und der Westzonen bereits erkennbar. Dass daraus dann eine Teilung in zwei deutsche Staaten entstand, hatte vor allem mit dem Kalten Krieg zu tun.

Den Begriff »Kalter Krieg« prägte 1947 der amerikanische Journalist Walter Lippmann. Er kennzeichnet eine scharfe Form der Konfrontation zwischen Ost und West. Darin kam die politische und ökonomische »Teilung der Welt« in zwei politische und ideologische Lager, angeführt von der Sowjetunion und den USA, zum Ausdruck. »Kalt« wurde der Krieg genannt, weil es (zumindest in Europa) nie zu offenen Kampfhandlungen kam. Da beide Seiten genug Waffen besaßen, um die Welt zu zerstören, ließ man es in den Jahrzehnten der Konfrontation und der Feindschaft nicht zum tatsächlichen Krieg kommen; mehrmals schlitterte die Welt jedoch nur knapp am Dritten Weltkrieg und damit an einer Katastrophe vorbei. Es blieb bei dem Bemühen, sich selbst eine möglichst große Einflusszone zu sichern und den Einfluss des Gegners zurückzudrängen, bei Drohgebärden und sogenannten Stellvertreterkriegen, Konflikten in anderen Ländern, in denen die beiden Supermächte jeweils eine Seite unterstützten. Geprägt war diese Zeit von massivem Wettrüsten und einem Konkurrenzkampf auf kulturellem, wissenschaftlichem und wirtschaftlichem Gebiet.

Der Kalte Krieg brach in offener Form spätestens 1947 aus, als der amerikanische Präsident die nach ihm benannte **Trumandoktrin** verkündete. Diese Erklärung konnte und sollte als massive Warnung an die Sowjetunion verstanden werden, ihren Einfluss im Vorderen Orient, in Griechenland, aber auch indirekt in Westeuropa und Deutschland nicht weiter auszudehnen. Die ökonomische Ergänzung zu dieser politischen Erklärung war der im Sommer 1947 vom amerikanischen Außenminister Marshall angekündigte Hilfsplan für die vom Krieg schwer in Mitleidenschaft gezogenen europäischen Staaten. Er stellte Kredite für den Wiederaufbau in Aussicht, forderte aber eine enge wirtschaftliche Absprache zwischen den Empfängerländern.

Auf diese Anzeichen einer Blockbildung unter amerikanischer Führung reagierte die Sowjetunion mit der Gründung des Kommunistischen Informationsbüros (Kominform). Es diente, ähnlich wie die Kommunistische Internationale (Komintern) der 20er-Jahre, der Disziplinierung und Gleichschaltung der Parteien in den ost- und südosteuropäischen Staaten. Diese Staaten waren zwar streng genommen unabhängige Staaten, wurden aber von Moskau dominiert. Die Sowjetunion schwenkte auf Konfrontation um. Schon die aus wirtschaftlichen Gründen erfolgte Zusammenlegung der amerikanischen und britischen Zone zur Bizone im Januar 1947 wurde als unfreundlicher Akt und Bruch des Potsdamer Abkommens angesehen. In der Folgezeit verschärften sich die Spannungen zwischen den beiden Supermächten in hohem Tempo und machten alle Chancen zu einer einvernehmlichen Lösung der deutschen Frage zunichte. Auf der Londoner Außenministerkonferenz im Dezember 1947 wurde das endgültig offenkundig.

Die vier Besatzungszonen wiesen zwar von Anfang an eine deutlich unterschiedliche politische und ökonomische Struktur auf. Aber erst seit 1947 wurden die Weichen für die Teilung zwischen dem östlichen und westlichen Teil Deutschlands definitiv und für lange Zeit unveränderbar gestellt. Viele einschneidende Eingriffe, die bereits 1945/46 in der SBZ durchgeführt worden waren, erwiesen sich nun als Vorstufe zur **Sowjetisierung** des östlichen Teils Deutschlands. Aus der östlichen Besatzungszone wurde eine kommunistische Parteidiktatur, die sich an die politischen und ökonomischen Strukturen von Stalins Sowjetunion anlehnte. Anfang der 50er-Jahre wurde sie in den Block der osteuropäischen **Volksdemokratien** eingebunden.

Was kennzeichnete eine »Volksdemokratie«?
Der Begriff war die offizielle Bezeichnung für die Staaten in Ostmitteleuropa unter sowjetischer Herrschaft. Formal gab es ein Mehrparteiensystem, tatsächlich waren es Diktaturen nach sowjetischem Muster. Das aus dem Griechischen übernommene Wort ist eigentlich unsinnig, denn Demokratie heißt Volksherrschaft. Daher ist der Begriff Volksdemokratie eigentlich eine unsinnige Verdoppelung.

BEMERKENSWERTES

Kalter Krieg in Berlin als Filmkomödie

Billy Wilders Film *Eins, Zwei, Drei* von 1961 spielt in Berlin noch vor dem Bau der Mauer. In dieser witzigen Komödie, die den ansonsten ja keineswegs lustigen Kalten Krieg von seinen verrückten Seiten in der Viersektorenstadt Berlin zeigt, werden Klischees und drohende internationale Konflikte in einem Film mit damaligen Spitzenstars (Lilo Pulver, Horst Buchholz) durch den Kakao gezogen. Diese Satire fand nach dem Mauerbau in Deutschland zunächst eine wenig positive Aufnahme, wurde aber seit den 80er-Jahren bei ihrer Wiederaufführung zum internationalen Hit.

Währungsreform und soziale Marktwirtschaft im Westen

Was kennzeichnet die soziale Marktwirtschaft?

Sie sollte, anders als der Kapitalismus des 19. Jahrhunderts, den Wettbewerb auf dem Markt sichern und ihn gleichzeitig durch sozialpolitische Stützen für alle verträglich machen. Zu große Ungleichheit und Ausbeutung sollten verhindert werden. Ludwig Erhard, der spätere Bundeswirtschaftsminister, war überzeugt, dass vor allem durch gesetzliche Sicherung des Wettbewerbs die Marktwirtschaft gewissermaßen von selbst auch sozial sein würde. Er gilt als einer der Köpfe hinter dem Prinzip der sozialen Marktwirtschaft.

Worin bestand die Bedeutung des »Gesetzes über die Leitsätze für die Bewirtschaftung und Preispolitik«?

Es beendete die Zwangsbewirtschaftung (Zuteilung von Lebensmitteln und Waren durch Marken und Bezugsscheine) und erlaubte den Wettbewerb auf dem Markt. Viele Preise wurden freigegeben, einige (zum Beispiel für Grundnahrungsmittel) blieben jedoch anfänglich noch gebunden.

Für den Krieg, der durch Ausbeutung der eroberten europäischen Länder und durch eine riesige Staatsverschuldung finanziert worden war, bekam das deutsche Volk 1945 auch finanziell die Quittung. Das »Dritte Reich« hatte eine Schuldenlast von 379 Milliarden Reichsmark hinterlassen. Die enorme Vermehrung der im Umlauf befindlichen Geldmenge stand in keinem Verhältnis zu den vorhandenen Waren. Die Reichsmark war daher kaum etwas wert. Eine Währungsreform wurde grundsätzlich von allen Besatzungsmächten unterstützt, über die Einzelheiten der Durchführung gingen die Meinungen aber erheblich auseinander.

Bei den (westdeutschen) Zeitgenossen ist die Währungsreform vom 20. Juni 1948 als magisches Datum besonders nachdrücklich in Erinnerung geblieben. Nach Jahren der Entbehrung und des Hungers waren buchstäblich über Nacht die Schaufenster wieder voll. Jedoch hatte der Normalverbraucher zunächst nicht genügend Geld, um die neuen Schätze zu kaufen. Scheinbar waren zunächst alle gleich: Pro Kopf gab es 40 Deutsche Mark (DM), später nochmals 20 DM. Löhne, Gehälter, Renten, Pensionen, Mieten wurden im Verhältnis 1:1 auf die neue Währung umgestellt. Guthaben in Reichsmark wurden dagegen zunächst blockiert und im Verhältnis 10:1 abgewertet, später noch einmal zusätzlich. Von 100 Reichsmark blieben damit nur 6,50 DM übrig. 93,5 Prozent des ehemaligen Reichsmarkumlaufs wurden aus dem Verkehr gezogen. Das war der schärfste Währungsschnitt, den es jemals in Deutschland gegeben hatte.

Tatsächlich wurden die Lasten höchst ungleich verteilt und die Mehrheit der Bevölkerung hatte den Wettlauf ins Wirtschaftswunder bereits am Start verloren, wenn sie keine wertbeständigen Güter wie Immobilien oder Wertgegenstände wie zum Beispiel Schmuck besaß. Dennoch markiert das Datum der Währungsreform einen tiefen Einschnitt in der deutschen Nachkriegsgeschichte. Ohne sie wäre der schnelle wirtschaftliche Wiederaufstieg nicht möglich gewesen. Sie bildete aber auch den Anlass für die Berlinblockade und diese trieb die Teilung Deutschlands voran.

Oft gilt der für die Wirtschaft zuständige Politiker der Bizone, Ludwig Erhard, der Begründer der **sozialen Marktwirtschaft,** als Vater des Wirtschaftswunders und somit auch der Währungsreform. Das ist jedoch nur die halbe Wahrheit. Denn der Erfolg dieser Geldreform, die vor allem von den USA durchgesetzt wurde, war an bestimmte Voraussetzungen gebunden. Zum einen musste die Zwangsbewirtschaftung aufgehoben oder zumindest erheblich gelockert werden. Zum andern mussten bereits Waren vorhanden sein, die in die Schaufenster kamen und dem Schwarzmarkt, der sich bis dahin üppig entfaltet hatte, das Lebenslicht ausbliesen. Beides war 1948 gegeben. Ludwig Erhards Verdienst bestand vor allem darin, dass er die Aufhebung der Bewirtschaftung und die Freigabe der Preise durchsetzte. Das sogenannte **»Leitsätzegesetz«,** das ohne ausdrückliche Zustimmung des amerikanischen Gouverneurs General Clay in Kraft trat, war riskant, aber schließlich doch ein Erfolg.

Im Grund muss man also alle Momente zusammen sehen: Der Marshallplan bot Westdeutschland Kredite; die radikale Abwertung der Reichsmark sicherte der neuen Währung einen realistischen Kurs; Waren hatten die Unternehmer in Erwartung einer Währungsreform gehortet und konnten sie nun plötzlich anbieten; das Gesetz über die Leitsätze schließlich erleichterte einen freien Markt und versprach baldige Gewinne.

Freilich stiegen damit auch die Preise abrupt an und die Zahl der Arbeitslosen wuchs ebenfalls (1950 mit einem damals dramatischen Höhepunkt von circa zwölf Prozent). Die Gewerkschaften organisierten im November 1948 einen großen Demonstrations- und Proteststreik, um auf die schlimmen sozialen Folgen der Währungsreform und der Einführung der Marktwirtschaft aufmerksam zu machen. Gewerkschaften und SPD wiesen noch auf ein anderes Problem hin: Sie forderten, eine Geldreform müsse an einen **Lastenausgleich** gekoppelt werden.

Was ist ein Lastenausgleich?

Darunter versteht man finanzielle Entschädigung von vom Krieg besonders geschädigten Personen. Damit sollte vor allem denen geholfen werden, die als Flüchtlinge, Vertriebene oder Ausgebombte nichts mehr besaßen. Die Besatzungsmächte haben eine solche Koppelung an die Währungsreform zunächst abgelehnt und auf später verschoben. Einen gewissen Ausgleich sollte 1949 das »Soforthilfegesetz« bringen. Immerhin bot es insbesondere den verarmten Bevölkerungsgruppen erste fühlbare Unterstützungen. Ein Lastenausgleichsgesetz konnte erst 1952 in der Bundesrepublik verabschiedet werden.

BEMERKENSWERTES

Die Währungsreform in der Erinnerung

Die Währungsreform in den drei Westzonen hatte bei den Zeitgenossen einen gewaltigen »Schaufenstereffekt« und eine enorme psychische Wirkung. Für die meisten, so hat ein Wirtschaftshistoriker festgestellt, »stand weder der Tag der Verkündung des Grundgesetzes am 23. Mai 1949 noch die Konstituierung des Bonner Parlaments am 7. September 1949 für den entscheidenden Neubeginn in Staat und Wirtschaft, sondern eben der 20. Juni 1948.«

Die Berliner Blockade von 1948

Was war die Kommandantura?

Sie wurde 1945 von den vier Besatzungsmächten als höchstes alliiertes Kontrollgremium im besetzten Berlin geschaffen.

Wie sah die Währungsreform in der SBZ und Ostberlin aus?

Sie fand vier Tage nach der Reform im Westen statt. Da noch nicht genügend neue Geldscheine vorhanden waren, klebte man auf die alten Reichsmarkscheine einen Aufkleber mit dem neuen Wert. »Tapetenmark« hießen sie jetzt im Volksmund. 70 Mark wurden pro Kopf ausgezahlt. Weiteres Bargeld und Sparguthaben wurden wie im Westen 10:1 umgetauscht, allerdings mit zahlreichen Ausnahmen für staatliche Betriebe und Parteien. Besitzer von über 5.000 Mark mussten die »redliche Herkunft« des Geldes nachweisen. Damit sollten die Schwarzhändler getroffen werden. Die Wirkung der Reform war jedoch viel schwächer als die der westlichen Währungsreform, weil die Bewirtschaftung und Preisregulierung beibehalten wurde.

Wenige Jahre nach Kriegsende wurde klar, dass die Potsdamer Vereinbarung nicht für eine gemeinsame Politik der Sieger taugte. Die Westmächte arbeiteten auf die Gründung eines provisorischen westdeutschen Staates hin, um das politische und wirtschaftliche Chaos zu beenden und den befürchteten sowjetischen Einfluss einzudämmen. Stalin tat alles, um seine Besatzungszone zu sichern und nach volksdemokratischem Vorbild umzubauen, wollte aber zugleich die Gründung eines Weststaates verhindern.

Berlin, von allen Siegermächten verwaltet, spielte dabei die Schlüsselrolle. Da es auf dem Territorium der SBZ lag, liefen alle Verbindungen aus dem Westen durch sowjetisch kontrolliertes Gebiet. Nur für den Flugverkehr waren Luftkorridore vereinbart worden, die nicht von den Sowjets kontrolliert werden durften. Schon seit Anfang 1948 gab es Störaktionen gegen den Eisenbahnverkehr und sogar Versuche, die Flugverbindungen einzuschränken.

Den unmittelbaren Anlass zur sowjetischen Berlinblockade bildete die westdeutsche Währungsreform am 20. Juni 1948. Eine Geldreform, die nur einen Teil Deutschlands betraf, rührte an den Nerv jeder staatlichen Einheit. An dieser Einheit war Stalin aus ökonomischen und politischen Gründen immer noch interessiert, auch wenn er nichts dazu beitrug, sie zu ermöglichen. Aus der gemeinsamen »**Kommandantura**« Berlins hatte sich die Sowjetunion bereits am 16. Juni zurückgezogen. Nun blockierte sie die Zufahrtswege nach Westberlin.

Dort gingen in der Nacht vom 23. zum 24. Juni 1948 im wörtlichen und übertragenen Sinne die Lichter aus. Die Elektrizitätsversorgung aus dem Ostsektor und der SBZ wurde eingestellt, einen Tag später der Zug- und Straßenverkehr blockiert, wenige Tage darauf der Schiffsverkehr. Bis auf die drei vereinbarten Luftkorridore waren alle Verbindungen Berlins mit dem Westen vollständig unterbrochen. Am 24. Juni führte die Sowjetunion in ihrer Zone ebenfalls eine **Währungsreform** durch. Damit war Berlin auch währungspolitisch eine gespaltene Stadt. Aus propagandistischen Gründen boten die Sowjets eine Versorgung der Westberliner Bevölkerung in ihrem Sektor an, von dem jedoch nur wenige Westberliner Gebrauch machten, weil die Erbitterung über die »Hungerblockade« groß war.

General Clay wollte die Blockade mit einem bewaffneten Konvoi durchbrechen, das lehnte die US-Regierung jedoch als zu riskant ab.

Die Rote Armee behinderte mit gefährlichen Manövern den Flugverkehr, die USA verlegten demonstrativ einige amerikanische B-52-Bomber (für Atomwaffen geeignet) nach Großbritannien. Die internationale Situation war aufs Äußerte gespannt und viele Menschen fürchteten einen neuen Krieg. Denn niemand hielt es für möglich, eine Millionenstadt für längere Zeit aus der Luft zu versorgen.

Genau das gelang jedoch. Im Abstand von wenigen Minuten landeten Flugzeuge auf den Berliner Flughäfen Tempelhof, Gatow und später Tegel, wurden entladen und starteten wieder. Die große Mehrheit der Westberliner Bevölkerung begrüßte begeistert die **»Rosinenbomber«**.

Warum nannte man die Flugzeuge »Rosinenbomber«?

Der Name kam in Umlauf, weil einige Piloten beim Einflug auf die Berliner Flughäfen an kleine Fallschirme gebundene Süßigkeiten für die wartenden Kinder abwarfen.

Nach knapp einem Jahr vereinbarten sowjetische und amerikanische Unterhändler am 4. Mai 1949 ein Ende der Blockade. Denn diese hatte ihr Ziel nicht erreicht. Zudem hatten die Westalliierten eine Gegenblockade verhängt, welche die Wirtschaft der Sowjetzone, die auf westliche Lieferungen angewiesen war, empfindlich traf. Die lebensbedrohende Situation war mit der Aufhebung der Blockade beseitigt. Westberlin blieb jedoch in den folgenden Jahrzehnten ein Krisenherd.

Luftbrücke 1948/49

BEMERKENSWERTES

Leben in Westberlin während der Blockade

Obwohl die Luftbrücke letztlich ein überraschender Erfolg wurde, waren die Folgen der Blockade für die Bevölkerung zunächst einschneidend. Die Stromversorgung konnte nur dürftig aufrechterhalten werden. Die Kohlezuteilungen waren so gering, dass nur dank des milden Winters eine größere Katastrophe ausblieb. Der Journalist Erich Kuby schilderte seine Fußmärsche durch die Stadt, da nach 18 Uhr keine Bahnen mehr fuhren: »Es war ein Weg von Stunden, er führte mich durch helle und dunkle ›Plangruppen‹. Die einen hatten gerade Stromzeit, die anderen Sperrzeit. Die Leute stellten ihre Radiogeräte auf Betrieb, um zu merken, wann der Strom kam. Dann standen sie auf, mitten in der Nacht, um die Trockenmilch für die Kinder zu kochen und für sich selbst vielleicht ein halbes Pfund jener Erbsen, die so vornehm auf den Sitzen einer Passagiermaschine nach Berlin geflogen waren.«

Eine vorläufige Verfassung für den Weststaat

Wer war Lucius D. Clay?

Er war formell von 1947 bis 1949 (in der Praxis schon ab 1945) als Chef der amerikanischen Militärregierung der für die Politik in Westdeutschland bedeutendste Militär und Politiker. Vor allem als »Vater der Luftbrücke« wurde er populär.

Wie setzte sich der Parlamentarische Rat zusammen?

Die Länder bestimmten nach Einwohnerzahl und Parteienmehrheiten die 65 Abgeordneten (plus fünf aus Westberlin ohne Stimmrecht). Vorsitzender war Konrad Adenauer.

Every German has a constitution in his pocket«, stellte der amerikanische Militärgouverneur General **Clay** ironisch fest, als die Diskussion um eine Verfassung für den Zusammenschluss der Westzonen zu einem Staat begann. In den deutschen Parteien gab es zahllose und höchst unterschiedliche Entwürfe und Pläne dazu.

Eigentlich wollte niemand einen Weststaat, weil daraus allzu leicht eine dauerhafte Teilung Deutschlands entstehen konnte, und noch hoffte man, die vier Besatzungszonen letztlich zu einem Staat zusammenführen zu können. Aber die Westalliierten drängten. Denn ohne staatliche Strukturen konnte es keinen dauerhaften Wiederaufbau geben und ohne Staat konnten auch die Marshallplanhilfe und die Währungsreform nicht funktionieren. Im Osten behaupteten alle Politiker, gegen eine Spaltung und für die Einheit zu sein. Aber auch hier gab es Pläne für einen eigenen Staat. Stalin versuchte zunächst, die Schaffung eines Weststaats zu verhindern. Die Blockade Berlins war das Instrument dazu. Aber dieses Vorgehen erreichte eher das Gegenteil.

Je mehr das wirtschaftliche und soziale Chaos nach Ordnung verlangte, desto eher waren die westdeutschen Ministerpräsidenten schließlich bereit, sich in das Unvermeidliche zu fügen. Unter großen Bedenken beschlossen sie 1948, einen Parlamentarischen Rat einzusetzen, der eine Verfassung ausarbeiten sollte. Er trat am 1. September 1948 zusammen. Experten erarbeiteten einen Text, den der **Parlamentarische Rat** am 8. Mai 1949 verabschiedete.

Nach der Genehmigung durch die Militärregierungen trat die Verfassung zusammen mit dem **Besatzungsstatut** am 23. Mai 1949 in Kraft – die Bundesrepublik Deutschland war gegründet. Die Verfassung wurde absichtlich »Grundgesetz« genannt. Damit sollte unterstrichen werden, dass es sich nur um eine provisorische Lösung handele. Eine gesamtdeutsche Verfassung, die dem Volk zur Abstimmung vorzulegen war, sollte es erst dann geben, wenn auch die Ostzone wieder dabei war. Die Bereitschaft der Parteien zu Kompromissen im Parlamentarischen Rat über wichtige Artikel wurde dadurch erleichtert. Die Verfassung war ja nur vorläufig, so konnte man argumentieren. Wirklich strittige Punkte im sozialen und wirtschaftlichen Bereich (zum Beispiel ein Recht auf Arbeit oder die

Mitbestimmung der Arbeitnehmer im Betrieb) konnten auf diese Weise leichter umgangen werden.

Das Grundgesetz folgte bei der Verankerung des Föderalismus den Vorgaben der Alliierten. Aber insgesamt orientierten sich die Abgeordneten des Parlamentarischen Rats mit dieser neuen Verfassung an demokratischen Traditionen Deutschlands seit dem 19. Jahrhundert. Aus der Schwäche der Weimarer Republik zog man deutliche Konsequenzen: Das Leitbild war die »wehrhafte Demokratie«. Der Präsident hatte anders als in Weimar vor allem repräsentative Aufgaben, die Position des Kanzlers wurde gestärkt und es wurden hohe Hürden vor der Auflösung des Parlaments und der Ausschreibung von Neuwahlen aufgebaut. Was zwischen den Weltkriegen passiert war, der wiederholte Sturz von Regierungen und ständige Neuwahlen, sollte verhindert werden.

Was war das Besatzungsstatut?

Es regelte die Rechte und Vorbehalte der Besatzungsmächte in der Bundesrepublik. Insbesondere die Außenpolitik, aber auch Reparationen und die Kontrolle der Entmilitarisierung waren davon betroffen. Es wurde ergänzend zum Grundgesetz verkündet und bedeutete bis 1955 eine wesentliche Einschränkung der politischen Selbstständigkeit der Bundesrepublik.

BEMERKENSWERTES

Das Grundgesetz als dauerhaftes Provisorium

1990 wurde im Zuge der Wiedervereinigung in der deutschen Öffentlichkeit heftig darüber gestritten, ob man – wie vom Parlamentarischen Rat vorgesehen – eine neue Verfassung und eine Volksabstimmung brauche oder nicht. Die große Mehrheit der Westdeutschen hielt das für überflüssig, weil sich das Grundgesetz bestens bewährt habe. Die meisten Ostdeutschen hatten genug mit den großen Umstellungsproblemen nach dem Ende der DDR zu tun und waren wenig an solchen Verfassungsfragen interessiert. Letztlich blieb das Grundgesetz in Kraft – bis heute ist es die Verfassung der Bundesrepublik Deutschland.

In der sowjetischen Zone wird die SED-Diktatur aufgebaut

Warum wurde die Bundesrepublik restaurativ genannt?

»Restauration« galt als Wiederherstellung vor allem der alten wirtschaftlichen Verhältnisse. Dieser Vorwurf der politischen Linken übersah aber vollständig die tief greifenden politischen Veränderungen.

Was ist eine leninistische Kaderpartei?

Der russische Organisator und Führer der Revolution von 1917, Wladimir Iljitsch Lenin (1870-1924), war mit seiner bolschewistischen Partei das organisatorische Vorbild für alle kommunistischen Parteien. Sie waren streng zentralistisch aufgebaut, alle wichtigen Posten (Kader) wurden durch die Parteispitze besetzt und die Beschlüsse der Führung waren bindend für die unteren Parteiorgane. Anders als in demokratischen Parteien konnte man erst nach einer Überprüfung (Kandidatenzeit) richtiges Parteimitglied werden und hatte aktiv an der Parteiarbeit teilzunehmen.

Die Ostzone und spätere DDR sollte nach Vorstellungen der SED ein vollständiges Gegenbild zum **»restaurativen«** neuen Staatsgebilde im Westen sein. Den Sozialismus aufzubauen, gehörte zwar anfangs noch nicht zu den kurzfristig anvisierten Zielen. Aber mit der Herausbildung des Kalten Krieges seit 1947 änderten sich die Zielsetzungen und Methoden des Umbaues von Staat und Gesellschaft. Die Abgrenzung zum Westen wurde schärfer. In der DDR, so hieß es, sollte das Volk das Sagen haben und nicht die Großindustriellen und Kapitalisten.

Tatsächlich stand dahinter der Umbau in eine Diktatur nach dem Vorbild von Stalins Sowjetunion. Die SED, die 1946 als »Partei der Arbeiterklasse« zumindest mit dem Anspruch einer »demokratischen Massenpartei« angetreten war und ihre Ämter in der Partei jeweils doppelt mit einem kommunistischen und einem sozialdemokratischen Vertreter besetzt hatte, wurde jetzt **leninistische Kaderpartei** nach sowjetischem Muster.

Mit der Ersten Parteikonferenz der SED vom Januar 1949 war diese Umstrukturierung der SED äußerlich abgeschlossen. Die bürgerlichen Parteien (CDU, Liberaldemokraten, Nationaldemokraten, Bauernpartei) büßten die letzten Reste ihrer politischen Eigenständigkeit vollständig ein und wurden zu Hilfstruppen der führenden »Partei der Arbeiterklasse«. Das galt ebenso für die Massenorganisationen (zum Beispiel die Gewerkschaften und die Jugendorganisation FDJ). Der Grundsatz des »demokratischen Zentralismus« und eine straffe Parteidisziplin hatten dafür zu sorgen, dass sich alle Parteimitglieder der SED in Parlamenten, Regierungen, Verwaltungen und Massenorganisationen genau nach den Direktiven der Parteiführung richteten. In der offiziellen Parteipropaganda hieß die DDR zunächst noch »antifaschistisch-demokratische Ordnung«. Damit wurde der Unterschied zu den »Volksdemokratien« in Osteuropa und die Vorläufigkeit betont. Denn das Ziel sollte ein sozialistisches Gesamtdeutschland sein.

Die erste Verfassung der DDR von 1949 trug äußerlich noch den Charakter einer bürgerlich-demokratischen Verfassung, in der die »führende Partei« gar nicht vorkam. Doch der äußere Eindruck täuschte. Eine Gewaltenteilung und damit eine unabhängige Justiz gab es nicht. Ein ebenso schwammiger wie gefährlicher Artikel über

»**Boykotthetze**« machte praktisch jede Opposition und Kritik an der politischen Führung strafbar.

Schon in der Entstehungsphase der DDR bestimmten zwei Elemente die Entwicklung: politischer Terror und der Beginn der Planwirtschaft. Der Terror richtete sich nicht nur gegen konservative und liberale Gegner der SED-Herrschaft, sondern auch gegen linke »Abweichler« in den eigenen Reihen. Viele derjenigen, die anfangs noch mit dem Sozialismus in der Ostzone sympathisiert hatten, flüchteten nach Westen.

Aus der Verstaatlichung der großen Industriebetriebe ergab sich die Notwendigkeit der Wirtschaftsplanung. 1948 wurde ein Zweijahresplan für den Wiederaufbau und die weitere Entwicklung der Wirtschaft beschlossen. Er mündete 1950 in den mit großem Propagandaaufwand verkündeten ersten Fünfjahresplan. Dieser war wie in anderen kommunistischen Ländern auch genau nach sowjetischem Vorbild aufgebaut: Er legte bis in die Einzelheiten die Produktion und den Umfang des Verbrauchs fest.

Was bedeutete der Artikel über »Boykotthetze« in der ersten DDR-Verfassung?

»Boykotthetze gegen demokratische Einrichtungen und Organisationen« galt als Verbrechen im Sinne des Strafgesetzbuchs. Da »demokratisch« in der Praxis nur das war, was die SED dafür hielt, war der politische Missbrauch dieses Artikels vorprogrammiert.

Offizielle Kundgebung von Arbeitern und Bauern zur Bodenreform, Ostdeutschland 1949

BEMERKENSWERTES

Nationale Einheit und SED-Diktatur

Die SED und die sowjetische Besatzungsmacht betrieben vor und nach der Gründung der DDR einen großen Propagandaaufwand, um die Einheit Deutschlands als ihr wichtigstes Ziel hinzustellen. Angeblich waren es die Westmächte und ihre westdeutschen »Lakaien«, die Deutschland spalteten. Zugleich aber beschleunigte die SED den sozialistischen Umbau und die Diktatur einer Partei. Auf diese Weise wurde der Graben zum westlichen Teil Deutschlands immer tiefer und die nationale Einheit rückte in weite Ferne.

Die »doppelte Staatsgründung« und ihre Folgen

Was war der Volkskongress?

Die »Volkskongressbewegung« wurde 1948 von der SED initiiert. Sie sollte den Willen zur deutschen Einheit, die von Spaltungstendenzen bedroht war, in der Öffentlichkeit betonen. Der dritte deutsche Volkskongress kam im Mai 1949 durch manipulierte Wahlen zustande. Er wählte einen Volksrat als formales Gegenstück zum Bonner Parlamentarischen Rat. Anders als dieser war er jedoch politisch nicht repräsentativ zusammengesetzt. Er verabschiedete die Verfassung, konstituierte sich als vorläufiges Parlament und wählte die erste Regierung der DDR.

Am 7. Oktober 1949, einen Monat nach dem Zusammentreten des Deutschen Bundestages in Bonn, wurde in (Ost-)Berlin die DDR gegründet. Die Volkskammer, das Parlament der DDR, wählte einige Tage später den ehemaligen KPD- und späteren SED-Vorsitzenden Wilhelm Pieck zum ersten Staatspräsidenten; erster Ministerpräsident wurde Otto Grotewohl.

Führende westdeutsche und alliierte Politiker hofften darauf, dass der neue Staat in Westdeutschland, mit dem es nach der Währungsreform wirtschaftlich schnell aufwärts ging, eine magnetische Anziehungskraft auf die Ostzone entwickeln würde. Sowohl Kanzler Konrad Adenauer als auch sein politischer Gegenspieler Kurt Schumacher vertraten diese »Magnettheorie«. Auf diese Weise sollte die deutsche Teilung bald, so hofften sie, überwunden werden. Die DDR dagegen behauptete, sie sei der einzige rechtmäßige deutsche Staat, weil er Nazismus und Militarismus ausgerottet habe. Die SED-Propaganda warf der Bundesrepublik vor, sie habe nichts aus der Geschichte gelernt. Westdeutschland wurde in die Tradition einer reaktionären, kapitalistischen und imperialistischen Politik seit dem Kaiserreich gestellt.

Die kommunistische Diktatur unter Führung der SED (mit Wilhelm Pieck, Otto Grotewohl und Walter Ulbricht an der Spitze) und die parlamentarische Demokratie in Bonn unter ihrem ersten Bundespräsidenten Theodor Heuß (FDP), Adenauer (CDU) als Kanzler und Schumacher (SPD) als Oppositionsführer standen sich unversöhnlich gegenüber. Die Bundesrepublik war aus freien demokratischen Wahlen hervorgegangen, die DDR aus manipulierten Wahlen zum dritten deutschen »**Volkskongress**« entstanden.

Und was dachte das Volk in beiden Teilen Deutschlands über die Entwicklung? Darüber wissen wir nur wenig Genaues. Im Allgemeinen interessierte sich die westdeutsche Bevölkerung mehr für die knappe D-Mark, die ihr die Währungsreform gebracht hatte, und für einen Arbeitsplatz. Im Osten hatten die Menschen keine Entscheidungsmöglichkeit. Die Weichen für die Teilung Deutschlands waren längst gestellt, bevor zwei Staaten ausgerufen wurden. Kompromisse schienen angesichts der entgegengesetzten Ziele und politischen Wertvorstellungen nicht mehr möglich. Der in Osteuropa und in der DDR von Stalin entfaltete politische Terror machte Kompromisse auch nicht ohne Weiteres wünschenswert. Der Kalte Krieg brachte eine gefährliche Erhöhung der politischen und militärischen Spannungen mit sich, aber wenige Jahre nach Kriegsende wollte niemand ernsthaft an eine erneute militärische Auseinandersetzung denken. Die Verlierer in diesem Prozess waren die Menschen, die in der DDR und in Osteuropa im sowjetischen Imperium lebten und viele Jahrzehnte lang keine wirkliche Chance hatten, politische Freiheit zu erringen.

Das Jahr 1948 hatte schlagartig die sich bereits abzeichnende Spaltung Deutschlands vertieft. Die Annäherung des westlichen Deutschlands an die Westmächte wurde gestärkt, die Vorbereitungen für die Schaffung des Grundgesetzes unter dem Druck der Blockade beschleunigt. Die Teilung Europas und die langfristige Bindung der USA an Westeuropa durch Gründung der NATO (Nordatlantikvertrag-Organisation) im Jahre 1949 erhielten durch die Blockade Berlins ihren entscheidenden Impuls. Sie trug auch dazu bei, der amerikanischen Sicht von dem grundsätzlich aggressiven Charakter des Kommunismus weithin Geltung zu verschaffen.

Der Prozess der doppelten Staatsgründung war ohne Zweifel in erster Linie ein Ergebnis des sich verschärfenden Kalten Krieges, weil die Konfrontationslinie zwischen Ost und West mitten durch Deutschland verlief. Insofern hatte diese Spaltung Deutschlands eine gewisse Zwangsläufigkeit. Sie setzte sich mit der Einbindung beider Staaten in die beiden Blöcke in den folgenden Jahren konsequent fort.

BEMERKENSWERTES

Die Gründung der DDR

Victor Klemperer, der als jüdischer Professor in Dresden die Nazizeit überlebt hatte, in seinem Tagebuch: »Die Präsidentenwahl, die Aufmärsche, die Reden. Mir ist nicht wohl dabei. Ich weiß, wie alles gestellt ist und zur Spontaneität und Finstimmigkeit vorbereitet ist. Ich weiß, dass es nazistisch genau so geklungen hat und zugegangen ist. Ich weiß, wie wenig Realität dahintersteckt. 20 Millionen sind noch kein Drittel des deutschen Volkes und von diesen 20 sind mindestens ein Dutzend antisowjetisch. Ich weiß, dass die demokratische Republik innerlich verlogen ist, die SED als ihr Träger will die sozialistische Republik. Sie traut nicht den Bürgerlichen und die Bürgerlichen misstrauen ihr.«

Victor Klemperer

Wichtige Politiker der Nachkriegszeit

Wie erklärt sich Adenauers Erfolg?

Dass Adenauer so dominant in der Geschichte der Bundesrepublik geworden ist, hat viele Gründe. Seine physische Kondition, die Hartnäckigkeit, mit der er die Grundlinien seiner Außenpolitik verfolgte, Raffinesse und taktisches Geschick gegenüber Freunden und Gegnern im politischen Geschäft, die Würde einer Vaterfigur, die ihm viel Vertrauen bei den Wählern einbrachte, die Schlichtheit und Klarheit seiner Reden – dies alles machte sein besonderes Profil aus. Dass Adenauer so erfolgreich war, hatte aber auch mit der Mentalität der deutschen Bevölkerung zu tun. Politik war für viele eine Sache, mit der sie nichts mehr tun haben wollten. Die Erfahrungen des Dritten Reiches und der Entnazifizierung spielten dabei eine wesentliche Rolle. Der Antikommunismus und die tief sitzende Furcht vor der Sowjetunion konnten in einem geteilten Land besonders nachdrückliche Wirkung entfalten, und in Wahlkämpfen wurde diese Angst kräftig geschürt.

Schon in der Entstehungsphase der beiden deutschen Staaten haben einige Politiker, die auch in den folgenden Jahren die innenpolitische Entwicklung bestimmten, eine zentrale Rolle gespielt. Das war aber keineswegs von Anfang an klar.

So musste der 1876 geborene **Konrad Adenauer,** in der Weimarer Republik viele Jahre Kölner Oberbürgermeister, um seine führende Rolle in der CDU kämpfen. Erst als Vorsitzender des Parlamentarischen Rats erreichte er eine größere Bekanntheit. 1949 nominierte ihn seine Partei als Kandidat für das Amt des Bundeskanzlers, in das er mit ganz knapper Mehrheit (seiner eigenen Stimme) gewählt wurde.

Sein großer Gegenspieler, **Kurt Schumacher,** stieg bereits 1946 zur unumstrittenen Führungsfigur der SPD auf. Er bestimmte wie kein anderer das Programm und die Politik der Partei bis zu seinem Tode 1952. Er war ein kompromissloser Gegner der Kommunisten und lehnte jede Zusammenarbeit mit der KPD oder der SED ab, weil er sie für undemokratisch und für bloße Handlanger Moskaus hielt. Schumacher, 1895 in Westpreußen geboren, hatte sich im Dritten Reich als mutiger Gegner der Nazis bekannt und musste dafür bitter mit langer KZ-Haft büßen. Er war ein glühender Patriot und Nationalist. Dieser Überzeugung entsprang sein bedingungsloser Einsatz für die Wiedervereinigung und die Ablehnung der Westintegration, wie sie Adenauer betrieb. Er war aber auch überzeugter Sozialist und hielt die Verbindung von Demokratie und Sozialismus für unerlässlich, wenn Deutschland wieder eine Chance haben sollte. Doch nicht er, sondern Adenauer wurde als Kanzler der **prägende Politiker** der Gründerjahre der Bundesrepublik.

Theodor Heuss, geboren 1884, war Publizist und liberaler Abgeordneter im letzten Reichstag gewesen. Als Vorsitzender der FDP und Mitglied des Parlamentarischen Rates wurde er als Kandidat für das Präsidentenamt von Union und FDP vorgeschlagen, von der bürgerlichen Mehrheit gewählt und war für zwei Amtsperioden Bundespräsident.

Walter Ulbricht, 1893 in Leipzig geboren, seit 1928 im Reichstag Abgeordneter der KPD, spielte während seiner Zeit im Exil in Moskau 1935 bis 1945 bereits eine wichtige Rolle in der Parteispitze. 1945 wurde er in der sowjetischen Zone schnell zur politisch führenden Figur. Ab 1950 hatte er die wichtige Position des Generalsekretärs der SED inne. Im Westen, aber auch in der eigenen Partei war er als »Apparatschik«, der immer nur nach Moskaus Pfeife tanze, unbeliebt. Er verstand es aber durchaus, seine eigenen Vorstellungen zu entwickeln. Er verfügte über große politische Erfahrung, enorme Personenkenntnis und besaß ein Gespür für die Kursschwenkungen der sowjetischen Politik. Er gehörte zu den überzeugten Kommunisten, die langfristig in ganz Deutschland einen Sozialismus sowjetischer Prägung aufbauen, aber vor allem eine eigenständige DDR schaffen wollten. Rücksichtslos und skrupellos ging er bei der Ausschaltung seiner politischen Gegner und der Durchsetzung seiner Ziele vor. Die Vorgeschichte und die erste Entwicklungsphase der DDR sind maßgeblich von Ulbricht geprägt worden.

Walter Ulbricht

Wilhelm Pieck, 1876 geboren, war 1918 Gründungsmitglied der KPD, in deren Führungsgremien er eine wichtige Rolle spielte. 1945 wurde er Vorsitzender der neu ins Leben gerufenen KPD in der Ostzone und 1946 neben Grotewohl Vorsitzender der neu gegründeten SED. Anders als Ulbricht brachte er es zu einer gewissen Popularität. Schon sein Äußeres strahlte Gutmütigkeit aus. 1949 wurde er zum Staatspräsidenten gewählt.

Wilhelm Pieck

Otto Grotewohl, 1894 in Braunschweig geboren, als Sozialdemokrat in der Nazizeit verfolgt und Mitglied einer Widerstandsgruppe, gehörte 1945 zu den Gründern der SPD in der Ostzone. Er war zunächst klarer Gegner einer organisatorischen Verschmelzung von KPD und SPD, wurde jedoch von hohen Vertretern der sowjetischen Militärregierung bedrängt, sich dem Einheitskurs anzuschließen. Offenbar sah er Anfang 1946 keinen anderen Ausweg mehr und wurde so zum prominentesten Vertreter der Einheit. Der symbolische Händedruck auf dem Vereinigungsparteitag ist zum propagandistischen Gründungssymbol der SED geworden. Grotewohl passte sich als erster Ministerpräsident der DDR vollständig der politischen Linie Ulbrichts an. Bis 1954 war er zusammen mit Wilhelm Pieck gleichberechtigter Vorsitzender der SED. Er hat alle Fehler und Verbrechen der SED-Diktatur mitgetragen und befürwortet. Sein tatsächlicher Einfluss in der SED-Spitze blieb jedoch stets relativ gering.

Otto Grotewohl

Die Bundesrepublik
Deutschland 1949 bis 1990

Die Bundesrepublik Deutschland 1949 bis 1990

In der Rückschau betrachtet erscheinen die 40 Jahre, die zwischen der Gründung der Bundesrepublik 1949 und der deutschen Einheit liegen, als eine glückliche Zeit. Nach dem Naziregime und dem von Deutschland entfesselten Zweiten Weltkrieg, der unbeschreibliches Elend über die Welt gebracht hatte, verband sich mit der Bundesrepublik eine lange Phase des Friedens, die bis zum heutigen Tag anhält. Konnten sich viele Menschen bei Kriegsende angesichts der Zerstörungen, der verübten Verbrechen und der totalen Niederlage überhaupt nicht vorstellen, dass es für die Deutschen eine Zukunft geben könne, entwickelte sich die Bundesrepublik bereits zehn Jahre später zu einer Erfolgsgeschichte. Das »Wirtschaftswunder« der 50er-Jahre und die soziale Marktwirtschaft legten den Grundstein für einen Wohlstand, den es für den Großteil der Bevölkerung in dieser Form noch nie gegeben hatte. Nicht ohne Berechtigung verkörpert die Bundesrepublik für viele das bislang freiheitlichste und politisch stabilste Kapitel der deutschen Geschichte.

Von dieser Zukunft war 1949 allerdings noch nicht viel zu spüren. Die meisten Menschen standen der Staatsgründung im Westen mit gemischten Gefühlen gegenüber. Die Not und die Entbehrungen der Nachkriegsjahre existierten zunächst weiter, sie wurden erst allmählich überwunden. Die Bundesrepublik war anfangs als Provisorium gedacht, das nur so lange bestehen sollte, bis eine Wiedervereinigung der deutschen Landesteile möglich sei. Die Teilung als Folge des Zweiten Weltkrieges blieb über Jahrzehnte bestimmend in der deutschen Frage. Sowohl die Innen- als auch die Außenpolitik der Bundesrepublik bewegten sich im Spannungsfeld des deutsch-deutschen Verhältnisses, das sich von Nichtbeachtung und gegenseitiger Verdammung in der Hochphase des Kalten Krieges hin zur Entspannungspolitik Willy Brandts wandelte. »Normal« wurden die Beziehungen freilich nie, weil die politischen Werte, Weltsichten und Ziele, für die die Bundesrepublik und die DDR jeweils standen, unvereinbar waren.

Dass es den Westdeutschen gelang, trotz der schwierigen Ausgangsbedingungen eine gut funktionierende und dauerhafte Demokratie aufzubauen, hing nicht zuletzt damit zusammen, dass sie aus den großen Fehlern der Vergangenheit lernten. Die Bundesrepublik war ein Gegenentwurf zum »Dritten Reich«, eine Wiederholung des Geschehenen musste unter allen Umständen verhindert werden. Historische Erkenntnis und Einsicht in die aktuellen politischen Notwendigkeiten ergänzten sich. Das eindeutige Bekenntnis zu den Demokratien des Westens und die Westbindung unter Konrad Adenauer waren einerseits den politischen Umständen des Kalten Krieges geschuldet. Auf der anderen Seite folgten sie den Lehren aus der seit dem Kaiserreich verfehlten deutschen Politik, in der sich Übermaß und nationale Alleingänge, Höhenflüge und tiefe Abstürze abgewechselt hatten. Die Aussöhnung mit den europäischen Nachbarn ermöglichte es, dass die Deutschen in den Kreis der Völkergemeinschaft zurückkehren konnten. Die westlichen Verbündeten, allen voran die USA, hatten daran einen wesentlichen Anteil. Willy Brandts »neue Ostpolitik« der späten 60er- und 70er-Jahre bildete dann das zentrale Gegenstück in der bundesdeutschen Außenpolitik.

Trotzdem wurde die Mehrheit der Deutschen nicht über Nacht zu Demokraten. Es dauerte viele Jahre, bis sich das demokratische Bewusstsein in den Köpfen der Menschen durchsetzte. Über die eigene Verstrickung in den Nationalsozialismus und die persönliche Schuld wurde zunächst kaum gesprochen. Erst in den 1960er-Jahren wich diese Form der Verdrängung einer breiten kritischen Aufarbeitung in der Bundesrepublik. Gleichzeitig stellten sich andere wichtige Fragen. Die Studentenbewegung von 1968 strebte eine Veränderung und Öffnung der Gesellschaft an, was ihr in Teilen gelang. Den »68ern« folgten in den 70er-Jahren neue soziale Bewegungen, etwa die Umwelt- und die Frauenbewegung. Sie veränderten das Gesicht der Republik nachhaltig.

Kein neues Weimar –
die Gründung der Bundesrepublik

Wer war Paul Löbe?

Der 1875 geborene Paul Löbe übte zwischen 1920 und 1932 das Amt des Reichstagspräsidenten aus und setzte sich vehement für den Erhalt der Demokratie ein. Von den Nationalsozialisten wurde er mehrfach inhaftiert. 1949 war Löbe der Alterspräsident (so nennt man das älteste Mitglied) im ersten Deutschen Bundestag. Wie nur wenige andere erwarb er sich große Verdienste um die Demokratie, die ihn in seinem ganzen Wirken vom Kaiserreich bis in die Bundesrepublik begleitete. Hochgeehrt starb Löbe 1967 in Bonn.

Was war die Weimarer Republik?

Die Weimarer Republik bestand zwischen 1918/19 und 1933. Sie war nach dem Tagungsort der verfassungsgebenden deutschen Nationalversammlung benannt.

Als am 7. September 1949 die letzten Töne aus Beethovens Schauspielmusik *Die Weihe des Hauses* verklungen waren und der Sozialdemokrat **Paul Löbe** im Sitzungssaal der Pädagogischen Akademie in Bonn das Wort ergriff, um den ersten Deutschen Bundestag zu eröffnen, waren sich die Anwesenden der Bedeutung dieses Augenblicks bewusst. Nach mehr als 16 Jahren nationalsozialistischer Diktatur, dem Zweiten Weltkrieg und alliierter Besatzungsherrschaft trat nun erstmals wieder ein frei gewähltes Parlament zusammen. Zwar wirkte die Ausstattung recht provisorisch: Der Plenarsaal war erst kurz zuvor fertiggestellt worden. In den Räumen hing noch der Geruch frischer Farbe. Statt gepolsterter Sitze mussten die Abgeordneten mit Klappstühlen vorliebnehmen. Außerdem konnte ein Teil der geladenen Gäste wegen Platzmangels die Veranstaltung nur von einer Holztribüne aus verfolgen, die man unter freiem Himmel errichtet hatte. Dennoch nahm unter diesen bescheidenen Verhältnissen eines der erfolgreichsten und glücklichsten Kapitel in der deutschen Geschichte seinen Anfang.

Für viele Menschen stellte der Bundestag zunächst lediglich eine Übergangslösung dar. Er sollte nur so lange bestehen, bis eine Wiedervereinigung des geteilten Landes möglich sei. Weil die Bürger der einen Monat später gegründeten DDR keine Möglichkeit hatten, ihren politischen Willen frei zu äußern, vertrat das Parlament den Anspruch, die einzige rechtmäßige gesamtdeutsche Volksvertretung zu sein.

Auf den Außenstehenden musste dieser erste Bundestag wie eine Zusammenkunft älterer Herren wirken. Der größte Teil der 410 Abgeordneten war im Kaiserreich aufgewachsen, sie alle hatten den Untergang der **Weimarer Republik** und die Machtübernahme Adolf Hitlers miterlebt. Man verfügte somit über einen großen Erfahrungsschatz. Trotz der unterschiedlichen politischen Überzeugungen bestand über die Parteigrenzen hinweg der feste Wille, diesen zweiten großen Versuch, in Deutschland die Demokratie zu verankern, nicht erneut scheitern zu lassen. Die Schwächen und Fehler der Weimarer Republik boten ein warnendes Beispiel.

Eine der wichtigsten Lehren, die man aus der Weimarer Republik zog, bestand darin, die Macht des Parlamentes erheblich zu stärken.

Das Grundgesetz gab dem Bundestag weitreichende Befugnisse. So war es fortan keinem Regierungschef mehr möglich, am Bundestag vorbeizuregieren, wie das vor 1933 mehrfach der Fall gewesen war. Obwohl der Bundeskanzler formal durch den Bundespräsidenten ernannt wurde, beruhte seine Handlungsfähigkeit nun ganz allein auf den parlamentarischen Mehrheiten. Den künftigen Regierungen wurde größere Stabilität gegeben, indem im Grundgesetz Hürden eingeplant waren, die es den Parteien unmöglich machten, den Sturz eines Kanzlers herbeizuführen, ohne dann selbst die Verantwortung dafür zu übernehmen (**konstruktives Misstrauensvotum**).

1953 wurde die sogenannte Fünfprozentklausel ins Wahlgesetz aufgenommen, wonach eine Partei mindestens fünf Prozent aller Zweitstimmen erhalten muss, um in den Bundestag einziehen zu dürfen. Dadurch sollte eine Zersplitterung des Parlaments in viele kleine **Fraktionen** verhindert werden. Der Staat wurde zu einer »wehrhaften Demokratie« ausgebaut. Verfassungsfeindliche Parteien konnten verboten werden, wenn man ihnen nachwies, dass sie die Freiheiten der Demokratie missbrauchten, um diese zu unterwandern und abschaffen zu wollen. Alle diese Maßnahmen trugen dazu bei, dass die Bundesrepublik ein hohes Maß an politischer Stabilität erreichen konnte, über das die erste Demokratie von 1919 nie verfügt hatte. »Bonn« war kein zweites »Weimar«.

Was ist ein konstruktives Misstrauensvotum?

Nach Artikel 67 des Grundgesetzes kann die Mehrheit der Bundestagsabgeordneten den Bundeskanzler stürzen, indem sie einen neuen Regierungschef durch Wahl bestimmt. Daraufhin muss der Bundespräsident den bisherigen Amtsinhaber entlassen und den neu Gewählten zu dessen Nachfolger ernennen.

Was ist eine Fraktion?

Unter einer Fraktion versteht man den Zusammenschluss von Abgeordneten in einem Parlament. In der Regel gehören die Mitglieder einer Fraktion der gleichen Partei an.

BEMERKENSWERTES

Bonn wird Hauptstadt

Seit dem Sommer 1948 drängte die Frage, welche Stadt der Regierungssitz für den künftigen westdeutschen Staat werden sollte. Dass sich schließlich das kleine Bonn gegen die Großstadt Frankfurt am Main durchsetzen konnte, die ebenfalls gute Chancen hatte, hing mit der Haltung Konrad Adenauers zusammen, der sich für Bonn aussprach. Am 10. Mai 1949 fiel im Parlamentarischen Rat die Entscheidung zugunsten des Städtchens am Rhein. Anfang November 1949 gab auch der Bundestag sein Einverständnis.

Der erste Kanzler – Konrad Adenauer

Weshalb wird Adenauer »der Alte von Rhöndorf« genannt?

Mitte der 1930er–Jahre zog Konrad Adenauer mit seiner Familie nach Rhöndorf, einen Stadtteil von Bad Honnef am Rhein. 1937 wurde für ihn am Westhang des Siebengebirges ein Wohnhaus fertiggestellt, in dem er bis zu seinem Tod lebte. Heute sind dort ein Museum, ein Archiv und eine Forschungseinrichtung untergebracht. Die Bezeichnung »der Alte von Rhöndorf« war schon zu Adenauers Lebzeiten allgemein verbreitet.

Was versteht man unter Kanzlerdemokratie?

Mit dem Begriff »Kanzlerdemokratie« wird die herausragende Position Adenauers in der Bundespolitik der 50er-Jahre beschrieben. Sie ging über die Machtbefugnisse hinaus, die im Grundgesetz eigentlich vorgesehen waren. Adenauer nahm maßgeblichen Einfluss auf seine Minister und bestimmte deren Geschäftsführung. »Gott ahnt es, der Kanzler weiß es, uns geht es nichts an«, so ein Mitglied seines Kabinetts über diese Art des Regierens. Der Bundeskanzler verkörperte geradezu die Politik der Regierung.

Seit 2003 sendet das Zweite Deutsche Fernsehen mit *Unsere Besten* eine TV-Reihe, die sich zum Quotenhit entwickelt hat. In der ersten Folge konnten die Zuschauer darüber abstimmen, wer ihrer Meinung nach zu den wichtigsten Deutschen aller Zeiten gehöre. Zur großen Überraschung wurde kein Popstar, Dichter oder Spitzensportler auf den ersten Platz gewählt, sondern Konrad Adenauer – und das mit großem Abstand. Ausgerechnet ein ehemaliger Bundeskanzler vor solchen Größen wie Martin Luther, Johann Sebastian Bach und Johann Wolfgang von Goethe? Natürlich war diese Umfrage nicht todernst zu nehmen. Allerdings gab sie doch einen Hinweis darauf, welches Ansehen der erste Bundeskanzler der Bundesrepublik Deutschland bei den Zuschauern offenbar immer noch hat. Wieso eigentlich?

Bereits vor seiner Wahl zum Bundeskanzler am 15. September 1949 konnte Konrad Adenauer auf eine lange politische Laufbahn zurückblicken, die im Kaiserreich begonnen hatte. Zwischen 1917 und 1933 lenkte Adenauer als Oberbürgermeister von Köln die Geschicke der Domstadt. In der Weimarer Republik war er sogar als Reichskanzler im Gespräch. Mit der Machtübernahme durch die Nazis in den Ruhestand gezwungen, stieg Adenauer nach 1945 in der neu gegründeten Christlich-Demokratischen Union Deutschlands (CDU) bald zur führenden Person auf. Das Amt des Bundeskanzlers übernahm er im Alter von 73 Jahren. Als 89-Jähriger wurde er 1965 noch einmal in den Bundestag gewählt. Allein dieser Lebensweg, mit dem sich vielfältige politische Erfahrungen verbanden, war außergewöhnlich.

Adenauer galt als ein Mann der Widersprüche. Auf der einen Seite verbindlich, pragmatisch und mit einer gehörigen Portion rheinischen Gemüts ausgestattet, zeigte er sich zugleich durchsetzungsstark – manche sagten skrupellos – und hart bei der Verfolgung seiner Ziele. Adenauers Weltbild war durch das Rheinland und den katholischen Glauben geprägt. Der demokratische und liberale Westen lag ihm geistig näher als der Osten, den er mit Kommunismus, Rückständigkeit und Unfreiheit gleichsetzte. Großmachtstreben, preußisches Obrigkeitsdenken und Militarismus waren **»dem Alten von Rhöndorf«** fremd. Sowohl die eigenen Erfahrungen als auch die Lehren aus der jüngsten deutschen Geschichte brachten ihn zu der

Erkenntnis, dass nur durch ein in den Westen eingebundenes, demokratisches und wirtschaftlich erfolgreiches Deutschland eine neue Katastrophe, wie sie der Zweite Weltkrieg über Europa gebracht hatte, verhindert werden könnte.

Mit dem ihm eigenen Führungsstil, für den sich der Begriff der **Kanzlerdemokratie** etablierte, stellte Adenauer in den 1950er-Jahren die wesentlichen politischen Weichen für die Bundesrepublik. Er verankerte das Land im Westen, führte es in die **Souveränität**, begleitete es auf dem Weg zum demokratischen Rechtsstaat und in den wirtschaftlichen Aufschwung. Seine Amtsführung und seine Persönlichkeit prägten die Republik nachhaltig.

Als er 1963 vom Amt des Bundeskanzlers zurücktrat, hatte er einer ganzen Epoche, der »Ära Adenauer«, seinen Stempel aufgedrückt. Nach seinem Tod 1967 würdigte Willy Brandt, der als politischer Gegner stets den heftigen und bisweilen unfairen Attacken Adenauers ausgesetzt gewesen war, ihn als »Architekten der Bundesrepublik Deutschland, als Staatsmann von europäischem Rang und Persönlichkeit von geschichtlicher Größe«.

Konrad Adenauer

Was bedeutet Souveränität?

Staatliche Souveränität (aus franz. souveraineté = »Hoheitsgewalt, Unabhängigkeit«) bedeutet, dass ein Land unabhängig von dem Willen anderer Staaten eigene Entscheidungen treffen kann.

BEMERKENSWERTES

Stopfei und Sojawurst: Konrad Adenauer als Erfinder

In seiner Freizeit betätigte sich Adenauer als kreativer Tüftler und Bastler. Mehrere Erfindungen sind von ihm überliefert, so zum Beispiel eine Sojawurst, die er während des Ersten Weltkrieges 1916 zum Patent anmeldete. Von praktischem Nutzen war seine beleuchtete Stopfkugel, ein eiförmiges Gebilde, das der Hausfrau das Sockenstopfen erleichtern sollte. Allerdings hat sich diese Erfindung ebenso wenig durchgesetzt wie der elektrische Toaster, bei dem man durch eine Sichtscheibe prüfen konnte, ob das Brot richtig geröstet war.

Die Entscheidung für den Westen

Was versteht man unter dem Besatzungsstatut?

Das Besatzungsstatut, das am 21. September 1949 in Kraft trat, regelte die Kompetenzen der Bundesregierung. Zwar räumte das Statut den Deutschen in vielen Bereichen Handlungsfreiheiten ein, allerdings behielten sich die Alliierten in entscheidenden Fragen, etwa in der Außenpolitik oder bei der Abrüstung, das letzte Wort vor. Alle vom Deutschen Bundestag verabschiedeten Gesetze bedurften der Gegenzeichnung durch die Westmächte. Die Umsetzung des Statuts lag in den Händen der Alliierten Hohen Kommission.

Was waren die »Römischen Verträge«?

In Rom wurden am 25. März 1957 zwei Abkommen unterzeichnet. Der Vertrag über die Europäische Wirtschaftsgemeinschaft verfolgte das Ziel, in mehreren Schritten die Volkswirtschaften der Unterzeichnerstaaten zu einem einheitlichen Wirtschaftsgebiet zusammenzuführen. Dazu sollten Binnenzölle und Handelsschranken fallen. Der Vertrag über die Europäische Atomgemeinschaft schrieb die Zusam-

Gehört Deutschland zum Westen? Diese Frage, auf die wir heute ohne größeres Zögern mit »Ja« antworten, stellte sich bereits 1949 bei der Gründung der Bundesrepublik. Allerdings fiel die Antwort damals keineswegs so eindeutig aus. In den Parteien und in der Bevölkerung herrschte große Unklarheit darüber, wie die zukünftige Rolle des westdeutschen Staates in der Außenpolitik aussehen sollte. Zudem gab es anfänglich kaum eigene Handlungsspielräume. Durch das **Besatzungsstatut** blieben wichtige Entscheidungen den drei Westalliierten vorbehalten. Dass die Bundesrepublik innerhalb weniger Jahre eine weitreichende Souveränität erlangen konnte, hing vor allem mit Konrad Adenauers Politik der Westintegration zusammen. Unter seiner Regie wurde der neue Staat fest im Bündnis des Westens verankert.

Adenauer erkannte früh die politischen Realitäten der Zeit. Das Land war geteilt, mit einer baldigen Wiedervereinigung konnte aus seiner Sicht kaum gerechnet werden. Die Verbrechen Hitlers hatten das Ansehen Deutschlands in der Welt ruiniert. In dieser schwierigen Situation galt es, die junge Republik aus der Isolation zu führen und sie als einen verlässlichen und unentbehrlichen Partner an Westeuropa zu binden. Ziel war es, für das Land die Souveränität zu erreichen.

Doch erblickte Adenauer in dem Konzept der Westintegration mehr als nur ein taktisches Mittel. Er war überzeugt, dass es für Deutschland keine Alternative zu einer konsequenten und glaubhaften Westintegration gab. »Es besteht für uns kein Zweifel, dass wir nach unserer Herkunft und nach unserer Gesinnung zur westeuropäischen Welt gehören«, erklärte er am 20. September 1949 vor dem Deutschen Bundestag. Das waren nicht nur schöne Worte, sondern sie spiegelten die ehrliche Überzeugung des Kanzlers wider. Die drei Westmächte unterstützten diesen Kurs. Vor allem die USA hatten ein großes Interesse daran, die europäische Aussöhnung voranzubringen und Deutschland einzubinden, um damit auf dem Kontinent ein stabiles Gegengewicht zur Sowjetunion zu schaffen.

In mehreren Schritten gelang es, Deutschland wieder auf die politische Bühne zurückzuführen und es in der Staatenwelt des Westens zu verankern. Das »Petersberger Abkommen« vom November 1949 erweiterte die Handlungsmöglichkeiten der Bundesregierung. Der Vertrag über die Europäische Gemeinschaft für Kohle und Stahl, den Frankreich, Italien, die Beneluxstaaten und die Bundesrepublik am

18. April 1951 unterzeichneten, schuf die Grundlagen für einen gemeinsamen westeuropäischen Markt: Die »Montanunion« (von lat. *mons = »Berg, Gebirge«) wurde geboren. Sie war der Vorläufer der Europäischen Union und beruhte auf der Idee, dass nur durch gegenseitiges Vertrauen, Zusammenarbeit und wirtschaftlichen Erfolg Kriege künftig vermieden werden könnten.*

Mit den **»Römischen Verträgen«** von 1957 stieg die Bundesrepublik zum gleichberechtigten Partner in der neu gegründeten Europäischen Wirtschaftsgemeinschaft auf. Ein wichtiges Ziel Adenauers war aber schon zwei Jahre zuvor erreicht worden: Am 5. Mai 1955 war in Umsetzung der **»Pariser Verträge«**
das Besatzungsstatut ausgelaufen. Dadurch erhielt die Bundesrepublik den wesentlichen Teil ihrer Souveränität. Nur zehn Jahre nach der totalen Niederlage war die Bonner Republik zum voll akzeptierten Mitglied in der westlichen Staatengemeinschaft aufgestiegen.

Adenauer betritt den Teppich, der den Vertretern der Besatzungsmächte vorbehalten war.

menarbeit für eine friedliche Nutzung der Kernenergie fest. Die »Römischen Verträge« gelten als Meilenstein im Prozess der europäischen Einigung.

Worum ging es in den »Pariser Verträgen«?
Die »Pariser Verträge« vom 23. Oktober 1954 umfassten mehrere Abkommen und Verlautbarungen, mit denen der Bundesrepublik die Souveränität in außen- und innenpolitischen Fragen übertragen wurde. Damit endete in Westdeutschland die Besatzungszeit. Das Land trat der NATO (Abk. für North Atlantic Treaty Organization – Nordatlantikvertrags-Organisation) bei. Allerdings reservierten sich die USA, Großbritannien und Frankreich wichtige Entscheidungsrechte für den Fall einer deutschen Wiedervereinigung.

BEMERKENSWERTES

Der Schritt auf den Teppich

Am Morgen des 21. September 1949 begab sich Konrad Adenauer mit einigen Mitgliedern seines Kabinetts, das am Vortag vereidigt worden war, zum Hotel Petersberg. Dort stattete man den Vertretern der Westmächte den offiziellen Antrittsbesuch ab. Um den Rangunterschied zwischen Siegern und Besiegten zu wahren, war bestimmt worden, dass die Hohen Kommissare auf einem großen Teppich stehen sollten. Den Deutschen wurde hingegen der nackte Fußboden zugewiesen. Adenauer ärgerte diese Degradierung durch das Protokoll. In einem passenden Moment machte er einen großen Schritt nach vorn – und stand nun ebenfalls auf dem Teppich. Der Anspruch des Kanzlers, mit den Alliierten »auf Augenhöhe« zu verhandeln, wie er in dieser Geste zum Ausdruck kam, wurde von den Anwesenden wohl verstanden.

Wiederbewaffnung – NATO-Beitritt und Aufbau der Bundeswehr

Was ist die NATO?

Die North Atlantic Treaty Organization ist eine Organisation, die die Umsetzung des Nordatlantikpaktes gewährleistet. Dieser Vertrag wurde am 4. April 1949 geschlossen. Zur Zeit seiner Entstehung war das Bündnis zur Verteidigung der westlichen Demokratien gedacht und richtete sich hauptsächlich gegen einen sowjetischen Angriff. Heute gehören der NATO 28 Mitgliedsstaaten in Europa und Nordamerika an.

Worum ging es im Koreakrieg?

Ähnlich wie Deutschland war Korea nach 1945 geteilt. Im Juni 1950 fielen die Truppen des kommunistischen Nordens in Südkorea ein, das eine prowestliche Regierung hatte und von den Amerikanern gestützt wurde. In die verlustreichen Kämpfe, die bis zum Waffenstillstand 1953 andauerten, waren sowohl die USA als auch China verwickelt. Der Koreakrieg verstärkte im Westen die Furcht vor einem kommunistischen Angriff auf Europa.

In der Fahrzeughalle der Ermekeil-Kaserne in Bonn herrschte am 12. November 1955 dichtes Gedränge. Im gleißenden Scheinwerferlicht der Fernsehkameras und unter den Augen der Weltpresse nahmen an diesem Tag 101 Offiziere ihre Ernennungsurkunden entgegen. Verteidigungsminister Theodor Blank überreichte sie persönlich. Bewusst hatte man die Feier auf diesen 12. November gelegt, der zugleich der 200. Geburtstag des preußischen Militärreformers Gerhard von Scharnhorst war. Damit wurde auf die historische Bedeutung des Tages verwiesen, denn zehn Jahre nach dem Ende des Zweiten Weltkrieges traten nun die ersten Soldaten der Bundeswehr ihren Dienst an. Es war die Geburtsstunde einer neuen Armee in Westdeutschland.

Die ersten Überlegungen für den Wiederaufbau von deutschen Streitkräften wurden im Umfeld der **NATO**-Gründung angestellt. Bereits 1949 erwogen amerikanische Generäle, die Bundesrepublik in die Verteidigung Westeuropas gegen die Sowjetunion mit einzubeziehen. Da der Zweite Weltkrieg jedoch erst wenige Jahre zurücklag und die Erinnerungen an die von den Deutschen begangenen Verbrechen allgegenwärtig waren, fand die Idee zunächst wenig Unterstützung.

Das änderte sich mit dem Ausbruch des **Koreakrieges** 1950 grundlegend. In Washington und London setzte sich nun die Einsicht durch, dass ein deutscher Wehrbeitrag unverzichtbar sei. Bundeskanzler Adenauer unterstützte diese Meinung. Er war ein Befürworter der Wiederbewaffnung, die sein Konzept der Westbindung ergänzte. Er verknüpfte die Frage des Militärbeitrags mit der Forderung nach Gleichberechtigung und staatlicher Souveränität für die Bundesrepublik.

In den folgenden Jahren zeichneten sich zwei Wege ab, die zur Wiederbewaffnung führen sollten. Zunächst wurde das Konzept einer Europaarmee vorangetrieben. In der »Europäischen Verteidigungsgemeinschaft« (EVG) sollten die deutschen Truppenteile einer übernationalen Kontrolle unterstehen. Es ging darum, den Verbündeten wie Frankreich, Belgien oder Italien die Furcht vor einer Aufrüstung des einstigen Feindes zu nehmen. Jedoch scheiterte das EVG-Projekt 1954 am Widerstand des französischen Parlaments.

Dem zweiten Anlauf war mehr Erfolg beschieden. Er sah eine Armee unter deutschem Kommando vor, die in die NATO eingliedert werden sollte. Seit dem Fehlschlag der EVG wurde diese Möglichkeit weiterverfolgt. Mit der Umsetzung der Pariser Verträge trat die Bundesrepublik schließlich am 9. Mai 1955 der NATO bei. Der Wehrbeitrag war aber an Auflagen gebunden. Die Truppenstärke wurde auf 500.000 Mann begrenzt. Außerdem erfolgten Rüstungsbeschränkungen sowie ein Verbot von atomaren, biologischen und chemischen Waffen.

Die Wiederbewaffnung war in den frühen 1950er-Jahren heftig umstritten. Zeitweilig sprachen sich die Bundesbürger sogar mehrheitlich gegen den Aufbau einer Armee aus. Die Argumente der Kritiker reichten von moralischen Überzeugungen und der Angst vor einer neuen Militarisierung der Gesellschaft bis hin zu dem Einwand, dass die Wiederbewaffnung die Teilung Deutschlands vertiefen würde. Zahlreiche Prominente unterstützten die **»Ohne-mich«-Bewegung,** die als die erste große Friedensinitiative in die Geschichte der Republik einging. Jedoch konnte sie die Wiederbewaffnung nicht verhindern.

Was war die »Ohne-mich«-Bewegung?

Unter diesem Sammelbegriff werden die verschiedenen Initiativen, Gruppen und Vereinigungen zusammengefasst, die Anfang der 50er-Jahre gegen die Wiederbewaffnung protestierten. Die Personenkreise, die sich in dieser Bewegung engagierten, waren ebenso unterschiedlich wie die Gründe, die dahinter standen. Einig war sich die »Ohne-mich«-Bewegung lediglich in dem »Nein« zum Aufbau einer neuen Armee.

Demonstranten der »Ohne-mich«-Bewegung 1954 in München

BEMERKENSWERTES

Die Bundeswehr: eine »Parlamentsarmee«

Entgegen der Befürchtungen vieler Zeitgenossen wurde beim Aufbau der Bundeswehr sehr darauf geachtet, die Armee nicht erneut zu einem »Staat im Staate« werden zu lassen. Stattdessen wurde sie in der Demokratie fest verankert. Das neue Leitbild der Soldaten sieht den »Staatsbürger in Uniform« vor, der selbst im Kriegsfall an das im Grundgesetz festgeschriebene Recht gebunden ist. Seitdem kann sich kein Soldat mehr darauf berufen, »nur« Befehle von oben ausgeführt zu haben. Erstmals ist das Militär der umfassenden Kontrolle durch das Parlament unterworfen. Anfangs standen aber viele Offiziere, die zuvor in der Wehrmacht gedient hatten, diesem Konzept ablehnend gegenüber.

Das geteilte Deutschland und die Frage der Wiedervereinigung

So sehr sich die von Konrad Adenauer vertretene Politik der Westintegration im Nachhinein als der richtige Weg erwiesen hat, war sie über viele Jahre hinweg dennoch heftig umstritten.

Die Einbindung der Bundesrepublik in die westliche Staatengemeinschaft, die Wiedererlangung der innen- und außenpolitischen Handlungsräume und die europäische Aussöhnung waren zweifellos große Erfolge. Doch zugleich rückte mit diesen Entscheidungen in den Augen vieler Menschen eine Vereinigung Deutschlands in immer weitere Ferne. Aber musste die Einheit nicht Vorrang in der Politik haben? So verwundert es kaum, dass sich Widerspruch gegen den Kurs des Kanzlers formierte.

Die Suche nach Alternativen in der Deutschlandpolitik war an keine bestimmte politische Richtung gebunden. Man fand sie über die Parteigrenzen hinweg bei Konservativen, Sozialdemokraten und Liberalen ebenso wie bei den Kommunisten und der extremen Rechten. Dennoch unterschieden sich die Ideen, wie man die Einheit erreichen könnte, erheblich. Eine der wichtigsten Stimmen in dieser Frage war der Christdemokrat **Jakob Kaiser,** der seit dem Ende des Zweiten Weltkrieges 1945 beharrlich für einen deutschen Mittelweg zwischen den beiden Machtblöcken eintrat. Seiner Überzeugung nach sollte ein vereinigtes Deutschland eine »Brücke [. . .] sein zwischen Ost und West«. Die Einheit, so ermahnte er im Januar 1953 im Bundesvorstand der CDU, müsse das »Hauptanliegen unseres Volkes« bleiben.

Auch in der SPD war das Thema Wiedervereinigung sehr umstritten. Eine einheitliche deutschlandpolitische Linie der Partei war nur schwer auszumachen. Das galt erst recht nach dem Tod des Parteivorsitzenden Kurt Schumacher im August 1952. Während etwa der prominente Regierende Bürgermeister von Berlin Ernst Reuter aufgrund seiner Erfahrungen, die er mit der sowjetischen Seite während der Blockade gemacht hatte, den Kurs der Westbindung mittrug, weil er der Meinung war, dass nur ein starker Weststaat die Voraussetzung für die Einheit sein könne, gab es viele Stimmen, die der Wiedervereinigung den Vorzug gaben – auch zum Preis der Neutralität. Es wurde von »Bündnisfreiheit« oder »Blockfreiheit« gesprochen, was aber dasselbe meinte.

Aufgrund der ablehnenden Haltung Adenauers zur **Stalinnote**

Wer war Jakob Kaiser?
Jakob Kaiser zählt zu den führenden CDU-Politikern der Nachkriegszeit. Bereits im Kaiserreich und in der Weimarer Republik hatte er sich als Gewerkschafter engagiert. Nach 1945 gehörte er zu den Mitbegründern der CDU in der sowjetischen Besatzungszone und stieg zu einem ihrer Vorsitzenden auf. Im Dezember 1947 wurde Kaiser von den Sowjets seines Postens enthoben und floh daraufhin nach Westberlin. Zwischen 1949 und 1957 bekleidete er in Bonn das Amt des Ministers für gesamtdeutsche Fragen.

vom 10. März 1952 erreichte die Kritik an der Deutschlandpolitik des Kanzlers einen Höhepunkt. Ihm wurde vorgeworfen, eine Chance zur deutschen Einheit leichtfertig vergeben zu haben. Der Sozialdemokrat Fritz Erler klagte sogar an, dass hier »um der Sicherheit des Westens einschließlich der Bundesrepublik willen [. . .] die deutsche Einheit geopfert« werde.

Die gewichtigen Argumente des Kanzlers, dass eine Neutralisierung Deutschlands die Machtverhältnisse zugunsten der Sowjetunion verschöbe und das Ende der europäischen Integration bedeutete, wurden von den »Neutralisten« zurückgewiesen. Stattdessen kam es in der Folge zur Gründung der Gesamtdeutschen Volkspartei (1952) und des »Kuratoriums Unteilbares Deutschland« (1954). Beide sahen sich dem Einheitsgedanken verpflichtet. Ihr Einfluss auf die Politik blieb aber sehr begrenzt. Je länger die Teilung fortbestand und sich die Menschen mit ihr arrangierten, desto mehr verloren auch die gesamtdeutschen Initiativen an Bedeutung.

Was beinhaltete die Stalinnote vom März 1952?

In dieser diplomatischen Note unterbreitete die Moskauer Führung den Vorschlag zum Abschluss des 1945 nicht geschlossenen Friedensvertrags mit Deutschland, der von einer Vereinigung der beiden deutschen Staaten sowie der Wiederherstellung der vollständigen Souveränität begleitet werden sollte. Ferner war der Wiederaufbau einer nationalen Armee vorgesehen. Stalin knüpfte dieses Angebot an die Bedingungen einer politischen Neutralität sowie an die Anerkennung der Oder-Neiße-Grenze. Über zentrale Punkte, ob und wie man etwa freie Wahlen garantieren könnte, gaben aber weder die erste Denkschrift noch der folgende Notenwechsel hinreichende Auskunft.

BEMERKENSWERTES

Die Stalinnote: Störmanöver oder vertane Chance?

Bis in die Gegenwart streiten sich die Historiker darüber, ob Stalins Angebot einer Wiedervereinigung Deutschlands wirklich ernst gemeint war oder ob es sich dabei lediglich um den Versuch gehandelt hat, einerseits die Verantwortung für die deutsche Teilung den Westmächten und Adenauer zuzuschieben und andererseits das westliche Bündnis zu stören. Die meisten Forscher tendieren heute zu der Meinung, dass die Note lediglich ein diplomatischer Bluff des sowjetischen Diktators gewesen sei. Manche Fragen sind aber immer noch nicht beantwortet.

Was bedeutet Inflation?

Von einer Inflation (lat. inflare = »aufblähen, anschwellen«) spricht man, wenn Geld rasch an Wert verliert. Dabei verfällt dessen Kaufkraft. Folglich ist man gezwungen, für ein Produkt immer mehr zu bezahlen. Zu Inflationen kommt es in Krisenzeiten. Besonders schlimm war die galoppierende Inflation in Deutschland in den Anfangsjahren der Weimarer Republik; in der schlimmsten Phase verlor das Geld stündlich an Wert.

Woher kommt der Begriff »Soziale Marktwirtschaft«?

Der Begriff tauchte erstmals 1947 in einem Aufsatz von Professor Alfred Müller-Armack (1901–1978) auf, der an der Universität Münster einen Lehrstuhl für Nationalökonomie und Kultursoziologie innehatte. Müller-Armack war ein enger Mitarbeiter Ludwig Erhards.

Ludwig Erhard

Das »Wirtschaftswunder« – Ludwig Erhard und die »Soziale Marktwirtschaft«

Ein rundlicher, weißhaariger Mann mit zufriedenem Lächeln, vollem Gesicht und einer dicken Zigarre – dieses Bild von Ludwig Erhard, dem langjährigen Wirtschaftsminister unter Konrad Adenauer, hat sich in das Gedächtnis der Deutschen eingeprägt. Er gilt als der Vater des »Wirtschaftswunders« der 50er- und 60er-Jahre. Sein legendäres Schlagwort vom »Wohlstand für alle« wurde zur Losung des wirtschaftlichen Aufschwungs der jungen Bundesrepublik. Bis heute ist die Erinnerung an diese »goldene Zeit« lebendig. Mit wirtschaftlichem Erfolg, wachsendem Wohlstand und Vollbeschäftigung setzte sie sich scharf von den mageren Nachkriegsjahren ab. Doch fiel das »Wirtschaftswunder« nicht über Nacht vom Himmel. Es hatte viele Ursachen.

Als Erhard im September 1949 zum Bundeswirtschaftsminister berufen wurde, waren einige wichtige Voraussetzungen für den wirtschaftlichen Aufschwung bereits gegeben. Die Währungsreform von 1948 hatte die durch den Zweiten Weltkrieg verursachte **Inflation** beseitigt und führte dazu, dass die festgeschriebenen Preise für Lebensmittel und andere Güter verschwanden. Trotz der großen Zerstörungen waren viele Industriebetriebe nach Kriegsende intakt. Die klassischen deutschen Industriezweige wie der Maschinen- und Fahrzeugbau sowie die Chemie- und Elektroindustrie konnten sich in den Westzonen rasch erholen. Hinzu kam, dass in Westdeutschland ein großes Heer an fachlich gut ausgebildeten jungen Menschen zur Verfügung stand. Viele von ihnen waren aus den Ostgebieten oder der DDR geflüchtet und bemühten sich nun darum, eine neue Existenz aufzubauen.

Die von Ludwig Erhard verfolgte wirtschaftliche Neuordnung Deutschlands beruhte auf dem Konzept der **»sozialen Marktwirtschaft«.** Es sollte ein freier Markt mit umfassenden Freiheiten in den Bereichen des Wettbewerbs, des Handels, der Produktion und des Konsums (lat. *consumere* = »verbrauchen«) geschaffen werden. Gleichwohl seien Eingriffe des Staates dort notwendig, wo es um den sozialen Schutz der Menschen ging. Die Erfahrungen aus dem 19. Jahrhundert, als es solche staatliche Auflagen kaum gegeben und die Industrialisierung zu Ausbeutung und Massenverelendung geführt hatte, dürften sich nicht wiederholen. Erhard vertraute darauf, dass der wirtschaftliche Erfolg zugleich das Vertrauen in die Demokratie stärken werde. Eine freiheitliche Gesellschaft und die »soziale Marktwirtschaft« gehörten für ihn zusammen.

Diese wirtschaftspolitischen Vorstellungen waren zunächst jedoch heftig umstritten, denn die Erfolge stellten sich nicht sofort ein. Trotz der neuen Währung führte die Freigabe der Preise zu Teuerungen. Die Arbeitslosigkeit erreichte im Februar 1950 zwölf Prozent. Viele Stimmen forderten daher erneute Eingriffe des Staates in das Wirtschaftsleben, von denen Erhard es ja befreien wollte. Mit dem Ausbruch des Koreakrieges im Juni 1950 stiegen die Weltmarktpreise für Rohstoffe, auf deren Einfuhr die deutsche Wirtschaft angewiesen war.

Die Idee der »sozialen Marktwirtschaft« schien zum Scheitern verurteilt. Doch dann setzte Ende 1950 ein Wandel ein. Der **»Koreaboom«** ließ die Nachfrage nach deutschen Produkten im Ausland rasch ansteigen. Mit der Einbindung der Bundesrepublik in den Westen wurden wichtige Absatzmärkte erschlossen. Dies war umso wichtiger, da der wirtschaftliche Aufschwung zunächst größtenteils auf dem Export (lat. *exportare* = »ausführen«) beruhte und dann auf die Binnenwirtschaft (Inlandswirtschaft) abstrahlte. Die Jahre 1950/51 bis 1966/67 wurden so zu einer Phase stetigen wirtschaftlichen Wachstums.

Was war die Ursache für den »Koreaboom«?
Dem Beginn des Koreakrieges folgte ein weltweiter Anstieg der Rüstungsproduktion. Die USA und die anderen NATO-Staaten vervielfachten ihre Verteidigungsausgaben, was dazu führte, dass die Rüstungsindustrie in diesen Ländern wieder in den Vordergrund trat. Die Nachfrage nach nicht militärischen Erzeugnissen konnte aus der eigenen Produktion kaum mehr gedeckt werden, wodurch für deutsche Waren (Maschinen, Stahlerzeugnisse, Fahrzeuge) ein großer Absatzmarkt entstand.

BEMERKENSWERTES

Ludwig Erhard – erfolgreicher Wirtschaftsminister, glückloser Bundeskanzler

Am 16. Oktober 1963 wurde Ludwig Erhard zum Nachfolger des zurückgetretenen Bundeskanzlers Konrad Adenauer gewählt – sehr zum Widerwillen Adenauers, der Erhard das Amt nicht zutraute. Tatsächlich stand dessen Kanzlerschaft unter keinem guten Stern. Ihm fehlten der notwendige Machtinstinkt und auch die Durchsetzungsfähigkeit innerhalb der Regierung und seiner eigenen Partei. Erhard wirkte überfordert, seine Popularität nahm seit 1964 beständig ab. So sehr er sich als Wirtschaftsminister große Verdienste erworben hatte, fehlte ihm als Regierungschef das notwendige Glück. Bereits im Oktober 1966 wurde er gestürzt.

Der neue Wohlstand

Was versteht man unter der dynamischen Rente?

Mit der Einführung der dynamischen Rente wurde die Höhe der Rentenzahlungen an die Entwicklung der Löhne und Gehälter gekoppelt.

Der wirtschaftliche Aufschwung hatte für die Menschen in der Bundesrepublik beträchtliche Auswirkungen. Seit 1950 nahm die Zahl der Arbeitslosen beständig ab, 1961 lag sie erstmals unter einem Prozent. Es herrschte Vollbeschäftigung. Als der Wirtschaft allmählich die dringend benötigten Arbeitskräfte ausgingen, begann sie mit der Werbung von »Gastarbeitern« aus Italien, Spanien, Griechenland und der Türkei, später aus Portugal und Jugoslawien. Bereits im Herbst 1964 wurde der millionste ausländische Arbeitnehmer begrüßt. Die »Gastarbeiter« leisteten einen wichtigen Beitrag dazu, das starke Wirtschaftswachstum aufrechtzuerhalten. Die Steuereinnahmen aus dem langjährigen wirtschaftlichen Aufschwung füllten die Staatskasse.

Ein großer Teil der Gelder wurde dazu verwendet, die sozialen Leistungen auszubauen. Davon profitierten jene Gesellschaftsgruppen, die bislang nicht oder nur kaum am »Wirtschaftswunder« teilhatten. So hatten etwa die Rentner lange Zeit nur ein geringes Auskommen. Erst mit der Einführung der **dynamischen Rente** 1957 verbesserten sich ihre Verhältnisse. Neu war auch der Generationenvertrag: Hatte das seit Bismarcks Zeiten bestehende Rentensystem auf dem Prinzip beruht, dass die Menschen die Versicherungsbeiträge selbst ansparten, woraus dann später ihre Rente bestritten wurde, kamen von nun an die aktiven Arbeitnehmer über das Umlageverfahren unmittelbar für die Renten der Alten auf. Ein solches System konnte allerdings nur so lange funktionieren, wie es bedeutend mehr junge Einzahler als Rentenempfänger gab. Das war in den 50er- und 60er-Jahren noch der Fall.

Mit dem »Wirtschaftswunder« zog der Wohlstand in die deutschen Hausstände ein. Bis 1970 stiegen die Einkommen von Arbeitern, Angestellten und Selbstständigen um ein Vielfaches. Waren, die früher für die meisten Bürger unbezahlbar gewesen waren, wurden nun erschwinglich. 1965 waren fast alle Haushalte mit elektrischen Geräten wie Kühlschränken und Waschmaschinen ausgestattet, die die Hausarbeit erheblich vereinfachten. Das Auto, in den 20er- und 30er-Jahren vornehmlich den Wohlhabenden vorbehalten, entwickelte sich ab Ende der 1950er Jahre zum Massenverkehrsmittel. Kleinwagen wie der legendäre VW-Käfer oder das **»Goggomobil«** wurden die Symbole für den finanziellen Aufstieg des kleinen Mannes.

Sogar das Eigenheim wurde bezahlbar. Gefördert durch staatliche Bauprogramme und günstige Kredite entstanden an den Rändern der Städte neue Wohnsiedlungen mit Ein- und Mehrfamilienhäusern, die auch Arbeiterfamilien und mittleren Angestellten den Traum von den eigenen vier Wänden erfüllten.

Der wachsende Reichtum veränderte auch das Freizeit- und Urlaubsverhalten der Deutschen. Zwar verbrachten die meisten von ihnen die schönsten Wochen des Jahres bis Ende der 1960er-Jahre im eigenen Land. Gleichwohl richtete sich der Blick zunehmend über die Nordseeküste, den Harz und den Schwarzwald hinaus. Mit dem einsetzenden Massentourismus stieg die italienische Riviera zum allseits beliebten Urlaubsziel auf. 1956 machten sich bereits mehr als vier Millionen Deutsche auf den Weg über die Alpen nach Süden. Häufig glich der Urlaub mit Zelt und Kleinwagen noch einem zweiwöchigen Abenteuer. Zurück in der Heimat erhielten die Fotografien und Reiseandenken einen Ehrenplatz in den Wohnzimmern. Sie belegten der staunenden Verwandtschaft, dass »man es sich nun leisten« konnte.

Was war das »Goggomobil«?
Hinter diesem ungewöhnlichen Namen verbarg sich eines der erfolgreichsten Fahrzeuge aus der Zeit des Wirtschaftswunders. Der »Goggo« war ein Kleinstauto, das zwischen 1955 und 1969 im bayerischen Dingolfing gebaut wurde. Aufgrund seiner geringen Größe und der sparsamen Ausstattung richtete er sich an Menschen mit kleinerem Geldbeutel.

Goggomobil

BEMERKENSWERTES

Der VW-Käfer – ein deutscher Exportschlager

Die Planungen für den »Volkswagen«, der später nur »Käfer« genannt wurde, begannen in den frühen 1930er-Jahren. Das NS-Regime unterstützte die Idee, einen Wagen zu bauen, der für breite Bevölkerungsschichten erschwinglich sein sollte. Der Ausbruch des Zweiten Weltkrieges verzögerte jedoch die Serienproduktion, die erst 1948 anlief. Der Käfer verkaufte sich nicht nur in Deutschland, sondern stellte sich als Exportschlager heraus. Insgesamt wurden über 21 Millionen Fahrzeuge gebaut, womit der Käfer lange Zeit das meistverkaufte Auto der Welt war. 2003 stellte der VW-Konzern die Produktion endgültig ein. Sein Nachfolgemodell ist der New Beetle.

Kleinbürgerlicher Mief und Rock 'n' Roll – Leben in den Fünfzigern

Was versteht man unter Amerikanisierung?

Der Begriff meint die Übertragung der amerikanischen Werte, Ideen und des Lebensstils auf die Gesellschaften und Kulturen anderer Länder. Wenngleich es bereits in der Weimarer Republik amerikanische Einflüsse auf die deutsche Gesellschaft gab, kam die Amerikanisierung in Deutschland erst nach dem Zweiten Weltkrieg zum Tragen, als die USA als Besatzungsmacht im Land standen.

Wer war James Dean?

Obwohl der jugendliche, gut aussehende und ungebändigte US-Schauspieler James Dean (1931–1955) in nur drei Filmen die Hauptrolle spielte (Jenseits von Eden 1955, Denn sie wissen nicht, was sie tun 1955, Giganten 1956), gilt er als einer der größten Filmstars aller Zeiten. Dean starb mit nur 24 Jahren bei einem Autounfall. Sein früher Tod machte ihn zur Legende.

Obwohl sich mit dem wachsenden Wohlstand des »Wirtschaftswunders« das Leben der Menschen äußerlich veränderte, vollzog sich der Wandel bei den inneren Überzeugungen nur sehr langsam. In den meisten Familien bestanden die alten Rollenbilder und Erziehungsideale aus dem 19. Jahrhundert fort. Fleiß, Gottesfurcht und Gehorsam galten als die zentralen Werte einer Gesellschaft, die sich nach außen bieder und kleinbürgerlich gab.

»Lehre deine Kinder«, hieß es in einem Erziehungsratgeber aus dem Jahr 1951, »zu schweigen, wenn ältere Leute sprechen, bescheiden, aber deutlich zu antworten, wenn sie gefragt werden, und sich nicht unaufgefordert in die Unterhaltung Erwachsener zu mischen.« Körperliche Züchtigung wurde als ein normaler Bestandteil der Erziehung verstanden, in den Schulen war der Rohrstock noch üblich. Weil große Teile der mittleren Jahrgänge, also der Menschen um die dreißig und vierzig, durch den Nationalsozialismus belastet oder im Zweiten Weltkrieg umgekommen waren, übte die Generation der Großväter einen starken Einfluss auf das politische, wirtschaftliche und gesellschaftliche Leben aus. Diese waren im Kaiserreich aufgewachsen. Zwischen ihren Wertvorstellungen und denen der Enkelkinder lag ein halbes Jahrhundert. Viele junge Leute sahen sich von den Älteren bevormundet und in ihren Problemen unverstanden. Für sie fühlte sich das Leben in den »Fuffzigern« oft genug miefig und eingeengt an.

So verwundert es nicht, dass sich Widerstand gegen die »Herrschaft der Alten« regte. Die Jugendlichen suchten nach Möglichkeiten, dem »Spießertum« und der nach außen zur Schau getragenen heilen Welt der Eltern zu entkommen. Mitte der 50er-Jahre erwuchs daraus eine Jugendbewegung, die stark unter dem Einfluss der **Amerikanisierung** stand. Die Lebensweise in den USA wurde zum Vorbild der jungen Generation. Rockmusik und Kino gewannen einen wichtigen Stellenwert im Alltag der Jugendlichen. Mit den frechen und mitreißenden Songs von Bill Haley, Little Richard, Jerry Lee Lewis und Elvis Presley erlebte der Rock 'n' Roll seinen großen Durchbruch. Die Musikbox ermöglichte es, für wenig Geld die neuesten Stücke auf Schallplatte zu hören.

Neben den Rockmusikern stiegen die Stars des amerikanischen Kinos zu umjubelten Idolen der Jugendlichen auf. Das galt besonders für **James Dean,** der in seinen Filmen den ungezähmten Außenseiter verkörperte und gegen die Welt der Erwachsenen rebellierte. Das Lebensgefühl der Zeit drückte sich auch in der Mode aus. Elvistolle, karierte Hemden, Lederjacke, Jeans und Petticoat waren der sichtbare Ausdruck dieser neuen Jugendkultur.

Die Erwachsenen standen solchen Entwicklungen mit großem Unverständnis und Ablehnung gegenüber. Man sah die Moral und die guten Sitten in Gefahr. Nicht wenige hielten Rock 'n' Roll für ein Werk des Teufels. Solche Vorbehalte wurden durch die **»Halbstarken«** genährt. Das waren zumeist männliche Jugendliche aus den unteren Gesellschaftsschichten, die, mit ihrer Situation aus vielen Gründen unzufrieden, sich in Banden zusammenfanden, durch die Straßen zogen und für Ärger sorgten. In einigen deutschen Großstädten kam es Ende der 50er-Jahre sogar zu Krawallen und Massenschlägereien, die von ihnen angezettelt wurden. Allerdings erwiesen sich die Berichte in der Presse über die »Halbstarken« häufig als maßlos übertrieben. Insgesamt zählte wohl nur ein sehr geringer Teil der 17- bis 18-Jährigen zu dieser Strömung. Den allermeisten Jugendlichen ging es lediglich darum, etwas mehr Freiheit und Abwechslung in ihr oftmals eintöniges Leben zu bringen.

Filmplakat 1956

Wieso spricht man von »Halbstarken«?

Der Begriff tauchte bereits um 1900 im nord- und mitteldeutschen Raum auf. Wenn von »Halbstarken« die Rede war, dann spiegelte sich darin immer die Sicht der Erwachsenen. Die Bezeichnung war zunächst abschätzig gemeint, obgleich sich später manche Jugendliche selbst so bezeichneten. Durch den deutschen Spielfilm Die Halbstarken von Georg Tressler aus dem Jahr 1956 fand der Begriff allgemeine Verbreitung.

BEMERKENSWERTES

Rock Around the Clock: vom Ladenhüter zum Welthit

Kein anderer Song wird so sehr mit der Rock-'n'-Roll-Ära in Verbindung gebracht wie Bill Haleys *Rock Around the Clock.* Dabei ist weitgehend unbekannt, dass das Stück bereits 1952 entstand und zunächst von einer anderen Gruppe eingespielt wurde. Bill Haley nahm das Lied mit seiner Band erst im April 1954 auf. Es erschien als B-Seite einer Schallplatte und hatte anfangs nur mäßigen Erfolg. Erst durch den Film *Blackboard Jungle (dt. Die Saat der Gewalt)* von 1955, welchem der Song als Titelmusik diente, wurde er bekannt und entwickelte sich zum Welthit.

Die Beziehungen zur Sowjetunion und zum Ostblock

Was war der »Eiserne Vorhang«?

Diese Metapher bezeichnete die westliche Grenze des sowjetischen Machtbereichs in Europa. Berühmt wurde der Ausdruck durch den ehemaligen britischen Premierminister Winston S. Churchill, der in seiner Rede im amerikanischen Fulton am 5. März 1946 davon sprach, dass »von Stettin an der Ostsee bis Triest am Mittelmeer ein eiserner Vorhang über den Kontinent heruntergefallen« sei.

Mit der Westbindung und dem Prozess der europäischen Integration wurde der bundesdeutschen Außenpolitik eine Richtung gegeben, die sich bereits in den 1950er-Jahren als überaus erfolgreich herausstellte. Doch während sich die Beziehungen zu den Partnern im Westen ständig fortentwickelten, lagen die Kontakte Bonns zu den Staaten jenseits des **»Eisernen Vorhangs«** brach. Offizielle Verbindungen zu Moskau, Warschau oder Prag wurden nicht unterhalten. Wenn es überhaupt zu Berührungen zwischen der westdeutschen Regierung und den Staatsführungen des sogenannten Ostblocks kam, dann erfolgten sie über diplomatische Noten, die in der Presse veröffentlicht wurden, oder sie wurden über die jeweiligen Botschafter in einem dritten Land, etwa in Frankreich, ausgetauscht. Solange Stalin noch lebte, ließen der Kalte Krieg und die Teilung Deutschlands direkte Beziehungen nicht zu.

Nach dem Tod des sowjetischen Diktators 1953 machten sich indes Veränderungen in dem bis dahin angespannten Ost-West-Verhältnis bemerkbar. Die kurze Phase des politischen **»Tauwetters«,** das unter Stalins Nachfolgern einsetzte, nährte die Hoffnung auf eine Annäherung. Vieles deutete darauf hin, dass die neue Kremlführung zu Gesprächen über die Lage in Europa bereit sei. Im Juni 1955 bot die UdSSR der Bundesregierung an, Verhandlungen aufzunehmen. Sie sollten die Beziehungen zwischen beiden Staaten normalisieren. Verbunden war dies mit einer Einladung an Adenauer zum Arbeitsbesuch in Moskau.

Woher kommt der Begriff »Tauwetter«?

»Tauwetter« geht auf den gleichnamigen Roman des sowjetischen Schriftstellers Ilja Ehrenburg von 1954 zurück. Damit ist die Phase nach Stalins Ableben gemeint, als in den Staaten des Ostblocks kurzzeitig größere Freiheiten einzogen, die Zensur gelockert wurde und innenpolitische Reformen einsetzten.

Der Kanzler setzte keine allzu hohen Erwartungen in die Reise. Im Kabinett erklärte er, dass er hinsichtlich einer Wiedervereinigung »ohne Illusionen« nach Moskau fahren werde. In den Mittelpunkt des Besuchs rückte vielmehr das Problem der deutschen Kriegsgefangenen und politischen Häftlinge. Zehn Jahre nach Kriegsende saßen sie immer noch in sowjetischen Straflagern. Deren Freilassung wurde für Adenauer zu einem wichtigen Ziel der Reise.

Die Verhandlungen in Moskau, die zwischen dem 9. und 13. September 1955 stattfanden, gestalteten sich überaus schwierig. Sie standen mehrmals vor dem Abbruch. Der sowjetische Ministerpräsident Nikolai A. Bulganin unterbreitete Adenauer das Angebot, alle deutschen Gefangenen freizugeben. Dafür müsse die Bundesregierung im Gegenzug bereit sein, diplomatische Beziehungen mit der

UdSSR aufzunehmen. Eine schriftliche Zusage dafür gab es aber nicht. Konnte man Bulganin trauen? Trotz vieler Bedenken willigte Adenauer letztlich ein. In den folgenden Monaten konnten so 9.626 Kriegsgefangene und etwa 20.000 Zivilisten, die von der Roten Armee verschleppt worden waren, in die Heimat zurückkehren. Die Rückführung der Kriegsgefangenen gilt als einer der größten Triumphe Adenauers.

Daraus ergaben sich aber neue Probleme. Wie sollte nun, nachdem man mit jener Macht Beziehungen aufgenommen hatte, die für die Entstehung der DDR verantwortlich war, noch der **Alleinvertretungsanspruch** aufrechterhalten werden? Die Lösung fand sich in der »**Hallsteindoktrin«.** Sie besagte, dass die Bundesrepublik in jedem Versuch anderer Staaten, mit der DDR offizielle Verbindungen aufzunehmen, einen »unfreundlichen Akt« sehen werde. Als Konsequenzen drohten wirtschaftliche und diplomatische Sanktionen. So wurden 1957 die Beziehungen zu Jugoslawien und 1963 zu Kuba abgebrochen. Bis auf die Sowjetunion fielen alle Staaten Osteuropas unter diese Richtlinie.

Zwar hatte die Hallsteindoktrin den Erfolg, dass sie die völkerrechtliche Anerkennung der DDR vor allem durch Staaten in der Dritten Welt, die auf die westdeutsche Entwicklungs- und Wirtschaftshilfe angewiesen waren, verhinderte. Zugleich schränkte sie aber die Handlungsmöglichkeiten der Bundesrepublik mit Blick auf die osteuropäischen Staaten stark ein. Das machte ab Mitte der 1960er-Jahre ein Umdenken in der deutschen Außenpolitik dringend erforderlich.

Was war der Alleinvertretungsanspruch?

Dem Alleinvertretungsanspruch zufolge war allein die Bundesrepublik dazu berechtigt, die Interessen Deutschlands außenpolitisch zu vertreten. Dieser Anspruch bezog die DDR mit ein, deren Eigenständigkeit von Bonn nicht anerkannt wurde. Als Begründung diente das Argument, dass das SED-Regime nicht aus freien und demokratischen Wahlen hervorging. Demnach konnte es nicht den Willen des deutschen Volkes vertreten.

Wieso spricht man von der »Hallsteindoktrin«?

Bei der »Hallsteindoktrin« handelt es sich um kein einzelnes amtliches Schriftstück. Vielmehr ergab sich ihr Sinn aus unterschiedlichen Verlautbarungen der Bundesregierung. Benannt ist sie nach dem Staatssekretär im Auswärtigen Amt, Walter Hallstein. Der Begriff tauchte 1958 das erste Mal auf.

BEMERKENSWERTES

Eine Botschaft auf Schienen

Als 1955 in Bonn die Vorbereitungen für den Besuch in der UdSSR getroffen wurden, stand die deutsche Seite vor dem großen Problem, dass sie in Moskau über keine Auslandsvertretung verfügte, die dem Kanzler als Residenz dienen konnte. Die deutsche Botschaft war 1941 geschlossen worden. Weil man aber gerade für die internen Beratungen und die Dienstgeschäfte einen abhörsicheren Ort benötigte, wurde vorab ein Sonderzug mit 13 Waggons nach Moskau geschickt. Er diente als Ausweichquartier für die Delegation. So fielen die wichtigen Entscheidungen in den Salonwagen, die auf einem Nebengleis des Moskauer Hauptbahnhofs abgestellt waren.

Die Versöhnung mit Frankreich

**Wer war
Charles de Gaulle?**

Kaum ein anderer Politiker hat die Geschichte Frankreichs im 20. Jahrhundert so mitgeprägt wie Charles de Gaulle (1890–1970). Zum Nationalhelden wurde der General während des Zweiten Weltkrieges, als er von London aus zum Widerstand gegen die deutsche Besetzung aufrief und eine Gegenregierung leitete. Bei Kriegsende wurde er kurzzeitig Chef der provisorischen Regierung. 1958 übernahm er das Amt des Ministerpräsidenten zur Bewältigung der politischen Krise. Als Staatspräsident der V. Republik amtierte de Gaulle von 1959 bis 1969.

Was war die Saarfrage?

Seit 1945 stand das Saarland, damals ein wichtiges Kohle- und Stahlrevier, unter französischer Hoheit. Dies führte immer wieder zu Spannungen zwischen Paris und Bonn. Bei einer Volksabstimmung 1955 sprachen sich die Saarländer mehrheitlich für die Rückkehr nach Deutschland aus. Dem Luxemburger Saarlandvertrag von 1956 gemäß wurde das Land in mehreren Schritten bis 1959 in die Bundesrepublik eingegliedert.

Die Choräle klangen himmlisch durch die weiten gotischen Hallen der Kathedrale von Reims. Hier, wo einst die Könige von Frankreich gekrönt worden waren, begingen am 8. Juli 1962 die beiden Staatsmänner Konrad Adenauer und **Charles de Gaulle** gemeinsam einen katholischen Gottesdienst. Zwar hatte das mit großem Pomp und Zeremoniell ausgeführte Hochamt seine kleinen Schönheitsfehler. »Wenn der eine stand, kniete der andere«, spöttelte ein Journalist über den Verlauf der Messe. Doch wichtiger war die Symbolik, die von diesem Tag ausging: ein deutscher Bundeskanzler und ein französischer Staatspräsident vereint im Gebet. Zudem hatten beide einige Stunden vorher eine deutsch-französische Militärparade abgenommen. Das alles wäre wenige Jahre zuvor undenkbar gewesen. Die von Adenauer und General de Gaulle eingeleitete Versöhnung zwischen ihren Ländern, die in diesen Gesten zum Ausdruck kam, erwies sich als eine Leistung von historischer Bedeutung.

Über Jahrhunderte hinweg war das Verhältnis zwischen Deutschen und Franzosen von einer »Erbfeindschaft« bestimmt. Allein seit 1870 hatten sie drei Kriege gegeneinander geführt, die millionenfachen Tod und furchtbares Elend über beide Völker gebracht hatten. Nach dem Zweiten Weltkrieg wirkte diese Erblast fort. In Paris galt die dauerhafte Schwächung des alten Feindes als Leitsatz der Deutschlandpolitik. Dem politischen und wirtschaftlichen Aufstieg der Bundesrepublik begegnete man mit Misstrauen. Trotz verschiedener Annäherungen im Rahmen der Montanunion und der Europäischen Verteidigungsgemeinschaft blieben die Beziehungen schwierig. Vor allem die bis 1956 ungelöste **Saarfrage** verhinderte eine Verbesserung des deutsch-französischen Klimas.

Erst Ende der 1950er-Jahre setzte ein Wandel ein. Er war eng mit den Persönlichkeiten Charles de Gaulles und Konrad Adenauers verbunden. Trotz ihrer sehr unterschiedlichen Lebenswege und politischen Überzeugungen teilten sie doch die aus der Geschichte abgeleitete Einsicht, dass die Feindschaft zwischen Deutschen und Franzosen ein Ende finden müsse. Der Friede auf dem Kontinent könne nur Bestand haben, wenn es gelänge, die alten Rivalitäten zu überwinden.

Während eines Besuchs Adenauers auf de Gaulles Landsitz in Colombey-les-deux-Eglises im September 1958, bei dem sie sich über ihre Weltsichten ausführlich unterhielten, entwickelte sich zwischen den alten Herren eine aufrichtige und herzliche Freundschaft. Es gab aber noch andere Motive, die für eine deutsch-französische Annäherung sprachen. Adenauer, der eine Entfremdung im deutsch-amerikanischen Verhältnis befürchtete, war daran interessiert, Frankreich als starken Partner an seiner Seite zu wissen. De Gaulle hingegen beabsichtigte eine Neuordnung der politischen Gewichte und eine Zurückdrängung des Einflusses der USA in Europa. Den Kanzler und den General verband also eine Mischung aus historischen Einsichten und gemeinsamen europäischen Überzeugungen. Außerdem bewogen unterschiedliche machtpolitische Erwägungen sie dazu, das deutsch-französische Verhältnis auf eine neue Grundlage zu stellen.

Die Staatsbesuche des Jahres 1962, die auf ein großes öffentliches Interesse in Deutschland und Frankreich stießen, trugen dazu wesentlich bei. Zunächst reiste Adenauer im Juli nach Frankreich. Im September folgte dann der Gegenbesuch de Gaulles in Deutschland. Er wurde für den Präsidenten zu einem triumphalen Erfolg. Die deutsch-französische Freundschaft erlebte ihre ersten Höhepunkte. Ein weiterer Meilenstein der Versöhnung war der **»Elysée-Vertrag«** vom 22. Januar 1963. Er gab der neuen Sonderbeziehung zwischen beiden Ländern eine feste vertragliche Grundlage.

Konrad Adenauer und Charles de Gaulle beim Staatsbesuch Adenauers in Frankreich 1962

Was regelte der »Elysée-Vertrag«?
Dieser Freundschaftsvertrag verpflichtete Frankreich und Deutschland zu einer engen Zusammenarbeit in der Außen-, Verteidigungs-, Bildungs- und Jugendpolitik. Dazu gehörten zum Beispiel regelmäßige Gespräche und inhaltliche Abstimmungen auf Regierungsebene. Als Kern des Vertrages galt der Aufbau eines deutsch-französischen Jugendwerkes. Der Elysée-Vertrag bildete den Ausgangspunkt für den Jugendaustausch, gemeinsame Bildungsprogramme sowie die zahlreichen Schul- und Städtepartnerschaften.

BEMERKENSWERTES

Die Macht der Bilder

Wie wichtig die Bildsprache für die Politik ist, belegt gerade die Entwicklung der deutsch-französischen Versöhnung. De Gaulle und Adenauer waren Meister darin, Bilder und symbolische Handlungen so in Szene zu setzen, dass in ihnen politische Botschaften vermittelt wurden. Das galt etwa für den Bruderkuss nach der Unterzeichnung des Elysée-Vertrags 1963. Auch ihre Nachfolger François Mitterand und Helmut Kohl setzten ein Symbol, als sie im September 1984 auf dem Soldatenfriedhof in Verdun vor einem aufgebahrten Sarg Hand in Hand der Toten der Weltkriege gedachten. Beide Bilder sind in Erinnerung geblieben.

Was tun mit »den Nazis«?
Die Debatten um die nationalsozialistische Vergangenheit

Kann man die Deutschen tatsächlich als Opfer Hitlers sehen?

Obwohl es viele Menschen gegeben hatte, die aus politischen, rassischen oder weltanschaulichen Gründen von den Nazis verfolgt worden waren, so hatte eine große Mehrheit der Deutschen über viele Jahre hinweg die Politik Hitlers aktiv unterstützt oder sie zumindest widerspruchslos hingenommen. Unschuldige, verführte Opfer waren die wenigsten von ihnen. Dass nach 1945 dann so viele genau diesen Anspruch für sich erhoben, hatte häufig mit der Anpassung an die neuen Verhältnisse zu tun oder damit, dass man sich das eigene Fehlverhalten im »Dritten Reich« nicht eingestehen wollte und Ausflüchte suchte.

Worum ging es im Ulmer Einsatzgruppen-Prozess?

In diesem ersten großen Prozess vor einem deutschen Schwurgericht wurden zehn ehemalige Polizisten sowie Angehörige der Geheimen Staatspolizei und des Sicherheitsdienstes beschuldigt, 1941 an Massenerschießungen im deutsch-litauischen

Die Ergebnisse waren erschütternd: Als im Oktober 1951 das Meinungsforschungsinstitut Allensbach eine Umfrage durchführte und wissen wollte, wann es den Deutschen im 20. Jahrhundert am besten gegangen wäre, antworteten 40 Prozent der Befragten, dass dies zwischen 1933 und 1938 im »Dritten Reich« der Fall gewesen sei. Zwar schnitten in der Erinnerung die Jahre im Kaiserreich noch besser ab, allerdings war das nur ein schwacher Trost. Bei einer anderen Umfrage wenige Jahre zuvor hatte sogar mehr als die Hälfte der interviewten Personen die Meinung vertreten, dass der Nationalsozialismus eigentlich eine gute Idee gewesen wäre, die schlecht ausgeführt worden sei. Hatten die Deutschen aus der jüngsten Vergangenheit nichts gelernt?

Nach dem Zweiten Weltkrieg legte sich bei vielen Menschen ein Mantel des Schweigens über die Jahre 1933 bis 1945. Das eigene Leben stand im Vordergrund, man war viel zu sehr mit den aktuellen Sorgen und Nöten beschäftigt, um sich ernsthaft Gedanken über die persönliche Verstrickung in den Nationalsozialismus zu machen. Vielmehr sah man sich in der **Opferrolle**. Hitler, so lautete die verbreitete Meinung in den 1950er-Jahren, habe das deutsche Volk verführt und es für seine düsteren Absichten missbraucht.

Hinzu kam, dass für den Wiederaufbau des Landes auf Personen zurückgegriffen wurde, die zuvor dem NS-Regime gedient hatten. Ärzte, Rechtsanwälte, Beamte, Industrielle – es gab kaum eine Berufsgruppe, die nicht vorbelastet war. Viele hatten daher ein großes Interesse daran, die eigene Vergangenheit auf sich beruhen zu lassen. Soweit überhaupt eine Auseinandersetzung mit dem »Dritten Reich« stattfand, zielte sie darauf, einen »Schlussstrich« unter die Geschichte zu ziehen.

Daher wurde die Bundesrepublik immer wieder mit Skandalen konfrontiert, wenn Journalisten, Historiker oder einstige Opfer der NS-Diktatur Details über die »braune« Vergangenheit einflussreicher Persönlichkeiten zutage förderten. So wurden gegen Bundespräsident Heinrich Lübke (1959–1969) und Bundeskanzler Kurt Georg Kiesinger (1966–1969) mehrfach Anschuldigungen erhoben, die sich aber nur teilweise erhärteten. Der baden-württembergische

Ministerpräsident Hans Filbinger musste 1978 von seinem Amt zurücktreten, weil schwere Vorwürfe über seine Tätigkeit als Marinerichter am Ende des Zweiten Weltkrieges bekannt geworden waren. Für die DDR-Führung boten solche Fälle stets Anlass, um die Bonner Republik als einen angeblich von faschistischen Kriegsverbrechern durchsetzten Staat zu verunglimpfen.

Dass es seit den 1960er-Jahren allmählich zu einer kritischen Auseinandersetzung mit dem Nationalsozialismus kam, hing vor allem mit der juristischen Aufarbeitung zusammen. Zahlreiche Prozesse gegen die einstigen Täter beförderten die Beschäftigung mit der Geschichte. Der **Ulmer Einsatzgruppen-Prozess** 1958 weckte erstmals ein breiteres Interesse an den von den Nazis begangenen Massenverbrechen. Die Verurteilung **Adolf Eichmanns** vor einem Gericht in Israel 1961 und der Auschwitz-Prozess von 1963 bis 1965, der in Frankfurt am Main gegen ehemalige Angehörige des Lagerpersonals in dem Vernichtungslager stattfand, führten der deutschen Öffentlichkeit das ganze Ausmaß der nationalsozialistischen Untaten vor Augen. Diese Verfahren waren nur die Spitze des Eisbergs. Insgesamt leiteten die deutschen Strafbehörden 30.000 bis 40.000 Ermittlungsverfahren ein.

Die meisten Verbrechen blieben zwar ungesühnt, aber von einer Verdrängung der NS-Zeit konnte seitdem nicht mehr die Rede sein. Kaum ein Land hat sich, nach der langen Phase des Totschweigens, so intensiv mit der Aufarbeitung seiner eigenen Vergangenheit beschäftigt wie Deutschland. Kein anderes Thema der deutschen Geschichte ist so umfassend erforscht worden wie der Nationalsozialismus, nirgendwo sonst spielt die Erinnerung an das »Dritte Reich« bis heute eine so wichtige Rolle.

Grenzgebiet beteiligt gewesen zu sein. Ende August 1958 wurden alle Angeklagten des Mordes und der Beihilfe zum Mord in bis zu 3.907 Fällen für schuldig befunden und zu mehrjährigen Haftstrafen verurteilt.

Wer war Adolf Eichmann?

Zwischen 1939 und 1945 leitete Adolf Eichmann (1906–1962) das sogenannte »Judenreferat« des Reichssicherheitshauptamtes in Berlin. Er war einer der Haupttäter, die für die Organisation des Massenmordes an den Juden die Verantwortung trugen. Nach dem Ende des Zweiten Weltkrieges flüchtete Eichmann nach Argentinien, wo er 1960 vom israelischen Geheimdienst entdeckt und dann nach Israel entführt wurde. In einem aufsehenerregenden Prozess verurteilte ihn ein Gericht zum Tode.

BEMERKENSWERTES

Eine Ohrfeige für den Kanzler!

Auf dem Parteitag der CDU in Westberlin kam es am 7. November 1968 zum Eklat, als die Journalistin Beate Klarsfeld Bundeskanzler Kurt Georg Kiesinger in aller Öffentlichkeit ohrfeigte und ihn als Nazi beschimpfte. Mit dieser Aktion wollte Klarsfeld auf die angebliche schwere Belastung des früheren NSDAP-Mitgliedes Kiesinger aufmerksam machen. Ein Gericht verurteilte sie dafür zu einem Jahr Gefängnis, was später in eine viermonatige Bewährungsstrafe abgemildert wurde.

Die zweite Berlinkrise und der Mauerbau 1961

Was war der Warschauer Pakt?

Der Warschauer Pakt war ein Beistandsabkommen der Ostblockstaaten unter der Führung der Sowjetunion. Er bildete das Gegenstück zur westlichen NATO.

Was war so problematisch an der Berlinsituation?

Westberlin, das unter dem Schutz der USA, Großbritanniens und Frankreichs stand, lag wie ein Dorn innerhalb der DDR und damit im sowjetischen Machtgebiet. Obwohl die innerdeutschen Grenzen zwischen Bundesrepublik und DDR abgesichert waren, blieb der Übergang zwischen den beiden Stadthälften ein Schlupfloch für Zehntausende DDR-Flüchtlinge in die Freiheit.

Es war ein Horrorszenario, das die Stabsoffiziere der US-Army 1961 entwarfen: Für den Fall, dass die Sowjetunion wegen des Konflikts um Berlin den Dritten Weltkrieg vom Zaune bräche, rechneten die Strategen mit verheerenden Folgen. Mehr als 3.200 Atomwaffen standen den USA zur Verfügung, um zur Vergeltung die industriellen Ballungsgebiete und Großstädte des Ostblocks auszuradieren. Innerhalb weniger Tage würde mehr als die Hälfte der Bevölkerung der UdSSR umkommen. Insgesamt müssten die Länder des **Warschauer Paktes** und China mit 360 bis 540 Millionen Toten und Zerstörungen unvorstellbaren Ausmaßes rechnen. Doch auch der Westen hätte schwere Verluste zu erwarten. Weite Teile Europas würden sich in eine radioaktiv verseuchte Steppe verwandeln.

Das, was die Offiziere in ihren streng geheimen Papieren beschrieben, lief auf nichts weniger als das Ende der Welt hinaus. Aus heutiger Sicht erscheint es kaum begreiflich, dass der Streit um eine Stadt einen Atomkrieg hätte auslösen können. Anfang der 60er-Jahre jedoch, auf dem Höhepunkt der zweiten Berlinkrise, lag er im Bereich des Möglichen.

Seitdem Stalin 1948/49 vergeblich versucht hatte, die Westmächte aus Berlin zu drängen (erste Berlinkrise), erwies sich die politische Lage der Stadt aus der Sicht des Kremls als **unbefriedigend.** Im November 1958 stellte der sowjetische Staats- und Parteichef Nikita Chruschtschow deshalb den **Viermächtestatus** Berlins infrage. Er drohte damit, die Rechte der UdSSR und die Kontrolle über den Transitverkehr durch DDR-Gebiet nach Westberlin an die DDR abzutreten, falls die Westmächte nicht bereit seien, innerhalb eines halben Jahres Verhandlungen über die Neuordnung der Berlinfrage aufzunehmen. Als »Freie Stadt« sollte Berlin, so Chruschtschow, in eine »selbstständige politische Einheit« umgewandelt werden. Doch es ging um mehr. An anderer Stelle sprach er davon, dass Berlin »zu einer vereinigten Stadt im Bestand des Staates« werden müsse, auf dessen Gebiet sie sich befinde.

Für die Westmächte war ein solches Ultimatum nicht hinnehmbar. Ohne den westlichen Schutz und die Verbindung zur Bundesrepublik würde die Stadt über kurz oder lang vollständig an die DDR fallen. Eine Übertragung der sowjetischen Befugnisse auf die DDR-Regierung hätte dazu geführt, dass sämtliche alliierte Vereinbarungen über den Zugang zur Stadt einseitig aufkündbar geworden wären.

Die Westmächte zeigten sich deshalb fest entschlossen, den Status Berlins um jeden Preis zu verteidigen. In den folgenden Jahren kam es zu mehreren Konferenzen und Gipfeltreffen, die allerdings ergebnislos endeten. Obwohl sich der Ton verschärfte, war beiden Seiten insgeheim bewusst, dass ein Krieg auch die eigene Vernichtung zur Folge hätte. Ein westliches Nachgeben stand aber nicht zur Debatte. Im Juli 1961 bekräftigte der amerikanische Präsident John F. Kennedy mit den »Three Essentials« die Grundzüge seiner Politik: Neben dem Recht auf Anwesenheit in der Stadt und des freien Zugangs beinhaltete sie auch das Recht auf politische Selbstbestimmung für die Westberliner. Als in der Nacht auf den 13. August 1961 der Bau der Berliner Mauer durch die Sowjets begann, die Westberlin für Jahrzehnte von der DDR abriegelte, war das für die Bevölkerung ein schwerer Schlag. Über Nacht wurden Familien und Freundschaften auseinandergerissen, menschliche Tragödien spielten sich ab.

Die Westmächte konnten den Mauerbau nicht verhindern. Letztlich trug er insgesamt zur Entspannung der Situation bei. Er ließ erkennen, dass die UdSSR die bestehenden Verhältnisse nun doch akzeptierte. Zwar kam es in der Folge immer wieder zu Zwischenfällen – etwa am **Checkpoint Charlie,** als sich Ende Oktober 1961 sowjetische und amerikanische Panzer mit ausgerichteten Geschützen drohend gegenüberstanden. Ein Krieg um Berlin blieb der Welt jedoch erspart.

Wieso spricht man vom Viermächtestatus Berlin?

1945 hatten sich die vier Siegermächte darauf geeinigt, Berlin unter gemeinsame Kontrolle zu stellen. Obwohl die alliierte Stadtverwaltung bereits 1948 auseinanderbrach und sich beide Stadthälften unterschiedlich entwickelten, bestanden mehrere auf Gesamtberlin bezogene Rechte der vier Siegermächte fort. Dazu zählten etwa der freie Zugang zu allen Sektoren, die Bewegungsfreiheit innerhalb der Stadtgrenzen sowie die Regelung des Luftverkehrs.

Was war der Checkpoint Charlie?

Der Checkpoint Charlie war der berühmteste Kontrollpunkt und Grenzübergang in Berlin. Er lag in der Friedrichstraße und verband den sowjetischen mit dem amerikanischen Sektor. Die Amerikaner hatten die Übergänge nach dem Funkalphabet durchnummeriert. »Charlie« war also der dritte Kontrollpunkt.

BEMERKENSWERTES

»Ich bin ein Berliner« – der Kennedybesuch 1963

Während seines Deutschlandbesuchs im Juni 1963 reiste Präsident John F. Kennedy auch nach Westberlin. Am 26. Juni wurde er von Hunderttausenden begeistert empfangen. Auf dem Balkon des Schöneberger Rathauses hielt er seine berühmte Rede, in der er auf Deutsch die legendären Worte sprach: »Ich bin ein Berliner.« Damit wollte er die Unterstützung der USA für den Freiheitswillen der Westberliner zum Ausdruck bringen. Weil Kennedy die deutsche Sprache nicht beherrschte, hatte er sich diesen Satz vorab in einer Lautschrift auf seinem Manuskriptzettel notiert.

Das geteilte Berlin und
der Beginn der Entspannungspolitik

**Welche Beeinträchti-
gungen bestanden vor
1961?**

*Seit Mai 1952 waren
die meisten Straßen-
verbindungen zwi-
schen Westberlin und
dem Umland abgerie-
gelt. Außerdem kappte
die DDR sämtliche Te-
lefonleitungen nach
Westberlin, sodass di-
rekte Telefongespräche
zwischen West- und
Ostberlin und der DDR
nicht mehr möglich
waren. Wollten West-
berliner in die DDR
reisen, mussten sie das
vorab schriftlich bean-
tragen.*

**Was war die Berliner
Mauer?**

*Die über 160 Kilome-
ter lange Berliner Mau-
er umschloss ganz
Westberlin und machte
es so zu einer herme-
tisch abgeriegelten In-
sel in der DDR. Der
Bau begann in der
Nacht auf den 13. Au-
gust 1961. Mit dem
Bau der Mauer war ei-
ne Fluchtmöglichkeit
aus der DDR dahin –
ungefähr 200 Men-
schen gelang noch die
Flucht während der
Baumaßnahmen.*

Aus dem Mauerbau im August 1961 ergaben sich einschneidende Veränderungen. Für fast 30 Jahre bestimmte die Teilung fortan das Leben der Berliner. Zwar war es schon in den 50er-Jahren zu erheblichen **Beeinträchtigungen** gekommen. Doch die **Mauer** goss die Teilung jetzt buchstäblich in Beton. Über Nacht fehlten der Westberliner Wirtschaft 50.- bis 60.000 Arbeitskräfte, die bislang aus dem Ostsektor gependelt waren. Familien wurden auseinandergerissen. Die neue Grenze teilte innerhalb kürzester Zeit ganze Straßenzüge und Nachbarschaften.

Den Westberlinern wurde ihre Insellage umso bewusster, als sie nun auch vom Umland abgeschnitten wurden. Die Reise in die Bundesrepublik war nur über den Luftweg und die Transitstrecken mit Auto, Bus oder Bahn möglich. An den Kontrollpunkten war man den Schikanen von DDR-Grenzkontrolleuren ausgesetzt, die mit herrischem Tonfall manchmal stundenlang die Fahrzeuge nach Verdächtigem durchsuchten und Personen übergangsweise festhielten. Nahezu alle Güter des täglichen Bedarfs mussten nach Westberlin eingeführt werden. Dennoch lernten die Menschen schnell, sich in der neuen Situation einzurichten. Was blieb ihnen auch sonst übrig?

Während die DDR-Regierung versuchte, die Bedeutung Ostberlins als »Hauptstadt der DDR« aufzuwerten, konnte die Bundesregierung in der Berlinfrage nur in einem engen Rahmen handeln. Um den Anspruch aufrechtzuerhalten, dass Berlin Hauptstadt eines in Freiheit vereinten und demokratischen Deutschlands sein sollte, setzte die Bundesrepublik auf symbolische Politik. So unterhielten die Bundesministerien in Berlin eigene Dienstsitze. Zwischen 1954 und 1969 wurden hier außerdem die Versammlungen zur Wahl des Bundespräsidenten abgehalten. Ferner trat das Parlament seit 1955 mehrmals zu Sondersitzungen in der geteilten Stadt zusammen. Allerdings lösten die »Berliner Sitzungswochen« des Bundestages heftige Proteste seitens der Sowjetunion und der DDR aus, die sich durch die in ihren Augen »provokatorischen Aktion(en)« herausgefordert sahen. Im April 1965 donnerten sowjetische Kampfjets im Tiefflug über den Tagungsort des Bundestags hinweg, um zu demonstrieren, wer in Berlin das Sagen habe. Die immer wiederkehrenden Konflikte führten schließlich dazu, dass die westdeutsche Seite von solchen großen Veranstaltungen Abstand nahm.

Seit Anfang der 60er-Jahre entwickelte sich in Westberlin unter dem Regierenden Bürgermeister Willy Brandt (SPD) ein neuer Politikansatz, der auf einen Ausgleich im Ost-West-Verhältnis zielte. Die Annäherung sollte aus humanitären Gründen erfolgen. Brandt ging es darum, den Menschen die Lebenssituation, die durch die Teilung entstanden war, so erträglich wie möglich zu gestalten. Er erkannte, dass die Konfrontation dazu keine Lösungen bot. Also setzte er auf Verständigung mit der Gegenseite und auf Entspannung.

Ein wichtiges Ergebnis dieser Politik war das erste **Passierscheinabkommen** vom Dezember 1963. Es eröffnete den Westberlinern erstmals seit dem Mauerbau die Chance, zur Jahreswende ihre Verwandten im Ostteil wiederzusehen. Weitere Vereinbarungen für den Berlinverkehr folgten. Allerdings gelang dies nur in kleinen Schritten und langwierigen Verhandlungen.

Erst das **Viermächteabkommen** von 1971 schuf in der Berlinfrage klare rechtliche Grundlagen, die bis zur Wiedervereinigung der Stadt 1990 fortbestanden.

Amerikanische Militärpolizisten patrouillieren an der Westseite der Glienicker Brücke.

Wie viele Passierscheinabkommen gab es?

Zwischen 1963 und 1966 handelte der Westberliner Senat mit der DDR vier Passierscheinabkommen aus. Mehr als vier Millionen Menschen konnten so zu Feiertagen wie Weihnachten oder Ostern zum Familienbesuch nach Ostberlin reisen.

Was regelte das Viermächteabkommen von 1971?

Im Viermächteabkommen über Berlin, das die drei Botschafter der Westmächte in der Bundesrepublik und der sowjetische Botschafter in der DDR am 3. September 1971 unterzeichneten, wurde die Berlinfrage auf der Grundlage der bestehenden Verhältnisse geregelt. Außerdem gaben das Abkommen sowie weitere Folgevereinbarungen zwischen den beiden deutschen Staaten dem Transitverkehr einen neuen rechtlichen Rahmen.

BEMERKENSWERTES

Die Glienicker Brücke – ein Schauplatz des Kalten Krieges

Die Glienicker Brücke, die bei Potsdam über die Havel führt, gehört zu den bekanntesten Schauplätzen des Kalten Krieges. Dreimal tauschten hier zwischen 1962 und 1986 die USA und die Sowjetunion gegnerische Spione aus, die sie in ihren Ländern enttarnt hatten. Weil die Glienicker Brücke abseits vom Westberliner Zentrum lag und zudem für die Öffentlichkeit gesperrt war, eignete sie sich für solche politisch hochbrisanten Aktionen besser als die Übergänge in der Stadt. Seit dieser Zeit wird sie deshalb »Agentenbrücke« genannt.

Bündnis auf Zeit – die Große Koalition 1966 bis 1969

Was bedeutet der Begriff Große Koalition?

Eine Große Koalition bedeutet, dass die zwei stärksten Parteien in einem Parlament gemeinsam die Regierung bilden. In einer Großen Koalition sind viele Kompromisse nötig; gleichzeitig gibt es kein zahlenstarkes Bündnis von Parteien, die nicht in der Regierung sind und die als sogenannte Opposition eine Kontrollfunktion ausüben.

Warum trat Wehner für die Bildung einer Großen Koalition ein?

Seit 1949 war die SPD an keiner Bundesregierung beteiligt gewesen. Herbert Wehner vertrat die Auffassung, dass die Sozialdemokraten nur dann Wahlen gewinnen und einen Regierungschef stellen könnten, wenn sie dem Wähler vorab als kleinerer Partner in einer Koalition ihre Fähigkeit zum Regieren bewiesen hätten.

Kann das wohl gut gehen?«, dürfte sich so mancher Abgeordneter gefragt haben, als der Bundestag am 1. Dezember 1966 den bisherigen Ministerpräsidenten von Baden-Württemberg, Kurt Georg Kiesinger, mit den Stimmen von CDU/CSU und SPD zum neuen Bundeskanzler wählte. Nach dem Scheitern der Vorgängerregierung hatten sich Christ- und Sozialdemokraten darauf verständigt, gemeinsam eine Regierung zu bilden.

Die erste **Große Koalition** in der Geschichte der Republik setzte sich aus Personen zusammen, die unterschiedlicher kaum hätten sein können. Während mehrere von ihnen wie Kiesinger (CDU) im Nationalsozialismus NSDAP-Mitglieder gewesen waren und später als »Mitläufer« eingestuft wurden, hatte sich der neue Außenminister und Vizekanzler Willy Brandt (SPD) im Widerstand betätigt. Bei Herbert Wehner (SPD), der Bundesminister für Gesamtdeutsche Fragen wurde, handelte es sich um ein früheres Mitglied der Moskauer KPD-Führung. Der Justizminister Gustav Heinemann (SPD), bis 1952 in der CDU, hatte schon der ersten Regierung Adenauers angehört. Finanzminister Franz Josef Strauß (CSU) galt hingegen unter Linken als eine politische Reizfigur erster Güte. Wie sollten so gegensätzliche Personen gemeinsam Politik machen? Die Skepsis war groß. Bei der Wahl Kiesingers zum Kanzler gab es 109 Gegenstimmen und 23 Enthaltungen. Diese konnten unmöglich alle von der Opposition stammen, denn die verfügte nur über 50 Sitze.

Dass die Große Koalition überraschend gut funktionierte, hatte viele Gründe. Der hochgebildete, feinsinnige und rhetorisch talentierte Kiesinger verstand es, die Regierungsgeschäfte mit Augenmaß zu lenken. Aufgrund seines Verhandlungsgeschicks wurde er bald als »wandelnder Vermittlungsausschuss« bezeichnet. Mindestens genauso wichtig war Herbert Wehner, der als **Architekt** der Großen Koalition galt. Mehr als einmal hielt er die Sozialdemokraten in dem Bündnis. Während das Verhältnis Kiesingers zu Brandt respektvoll, aber kühl blieb, entstanden zu Wehner fast freundschaftliche Beziehungen.

Einen geradezu legendären Ruf erwarben sich Franz Josef Strauß und sein Kollege im Wirtschaftsministerium, Karl Schiller (SPD). Aufgrund ihrer engen Zusammenarbeit gaben ihnen die Journalisten schon bald die Spitznamen **»Plisch und Plum«.** Auch den Vorsitzenden der Bundestagsfraktionen von CDU und SPD, Rainer Barzel und Helmut Schmidt, kam am Gelingen der Koalition ein wichtiger Anteil zu. Gleichwohl wussten alle Beteiligten, dass die Zusammenarbeit der zwei sehr unterschiedlich ausgerichteten Parteien nur ein Bündnis auf Zeit sein konnte.

Im Mittelpunkt der Arbeit der Großen Koalition standen die Wirtschafts-, Innen- und Finanzpolitik. Seit 1965 erlebte die Wirtschaft einen leichten Wachstumsrückgang, was zu einer starken Verringerung der Steuereinnahmen führte. Die Wiederankurbelung der Wirtschaft und der Haushaltsausgleich waren die Hauptziele der neuen Regierung. Durch eine Reihe von Maßnahmen wie Ausgabenkürzungen, Streichungen staatlicher Subventionen (lat. *subvenire* = »zu Hilfe kommen«), einer Neuordnung der Finanzbeziehungen zwischen Bund und Ländern sowie eines Konjunkturprogramms konnten Schiller und Strauß die Krise bewältigen. Eine wichtige Neuerung war die Einführung der **»konzertierten Aktion«,** durch die Arbeitgeber und Arbeitnehmer in die staatlichen Planungen mit einbezogen wurden.

Am Ende der gemeinsamen Regierungszeit 1969 hatten CDU und SPD die Wirtschaft wieder in Schwung gebracht, der Haushalt wies große Überschüsse auf und es herrschte Vollbeschäftigung. Obwohl es Meinungsverschiedenheiten innerhalb des Bündnisses gab, ging die Große Koalition insgesamt als eine erfolgreiche Phase in die Geschichte der Republik ein. Dass ihre Leistungen lange nicht gewürdigt wurden, lag daran, dass durch die bewegenden Ereignisse von 1968 sowie den historischen Machtwechsel von 1969 die Leistungen der Regierung Kiesinger in den Hintergrund traten.

Woher rührten die Bezeichnungen »Plisch und Plum«?

Die Spitznamen für Strauß und Schiller stammen aus einer Bildergeschichte von Wilhelm Busch, in der es um die lustigen Streiche zweier junger Hunde geht. Das häufige gemeinsame Auftreten Schillers und Strauß', die betonte Eintracht und nicht zuletzt ihr Aussehen legten den Vergleich nahe: Während der Hund Plisch schmächtig ist (Karl Schiller), wird Plum als gedrungen beschrieben (Franz Josef Strauß).

Was war die »konzertierte Aktion«?

Die »konzertierte Aktion« war ein Gesprächskreis, in dem sich Vertreter der Regierung, Wissenschaftler, Arbeitgeber und Gewerkschaften über die aktuellen Fragen der Wirtschafts-, Finanz- und Sozialpolitik austauschten und ihre gegenseitigen Absichten berieten. Erstmals trat die Runde im Februar 1967 zusammen.

BEMERKENSWERTES

Kurt Georg Kiesinger – der »vergessene Kanzler«

Obwohl Kurt Georg Kiesinger während seiner Amtszeit zu den beliebtesten Politikern gehörte, gerieten seine Amtszeit und seine Person nach 1969 in Vergessenheit. Selbst in CDU-Kreisen galt er nur als ein Kanzler des Übergangs, der kaum drei Jahre regiert hatte und zudem nicht wiedergewählt worden war. 1990 hielten gerade zwei Prozent der Westdeutschen Kiesinger für einen bedeutenden Staatsmann, im Osten war er gänzlich unbekannt. Erst mit der Bildung der zweiten Großen Koalition 2005 setzte eine Rückbesinnung auf die Leistungen und Verdienste des »vergessenen Kanzlers« ein.

Gesellschaftlicher Umbruch – die »68er«-Bewegung

Was war die Frankfurter Schule?

Die Anhänger dieser wichtigen Denkrichtung übten scharfe Kritik an der modernen Welt, in der der einzelne Mensch seine Persönlichkeit verlieren würde, und an der Wohlstandsgesellschaft. Zu den Hauptvertretern der Theorie zählten die Soziologen und Philosophen Theodor W. Adorno (1903–1969) und Max Horkheimer (1895–1973). Eines der meistgelesenen Bücher der Studentenbewegung stammte von dem in Kalifornien lehrenden Herbert Marcuse (1898–1979): Der eindimensionale Mensch.

Wer war Rudi Dutschke?

Rudi Dutschke (1940–1979) wuchs in der DDR auf und ging 1961 nach Westberlin, wo er an der Freien Universität ein Soziologiestudium begann. Seit Anfang der 60er-Jahre engagierte er sich im Sozialistischen Deutschen Studentenbund. Der charismatische Redner Dutschke war einer der bekanntesten Köpfe der Studentenbewegung. 1979 starb er an den Spätfolgen des auf ihn verübten Attentats.

Über kaum ein anderes Kapitel der bundesdeutschen Geschichte gehen die Meinungen so weit auseinander wie über die Bedeutung der »68er«-Bewegung. Die einen sind davon überzeugt, dass »68« zu einem Aufbruch in der Gesellschaft geführt habe. Die Republik sei dadurch moderner, freiheitlicher und toleranter geworden. Andere betonen die problematischen Seiten der Bewegung – ihre unrealistischen politischen Vorstellungen, die Selbstgerechtigkeit im Umgang mit der Vätergeneration und die in Teilen vorhandenen antidemokratischen Züge. Aber wer waren die »68er« eigentlich und was wollten sie erreichen?

»1968« steht als Sammelbegriff für eine sehr vielschichtige Protestbewegung. Sie wurde in der Hauptsache von der jungen Generation, von Studenten und Schülern, getragen und zielte auf eine grundsätzliche Veränderung der bestehenden Staats- und Gesellschaftsordnung. Die Universitäten waren Ausgangspunkt der Bewegung in Deutschland. Dort bildeten sich seit Mitte der 60er-Jahre linke Gruppen, die eine radikale Reform im Bildungs- und Hochschulwesen forderten. Erstmals stellten Studenten die Frage nach der NS-Vergangenheit ihrer Professoren.

Daraus ergab sich eine Debatte über den grundsätzlichen Zustand der Gesellschaft und ihrer Werte. Die Lösung für die drängenden Probleme der Zeit sahen viele »68er« in den Ideen der **Frankfurter Schule** sowie in der sozialistischen und marxistischen Gesellschaftstheorie. Der chinesische Diktator Mao Tse-tung, Lenin und die Revolutionsführer aus Südamerika und Vietnam wie Che Guevara und Ho Chi Minh wurden zu Idolen einer vermeintlich besseren Gesellschaft ausgerufen. Wichtige Einflüsse auf die Bewegung kamen auch aus den USA und Frankreich. Allen Gruppen gemeinsam war die Ablehnung des Vietnamkrieges, in den die USA verwickelt waren.

Weil sich die Anhänger der »68er«-Bewegung zur Zeit der Großen Koalition in dem parlamentarischen System nicht vertreten sahen, trugen sie ihren Protest auf die Straße. Dort sollte sich, so die Absicht, eine Massenbewegung entwickeln, um den Widerstand gegen den bürgerlichen Staat und das »Establishment« voranzubringen. Als Sammelbecken der oppositionellen Kreise bildete sich bereits im Sommer 1967 die außerparlamentarische Opposition

(APO). Demonstrationen, Sitzstreiks und Go-ins waren die neuen Formen des Protestes, die von den Studenten in großem Maße genutzt wurden, um ihre Anliegen an die Öffentlichkeit zu bringen.

Der Tod des Studenten Benno Ohnesorg 1967, der bei einer Protestkundgebung in Berlin von einem Polizisten erschossen wurde, heizte die ohnehin angespannte Stimmung weiter an. Nach einem Attentat auf den Studentenführer **Rudi Dutschke** im April 1968 kam es in zahlreichen deutschen Großstädten zu Massendemonstrationen, die in Straßenschlachten mit der Polizei gipfelten. Die Protestkampagnen richteten sich auch gegen den **Axel Springer Verlag** und die **Notstandsgesetze,** die viele »68er« als den Versuch »zur Machtergreifung« durch rechte Kreise in der Republik bewerteten.

Im Sommer 1968 war der Höhepunkt der Auseinandersetzungen überschritten. Die meisten Studenten kehrten in die Vorlesungssäle zurück. Mit dem Machtwechsel von 1969 wurde ein innenpolitischer Wandel eingeleitet, der die Forderung der »68er« nach Reformen in die Tat umsetzte. Dem Protest wurde so die Grundlage entzogen. Viele Anhänger der Bewegung folgten Rudi Dutschkes Aufforderung, den »Marsch durch die Institutionen« anzutreten, um die Gesellschaft von innen heraus ohne Gewalt zu verändern. Nur eine kleine, radikale Minderheit zeigte sich damit nicht einverstanden. Sie schlug stattdessen den Weg des Terrors ein, der die 70er-Jahre überschatten sollte.

Wieso richteten sich die Proteste gegen den Axel Springer Verlag?

Unter den Studenten galt der einflussreiche Verlag, dem neben der Bild-Zeitung auch zahlreiche andere Blätter gehörten, als der Inbegriff dessen, was sie bekämpften. Tatsächlich arbeitete die bürgerlich-konservativ ausgerichtete Presse stark gegen die »68er«-Bewegung.

Was beinhalteten die Notstandsgesetze?

Bei den Notstandsgesetzen vom 30. Mai 1968 handelte es sich um eine bedeutsame Abänderung des Grundgesetzes. Durch die Ergänzung und Veränderung mehrerer Artikel wurde eine Notstandsverfassung in das Grundgesetz aufgenommen. Außerdem traten die Westmächte verschiedene Rechte ab, die sie sich im Deutschlandvertrag 1954 gesichert hatten. Der Staat sollte in die Lage versetzt werden, im Falle einer außergewöhnlichen Krise (Krieg, innere Unruhen, Naturkatastrophe) angemessen reagieren zu können. Kritiker befürchteten, dass die Republik durch die Verabschiedung der Notstandsgesetze auf dem Weg ins »Vierte Reich« sei.

BEMERKENSWERTES

Die Kommune 1 – alternative Lebensform und »Bürgerschreck«

Für die »68er« war das Privatleben eine hochpolitische Sache. Sowohl die bestehenden Rollenbilder als auch die Sexualmoral wurden von ihnen als Ausdruck der alten Ordnung verstanden. Um sich von diesen Zwängen zu befreien, gründete ein Dutzend Männer und Frauen im Frühjahr 1967 in Westberlin die Kommune 1. Diese Wohngemeinschaft verstand sich als Gegenmodell zur bürgerlichen Kleinfamilie. Das Leben der Kommunarden, die mit frechen Aktionen und ihren Ideen von freier Liebe, Erziehung und Drogenkonsum immer wieder an die Öffentlichkeit traten, erregte großes Aufsehen.

»Mehr Demokratie wagen« – Willy Brandt

Welche Vorbehalte gab es gegen Willy Brandt?

Die Vorbehalte richteten sich vor allem gegen Brandts Zeit im Exil. Ihm wurde vorgeworfen, dass er sich durch die Annahme der norwegischen Staatsbürgerschaft gegen das eigene Volk entschieden und in der Armee Norwegens sogar gegen die Deutschen gekämpft habe. Außerdem gab es Bedenken wegen der Namensänderung und der angeblich zweifelhaften Herkunft als uneheliches Kind. Dies alles, so war in den 50er-Jahren in der Berliner SPD zu hören, mache ihn für viele Menschen nicht wählbar. Die CDU nutzte genau diese Punkte später in ihren Wahlkämpfen gegen Brandt aus.

Wenn man fragt, welche Kanzler die Geschichte der Bundesrepublik in besonderer Weise geprägt haben, fallen in der Regel zwei Namen: Konrad Adenauer und Willy Brandt. Während Adenauer für die Weichenstellungen der 50er-Jahre steht, für Westintegration und »Wirtschaftswunder«, verbinden sich mit Willy Brandt die Schlagworte »neue Ostpolitik« und »gesellschaftliche Erneuerung«.

Das ist umso bemerkenswerter, als die Regierung Brandt nur knapp fünf Jahre bestand. Adenauer regierte mehr als doppelt so lang, Brandts Nachfolger Helmut Schmidt acht Jahre. An der Dauer der Amtsführung kann es also nicht liegen, dass Willy Brandt bis heute zu den »Großen« der deutschen Geschichte zählt. Manche sehen in ihm sogar eine »sozialdemokratische Jahrhundertgestalt«. Unstrittig ist, dass Brandts Regierungsantritt im Herbst 1969 ein historischer Einschnitt war, der einen grundlegenden politischen Wandel in der Republik auslöste. Doch was war das Besondere an seiner Politik?

Ein großer Teil der Antwort liegt im Werdegang Brandts, seinen politischen Vorstellungen und in seiner Persönlichkeit begründet. Willy Brandt, 1913 in Lübeck unter dem Namen Herbert Frahm geboren, stammte aus einfachen Verhältnissen. Er wuchs im sozialdemokratischen Umfeld der Hansestadt auf. Nach Hitlers Machtübernahme 1933 floh er nach Norwegen, wo er, wie bereits zuvor in Deutschland, im Widerstand gegen die Nazis tätig wurde. In dieser Zeit legte er sich den Decknamen »Willy Brandt« zu, den er später beibehielt. Später erwarb er die norwegische Staatsbürgerschaft. Nach dem Einmarsch der Deutschen in das kleine Land entkam Brandt 1940 nach Schweden und arbeitete dort als Journalist.

1945 kehrte er nach Deutschland zurück. Er wurde bald in der SPD aktiv. Trotz einiger **Vorbehalte** innerhalb seiner Partei gelang ihm der politische Aufstieg. Von 1957 bis 1966 amtierte Brandt als Regierender Bürgermeister von Berlin. In dieser Position erlebte er die zweite Berlinkrise und den Mauerbau unmittelbar mit. 1966 übernahm er das Amt des Außenministers in der Großen Koalition unter Kurt Georg Kiesinger (CDU). Drei Jahre später gelang ihm schließlich die historische Wende: Nach 20 Jahren CDU-Herrschaft wurde Brandt am 21. Oktober 1969 an die Spitze einer sozialliberalen Koalition aus SPD und FDP gewählt.

Die Wahl Willy Brandts zum Bundeskanzler 1969 drückte die Aufbruchstimmung aus, die in den späten 60er-Jahren die Bundesrepublik veränderte. Nach den langen Jahren unter dem greisen Adenauer und seinen Nachfolgern war der geradezu jugendlich auftretende, gut aussehende und charismatische Brandt Hoffnungsträger einer neuen Generation. Er wurde als »deutscher Kennedy« gefeiert – ein Vergleich, den er gern annahm und auch bediente. In einer Zeit, als die Debatten um die NS-Vergangenheit der Deutschen aufbrachen, musste Brandts Lebensweg vielen als zutiefst glaubwürdig erscheinen. Er verkörperte den »anderen Deutschen«. Gerade junge Wähler und Intellektuelle setzten in ihn große Hoffnungen.

Brandt zielte auf eine Neuausrichtung in der Innen- und Außenpolitik. Der von ihm geprägte Satz »Wir wollen mehr Demokratie wagen« wurde zum Leitbild seiner Regierungszeit. Die sozialliberale Koalition brachte zahlreiche Reformen, etwa im Bildungsbereich und der Wissenschaft, beim **Wahlrecht,** im Ehe-, Familien-, Straf- und Steuerrecht sowie in der Verwaltung auf den Weg. Der Ausbau des Sozialstaates sollte die Modernisierung der Gesellschaft voranbringen und mehr soziale Gerechtigkeit befördern. Allerdings geriet die Reformpolitik bald in die Kritik, da sie zu unkoordiniert und auf Dauer kaum bezahlbar sei. Gleichwohl prägen die politischen und gesellschaftlichen Veränderungen der Ära Brandt das Gesicht der Bundesrepublik bis heute.

__In welcher Form wurde das Wahlrecht verändert?__

Durch eine Änderung des Grundgesetzes setzte die sozialliberale Koalition am 31. Juli 1970 das aktive Wahlalter (das Recht zu wählen) von 21 auf 18 Jahre herab. Das passive Wahlrecht (das Recht, sich wählen zu lassen) sank von 25 auf 21 Jahre.

BEMERKENSWERTES

Der lange Weg zur Kanzlerschaft

Der Weg zum Machtwechsel von 1969 erwies sich als überaus steinig. Zweimal war Brandt als Kanzlerkandidat der SPD 1961 und 1965 bereits gescheitert. Auch das Wahlergebnis von 1969 fiel denkbar knapp aus. Tatsächlich sah es am Wahlabend lange so aus, als ob der bisherige Bundeskanzler Kiesinger die Regierung weiterführen könne. Die CDU/CSU wurde stärkste Kraft. Innerhalb der SPD gab es einflussreiche Stimmen, die Brandt zur Fortführung der Großen Koalition rieten. Bei seiner Wahl zum Kanzler der neuen Regierung im Oktober erhielt Brandt dann nur zwei Stimmen mehr als nötig.

Normalisierung oder Versöhnung? Die »neue Ostpolitik«

Was geschah im Warschauer Getto?

Seit 1940 war die jüdische Bevölkerung Warschaus in einem Getto unter katastrophalen Lebensbedingungen zusammengepfercht. Zehntausende starben an Hunger und Seuchen. Als das Getto im April 1943 aufgelöst und seine Bewohner in die Konzentrationslager deportiert wurden, brach ein verzweifelter Aufstand gegen die deutschen Besatzer aus. Er scheiterte nach wenigen Tagen.

Wer ist Egon Bahr?

Der SPD-Politiker und Journalist Egon Bahr (geb. 1922) gehörte bereits in Brandts Zeit als Regierender Bürgermeister von Berlin zu dessen engsten Mitarbeitern. 1969–1972 war Bahr Staatssekretär im Bundeskanzleramt und 1972–1974 Bundesminister für besondere Aufgaben. Er gilt als der Architekt der »Ostverträge« und wichtigster Berater Willy Brandts in der Ost- und Deutschlandpolitik.

Warschau, 7. Dezember 1970: Es war ein trüber Montagmorgen, an dem die Menschen Hüte und schwere Mäntel trugen, um sich vor dem nasskalten Wetter zu schützen. Nachdem Willy Brandt an diesem Tag im Rahmen seines Staatsbesuchs in Polen einen Kranz am Grabmal des Unbekannten Soldaten niedergelegt hatte, begab sich die Wagenkolonne des Kanzlers in das Neubaugebiet der Hauptstadt Polens, um am Ehrenmal für die Toten des **Warschauer Gettos** ebenfalls innezuhalten.

Dort geschieht das Unerwartete: Nach dem Richten der Kranzschleife tritt Brandt einen Schritt zurück, sinkt auf die Knie und verharrt mit gefalteten Händen und gesenktem Haupt schweigend vor dem Denkmal. »Am Abgrund der deutschen Geschichte«, so erinnert er sich später an diesen Augenblick, »und unter der Last der Millionen Ermordeten tat ich, was Menschen tun, wenn die Sprache versagt.« Fotografen halten die Szene fest. Der »Kniefall von Warschau«, eine Geste der Versöhnungsbereitschaft und das Eingeständnis deutscher Schuld, wird zum Jahrhundertmotiv.

Der Besuch an dem Denkmal gilt als symbolischer Höhepunkt der »neuen Ostpolitik« Willy Brandts. Innerhalb nur weniger Jahre stellte sie das Verhältnis der Bundesrepublik zu den östlichen Nachbarn auf eine neue Grundlage. Bereits zu Beginn der 60er-Jahre hatte Brandt gemeinsam mit **Egon Bahr** die Grundzüge einer neuen Außenpolitik entworfen. Sie dürfe nicht mehr auf Konfrontation und Ausgrenzung des Ostens beruhen. Vielmehr sollte mittels einer »Politik der kleinen Schritte« im Verhältnis zum Ostblock ein »Wandel durch Annäherung« erreicht werden. Dies werde dazu beitragen, gegenseitiges Vertrauen zu schaffen, den internationalen Frieden zu erhalten und das Verhältnis zur DDR zu entspannen. Dafür müsse man im Zweifel bereit sein, auf den Alleinvertretungsanspruch der Bundesrepublik zu verzichten, ohne dabei das Fernziel der deutschen Einheit aufzugeben.

Ansätze zu einer »neuen Ostpolitik« gab es bereits in der Großen Koalition unter Kurt Georg Kiesinger. Allerdings war ihnen kein Erfolg beschieden. Nach dem Regierungswechsel 1969 begann die sozialliberale Koalition rasch mit der Umsetzung ihrer außen- und deutschlandpolitischen Zielsetzungen. In atemberaubendem Tempo wurden innerhalb der folgenden vier Jahre mehrere grundlegende Abkommen mit den wichtigsten Staaten Osteuropas ausgehandelt. Indem die Bundesrepublik in den Verträgen von Moskau (1970), Warschau (1970) und Prag (1973) die bestehenden Grenzen akzeptierte und einem Gewaltverzicht zustimmte, trug sie zur Normalisierung der Beziehungen mit den östlichen Nachbarn bei.

Für die UdSSR, Polen und die Tschechoslowakei, die unter der NS-Herrschaft furchtbar gelitten hatten, waren die Anerkennung der gemeinsamen Grenzen als Sicherheitsgarantie und der deutsche Friedenswillen von enormer Wichtigkeit. Das Viermächteabkommen über Berlin 1971 trug zur Entspannung der Berlinfrage bei. Im **Grundlagenvertrag** vom 21. Dezember 1972 kamen die Bundesrepublik und die DDR überein, »normale gutnachbarliche Beziehungen« zueinander auf der Basis der Gleichberechtigung zu entwickeln.

Trotz ihrer bahnbrechenden Bedeutung führten die »Ostverträge« in Polen, der UdSSR und der Tschechoslowakei nicht unmittelbar zu einer Aussöhnung mit Bonn, wie sie etwa das deutsch-französische Verhältnis kennzeichnete. Das war schon allein aufgrund der gegensätzlichen politischen Systeme und der Last der deutschen Vergangenheit kaum möglich. Allerdings schufen die Verträge Vertrauen. Sie brachten Normalität in die auswärtigen Beziehungen, die lange brachgelegen hatten. Das waren wichtige Voraussetzungen für eine künftige Versöhnung. Für seine großen Verdienste um die »neue Ostpolitik« wurde Willy Brandt 1971 mit dem Friedensnobelpreis ausgezeichnet.

Was wurde im Grundlagenvertrag geregelt?
Der Vertrag führte zur gegenseitigen Anerkennung der Bundesrepublik und der DDR als unabhängige und gleichberechtigte Staaten. Allerdings blieb die völkerrechtliche Frage ausgeklammert, sodass es zwar zwei deutsche Staaten gab, diese jedoch nicht Ausland füreinander waren. Vielmehr war von Beziehungen »besonderer Art« die Rede. Aus diesem Grund tauschten Bonn und Ostberlin nur »ständige Vertreter« und keine Botschafter aus. In Zusatzabkommen einigten sich beide Seiten auf Erleichterungen bei der Familienzusammenführung, beim Reise- und Warenverkehr sowie bei der Verbesserung der Arbeitsverhältnisse für Journalisten im jeweils anderen Staat.

BEMERKENSWERTES

Die »neue Ostpolitik« – erfolgreich, aber umstritten

Obwohl sich die Ostpolitik Brandts in der Rückschau als eine große Leistung erweist, war sie zu ihrer Zeit sehr umstritten. Die CDU/CSU-Opposition leistete erbitterten Widerstand gegen die vermeintliche Anbiederung an den kommunistischen Osten. Für die Heimatvertriebenen stellte die Anerkennung der Oder-Neiße-Grenze einen Verrat dar. Den »Kniefall von Warschau« empfand die Hälfte der Bevölkerung als unangemessen. Selbst innerhalb der SPD stieß der Kurs auf Widerstand.

Öl und Arbeit werden knapp – die Wirtschaftskrise der 70er-Jahre

Was bedeutet Hochkonjunktur?

Als Hochkonjunktur bezeichnet man eine Phase großen wirtschaftlichen Wachstums.

Wieso spricht man vom Jom-Kippur-Krieg?

Jom Kippur ist der höchste religiöse Feiertag im Judentum. Ägypten und Syrien legten ihren Angriff auf den 6. Oktober 1973, den Abend von Jom Kippur, um den Überraschungseffekt auf ihrer Seite zu haben.

Was ist ein Barrel?

Bei dem Barrel (engl. »Fass/Tonne«) handelt es sich um die für die Erdölindustrie zentrale Maßeinheit. Ein Barrel entspricht rund 159 Litern. Auf dem Weltmarkt werden die Rohölpreise in US-Dollar pro Barrel angegeben.

Die 70er-Jahre standen im Zeichen großer wirtschaftlicher Veränderungen. Sie wirkten sich nachhaltig auf das Leben in der Bundesrepublik aus. Nach zwei Jahrzehnten der **Hochkonjunktur** setzte ab 1973 eine Entwicklung ein, die man lange für unmöglich gehalten hatte: Die Republik wurde von einer Rezession (lat. *recedere* = »zurückgehen, zurückweichen«), einer wirtschaftlichen Flaute, erfasst. Deren tiefere Ursache lag in einer Krise des internationalen Währungssystems, die sich seit 1971 zu einer weltweiten Wirtschaftskrise ausweitete. Vor allem Europa und die USA waren davon betroffen.

Anfangs reagierte die Bonner Regierung nur zögerlich – das Vertrauen in die eigene wirtschaftliche Leistungsfähigkeit war zu groß, als dass man die Gefahren sofort richtig eingeschätzt hätte. Vielmehr betrachtete man die Krise als eine kurzfristige Erscheinung. Ihr würde schon bald, so dachte man, neues Wachstum folgen. Die Staatsausgaben für die Reformvorhaben der Regierung Brandt und für soziale Belange stiegen sogar weiter an. Zwei große Programme, die im Frühjahr 1973 auf den Weg gebracht wurden, um die Wirtschaft zu stabilisieren und einer Inflation entgegenzuwirken, brachten kaum eine Verbesserung der angespannten Lage.

Die wirtschaftliche Situation verschärfte sich weiter, als Anfang Oktober 1973 ägyptische und syrische Truppen Israel angriffen und damit den **Jom-Kippur-Krieg** auslösten. Zwar gelang es den Israelis, den Angriff zurückzuschlagen. Trotzdem weitete sich der Konflikt zur internationalen Krise aus, weil die arabischen Staaten nun begannen, Erdöl als politische Waffe einzusetzen. In mehreren Schritten drosselten sie die Förderung des wichtigen Rohstoffes. Die USA und die Niederlande wurden sogar mit einem Lieferboykott belegt. Hierdurch sollte die westliche Welt gezwungen werden, ihre Unterstützung für Israel einzustellen. Die Preise für Rohöl explodierten. Bezahlte man im Oktober 1973 für ein **Barrel** noch 2,80 Dollar, erhöhte die **OPEC** den Preis bis Ende 1974 auf knapp zwölf Dollar. Die Industrienationen waren auf die Lieferungen aus dem Nahen Osten dringend angewiesen. Allein die Bundesrepublik deckte mehr als die Hälfte ihres Energiebedarfs durch Erdöl, das zu drei Vierteln aus den arabischen Ländern stammte.

Um den Verbrauch zu senken, ergriff die Bundesregierung mehrere Gegenmaßnahmen. An den Tankstellen wurden die Abgabemengen für Treibstoff begrenzt. Weiterhin wurden den Bürgern »autofreie Sonntage« verordnet: An vier aufeinanderfolgenden Wochenenden im November und Dezember war privater Autoverkehr untersagt. Statt der Fahrzeuge waren auf den verwaisten Autobahnen nun Fußgänger und Radfahrer unterwegs. Während sich die Menschen in ländlichen Gebieten damit behalfen, Pferde vor Autos und Kutschen zu spannen, um das Fahrverbot zu umgehen, wurde in den Städten die vorweihnachtliche Beleuchtung abgeschaltet. Fußballspiele wurden vom Abend auf den frühen Nachmittag vorverlegt, um das Tageslicht ausnutzen zu können. Die Ölkrise führte eindringlich vor Augen, dass die Annehmlichkeiten der modernen Welt und die Segnungen des Wohlstands keineswegs selbstverständlich waren.

Darüber hinaus führte die Krise zu einem Anstieg der Arbeitslosigkeit. Wegen der steigenden Rohstoffpreise kam es in der Industrie zu Produktionsausfällen und Einsparungen. Vor allem die Automobil-, die Chemie- und die Schwerindustrie sowie der Maschinenbau, die sich ohnehin in einem Wandel befanden, der viele Arbeitsplätze kostete, wurden von der Rezession stark getroffen. Tausende wurden entlassen.

Hatte es in den 60er-Jahren noch Vollbeschäftigung gegeben, stieg die Zahl der Erwerbslosen zwischen 1974 und 1975 auf über eine Million Menschen, was einer Arbeitslosenquote von 4,6 Prozent entsprach. Aus heutiger Sicht mögen diese Zahlen zwar gering erscheinen. Für die damaligen Verhältnisse waren sie aber dramatisch.

Was ist die OPEC?

Die OPEC (engl. Abk. für Organization of the Petroleum Exporting Countries) *ist eine internationale Organisation der Erdöl fördernden und exportierenden Länder. Sie wurde 1960 gegründet. Ihr Sitz befindet sich in Wien. Sie hat derzeit 13 Mitgliedsstaaten. Obwohl nicht alle Länder, die Erdöl produzieren, in der OPEC vertreten sind, übt sie einen maßgeblichen Einfluss auf den weltweiten Rohölpreis aus.*

BEMERKENSWERTES

Kernenergie – die bessere Alternative?

Die Ölkrise förderte in den westlichen Staaten die Einsicht, dass dringend andere Energiequellen notwendig waren, um die Abhängigkeit vom arabischen Erdöl zu senken. Auf der Suche nach Alternativen sah die Bundesregierung in der Kernenergie einen vernünftigen und preiswerten Ersatz. Tatsächlich wurden viele der Kraftwerke, die heute noch am Netz sind, in den späten 70er-Jahren aufgrund der Erfahrungen mit der Ölkrise geplant oder errichtet. Doch das Problem des gefährlichen Strahlenmülls ist bis heute nicht gelöst.

Das »Wunder von Bern« 1954
und das deutsch-deutsche Duell 1974

**Wer war
Sepp Herberger?**

*Josef (Sepp) Herberger
(1897–1977) war ein
berühmter deutscher
Fußballspieler und
Trainer. In den 20er-
Jahren spielte er in
Mannheim und Berlin.
1930 wurde er Trainer
des Westdeutschen
Fußballverbands und
stieg 1942 zum Reichs-
fußballtrainer auf. Seit
1948 arbeitete Sepp
Herberger am Neuauf-
bau einer westdeut-
schen Nationalmann-
schaft. Von 1950 bis
1964 bekleidete er als
Erster das Amt des
Bundestrainers.*

Sechs Minuten noch im Wankdorf-Stadion in Bern. Keiner wankt. Der Regen prasselt unaufhörlich hernieder. [. . .] Eine Fußballwelt-meisterschaft ist alle vier Jahre und wann sieht man ein solches End-spiel, so ausgeglichen und packend [. . .]. Schäfer nach innen ge-flankt – Kopfball – abgewehrt – aus dem Hintergrund müsste Rahn schießen – Rahn schießt! – Tor! Tor! Tor! Tor! [. . .] Drei zu zwei für Deutschland, fünf Minuten vor dem Spielende. [. . .] Aus! Aus! Aus! – Aus! Das Spiel ist aus! – Deutschland ist Weltmeister, schlägt Ungarn mit drei zu zwei Toren im Finale in Bern!«

Gebannt saß ganz Deutschland an jenem 4. Juli 1954 vor den Ra-diogeräten und hörte gefesselt die sich überschlagende Stimme des Kommentators Herbert Zimmermann. Was Zimmermann aus der Schweiz berichte, war eine sportliche Sensation. In einem hoch spannenden Spiel schlug die deutsche Fußballnationalmannschaft die als haushohe Favoriten gehandelten Ungarn im Endspiel um die Weltmeisterschaft. Zum ersten Mal überhaupt gelang es den Deut-schen, den Titel zu gewinnen.

Dass das »Wunder von Bern« in die Geschichte einging, lag nicht nur an der herausragend spielenden deutschen Mannschaft unter **Sepp Herberger,** der es gelang, einen Rückstand von zwei Toren auszugleichen und dann das Spiel noch für sich zu entscheiden. Der Sieg hatte eine viel größere Dimension: Neun Jahre nach dem Ende des Zweiten Weltkrieges fühlte sich eine ganze Nation vom Trauma der Niederlage und der Nachkriegszeit befreit. 1950 war die junge Republik noch von der Weltmeisterschaft in Brasilien ausgeschlos-sen worden. Nun genoss man das Gefühl, endlich den Kreis der Ausgestoßenen verlassen zu haben.

Die Rückkehr der »Helden von Bern«, an deren Erfolg kaum je-mand geglaubt hatte, wurde zu einem Triumphzug durch die Bun-desrepublik. Zwar mahnte Bundespräsident Theodor Heuss seine Mitbürger, dass »gutes Kicken« noch lange keine »gute Politik« be-deute. Im Überschwang der Emotionen entwickelte sich der Sieg von Bern für viele Menschen aber zu einem Mythos der Gründerjah-re.

Hatten beim Sieg von 1954 wohl auch viele DDR-Bürger insge-heim der bundesdeutschen Seite die Daumen gedrückt – offiziell hatte Ostberlin natürlich auf der Seite des »sozialistischen Bruderlandes« Ungarn gestanden –, sah dies während der Weltmeisterschaft von 1974 ganz anders aus. Im Zeichen von Entspannung und dem Nebeneinander der beiden deutschen Staaten traten zwei deutsche Nationalmannschaften zur Meisterschaft an, die zudem in der Bundesrepublik ausgetragen wurde. Die Auslosung bestimmte, dass die beiden Mannschaften sogar in einer Gruppe spielten und damit aufeinandertrafen. Dem Spiel am 22. Juni 1974 ging eine enorme politische Aufladung voraus. Die Zeitungen sprachen von einem »deutsch-deutschen Duell« und von einem »Bruderkampf«.

Obwohl die bundesdeutsche Elf um ihren Kapitän Franz Beckenbauer als klarer Favorit gehandelt wurde und man der DDR-Auswahl kaum eine Chance einräumte, nahm das Spiel einen unerwarteten Verlauf. In der 78. Minute erzielte **Jürgen Sparwasser** den Führungstreffer für die DDR. Überraschend gewann die ostdeutsche Mannschaft mit 1:0. Allerdings hielt sich die staatliche Presse der DDR mit Lobeshymnen auf ihre Mannschaft zurück. Sie schied im weiteren Verlauf des Turniers aus.

Nach dem ersten Schock über das »Sparwasser-Tor« fand das bundesdeutsche Team zu seiner alten Form zurück und gewann zum zweiten Mal nach 1954 den Meistertitel. Im Nachhinein bedankte man sich sogar für die Niederlage, weil sie den Spielern die Augen für das Wesentliche geöffnet habe. Zu einem weiteren deutsch-deutschen Länderspiel kam es nicht. Die DDR-Führung hatte an einer Revanchepartie keinerlei Interesse.

Wer ist
Jürgen Sparwasser?
Jürgen Sparwasser (geb. 1948) spielte im Mittelfeld für den 1. FC Magdeburg. Nach seinem Tor 1974 gegen die westdeutsche Mannschaft stieg er zum berühmtesten Fußballer der DDR auf. Fünf Jahre später musste er seine Spielerlaufbahn aus gesundheitlichen Gründen aufgeben. 1988 flüchtete er in die Bundesrepublik und war dort als Trainer tätig.

BEMERKENSWERTES

Der dritte Titel: die Weltmeisterschaft 1990 in Italien

Nach 1954 und 1974 gelang es der deutschen Fußballnationalmannschaft 1990 ein drittes Mal, den Weltmeistertitel zu gewinnen. Die in Italien ausgetragene Meisterschaft stand ganz unter dem Eindruck des Mauerfalls und der bevorstehenden Wiedervereinigung. Zehntausende Deutsche aus West und Ost brachen über die Alpen auf, um die Mannschaft zu unterstützen. Obwohl diese offiziell nur die Bundesrepublik vertrat und keine Spieler aus der DDR in ihr vertreten waren, wurde sie doch als ein gesamtdeutsches Team gefeiert. Im packenden Finale am 8. Juli in Rom siegte die Mannschaft durch ein Elfmetertor gegen Argentinien.

Ein Spion im Kanzleramt – die Guillaume-Affäre 1974

Wer war Günter Guillaume?

Seit 1956 lebte Günter Guillaume (1927–1995) mit seiner Ehefrau in der Bundesrepublik, um im Auftrag der Stasi Informationen über die SPD zu beschaffen. Es gelang ihm eine rasche politische Karriere. 1970 wurde Guillaume Mitarbeiter im Bundeskanzleramt. Zwei Jahre später stieg er zum persönlichen Referenten Willy Brandts auf. Nach seiner Enttarnung und Verhaftung wurde Guillaume 1975 wegen Landesverrats zu 13 Jahren Gefängnis verurteilt. 1981 wurde er begnadigt und in die DDR abgeschoben.

Was war die Stasi?

Stasi war die Abkürzung für das »Ministerium für Staatssicherheit«, den Geheimdienst der DDR. Die Stasi war nicht nur im Ausland tätig, sondern diente vor allem auch der Überwachung und Bespitzelung der DDR-Bürger.

Als die Bundesbürger am 7. Mai 1974 morgens auf dem Weg zur Arbeit oder noch am Frühstückstisch ihre Zeitung aufschlugen, erwartete sie auf der Titelseite eine Schlagzeile, mit der kaum jemand gerechnet hatte: »Brandt tritt zurück!« Mit diesen drei Worten vermeldeten die Blätter nichts weniger als den Amtsverzicht des Bundeskanzlers.

Willy Brandt übernehme damit, so war zu lesen, die Konsequenzen »für Fahrlässigkeiten im Zusammenhang mit der Agentenaffäre Guillaume«. Zwei Wochen zuvor war **Günter Guillaume,** ein enger Mitarbeiter des Kanzlers, als DDR-Spion enttarnt worden. Ein Spitzel der **Stasi** im persönlichen Umfeld des Regierungschefs – die Ära Brandt endete mit einem Paukenschlag. Die Guillaume-Affäre entwickelte sich zum größten Spionagefall in der Geschichte der Bundesrepublik. Aber rechtfertigte sie allein den Rücktritt des Kanzlers? Wie so häufig lagen die wirklichen Ursachen für einen solchen Schritt viel tiefer.

Obwohl Willy Brandt für viele Menschen die Idealfigur des erfolgreichen Staatsmannes verkörperte, der im In- und Ausland für seine »neue Ostpolitik« eine hohe Wertschätzung genoss, mit dem Friedensnobelpreis ausgezeichnet worden war und als großer Hoffnungsträger der jungen Generation galt, nahm die Kritik an seiner Politik seit Anfang der 70er-Jahre beständig zu. Im Bundestag stand dem Kanzler mit der CDU eine starke und selbstbewusste Opposition gegenüber, die Brandt 1972 fast gestürzt hätte.

Zwar konnte die SPD die anschließenden Wahlen gewinnen, die Kritik am Führungs- und Regierungsstil des Bundeskanzlers nahm dessen ungeachtet weiter zu. Mehr und mehr Stimmen bemängelten, dass Brandt zwar große Visionen habe, für das politische Tagesgeschäft aber kaum geeignet sei. Seine Außenpolitik war sehr erfolgreich, doch bei innenpolitischen Fragen wurde ihm vorgeworfen, er sei entscheidungsschwach und konzeptionslos. Die Ölkrise von 1973 und die wachsenden wirtschaftlichen Probleme des Landes kratzten am Image der sozialliberalen Koalition.

Zudem war Brandt arbeitsmäßig stark überlastet und gesundheitlich angegriffen. Zeitweilig litt er unter Depressionen, was jedoch kaum nach außen drang. Innerhalb der SPD wuchsen die Spannungen. Auf einer Reise in die Sowjetunion Ende September 1973 machte Herbert Wehner, der Fraktionsvorsitzende der SPD im Bundestag und ein Mitglied der **»Troika«,** seinem wachsenden Unmut über Brandts Politik Luft. Die »Nummer eins« sei »entrückt« und »abgeschlafft«. Der Herr bade gern lau, »so in einem Schaumbad«. Was der Regierung fehle, sei ein Kopf. Seit dieser harschen Kritik, die von der Presse aufgegriffen wurde, war das Verhältnis zwischen Brandt und Wehner zerrüttet. Obwohl beide nach außen wieder zusammenfanden, war die Grundlage für eine vertrauensvolle Zusammenarbeit zerstört.

Die Affäre um Günter Guillaume im Frühjahr 1974 erwies sich als der letzte Tropfen, der das Fass zum Überlaufen brachte. Als das Ausmaß des Verrats sichtbar wurde, wuchs in den eingeweihten Kreisen der Bundesregierung die Angst davor, dass Guillaume in einem Prozess sein Wissen über das **Privatleben Brandts** enthüllen könne – die Regierung sei dann, so stand zu befürchten, »bis auf die Knochen blamiert«. Der Kanzler dürfe unter keinen Umständen erpressbar sein.

Nach langen internen Beratungen verfasste Willy Brandt schließlich am Abend des 5. Mai sein Rücktrittsgesuch, das er auf den folgenden Tag vordatierte. Als Nachfolger einigte sich die SPD-Führung auf Helmut Schmidt. Die Guillaume-Affäre war also nur der Anlass, nicht aber die eigentliche Ursache für das Ende der Ära Brandt.

Was war die Troika?
Als »Troika« (russ. trojka = »Dreigespann/Dreispänner«) bezeichnet man die aus Willy Brandt, Herbert Wehner und Helmut Schmidt bestehende Führungsspitze der SPD in den 70er-Jahren. Zwar war das Verhältnis zwischen den drei Politikern von unterschiedlichen Ansichten und Streitigkeiten geprägt, doch sie bestimmten gemeinsam über lange Jahre das Erscheinungsbild ihrer Partei und hielten sie an der Macht.

Wieso galt das Privatleben Brandts als ein heikles Feld?
Willy Brandt wurden zahlreiche außereheliche Affären nachgesagt. Wären diese Geschichten an die Öffentlichkeit gelangt, hätte dies die moralische Autorität Willy Brandts schwer erschüttert.

BEMERKENSWERTES

**Die Vorgeschichte der Guillaume-Affäre:
Was wusste die Regierung Brandt wirklich?**

Seit dem Frühjahr 1973 lagen dem Bundesamt für Verfassungsschutz konkrete Hinweise vor, dass Günter Guillaume und seine Frau Christel als Agenten im Dienst der Stasi tätig waren. Anfang Mai wurde dieser Verdacht erstmals dem zuständigen Innenminister Hans-Dietrich Genscher vorgetragen. Es wurde beschlossen, Guillaume zunächst in seinem Amt zu belassen und weitere Informationen über den Fall zusammenzutragen. Gleichwohl informierte Genscher den Bundeskanzler. Es scheint, als ob weder Brandt noch Genscher den Verdächtigungen bereits zu diesem frühen Zeitpunkt ernsthaften Glauben geschenkt hätten. Vielmehr tat man sie als bloße Vermutungen ab.

»Der Macher« – Helmut Schmidt

Worum ging es bei der atomaren Aufrüstung?

Im Zusammenhang mit dem Aufbau der Bundeswehr entbrannte ab Mitte der 50er-Jahre ein erbitterter Streit um eine nukleare Bewaffnung der Armee. Während Konrad Adenauer dafür eintrat, die Bundeswehr im begrenzten Umfang mit Atomwaffen auszurüsten, formierte sich bei Teilen der Bevölkerung eine Protestbewegung, die von der SPD unterstützt wurde. Am 25. März 1958 beschloss der Bundestag nach einer mehrtägigen Debatte die Ausrüstung der Bundeswehr mit Trägersystemen, die für atomare Waffen im Rahmen der NATO geeignet waren. Eigene Kernwaffen besaß die Bundesrepublik allerdings nie.

Am 16. Mai 1974 wählte der Deutsche Bundestag mit den Stimmen von SPD und FDP Helmut Schmidt zum Nachfolger Willy Brandts im Amt des Bundeskanzlers. Obwohl sich Schmidt in den Tagen der Guillaume-Affäre zunächst nur widerstrebend dem Entschluss der SPD-Führungsspitze, der er selbst angehörte, gebeugt hatte, die Regierungsgeschäfte zu übernehmen, gab es keinen anderen Politiker, der so gut auf die Aufgabe vorbereitet gewesen war wie er.

1918 in Hamburg geboren, hatte Schmidt als Offizier im Zweiten Weltkrieg gekämpft. 1946 trat er in die SPD ein. Nach einem Studium der Volkswirtschaft und Staatswissenschaft arbeitete er ab 1949 zunächst in der wirtschaftspolitischen Abteilung, dann als Verkehrsdezernent in der Behörde für Wirtschaft und Verkehr seiner Heimatstadt. 1953 zog er mit 35 Jahren als Abgeordneter in den Bundestag ein. Mit einer mehrjährigen Unterbrechung gehörte Schmidt dem Parlament insgesamt 30 Jahre an. Seit Mitte der 1950er-Jahre machte sich der hochbegabte Redner als Verkehrs- und Militärexperte seiner Partei einen Namen. Schmidts harsche Kritik an den Plänen der Regierung Adenauer zur **atomaren Aufrüstung der Bundesrepublik,** sein selbstbewusstes Auftreten sowie sein frecher und scharfer Redestil brachten ihm in Bonn den Beinamen »Schmidt Schnauze« ein.

1961 kehrte Schmidt nach Hamburg zurück und übernahm dort das Amt des Polizeisenators. Aufgrund seines herausragenden Einsatzes während der **Hochwasserkatastrophe von 1962,** als er sich über Vorschriften hinwegsetzte und die Leitung der Rettungsmaßnahmen koordinierte, erwarb er sich den Ruf eines Krisenmanagers. Seitdem genoss Schmidt über die Grenzen Hamburgs hinaus großes Ansehen.

1965 ging er erneut als Abgeordneter in den Bundestag, wo er den Vorsitz der SPD-Fraktion übernahm und maßgeblichen Anteil an der erfolgreichen Arbeit der Großen Koalition hatte. Zwischen 1969 bis 1974 gehörte er der Regierung Willy Brandts zunächst als Verteidigungsminister, dann als Wirtschafts- und Finanzminister an. Als er zum Nachfolger Brandts bestimmt wurde, verfügte Helmut Schmidt also über große fachliche Kompetenz und Erfahrung.

Der Unterschied zwischen Brandt und Schmidt hätte kaum größer ausfallen können. Schmidts Politikstil galt als nüchtern, unideologisch und sachorientiert. Hatte Brandts Regierung zuletzt klare Entscheidungen vermissen lassen, zeichnete sich Schmidt als Führungsfigur aus, die zwar anderen Meinungen zugänglich war, die aber letztlich Entscheidungen selbst fällte und dann durchsetzte. Schmidt hatte den Ruf eines »Machers« – große politische Theoriedebatten waren seine Sache nicht. »Wer Visionen hat«, so Schmidt, »sollte zum Arzt gehen.« Die Grundprinzipien seiner Politik sollten auf gesundem Menschenverstand, Pflichtbewusstsein und Sachbezogenheit beruhen.

»In einer Zeit weltweit wachsender Probleme«, führte der Kanzler in seiner ersten Regierungserklärung vor dem Bundestag aus, »konzentrieren wir uns in Realismus und Nüchternheit auf das Wesentliche, auf das, was jetzt notwendig ist, und lassen anderes beiseite. Kontinuität und Konzentration – das sind die Leitworte dieser Bundesregierung.« Damit grenzte er sich bewusst von den großen idealistischen Zielsetzungen ab, die Willy Brandt geleitet hatten. In den Mittelpunkt der Kanzlerschaft Helmut Schmidts rückten die drängenden Herausforderungen der Zeit – die Bewältigung der Wirtschaftskrise, die europäische Sicherheits- und Verteidigungspolitik sowie die Bedrohung durch den linksextremen Terrorismus.

Helmut Schmidt

Was geschah bei der Hochwasserkatastrophe von 1962?

In der Nacht vom 16. auf den 17. Februar 1962 wurde Hamburg von einer gewaltigen Sturmflut getroffen. Unter den Wassermassen brachen zahlreiche Deiche. Ein Fünftel Hamburgs versank in den Fluten, darunter Teile der Innenstadt und Gebiete, in denen sich die Behelfswohnungen von Flüchtlingen aus den deutschen Ostgebieten befanden. Die schwerste Sturmflut in der Hamburger Stadtgeschichte kostete 315 Menschen das Leben.

BEMERKENSWERTES

Schwierige Weggefährten: Willy Brandt und Helmut Schmidt

Obwohl Willy Brandt und Helmut Schmidt über ein Jahrzehnt lang gemeinsam die SPD an der Macht hielten, war das Verhältnis zwischen beiden stets von Schwierigkeiten gezeichnet. Zu unterschiedlich waren ihr Naturell, zu verschieden ihre Weltsichten und Lebenseinstellungen, als dass sich daraus eine tiefere freundschaftliche Beziehung hätte entwickeln können. Während der Regierungszeit Brandts gehörte Schmidt zu dessen scharfen parteiinternen Kritikern – eine Rolle, die Brandt nach seinem Rücktritt gegenüber Schmidt übernahm. Anfang der 80er-Jahre kühlte sich das Verhältnis stark ab. Erst kurz vor dem Tod Willy Brandts im Oktober 1992 kam es zu einer persönlichen Annäherung.

Die »bleierne Zeit« – der Terrorismus in der Bundesrepublik

Wer war Hanns Martin Schleyer?

Hanns Martin Schleyer (1915–1977) war ein führender deutscher Industriemanager und Wirtschaftsfunktionär. Seit 1973 amtierte er als Präsident der Bundesvereinigung der Deutschen Arbeitgeberverbände und zudem seit Anfang 1977 als Präsident des Bundesverbandes der Deutschen Industrie. Aufgrund seiner beruflichen Stellung sowie seiner NS-Vergangenheit war er für die RAF ein vorrangiges Ziel.

Was ist die GSG 9?

Die Grenzschutzgruppe 9 (GSG 9) ist eine Spezialeinheit der Bundespolizei. Sie wurde nach den Ereignissen in München 1972 aufgestellt und ist für den Antiterrorkampf sowie zur Befreiung von Geiseln ausgebildet.

In den 70er-Jahren wurde die Bundesrepublik mit einer neuen Art von Gewalt konfrontiert. Der Terrorismus, der von einer kleinen Gruppe linksextremistischer Radikaler ausging, um den Staat in seinen Grundfesten zu erschüttern, hielt das Land mit Bombenanschlägen, Überfällen, Entführungen und Attentaten in Atem. Viele sprachen von einer »bleiernen Zeit«, als Angst, Unsicherheit und Hysterie das Leben in der Republik überschatteten. Für Helmut Schmidt wurde der Kampf gegen den Terror zur schwersten Herausforderung seiner Regierungszeit.

Ende der 60er-Jahre bildeten sich im Umfeld der Studentenproteste einzelne Gruppen, die, im Gegensatz zur Mehrheit der »68er«-Bewegung, entschlossen waren, Gewalt anzuwenden, um die Verhältnisse in Westdeutschland zu verändern. Sie sahen im deutschen Staat ein von Nazis durchsetztes, totalitäres Regime, das es mit allen Mittel zu bekämpfen gelte. Die Anhänger dieser Kreise verstanden sich als die Speerspitze einer revolutionären Bewegung, der »Stadtguerilla«. Verübten sie zunächst Anschläge auf Einrichtungen, die in ihren Augen »das System« repräsentierten, erfolgte allmählich eine Radikalisierung. Todesopfer wurden nun bewusst in Kauf genommen. Die bekannteste Terrorgruppe war die 1970 entstandene Rote Armee Fraktion (RAF). Sie orientierte sich an südamerikanischen Guerillatruppen, arbeitete im Untergrund und unterhielt Verbindungen zu Terrororganisationen im Ausland. Die RAF richtete sich gezielt gegen die Vertreter des demokratischen Staates.

Zwar wurden die führenden Köpfe der ersten »RAF-Generation«, Ulrike Meinhof, Andreas Baader, Holger Meins, Gudrun Ensslin und Jan-Carl Raspe, 1972 festgenommen, der Terrorismus war damit aber keineswegs besiegt. Im selben Jahr überfiel ein palästinensisches Kommando während der Olympischen Spiele in München die israelische Olympiamannschaft – elf Sportler starben. In den Folgejahren kam es immer wieder zu Morden, Überfällen und Entführungen. Im April 1975 stürmten RAF-Mitglieder der »zweiten Generation« die deutsche Botschaft in Stockholm und töteten zwei Mitarbeiter.

Ulrike Meinhof

Andreas Baader

1977 erreichte der Terror seinen Höhepunkt. Nach den Morden an Generalbundesanwalt Siegfried Buback und dem Vorstandsvorsitzenden der Dresdner Bank, Jürgen Ponto, entführte die RAF im September **Hanns Martin Schleyer.** Ziel war es, die seit 1972 inhaftierten Gefährten im Tausch für Schleyer freizupressen. Die Bundesregierung weigerte sich, auf einen Deal mit den Terroristen einzugehen. Der Druck auf sie wuchs, als am 13. Oktober arabische Terroristen eine Lufthansamaschine kaperten. Zwar konnte die **GSG 9** die Geiselnahme fünf Tage später auf dem Flughafen von Mogadischu in Somalia, wohin das Flugzeug entführt worden war, erfolgreich beenden. Allerdings war klar, dass die Befreiungsaktion zugleich das Todesurteil für Schleyer bedeutete. Seine Leiche fand man am 19. Oktober im Kofferraum eines Autos. Die RAF-Mitglieder Baader, Raspe und Ensslin, die im Gefängnis saßen, begingen Selbstmord.

Obwohl es einzelne Stimmen gab, die das Vorgehen des Staates im Kampf gegen den Terror kritisierten, verletzten die verantwortlichen Stellen nicht die Prinzipien des Rechtsstaats. Auf die Bedrohung, die in Deutschland ohne Beispiel war, reagierte die Regierung Schmidt sowohl entschieden als auch mit Besonnenheit und Verantwortungsbewusstsein. Gerade im Zusammenhang mit der Schleyerentführung stand man vor zentralen ethischen Fragen: Kann man den Tod Schleyers in Kauf nehmen, um das Leben der Lufthansageiseln zu retten? Darf man mit Terroristen verhandeln, die den Staat zerstören wollen? Ist jeder Preis gerechtfertigt, um eine Regierung nicht erpressbar werden zu lassen? Diese Fragen verbanden sich bei allen Verantwortlichen mit großen Zweifeln. Der »**deutsche Herbst**« zeigte aber auch, dass die Demokratie fest verankert war. Der weitaus größte Teil der Bevölkerung stand hinter ihr. Die Republik bestand ihre bis dahin größte Bewährungsprobe.

Wieso spricht man vom »deutschen Herbst«?

Der Begriff stammt aus dem Episodenfilm Deutschland im Herbst, *der 1977/78 entstand. In elf Kurzfilmen wird darin ein sehr kritisches Bild vom Zustand der deutschen Gesellschaft sowie von den staatlichen Reaktionen auf den Terror im Herbst 1977 gezeichnet. Obwohl der Film bei seinem Erscheinen umstritten war, hat sich sein Titel zur Beschreibung der Ereignisse von 1977 durchgesetzt.*

BEMERKENSWERTES

Mehrere »Generationen« einer Terrorgruppe

Obwohl der Terrorismus der RAF nach 1977 abnahm, blieb die Vereinigung weiterhin aktiv. Aufgrund von Verhaftungen, Todesfällen und Neuzugängen befand sich die Gruppe seit ihrer Gründung stets im Wandel. Man spricht deshalb von mehreren »Generationen« der RAF. Die »dritte Generation« verübte bis Anfang der 90er-Jahre Banküberfälle, Anschläge und Morde. Erst im April 1998 wurde eine Erklärung veröffentlicht, in welcher die RAF ihre Auflösung bekanntgab.

Die Umweltbewegung

Was versteht man unter »saurem Regen«?

Bei der Verbrennung fossiler Brennstoffe wie Erdöl, Kohle und Erdgas wird Schwefeldioxid freigesetzt, das in Verbindung mit Sauerstoff und Wasser zu Säuren reagiert. Der hierdurch entstehende saure Regen greift die Pflanzenwelt an und führt zu einer Versauerung des Bodens. Das wiederum ist eine wesentliche Ursache für das Waldsterben.

Was ist der »Club of Rome«?

Der »Club of Rome« wurde 1968 in Rom gegründet. Es handelt sich dabei um einen Zusammenschluss von ausgewählten Persönlichkeiten des wissenschaftlichen, kulturellen, wirtschaftlichen und politischen Lebens. Der »Club of Rome« beschäftigt sich mit den drängenden internationalen Problemen der Zeit und mit Fragen zur Zukunft der Menschheit.

Die 70er- und frühen 80er-Jahre waren eine politisch bewegte Zeit, in der sich viele gesellschaftliche Umbrüche abzeichneten. Durch die Politisierung der jungen Generation, die sich nicht zuletzt auf die »68er« zurückführte, wuchs das Verlangen vieler Bürger, ihre demokratischen Rechte zu gebrauchen und sich aktiv bei gesellschaftlichen Fragen einzubringen. Daraus erwuchsen neue soziale Bewegungen. Themen rückten in den Vordergrund, die bisher kaum eine Rolle gespielt hatten. Die Umwelt-, die Frauen- und die Friedensbewegung entstanden. Obwohl die Aktivitäten dieser Gruppen auf eng umgrenzte Bereiche gerichtet waren, trugen sie – in unterschiedlichem Maße – zum Wandel in der Republik bei.

Die Erkenntnis, dass das Leben in einer hoch industrialisierten und technisierten Welt einen hohen Preis abverlangt, den in erster Linie die Natur zahlen muss, rückte Anfang der 1970er-Jahre zunehmend in den Blickpunkt. Ein Umdenken erschien angesichts der wachsenden Umweltverschmutzung dringend geboten: Flüsse wie Rhein, Main und Ruhr, an denen industrielle Ballungsgebiete lagen, waren teilweise so stark verschmutzt, dass man ausprobierte, ob man in ihnen Filme entwickeln könnte. Die Großstädte litten häufig unter hoher Luftverschmutzung durch die Schornsteine der Fabriken, Kohleheizungen und den Straßenverkehr. Die Begriffe **»saurer Regen«** und »Waldsterben« waren in aller Munde.

Das wachsende Umweltbewusstsein der Bürger wurde durch wissenschaftliche Untersuchungen gestützt. So warnte der **»Club of Rome«** 1972 in einer Studie vor den »Grenzen des Wachstums«: Würde die Menschheit weiterhin so hemmungslos Raubbau an der Natur treiben, dann stünde ihr eine düstere Zukunft bevor. In der ganzen Republik entstanden Bürgerinitiativen, die sich vorerst in ihrem örtlichen Umfeld für verschiedene Belange, etwa gegen den Ausbau von Flughäfen, die Ausweitung von Industriegebieten oder für den Schutz von Naturräumen, einsetzten.

Seit 1974/75 konzentrierte die Umweltbewegung ihre Aufmerksamkeit auf die Debatte um die Nutzung der Kernenergie. Angesichts der großen Risiken für Mensch und Natur lehnten die Aktivisten sie entschieden ab. In keiner anderen Industrienation stieß die Atomkraft auf so großen Widerstand wie in Deutschland. Stets begleiteten heftige Proteste den Neubau von Atomkraftwerken (AKW). Mit Großdemonstrationen, Sitzblockaden und Besetzungen konnte die Antiatomkraft-Bewegung 1975 den Bau des AKW Wyhl in Baden-Württemberg verhindern. Obwohl die meisten Demonstranten Gewalt ablehnten, mischten sich unter die Naturschützer auch extremistische Randalierer, die die Proteste nutzten, um zum Kampf gegen den Staat aufzurufen. Bei Massenkundgebungen gegen das Atommüll-Endlager Gorleben in Niedersachsen kam es 1979 zu schweren Krawallen, ebenso 1981 bei den Auseinandersetzungen um das AKW Brokdorf an der Elbe.

Die Ergebnisse der Umweltbewegung waren zwiespältig. Kurzfristig fand der geforderte Ausstieg aus der Kernkraft in der Bundesrepublik nicht statt. Die meisten **AKW-Projekte** wurden umgesetzt. Langfristig jedoch konnte die Bewegung durchaus Erfolge verbuchen. Das Bewusstsein für Umweltthemen und Naturschutz wuchs in der Bevölkerung erheblich. Weil die Aktivisten erkannten, dass man sich politisch organisieren müsse, um die eigenen Ziele zu erreichen und dafür Unterstützung zu finden, entstanden Ende der 70er–Jahre bundesweit in vielen Gemeinden, Städten und Kreisen »Grüne Listen« und kleinere Umweltparteien, die sich zu lokalen Wahlbündnissen zusammenschlossen. Aus ihnen ging schließlich 1980 die Partei »Die Grünen« hervor. Sie zog erstmals 1983 in den Bundestag ein. Erst im Jahr 2000 wurde der Ausstieg aus der Atomenergie beschlossen. Diese Entscheidung ist bis heute sehr umstritten.

Wie viele Atomkraftwerke gab es in den 70er-Jahren in Westdeutschland?

1974 waren in der Bundesrepublik elf Kraftwerke in Betrieb, elf weitere befanden sich im Bau und sechs waren in Auftrag gegeben.

BEMERKENSWERTES

Die Katastrophe von Tschernobyl 1986

Welch verheerende Folgen es haben kann, wenn ein Atomreaktor außer Kontrolle gerät, belegt die Katastrophe von Tschernobyl. Sie ist der schlimmste atomare Unfall der Geschichte. Aufgrund menschlichen Versagens und technischer Mängel wurden in dem sowjetischen Kernkraftwerk am 26. April 1986 mehrere Explosionen ausgelöst, die zur Zerstörung des Reaktors führten. Hoch radioaktives Material wurde freigesetzt, eine radioaktive Wolke zog über Europa. Bis heute sind in der Ukraine und in Weißrussland ganze Landstriche verstrahlt. Um das Kraftwerk herum wurde eine Sicherheitszone eingerichtet, die nur mit Sondergenehmigung betreten werden darf. Über die Zahl der Opfer herrscht Ungewissheit, zumal ein Ende der Krankheitsfälle, die auf die Verstrahlung zurückgehen, nicht absehbar ist.

Die Frauenbewegung

Was war der Paragraf 218?

Der Paragraf 218 des Strafgesetzbuches, das mit der Gründung des Deutschen Reiches 1871 eingeführt worden war, stellte die Abtreibung im Grundsatz unter Strafe. In der Weimarer Republik wurde eine Ausnahmeregelung für Abtreibungen geschaffen, die aus medizinischen Gründen vorgenommen werden mussten. Seit 1949 galt der Paragraf 218 in der Bundesrepublik unverändert fort.

Welche Aspekte des Ehe- und Familienrechts fanden die Frauenrechtlerinnen reformbedürftig?

Zum Beispiel verfügte bis in die 60er-Jahre hinein der Ehemann über das gemeinsame Vermögen, eine verheiratete Frau konnte kein Konto eröffnen, wenn er dagegen war. Erst 1977 fiel die Bestimmung weg, dass Frauen nur mit Erlaubnis des Ehemannes eine Arbeit annehmen durften, die jederzeit von ihm wieder gekündigt werden konnte, falls aus seiner Sicht die Pflichten zu Hause darunter litten. Gegen Gewalt in der Ehe, die häufig genug vorkam, gab es kaum eine rechtliche Handhabe.

Der Titel sorgte für einen handfesten Skandal. Am 6. Juni 1971 brachte das Hamburger Nachrichtenmagazin *stern* seine neue Wochenausgabe heraus. In großen Buchstaben prangte auf der Titelseite der Satz »Wir haben abgetrieben!«. Darunter waren zwei Dutzend Porträts von berühmten Frauen wie den Schauspielerinnen Romy Schneider, Liz Verhoeven, Senta Berger und des bekannten Fotomodells Veruschka von Lehndorff zu sehen. In der Titelgeschichte berichteten 374 Frauen davon, dass sie eine Abtreibung vorgenommen und somit gegen geltendes Recht verstoßen hätten. Der *stern* mischte sich mit dieser Nummer nicht nur in den Streit um den **Paragrafen 218** ein, mehr noch: Das Heft wurde zur Ikone der neuen Frauenbewegung der 70er-Jahre.

Die Anfänge dieser Protestinitiative lagen in der Studentenbewegung von 1968. Damals entstanden an den Universitäten erste studentische Frauengruppen, die versuchten, in die Diskussionen um gesellschaftliche Veränderungen die weibliche Perspektive einzubringen. Von den meisten ihrer männlichen Mitstreiter wurden sie jedoch nur belächelt, denn in der Gesamtheit war die Frauenfrage für die Anhänger der »68er« kein wichtiges Thema. Gleichwohl trafen die Frauengruppen den Nerv der Zeit. Die Zeitschrift *Emma* berichtete, dass drei Viertel der Anhängerinnen zwischen 20 und 39 Jahre alt seien, mehr als die Hälfte von ihnen besäße das Abitur oder einen Hochschulabschluss. Dass sich besonders die jungen und gut ausgebildeten Frauen in die Bewegung einbrachten, war eigentlich nicht verwunderlich, da sich genau sie in der bundesdeutschen Gesellschaft vor große Probleme gestellt sahen.

Der neuen Frauenbewegung ging es nicht um politische Grundrechte wie etwa das Wahlrecht. Diese Ziele waren bereits von ihren Vorkämpferinnen zu Beginn des 20. Jahrhunderts erstritten worden. Vielmehr baute die neue Bewegung auf dem Erreichten auf. Sie trat für eine wirkliche Gleichstellung der Frau im Berufs- und sozialen Leben sowie für eine Reformierung des **Ehe- und Familienrechts** ein, das aus der Kaiserzeit stammte. Der Kampf gegen den Paragrafen 218 war der zentrale Antriebsmotor der Bewegung. Die sozialliberale Koalition plante eine große Reform des Abtreibungsrechts. Im Bundestag kam es darüber von 1971 bis 1976 zu heftigen **Auseinandersetzungen.** Die Frauenbewegung kämpfte dafür, dass nicht das von Männern dominierte Parlament und die Regierung über ihre

Köpfe hinweg entscheiden sollten. Mit Kampagnen wie »Mein Bauch gehört mir!« und großen Protestversammlungen machte sie auf ihre Forderung nach einem Selbstbestimmungsrecht der Frauen aufmerksam. Hieraus leiteten sich dann die weiteren Ziele für eine vollständige Gleichberechtigung ab.

Mit dem Anwachsen der Frauenbewegung entstanden auch feministische Einrichtungen. Seit 1973 wurden in der ganzen Republik Frauenzentren gegründet. 1974 nahm in München der erste Frauenverlag seine Arbeit auf, ein Jahr später eröffnete der erste Buchladen mit spezieller Frauenliteratur. Besonders wichtig war die Einrichtung von Frauenhäusern, die ab 1976 zunächst in Westberlin, dann aber schon bald im gesamten Bundesgebiet eingerichtet wurden. Dorthin können misshandelte Frauen mit ihren Kindern fliehen, wenn sie aus ihrer Ehe ausbrechen wollen. Vieles von dem, was heute als Selbstverständlichkeit im Umgang zwischen den Geschlechtern gilt, ist erst im Zuge der 70er-Jahre von der Frauenbewegung gegen zum Teil große Widerstände erkämpft worden. Tatsächliche Gleichstellung ist allerdings noch lange nicht erreicht – Frauen haben nach wie vor in vielen Bereichen ihres Lebens mit Benachteiligung gegenüber Männern zu kämpfen.

Welche unterschiedlichen Reformvorschläge gab es?
Die sozialliberale Koalition wollte eine »Fristenregelung« durchsetzen. Abtreibungen sollten bis zur zwölften Woche der Schwangerschaft straffrei bleiben. Demgegenüber trat die CDU/CSU-Opposition für die »Indikationsregelung« (lat. indicare = »anzeigen, angeben«) ein, nach der Abtreibungen nur aus ethischen und medizinischen Gründen zulässig seien. Zunächst setzte sich zwar die »Fristenregelung« durch, sie scheiterte jedoch beim Verfassungsgericht. Daraufhin einigten sich die Parteien 1976 auf einen Kompromiss, der Elemente aus beiden Vorschlägen enthielt.

BEMERKENSWERTES

Alice Schwarzer – »Vorkämpferin« der Frauenbewegung

Die 1942 geborene Journalistin, Verlegerin und Autorin Alice Schwarzer engagierte sich seit Anfang der 70er-Jahre zunächst in Frankreich, dann zunehmend in der Bundesrepublik für die Emanzipation der Frauen. Sie stand maßgeblich hinter der *stern*-Geschichte von 1971. In ihren Büchern (*Der kleine Unterschied*, 1975), Fernsehbeiträgen und Artikeln beschäftigte sich Schwarzer mit der Diskriminierung von Frauen am Arbeitsplatz, Sexualität sowie Ausbeutung und Gewalt in der Ehe. 1977 erschien erstmals die von ihr mitbegründete Zeitschrift *Emma*, die das wichtigste Sprachrohr der Bewegung war.

Alice Schwarzer

Die Friedensbewegung

Was bedeutet Pazifismus?

Darunter versteht man die völlige Ablehnung von Krieg.

Was war die SS-20-Rakete?

Bei der SS-20-Rakete handelte es sich um eine sowjetische Mittel-streckenrakete, die mit atomaren Gefechtsköpfen bestückt war. Je nach Modell lag ihre Reichweite bei 5.000 bis 5.400 Kilometern. Sie konnte jedes Ziel in Europa erreichen, für einen Angriff auf die USA war sie indes ungeeignet. Damit unterlag sie nicht dem Abkommen über die zahlenmäßige Begrenzung von Interkontinentalraketen, das die beiden Supermächte 1972 geschlossen hatten.

Worum ging es beim Doppelbeschluss?

Der NATO-Doppelbeschluss vom 12. Dezember 1979 bestand aus zwei Elementen. Erstens sollten in Europa 108 moderne atomare Mittelstreckenraketen vom Typ Pershing II sowie 464 Marschflugkörper (Cruise Missiles) aufgestellt werden, um das sowjetische Übergewicht auszugleichen. Zweitens wurden darüber hinaus Verhand-

Mit der Friedensbewegung betrat Anfang der 80er-Jahre eine dritte große Bewegung die politische Bühne. Zwar hatte es bereits in den 50er- und 60er-Jahren **pazifistische** Initiativen gegeben, aber diese waren nie politisch bedeutsam geworden. Bei der neuen Friedensbewegung sah das anders aus. Sie stieß in vielen Teilen der Gesellschaft auf Unterstützung und konnte große Menschenmassen mobilisieren.

Allerdings fällt das Urteil über die Bewegung selbst heute noch sehr unterschiedlich aus. Während manche der ehemaligen Beteiligten immer noch von der Notwendigkeit und Richtigkeit ihres damaligen Protestes überzeugt sind, betonen andere die Schwächen der Bewegung: ihre politische Einseitigkeit und eine naive Vorstellung von den komplizierten Zusammenhängen internationaler Politik.

Die Friedensbewegung erwies sich als das Kind einer Zeit außenpolitischer Veränderungen. Waren die 70er-Jahre von der Entspannungspolitik geprägt worden, kühlte sich gegen Ende des Jahrzehnts das Ost-West-Verhältnis wieder merklich ab. Mit dem sowjetischen Einmarsch in Afghanistan 1979 zog eine neue politische Eiszeit herauf. Zur gleichen Zeit modernisierte die UdSSR ihr Arsenal an Mittelstreckenraketen, die zu Hunderten gegen Westeuropa gerichtet waren. Die neuen **SS-20-Raketen** versetzten die westlichen Regierungen in Unruhe. Man vermutete dahinter den Versuch Moskaus, den politischen Druck auf Europa zu erhöhen. Unter maßgeblicher Beteiligung des deutschen Bundeskanzlers Helmut Schmidt fasste die NATO 1979 deshalb den »**Doppelbeschluss**«. Er sollte dazu dienen, die sowjetische Führung durch eine eigene Aufrüstung an den Verhandlungstisch zurückzuholen.

Viele Menschen betrachteten die Verschlechterung der internationalen Beziehungen mit großer Sorge. In ihren Augen führte der NATO-Doppelbeschluss direkt in einen Atomkrieg. Deshalb forderten sie von den Regierungen die Sicherung des Friedens durch Rüstungskontrolle, Abrüstung und den Verzicht auf Atomwaffen. Das waren die Kernforderungen der Friedensbewegung. Mit dem »**Krefelder Appell**« 1980 begann der Gründungsprozess der Bewegung in der Bundesrepublik. Dass sie gerade hier großen Zuspruch fand, hing damit zusammen, dass Deutschland von einem neuen Krieg am schwersten betroffen gewesen wäre.

Die Friedensbewegung setzte sich aus sehr verschiedenen Gruppen zusammen. Ihre Mitglieder reichten von Anhängern der christlichen Kirchen über Aktivisten aus der Umweltbewegung, Sozialdemokraten und Gewerkschaftern bis hin zu kommunistischen Kräften, die von der DDR kontrolliert wurden. Prominente Schriftsteller, Liedermacher und Künstler wie Heinrich Böll, Günter Grass und **Joseph Beuys** unterstützten die Bewegung. Ihr Erkennungszeichen war die weiße Friedenstaube.

Vier Jahre gelang es der Friedensbewegung, ihr Anliegen in die Öffentlichkeit zu tragen. Kirchen, Hochschulen und Rathäuser wurden zu Orten der Diskussion über die sogenannte »Nachrüstung«. Die Ostermärsche erlebten einen ungeheuren Zuspruch. Am 10. Oktober 1981 demonstrierten Hunderttausende im Bonner Hofgarten gegen den Doppelbeschluss. Die größten Kundgebungen mit mehr als einer Million Teilnehmern fanden im Oktober 1983 statt.

Solche Größenordnungen hatte die Republik bis dahin nicht erlebt. Allerdings darf das Bild nicht täuschen – obwohl sich viele Menschen in der Friedensbewegung engagierten, standen sie nicht für die Mehrheit der Bevölkerung. Im Gegenteil: Nur knapp zehn Prozent der Bundesbürger unterstützten die Ziele der Bewegung. Als der Bundestag am 22. November 1983 endgültig für die Umsetzung des Doppelbeschlusses stimmte, verlor die Friedensbewegung rasch an Bedeutung.

lungen mit Moskau über eine neue Rüstungsbegrenzung angestrebt. Die Stationierung der neuen Raketen sollte erst dann erfolgen, wenn die Gespräche mit der UdSSR zu keinem Ergebnis führten.

Was war der »Krefelder Appell«?

Der »Krefelder Appell« gilt als Gründungsdokument der Friedensbewegung in der Bundesrepublik. In ihm waren die Leitsätze und Ziele der Bewegung festgehalten. Innerhalb eines halben Jahres wurde der Appell von über 800.000 Menschen unterzeichnet.

Wer war Joseph Beuys?

Joseph Beuys (1921–1986) gilt als einer der wichtigsten deutschen Künstler in der zweiten Hälfte des 20. Jahrhunderts. Seit Ende der 60er-Jahre betätigte sich der Zeichner, Bildhauer, Aktionskünstler und Kunsttheoretiker zunehmend politisch. Beuys war einer der bekanntesten Anhänger der Umwelt- und der Friedensbewegung.

BEMERKENSWERTES

In der Zerreißprobe: die SPD und der NATO-Doppelbeschluss

Die SPD war in der Frage des Doppelbeschlusses tief gespalten. Während der Kanzler fest von der Richtigkeit des Beschlusses überzeugt war, lehnten viele normale Parteimitglieder die »Nachrüstung« ab. Auch führende Sozialdemokraten und Bundestagsabgeordnete beteiligten sich an den Friedensveranstaltungen. Letztlich fand Schmidt für seine Politik zwar weithin Zustimmung bei CDU/CSU und FDP, der Unterstützung in den eigenen Reihen konnte er sich indes nicht mehr sicher sein. Neben vielem anderen war auch das ein Grund für seinen Sturz 1982.

Jugendkulturen – zwischen Geldverdienen und alternativem Leben

Wer waren die Spontis?

Die Spontis waren eine besondere Gruppe linksgerichteter Studenten an den Hochschulen. Im Gegensatz zu den meisten kommunistisch ausgerichteten Studentenorganisationen, bei denen großer Wert auf theoretische Schulung gelegt wurde, setzten die Spontis auf »spontane« und witzig-freche Aktionen. Die sogenannten »Sponti-Sprüche« wie »Wir sind die Leute, vor denen uns unsere Eltern immer gewarnt haben« waren über die Szene hinaus weithin beliebt.

Wieso wurden Häuser besetzt?

Für die Hausbesetzungen gab es eine Reihe von Gründen. Manche Besetzer suchten einfach nur günstigen Wohnraum. Andere wollten gegen den Leerstand und den Verfall vieler Häuser in den Innenstädten demonstrieren, der häufig durch Preisspekulationen verursacht wurde – man nannte das im zeitgenössischen Jargon »instandbesetzen«. Manchen Hausbesetzern war die Frage des Besitzes aber auch vollkommen gleichgültig, da sie dafür eintraten, das Eigentum abzuschaffen.

Wer versucht, sich einen Überblick über die Jugendkulturen der 70er- und 80er-Jahre zu verschaffen, der wird rasch an Grenzen stoßen. Zu vielseitig und zu unterschiedlich waren die einzelnen Richtungen und Spielarten, als dass sie auf einen Nenner gebracht werden könnten. Nie zuvor waren die Jugendkulturen so bunt wie im letzten Viertel des 20. Jahrhunderts. Obwohl sie allesamt nach Antworten auf die Herausforderungen der modernen Welt und des Lebens in der Überflussgesellschaft suchten, fielen ihre Lebensentwürfe und Wertvorstellungen sehr widersprüchlich aus.

In den 70er-Jahren fand in allen Gesellschaften des Westens ein Wertewandel statt, der hauptsächlich die 20- bis 30-Jährigen erfasste. Unter dem Eindruck der Studentenrevolte von 1968 verloren bei vielen jungen Menschen die bislang überlieferten bürgerlichen Wert- und Moralvorstellungen wie Fleiß, Leistungsdenken, das Streben nach gesellschaftlichem Aufstieg und Anerkennung, Sitte und Anstand ihren Stellenwert. Man betrachtete sie als den Ausdruck einer gesellschaftlichen und staatlichen Fremdbestimmung, die geradezu übermächtig und menschenfeindlich auf dem Einzelnen lasten würde. »Uns treibt nicht mehr der Hunger nach Essen, uns treibt der Hunger nach Freiheit, Liebe, Zärtlichkeit, nach anderen Arbeits- und Verkehrsformen«, hieß es 1976 in einer Erklärung der **Spontis.** Radikalere Gruppen wie die Autonomen riefen dagegen zum »aktiven Kampf gegen den Staat« auf. Die Massenproteste der Zeit sowie die Auseinandersetzungen um **besetzte Häuser** und Straßenkrawalle boten ihnen hierzu ausreichend Möglichkeiten.

Dem gegenüber wollte die alternative Szene ohne Gewalt aus den Lebensgewohnheiten des Bürgertums ausbrechen. Ihr ging es nicht wie den »68ern« um große Theoriedebatten, sondern um die konkrete Veränderung des eigenen Lebens. Die Alternativen entwickelten neue Formen des Zusammenlebens. Sie gründeten Wohngemeinschaften, errichteten auf Brachflächen Kolonien aus Bau- und Wohnwagen oder besetzten leer stehende Häuser und Fabriken, in denen sie ihre Vorstellungen vom Miteinander verwirklichen konnten. Mit der Einrichtung von Frauenhäusern, Dritte-Welt-Läden, Naturkostgeschäften, Ärztekollektiven, Kinos, Kneipen, Cafés und Jugendzentren entstand eine eigene alternative Lebenswelt, die weitgehend unabhängig vom Rest der Bevölkerung funktionierte.

Die Alternativen wurden stark von der Friedens- und Umweltbewegung beeinflusst, zu deren wichtigsten Fürsprechern sie zählten. Zwar blieben Konflikte mit den »normalen« Bürgern, die der bisweilen etwas kauzigen Szene oft mit Unverständnis begegneten, nicht aus. Doch insgesamt trugen die Alternativen dazu bei, dass die bundesdeutsche Gesellschaft an Vielfalt gewann.

Am anderen Ende der Bandbreite jugendlicher Kultur standen in den 80er-Jahren die **»Yuppies«.** Bei ihnen handelte es sich um gut ausgebildete, qualifizierte junge Menschen, die in den Großstädten hoch bezahlten Jobs als Banker, Versicherungsagenten oder Börsenmakler nachgingen. Für sie stand der berufliche Erfolg im Vordergrund. Angesagt war, was teuer und elegant war und einen Namen trug. In Filmen wie *Wall Street* (1987) oder *Das Geheimnis meines Erfolges* (1987) wurden die Idealbilder des Yuppies vorgeführt – hart arbeitende, smarte und erfolgreiche Aufsteigertypen, denen ihr Geld unermessliche Freiheiten eröffnete: große Autos, schicke Wohnungen, teure Maßanzüge, gutes Essen und schöne Frauen. Natürlich konnte und wollte nicht jeder ein Yuppie, ein Autonomer oder ein Alternativer werden. Die Mehrheit der jungen Menschen bewegte sich irgendwo zwischen diesen Extremen.

Was bedeutet »Yuppie«?

Der Begriff ist aus den englischen Wörtern young urban professional *(dt. »junger, in der Stadt lebender Experte/Mittelschichtler«) zusammengesetzt.*

BEMERKENSWERTES

Westberlin – Hochburg der »Jungen Wilden«

Seit den Unruhen von 1968 entwickelte sich Westberlin zum Zentrum der alternativen Szene in Deutschland. Da aufgrund der besonderen Rechtslage in Berlin keine Wehrpflicht bestand, zog es Tausende junger Kriegsdienstverweigerer aus der Bundesrepublik in die geteilte Stadt. Der Arbeiterbezirk Kreuzberg wurde für zahlreiche Künstler, Hausbesetzer, Friedensaktivisten, Revolutionäre und Unangepasste zum Experimentierfeld des alternativen Zusammenlebens.

Der Machtwechsel 1982 – Helmut Kohl wird Bundeskanzler

Wie sahen die Presse-angriffe gegen Kohl aus?

Helmut Kohls betont volkstümliches öffentliches Auftreten, seine mächtige Figur, die im Laufe der Jahre weiter an Gewicht zulegte, der pfälzische Dialekt sowie sein Führungsstil innerhalb der CDU boten zahlreiche Ansätze für beißenden Spott und Satire. 1982 veröffentlichte das Magazin »Titanic« eine Karikatur, die Kohl in der Form einer Birne zeigte. Die »Birne Kohl« wurde eines der beliebtesten Motive in der zeitgenössischen Presse.

Was versteht man unter dem »System Kohl«?

Mit dem ursprünglich abwertenden Begriff wird die von Kohl innerhalb der CDU verfolgte machtpolitische Strategie beschrieben. Sie bestand darin, dass Kohl zu talentierten Nachwuchskräften in der Partei systematisch persönliche Beziehungen aufbaute, Personen nach Kräften förderte und sie in verantwortungsvolle Positionen brachte. Dadurch sicherte er sich die Loyalität der jüngeren Parteimitglieder. Regelmäßig pflegte er auch den persönlichen Kontakt zu Kreisvorsitzenden

Kaum ein anderer deutscher Politiker erregt die Gemüter bis heute so sehr wie Helmut Kohl (CDU). Würdigen ihn die einen als verdienten Staatsmann, den »Kanzler der Einheit« und einen großen Europäer, gilt er anderen hingegen als der Inbegriff von innenpolitischem Stillstand und zahllosen Parteiaffären. Fakt ist, dass Helmut Kohl die Geschichte der Bundesrepublik maßgeblich mitbestimmt hat. Seine Amtszeit betrug 16 Jahre. Er regierte damit länger als Konrad Adenauer und länger als Willy Brandt und Helmut Schmidt zusammen.

Als Helmut Kohl am 1. Oktober 1982 die Regierungsgeschäfte übernahm, gab es wohl kaum jemanden, der ihm eine lange Kanzlerschaft zugetraut hätte. Zwar war es Kohl gelungen, den bisherigen Bundeskanzler Helmut Schmidt mithilfe der Stimmen von der FDP, die zuvor aus der sozialliberalen Koalition ausgeschieden war, zu stürzen. Doch er galt lediglich als eine Übergangslösung. Im Vergleich zum staatsmännischen und charismatischen Hanseaten Schmidt wirkte Kohl eher bieder und täppisch. Er war alles andere als ein gewandter Redner. Vor allem die linksgerichtete Presse unterschätzte ihn. Während seiner gesamten Regierungszeit war Kohl immer wieder **persönlichen Angriffen** und hämischen Kommentaren ausgesetzt, die nicht selten die Grenze zur Beleidigung überschritten. Auf die Verletzungen reagierte Kohl überaus empfindlich: Er verweigerte Interviews und beschimpfte kritische Journalisten als Nörgler und Vaterlandsverräter. Sein Verhältnis zur schreibenden Zunft galt in Teilen als zerrüttet. Eigentlich denkbar schlechte Voraussetzungen für eine Kanzlerschaft.

Kohl war ein Politprofi bis ins Mark. 1930 in Ludwigshafen geboren, betätigte er sich schon als Jugendlicher in der CDU. Seine politische Karriere begann in der Landespolitik seines Heimatlandes Rheinland-Pfalz. Nachdem er 1959 als Abgeordneter in den Mainzer Landtag gewählt worden war, stieg er in der CDU rasch auf. Zwischen 1969 und 1976 bekleidete er das Amt des Ministerpräsidenten, bevor er sich vollständig der Bundespolitik zuwandte. Trotz einiger Rückschläge konnte Helmut Kohl in den 70er- und 80er-Jahren seinen Einfluss in der Partei ausbauen. 25 Jahre war er Parteivorsitzender, 34 Jahre lang gehörte er dem CDU-Bundesvorstand an. Kein anderer Spitzenpolitiker der Bundesrepublik konnte eine solche Karriere aufweisen. Das sogenannte System Kohl sicherte ihm über zwei Jahrzehnte die Macht innerhalb der Partei.

Der Regierungswechsel von 1982 wurde von Kohl als ein »historischer Neuanfang« gewertet. Dieser sollte dazu genutzt werden, die Versäumnisse seines Vorgängers Schmidt zu beheben. Während die Außenpolitik bis 1989 weitgehend in den vorzeichneten Bahnen verlief, richtete Kohl sein Augenmerk zunächst auf die Wirtschaftspolitik. Der neuen Regierung aus CDU/CSU und FDP gelang es in kurzer Zeit, mittels einer **»angebotsorientierten« Politik** für einen dauerhaften Aufschwung zu sorgen, der die ganzen 80er-Jahre anhielt. Allerdings blieb die hohe Arbeitslosigkeit weiter bestehen. Ebenso konnte die Staatsverschuldung kaum abgebaut werden. Die hohen Steuereinnahmen, die der wirtschaftliche Erfolg bescherte, sorgten aber für einen finanziellen Ausgleich. Die Bundesrepublik war nach wie vor eines der reichsten Länder der Welt.

und anderen CDU-Funktionären. Niemand verfügte über so gute Kenntnisse über den inneren Zustand der CDU wie Kohl.

Helmut Schmidt gratuliert Helmut Kohl nach der Wahl zum Bundeskanzler am 1. Oktober 1982.

BEMERKENSWERTES

Helmut Kohl und die Vertrauensfrage 1982

Nach seiner Regierungsübernahme war Helmut Kohl sehr daran interessiert, für das Frühjahr 1983 Neuwahlen herbeizuführen. Er hoffte, dadurch den Vorsprung der CDU vor der SPD auszubauen. Weil das Grundgesetz keine Selbstauflösung des Bundestages vorsieht, sollte die Vertrauensfrage den Weg zu Wahlen freimachen. Am 17. Dezember 1982 stellte Kohl im Bundestag die Frage, ob er noch über das Vertrauen der Mehrheit verfüge. Mit den Abgeordneten von CDU, CSU und FDP wurde vorher abgesprochen, dass sie sich der Stimme enthalten sollten. Erwartungsgemäß »verfehlte« Kohl die Mehrheit, weshalb Bundespräsident Karl Carstens Neuwahlen ansetzte. Obwohl die CDU im März 1983 einen großen Sieg errang, wurde der Weg dorthin von vielen als verfassungsrechtlich fragwürdig empfunden.

Was war der Sinn der »angebotsorientierten« Politik?

Die »angebotsorientierte« Politik zielte auf eine finanzielle Entlastung der Unternehmen. Steuerliche Erleichterungen, eine strikte Haushaltsführung, Kürzungen im Sozialbereich und der Abbau von staatlichen Eingriffen in die Wirtschaft sollten den Firmen mehr Raum zur Entfaltung verschaffen und damit die Wirtschaftskraft sowohl auf dem inländischen Markt als auch im Export stärken.

Am Ende des Kalten Krieges – die Bundesrepublik vor dem Mauerfall

Wer ist Richard von Weizsäcker?

Richard von Weizsäcker (geb. 1920) entstammt einer Diplomatenfamilie. Nachdem er im Zweiten Weltkrieg Soldat gewesen war und danach Rechtswissenschaften und Geschichte studiert hatte, trat er 1954 in die CDU ein. Von 1981 bis 1984 war er Regierender Bürgermeister von Berlin. 1984 wurde er zum sechsten Bundespräsidenten der Bundesrepublik Deutschland gewählt. Nach zwei Amtszeiten schied er 1994 aus dem Amt aus.

Der Mai 1989 war ein besonderer Monat. Er stand ganz im Zeichen des 40. Jahrestages der Verkündung des Grundgesetzes, mit der 1949 die Gründung der Bundesrepublik vollzogen worden war. Im Mittelpunkt des offiziellen Gedenkens stand ein großer Staatsakt in der Bonner Beethovenhalle, zu dem sich am 24. Mai die Spitzen des politischen und gesellschaftlichen Lebens der Republik versammelten.

Einen Tag zuvor, dem eigentlichen historischen Datum, war der hoch angesehene Bundespräsident **Richard von Weizsäcker** für eine zweite Amtszeit gewählt worden. Zwar konnte man die deutschen Feierlichkeiten an Prunk und Pomp nicht mit jenen vergleichen, die Frankreich ein paar Wochen später entfaltete, um am **14. Juli** den 200. Jahrestag der Französischen Revolution zu begehen. Dennoch war das Jubiläum für Bonner Verhältnisse außergewöhnlich. Neben Empfängen und Banketten gab es im ganzen Land Volksfeste, Ausstellungen und Diskussionsveranstaltungen, auf denen über die Geschichte und die Gegenwart der Bundesrepublik debattiert wurde. Mehr als 340 Fernsehsendungen widmeten sich dem Thema. Zahlreiche Bücher kamen auf den Markt. Sie warfen die Frage nach einer vorläufigen Bilanz der Republik auf. Die konnte sich durchaus sehen lassen.

In den 80er-Jahren hatte die Bundesrepublik ihre großen Herausforderungen erfolgreich bestanden. Außenpolitisch war sie nicht nur fest ins Westbündnis eingebunden, sondern sie galt weithin als ein anerkannter und gleichberechtigter Partner. Mit sämtlichen westeuropäischen Nachbarn unterhielt Bonn enge freundschaftliche Beziehungen. Aber auch das Verhältnis zu den kommunistischen Ländern gestaltete sich einigermaßen entspannt, obgleich die weltanschaulichen und politischen Unterschiede weiter bestanden. Die Innenpolitik verlief in ruhigen Bahnen. Der Terrorismus, der das Land Ende der 70er-Jahre erschüttert hatte, spielte nur noch eine zweitrangige Rolle.

Auf wirtschaftlichem Gebiet gehörte die Bundesrepublik zusammen mit den USA und Japan zur Weltspitze. Die bundesdeutsche Gesellschaft war tolerant und äußerst vielfältig. Der gut ausgebaute Wohlfahrtsstaat ermöglichte einen Lebensstandard, der über dem der meisten anderen Länder Europas lag – allerdings zu dem Preis einer wachsenden Verschuldung. Umfragen zeigten, dass alle Teile der Bevölkerung mit den Lebensumständen in der Bundesrepublik insgesamt zufrieden waren. Die überwiegende Mehrzahl von ihnen waren überzeugte Demokraten. 40 Jahre Bundesrepublik hatten den Menschen ein solchen Wohlstand und eine solche politische Stabilität beschert, wie es sich die Väter und Mütter des Grundgesetzes 1949 kaum besser hätten vorstellen können.

Es verwundert nicht, dass unter solchen Umständen die deutsche Teilung, je länger sie andauerte, aus dem Bewusstsein der meisten Bürger allmählich verschwand. Gewiss hatten fast alle westdeutschen Familien Verwandtschaft in der DDR, mit der man irgendwie in Verbindung stand. Bloß der Gedanke, dass man unbedingt an einer Wiedervereinigung als Ziel festhalten müsse, wurde in den Augen vieler nur noch von Ewiggestrigen vertreten. Die Jugend hingegen zeigte kaum Interesse für das Leben jenseits der Mauer. Was in London, Paris, Rom und New York geschah, war für sie interessant, nicht Ostberlin oder Leipzig. Wenn man von »Deutschland« sprach, meinte man in aller Regel die Bundesrepublik, nicht die DDR oder gar Gesamtdeutschland. Noch im Sommer 1989 waren ein Fall der Mauer oder gar eine baldige Wiedervereinigung für die meisten undenkbar.

Wieso ist der 14. Juli in Frankreich ein Nationalfeiertag?
Am 14. Juli 1789 stürmte das Volk von Paris die Bastille, eine alte Festung, die vom Königtum unter anderem als Gefängnis genutzt wurde. Dieses Ereignis war der Auslöser der Französischen Revolution.

BEMERKENSWERTES

Ein Drahtseilakt: Der Honeckerbesuch 1987

Vom 7. bis 11. September 1987 besuchte der Staatsratsvorsitzende der DDR und Generalsekretär der SED Erich Honecker die Bundesrepublik. Die Einladung dazu hatte bereits Kohls Amtsvorgänger Helmut Schmidt ausgesprochen. Allerdings war dieser erste Besuch eines führenden DDR-Politikers mehrmals verschoben worden. Für die Bundesregierung kam er einem Drahtseilakt gleich: Auf der einen Seite wurde Honecker mit protokollarischen Ehren empfangen. Auf der anderen Seite durfte die Reise nicht zu einer Aufwertung der DDR führen. Während des Abendessens hielten Honecker und Kohl zwei Tischreden, die vom Fernsehen in beiden Staaten übertragen wurden. So konnten auch die Bürger in der DDR am Bildschirm live erleben, wie Helmut Kohl über Menschenrechte, Grundfreiheiten, die Mauer und die deutsche Einheit sprach – und wie Honeckers Gesichtszüge dabei versteinerten.

Die DDR 1949 bis 1989

Die DDR 1949 bis 1989

Ein »Provisorium für längstens ein Jahr« sollte die Deutsche Demokratische Republik (DDR) werden, notierte der Staatspräsident Wilhelm Pieck anlässlich der Staatsgründung 1949. Damals gingen alle davon aus, dass es bald wieder einen einheitlichen deutschen Nationalstaat geben würde. Es wurden fast auf den Tag genau 41 Jahre daraus: Vom 7. Oktober 1949 bis zum 3. Oktober 1990 existierte die DDR. Die Nachkriegsordnung des Kalten Krieges mit seinen zwei Machtblöcken in Europa erwies sich als erstaunlich stabil.

Mittlerweile sind zwei Jahrzehnte vergangen seit einem der Glanztage der Demokratiegeschichte in Deutschland, als am 9. Oktober 1989 70.000 Menschen auf dem Stadtring in Leipzig demonstrierten und damit den ersten Schritt zum Ende der DDR und der Diktatur der kommunistischen Einheitspartei SED vollbrachten. Seitdem sind die Zeitungen und die Fernsehprogramme voll vom Streit über das DDR-Erbe, von Erinnerungen an das Leben im »anderen Deutschland«, von Broilern und Spreewaldgurken, von Dokumentationen über die Gefängnisse der Staatssicherheit und die Parteiführer wie Walter Ulbricht und Erich Honecker. Die eigene Welt der DDR ist dagegen heute weitgehend verschwunden. Gelegentlich wird sie in Fernsehshows wiederbelebt oder im Supermarktregal findet sich wieder die »Bambina«-Schokolade oder das »Fit«-Spülmittel.

Im Zentrum des Rückblicks steht das diktatorische Regime in der DDR: die Parteiherrschaft der SED, die fehlende Demokratie und die Verfolgung von Kritikern und Andersdenkenden. Diese Säulen des Systems hatte die DDR gemeinsam mit der nationalsozialistischen Herrschaft, deren weltgeschichtlich einmalige Menschheitsverbrechen das Unrecht in der DDR allerdings weit überstiegen. Zugleich waren viele Gründerväter der DDR davon überzeugt, mit ihrem Staat gerade einen neuen Aufstieg des Nationalsozialismus auszuschließen und eine bessere und gerechtere Welt zu erschaffen – der alte Traum der sozialistischen Arbeiterbewegung. Es zeigte sich aber, dass der Sozialismus, den die Sowjetunion der ostdeutschen Bevölkerung aufzwang, sich nicht auf deren Zustimmung berufen konnte. Aus gutem Grunde wagte es die SED nicht, sich freien Wahlen zu stellen.

Zur DDR gehörte das System der Planwirtschaft, das leistungsschwächer war, als die Planer es sich erhofften. Arbeitslos werden konnte man in der DDR nur, wenn man sich politisch etwas zuschulden kommen ließ. Für alle anderen war der Arbeitsplatz sicher. Es gab sogar eine Pflicht zur Arbeit. Daraus ergab sich ein bescheidener Lebensstandard unter ständigen Versorgungsengpässen, aber auch ein gewisses Gemeinschaftsgefühl, das sich aus den kleinen Erfolgen des Durchwurstelns im Alltag speiste.

Die DDR war eine Erziehungsdiktatur. Die Menschen wurden ständig gedrängt, sich für die SED und den Staat auszusprechen. In den 50er-Jahren rief der Parteiführer Walter Ulbricht sogar die »Zehn Gebote der sozialistischen Moral« aus, um den Menschen ihr Verhalten vorzuschreiben. Um der Gängelei durch den Staat zu entgehen, schufen sich viele DDR-Bürger nach dem Motto »Privat geht vor Katastrophe« ihre Lebensräume, wie das Wochenendgrundstück mit einem kleinen Häuschen, genannt Datsche, und die Beziehungen zu Freunden und Bekannten, über die man knappe Waren besorgte. So entfaltete sich ein Alltag, in dem man über die Fragen der großen Politik nicht mitreden konnte, aber zuweilen ganz gemütlich lebte, wenn man es schaffte, nicht anzuecken.

So hätte es vielleicht noch ein paar Jahrzehnte weitergehen können, doch mit der Zeit wuchs die Unzufriedenheit der DDR-Bürger über ihre Lebenssituation. Die Wirtschaftskraft ließ seit Mitte der 70er-Jahre immer weiter nach und der Wunsch, sein Leben selber zu gestalten und in demokratischen Verhältnissen zu leben, gewann an Stellenwert in der DDR-Bevölkerung. Am Schluss verteidigte fast niemand mehr das alte System – das damit zum Zusammenbruch verurteilt war.

Das geteilte Deutschland

Was sind die Kennzeichen einer Demokratie?

Demokratie bedeutet »Volksherrschaft«. Alle Menschen haben die gleichen Rechte sowie die Möglichkeit, in der Politik mitzubestimmen. In den meisten Demokratien geschieht das über Wahlen für ein Parlament, das das Volk vertritt. Jeder darf an Wahlen teilnehmen und es muss Alternativen geben – eine Einheitsliste ist undemokratisch. Weiterhin gehören zu einer Demokratie Meinungs- und Informationsfreiheit.

Was ist eine Diktatur?

Die Diktatur ist die uneingeschränkte Herrschaft eines Einzelnen oder einer Gruppe.

Nach dem Zweiten Weltkrieg konnte sich in Deutschland wohl kaum jemand vorstellen, dass das Land in Zukunft in zwei Staaten aufgeteilt werden würde. Aber die Mächte, die Deutschland besiegt hatten (USA, Großbritannien und Frankreich auf der einen, die Sowjetunion auf der anderen Seite), einigten sich nicht darüber, welches politische System eingeführt werden sollte. Auch mehrere Jahre nach dem Krieg gab es keinen Friedensvertrag. Seit 1947 begannen beide Seiten, ihre eigenen Systeme in den Besatzungszonen einzuführen. Im Westen war dies ein **demokratisches** System mit freien Wahlen, im Osten die **Einparteiendiktatur** der SED.

Trotz der Gründung der Bundesrepublik Deutschland im Westen und der DDR im Osten 1949 galt die **deutsche Frage** für die damals tätigen Politiker weiterhin als offen. Beide politischen Systeme beanspruchten, sich in der Zukunft auf ganz Deutschland auszudehnen. In den 50er-Jahren gab es immer wieder Verhandlungen über eine gesamtdeutsche Lösung. 1952 machte der sowjetische Diktator Stalin den Westmächten das Angebot für ein vereinigtes Deutschland auf der Basis von international kontrollierten freien Wahlen und Neutralität zwischen USA und Sowjetunion. War das Angebot ernst gemeint? Wir wissen es nicht. Die Westmächte glaubten Stalin jedenfalls nicht, dass er wirklich demokratische Verhältnisse zulassen würde. Außerdem wollten sie ein neutrales Deutschland nicht; es blieb bei der Teilung. 1955 entließ die Sowjetunion die DDR offiziell in die Souveränität und hob ihre Vorrechte aus der Besatzung auf. Allerdings blieben weiterhin sowjetische Truppen in der DDR stationiert.

Im Zeitalter der Atombombe war es nicht mehr möglich, einen Krieg zu führen, ohne ganz Mitteleuropa zu zerstören. Deswegen entwickelten sich die beiden deutschen Staaten, die eigentlich nur vorübergehende Lösungen sein sollten, zu den langlebigsten Gebilden der deutschen Geschichte. Erst 1989, als die Sowjetunion ihren Anspruch auf die DDR aufgab, wurde die Vereinigung möglich.

Die Deutschen begriffen erst langsam, dass die zwei Staaten auf Dauer bestehen würden. Vor allem in der DDR fragten sich viele, ob sie in ihrer Heimat bleiben oder in den anderen Teil des Landes wechseln sollten. Bis zum Mauerbau 1961 flohen rund 2,7 Millionen Ostdeutsche in die Bundesrepublik, weil die SED ihre Besitztümer enteignet hatte oder sie das diktatorische System verlassen wollten. Es gingen aber auch mehr als hunderttausend Westdeutsche in die DDR, weil sie den Sozialismus für das bessere System hielten und Angst hatten, dass in Westdeutschland der Nationalsozialismus wieder erstarken könnte. Viele dieser »Wanderer zwischen den Welten« des Kalten Krieges wurden später berühmte Persönlichkeiten des öffentlichen Lebens, wie zum Beispiel der in Halle (Sachsen-Anhalt) aufgewachsene Hans-Dietrich Genscher, der von 1974 bis 1992 Außenminister der Bundesrepublik Deutschland war, oder Manfred Krug, der 1949 vom Ruhrgebiet in die DDR übersiedelte und dort ein beliebter Sänger und Schauspieler wurde (er verließ die DDR allerdings 1977 wieder nach der Ausbürgerung des regimekritischen Sängers Wolf Biermann).

Berliner Straßenschild, 1949

BEMERKENSWERTES

»Ostzone« und »Bonner Separatstaat«

Die DDR und die Bundesrepublik taten bis Ende der 60er-Jahre so, als ob nur sie für ganz Deutschland sprächen, und vermieden es, die offiziellen Bezeichnungen des jeweils anderen Staates zu verwenden. Die westdeutschen Politiker sprachen von der »Ostzone«, die DDR-Funktionäre vom »Bonner Separatstaat«. Später setzte man im Westen die »DDR« zumindest in Anführungszeichen, im Osten sprach man knapp von der »BRD«. Die Zeitungen des Springer-Verlags wie *Bild* und *Hörzu* verzichteten erst 1989 auf die Gänsefüßchen und erkannten die DDR damit sprachlich an – wenige Wochen vor ihrem Zusammenbruch.

Was ist die deutsche Frage?

Die »deutsche Frage«, kam im 19. Jahrhundert auf und drehte sich um das Problem, auf welches Gebiet sich ein gesamtdeutscher Staat erstrecken sollte. Das Gebiet des heutigen Deutschland war über Jahrhunderte hinweg in viele größere und kleinere Gebiete aufgeteilt, darunter mächtige Staaten wie Preußen. Ab 1871 gab es das erste Mal einen einheitlichen Nationalstaat, das Kaiserreich. Die Nationalsozialisten hatten 1938 auch Österreich an das Großdeutsche Reich angeschlossen. Nach dem Zweiten Weltkrieg wollten die Siegermächte ein zu starkes Deutschland verhindern. Österreich wurde wieder eigenständig, der Ostteil Deutschlands (unter anderem Schlesien, Pommern, Ost- und Westpreußen, Sudetenland) wurde abgetrennt und gehört seitdem zu Polen, der Tschechoslowakei und der Sowjetunion/Russland. Ab 1945 bildete die Oder-Neiße-Linie die deutsche Ostgrenze. Mit dem Beitritt der DDR zur Bundesrepublik 1990 und der endgültigen Anerkennung der Grenzen gilt die deutsche Frage als gelöst.

Staatspartei SED – das politische System der DDR

Wer war Walter Ulbricht?

Der Mann aus Leipzig mit dem Spitzbart und der piepsigen, leiern-den Stimme war kein großer Redner und trat auf den ersten Blick unscheinbar auf. Wäh-rend der Zeit des Na-tionalsozialismus war er in Moskau. In den ersten Jahren nach dem Krieg hielt er sich im Hintergrund und zog die Fäden bei der Errichtung der SED-Diktatur. Als General-sekretär der Partei war er bald mächtiger als die beiden Vorsitzen-den und ließ viele poli-tische Gegner verhaf-ten.

Was sind Blockparteien?

Alle politischen Partei-en waren in einem »Demokratischen Block« zusammenge-schlossen und hatten sich dem Willen der SED unterzuordnen, die als Partei der »Ar-beiterklasse« behaup-tete, die Mehrheit zu vertreten. Die anderen Parteien waren für be-stimmte Bevölkerungs-gruppen zuständig. Die CDU (Christlich-De-mokratische Union) für Christen und Bürger-tum, die LDPD (Libe-ral-demokratische Par-tei Deutschlands) für Selbstständige, Hand-werker und Gewerbe-treibende, die DBD

Es muss demokratisch aussehen, aber wir müssen alles in der Hand haben.« Mit diesen Worten soll der spätere Staats- und Parteichef **Walter Ulbricht** 1945 die Absichten der kommunistischen Partei-führung bezeichnet haben. Die Sozialistische Einheitspartei Deutschlands (SED) beanspruchte die alleinige Führung im Lande. Diese Einparteienherrschaft wurde nach dem Vorbild der Sowjet-union geschaffen, in der die KPdSU (Kommunistische Partei der Sowjetunion) alle Macht hatte.

Zwar gab es in der DDR vier weitere **Blockparteien,** die waren aber gezwungen, sich der SED unterzuordnen. In den ersten Jahren nach dem Krieg wehrten sich viele Politiker der anderen Parteien gegen diese Bevormundung und versuchten, selbst Einfluss auf die Politik zu gewinnen. Sie wurden aus dem politischen Leben ge-drängt, viele von ihnen verhaftet oder zur Flucht nach Westdeutsch-land gezwungen.

Alle wichtigen Entscheidungen in der DDR wurden vom Parteiap-parat der SED getroffen. An der Spitze stand ein **Politbüro.** Die Partei hatte zwei Vorsitzende: Wilhelm Pieck, der 1949 bis zu seinem To-de 1960 zugleich Staatspräsident der DDR war, und Otto Grote-wohl, der als Ministerpräsident bis 1964 offiziell die Regierung leite-te. Mächtigster Mann wurde schnell der Generalsekretär der SED, Walter Ulbricht, der zugleich stellvertretender Ministerpräsident war.

Die SED behauptete, die Interessen der Arbeiter, also der Mehrheit in der Bevölkerung, zu vertreten und deshalb die Macht im Lande ausüben zu dürfen. Tatsächlich führten sie nach sowjetischem Vor-bild die Parteidiktatur ohne demokratische Kontrolle ein. SED-Funk-tionäre lenkten die staatliche Verwaltung, die Wirtschaftsunterneh-men, die Gerichte, die Polizei und das Militär. Sie bestimmten auch darüber, welche Vereine und Organisationen gegründet werden durften. Für den dritten Parteitag der SED dichtete der Schriftsteller Louis Fürnberg sogar ein Lied, in dem es hieß: »Die Partei, die Par-tei, die hat immer recht.«

Über alle Führungsämter in der DDR bestimmte die SED. Sie hatte dafür ein eigenes Listensystem, die Kadernomenklatur, aufgestellt, in dem verzeichnet war, wer die Kandidaten auswählen durfte. Da viele Positionen mit SED-Angehörigen besetzt wurden, wuchs die

Partei schnell auf über eine Million Mitglieder an. Jeder Betrieb, jede Schule und Verwaltung hatte SED-Parteigruppen, in denen sich alle Mitglieder regelmäßig trafen. Auch innerhalb der SED gab es keine demokratische Mitbestimmung. Die Parteiführung gab den untergeordneten Mitgliedern Aufträge, was sie zu tun hatten. Sie bestimmte auch darüber, wer aus der Partei ausgeschlossen oder bestraft werden sollte.

Bei den Wahlen in der DDR hatten die Bürger keine verschiedenen Kandidaten zur Auswahl, denen sie ihre Stimme geben konnten. Stattdessen gab es eine Einheitsliste, auf der vorher festgelegt war, welche Kandidaten die SED sowie die anderen Parteien und Organisationen stellten. Die SED hatte immer den größten Anteil auf diesen Listen. Die DDR-Einwohner wurden stark unter Druck gesetzt, ihre Stimme für diese Einheitsliste abzugeben. Außerdem wurden die Ergebnisse gefälscht und Gegenstimmen nicht gezählt. Schon bei der ersten Wahl zur **Volkskammer** der DDR behauptete die SED deshalb, dass bei 98 Prozent Wahlbeteiligung 99,7 Prozent der Wähler für die Einheitsliste gestimmt hätten. Solche »einstimmigen« Ergebnisse gab es bei allen DDR-Wahlen bis 1989.

(Demokratische Bauernpartei Deutschlands) für Bauern und die NDPD (National-Demokratische Partei Deutschlands) für ehemalige Nationalsozialisten und Wehrmachtssoldaten, später für Angestellte und ebenfalls für Handwerker.

Was war das Politbüro?
Das Politbüro der SED war die Machtzentrale des Einparteienstaates und stellte eine Art Regierung der DDR dar. In ihm saßen die höchsten Funktionäre mit dem Generalsekretär der Partei an der Spitze.

Was war die Volkskammer?
Die Volkskammer war das Scheinparlament der DDR. Die rund 500 Abgeordneten tagten nur selten und hatten auch keine eigenen Entscheidungen zu treffen. Sie mussten lediglich die Beschlüsse der SED einstimmig bestätigen.

BEMERKENSWERTES

»Falten gehen«

Am Wahltag in der DDR mussten die Bürger möglichst früh in das Wahllokal kommen. Sie nahmen dort den Wahlzettel mit der Einheitsliste der Kandidaten, falteten ihn und steckten ihn in die Wahlurne. Wer sich weigerte, an der Wahl teilzunehmen, in einer Wahlkabine geheim abstimmen wollte oder Kandidaten durchstrich, galt als Staatsfeind. Weil diese Scheinwahl mit einer demokratischen Stimmabgabe nichts zu tun hatte, nannten die DDR-Bürger sie »Falten gehen«.

»Einholen und Überholen« – die Planwirtschaft

Wie funktionierten die VEB?

Nach und nach wurden die Industriebetriebe in der DDR in »Volkseigene Betriebe« umgewandelt. Sie bestritten 1955 bereits etwa 87 Prozent der Industrieproduktion. Ihre früheren privaten Besitzer wurden enteignet. Theoretisch gehörten die Fabriken allen Einwohnern des Landes. Die Arbeiter hatten in den Betrieben allerdings wenig zu sagen. Stattdessen wurde vom Staat ein zentraler Wirtschaftsplan aufgestellt, in dem festgelegt war, welche Güter produziert wurden. Insofern ist es richtiger, von staatseigenen Betrieben zu sprechen. Die VEB waren also die Basis einer Planpyramide, an deren Spitze die SED-Führung stand.

Die Idee hatte etwas Bestechendes: eine Wirtschaft ohne Krisen und das Chaos von Angebot und Nachfrage, ohne Arbeitslose, ohne superreiche Unternehmer und ein Meer von Armen? Stattdessen Produktion nach einem sorgfältig ausgearbeiteten Plan für das ganze Land, Fabriken, die allen gehörten, und ein gleichmäßig verteilter, stetig wachsender Wohlstand.

Dieses Grundkonzept einer sozialistischen Planwirtschaft hatte nach dem Zweiten Weltkrieg viele Anhänger, weil man sich mit Schrecken an das Elend der Weltwirtschaftskrise 1929 bis 1931 erinnerte, die in Deutschland den Nationalsozialisten den Weg an die Macht geebnet hatte. Die Besatzungsmacht und die SED führten die Planwirtschaft nach sowjetischem Vorbild in der DDR ein. Ab 1948 gab es einen Zweijahresplan und ab 1950 den ersten Fünfjahresplan, in denen geregelt war, welche Betriebe was produzieren sollten und welche Rohstoffe und Vorprodukte sie dafür bekommen sollten. Walter Ulbricht stellte 1958 das Ziel auf, mit solchen Plänen die Bundesrepublik auf wichtigen Feldern der Wirtschaftsleistung »einholen und überholen« zu wollen.

Eine wichtige Voraussetzung für die Planwirtschaft war die Verstaatlichung der Produktionsmittel. Fabriken befanden sich nicht mehr im Besitz von Unternehmern oder Aktiengesellschaften, sondern wurden als Volkseigene Betriebe (**VEB**) geführt. Dies war ein Grundgedanke der sozialistischen Wirtschaft: Der Gewinn aus den Wirtschaftsunternehmen sollte nicht mehr in die Tasche der kapitalistischen Unternehmer fließen, sondern allen zugutekommen.

Die Wirtschaft der DDR war in der Nachkriegszeit von großen Belastungen geprägt: Viele Produktionsanlagen waren zerstört. Als **Reparationen** demontierten die Sowjets einen großen Teil der Eisenbahngleise und brachten die Maschinenparks ganzer Fabriken in die Sowjetunion. Bis 1953 verlangten sie umfangreiche Warenlieferungen aus der DDR. Außerdem waren viele Lieferwege durch die Teilung Deutschlands abgeschnitten und es fehlte an Rohstoffen.

Für den Wiederaufbau der zerstörten Fabriken war die Planwirtschaft gar nicht schlecht geeignet, aber es zeigten sich bald die Schwächen dieses Wirtschaftssystems: Die SED entschied sich, eine Schwerindustrie (zum Beispiel Stahlproduktion) aufzubauen, für die es kaum Voraussetzungen in der DDR (Kohle, Eisenerz) gab. Besonders für die Lebensmittelversorgung der Bevölkerung war das Plansystem zu schwerfällig, sodass noch bis 1958 einige Grundnahrungsmittel nur in begrenzten Mengen gegen Lebensmittelkarten verkauft werden konnten. Nicht selten verfaulten Gemüse- oder Fleischlieferungen, weil sie auf dem Transport liegen blieben und nicht genügend gekühlt wurden. Das zweite Problem lag in den fehlenden Anreizen für eine effektive Produktion: Die Betriebe produzierten lieber mit ihren alten Methoden, statt Geld und Arbeit in die Entwicklung modernerer Produkte und Fertigungstechniken zu stecken; da es keinen Wettbewerb auf einem freien Wirtschaftsmarkt gab, war damit kein Vorteil zu erreichen. Wofür sollte man sich also anstrengen, wenn am Ende kein höherer Gewinn herauskam? Dasselbe galt für die Arbeiter, die sich ohne drohende Arbeitslosigkeit nur schwierig unter Leistungsdruck setzen ließen. So wurde der Abstand zum Lebensstandard in der Bundesrepublik immer größer und viele Ostdeutsche schauten neidvoll hinüber in das Land des beginnenden Wirtschaftswunders.

In mehreren Anläufen versuchte die SED, das Wirtschaftssystem durch Reformen zu verbessern. 1956/57 schlugen einige Ökonomen vor, wenigstens die Versorgung mit frischen Lebensmitteln wieder dem freien Handeln der Anbieter und Käufer zu überlassen, doch dazu kam es nicht. In den 60er-Jahren sollten die Betriebe mehr Möglichkeiten erhalten, selbst Gewinne zu erwirtschaften. Aber letztlich wollte die SED ihre Kontrolle über das Wirtschaftsgeschehen nicht aufgeben, sodass die Staatsplanung erhalten blieb. Das sozialistische Plansystem wurde gepriesen als das beste und gerechteste Wirtschaftssystem der Welt.

Was sind Reparationen?
Wie häufig nach Kriegen verlangten die Siegermächte des Zweiten Weltkriegs von Deutschland eine Entschädigung für die Zerstörungen in ihren Ländern. Die größten Schäden hatte die Sowjetunion erlitten. Vor allem die USA hielten sich hingegen mit ihren Forderungen zurück, weil sie Sorge hatten, der deutschen Bevölkerung nicht genug zum Leben zu lassen, und es für besser hielten, den Wiederaufbau zu fördern.

BEMERKENSWERTES

Paradiesische Zustände

Über die Mangelwirtschaft kursierten viele Witze, zum Beispiel dieser: »Wie hießen die ersten Kommunisten? Adam und Eva. Wieso? Nun: Sie hatten keine Kleider, sie hatten keine Wohnung, wenig zu essen und bildeten sich dennoch ein, sie lebten im Paradies.«

Politische Verfolgung – die Stasi

**Was ist
»Boykotthetze«?**

*Artikel 6 der DDR-Ver-
fassung von 1949 stell-
te »Boykotthetze« ge-
gen die DDR unter
Strafe. Die SED ver-
stand darunter alle po-
litischen Äußerungen,
mit denen sie nicht
einverstanden war –
ein typischer Gummi-
paragraf. Erst ab 1958
gab es spezielle Straf-
paragrafen, nach de-
nen politische Verur-
teilungen erfolgten.*

Der 18-ährige Achim Beyer hatte gewusst, worauf er sich einließ.
Sein Vorbild waren die Geschwister Scholl, die während der Nazizeit in München Flugblätter gegen Hitler verbreitet hatten und dafür
hingerichtet wurden. Er hatte von ihnen in der Schule gehört. Nun
allerdings zog er daraus Schlussfolgerungen, die seinen Lehrern gar
nicht gefallen sollten. Mit einigen Schulkameraden stempelte er mit
einem Handdruckkasten ein paar Hundert Flugblätter. »Wir alle
sehnen uns nach Frieden, nach der Einheit Deutschlands in Freiheit – Weg mit den Volksverrätern, wählt mit Nein!«, schrieben sie
und verteilten nachts heimlich die Zettel in ihrer sächsischen Heimatstadt Werdau zum Protest gegen die undemokratische Volkskammerwahl im Oktober 1950. Sie wurden nicht erwischt, doch als
sie in den folgenden Monaten weiter ihre Flugschriften verteilten,
schnappte die Falle schließlich zu. Am 19. Mai 1951 griff die Volkspolizei zwei seiner Freunde nachts auf und schon am folgenden Tag
verhaftete die Staatssicherheit alle 19 Mitglieder der Gruppe. Das
bittere Ende folgte: Am 4. Oktober 1951, dem 19. Geburtstag
Achims, wurden sie wegen **»Boykotthetze«** zu Zuchthausstrafen
zwischen zwei und fünfzehn Jahren verurteilt. Achim selbst bekam
acht Jahre. Erst im Oktober 1956 kam er frei.

Die Bildung einer speziellen Geheimpolizei, dem Ministerium für
Staatssicherheit (MfS), im Februar 1950 gehörte zu den
folgenreichsten Schritten bei der Errichtung der SED-Diktatur. Die
»Stasi«, wie sie bald im Volksmund hieß, erwarb sich schnell den
Ruf einer brutalen Truppe, die all jene verhaftete, die sich dem neu-
en System widersetzten oder entzogen. Die Gefängnisse füllten sich
mit Menschen wie Achim Beyer, die einfach nur ihre Rechte wahr-
nehmen wollten.

Die Stasi folgte dem Vorbild der sowjetischen Geheimpolizei, die
in der Zeit des **Stalinismus** in der Sowjetunion Massenverhaftungen
durchgeführt hatte und in der Nachkriegszeit auch in der sowjetischen Besatzungszone Hunderttausende von Deutschen in sogenannten Speziallagern interniert hatte. In der Stasi-Haft waren bis
1955 Schläge und Folter durch tagelange Dauerverhöre und Schlaf-
entzug an der Tagesordnung. Zu den Opfern gehörten nicht nur politische Gegner, sondern auch Angehörige religiöser Minderheiten
und sogar Regierungsmitglieder wie der Außenminister Georg Der-
tinger (CDU) und hohe SED-Funktionäre wie das Politbüromitglied

Paul Merker, die als angebliche »Spione« zu langen Gefängnisstrafen verurteilt wurden.

Die schlimmste Zeit der Verfolgung lag zwischen der 2. Parteikonferenz der SED im Juli 1952, auf der Ulbricht den »Aufbau des Sozialismus« und die »Verschärfung des Klassenkampfes« ausgerufen hatte, und Stalins Tod im März 1953. Jede Rücksichtnahme auf die Überreste der Demokratie sollte aufgegeben und die DDR vollständig dem sowjetischen Vorbild des kommunistischen Staates angepasst werden. Viele Privatunternehmer wurden gezwungen, ihre Betriebe aufzugeben, Bauern wurden vor Gericht gestellt, weil sie nicht genug von ihrer Ernte an den Staat abgeliefert hatten. Arbeiter erhielten für den Diebstahl eines Kohlenbriketts ein Jahr Zuchthaus, in schwereren Fällen bis zu 25 Jahren Gefängnis. In wenigen Monaten sind mehr als zehntausend Personen aus solchen Gründen verhaftet worden.

Die SED baute den Stasi-Apparat in den folgenden Jahren immer weiter aus und bekämpfte konsequent alle Andersdenkenden in der DDR-Gesellschaft. In jeder größeren Stadt und in wichtigen Betrieben gab es Dienststellen der Staatssicherheit, deren Offiziere ein dichtes Netz von Informanten und Spitzeln unterhielten.

Mfs-Wappen

Was ist Stalinismus?

Der Sowjetführer Josef Stalin (1878–1953) errichtete in der UdSSR seit Mitte der 20er-Jahre ein Schreckensregime, dem bis zu seinem Tode viele Millionen Menschen zum Opfer fielen. Die Geheimpolizei verhaftete willkürlich sowjetische Bürger und steckte sie in Zwangsarbeitslager in Sibirien. In der Zeit des »Großen Terrors« 1936 bis 1938 ließ Stalin sogar viele seiner kommunistischen Kampfgefährten aus der Oktoberrevolution von 1917 ermorden und sicherte damit seine Machtposition. Sein Machtsystem basierte auf der Einparteienherrschaft der Kommunisten, der Kontrolle des ganzen Staates, der brutalen Mobilisierung aller Kräfte für die Schaffung einer starken Industrie und auf einer Ausrichtung der Propaganda auf ihn als Generalsekretär und »großen Führer«. Die SED feierte den grausamen Diktator als »besten Freund und Helfer des deutschen Volkes« und benannte Straßen und Städte nach ihm.

BEMERKENSWERTES

Betäubt und entführt

In den 50er-Jahren entführte die Staatssicherheit auch mehrere Hundert Menschen aus West-Berlin, oft geflüchtete DDR-Bürger oder Journalisten, die negativ über das SED-Regime schrieben. So wurde der Journalist Karl Wilhelm Fricke 1955 in Westberlin durch einen Stasiagenten betäubt und mit einem Auto über die Sektorengrenze gebracht. Er erwachte im Untersuchungsgefängnis in Berlin-Hohenschönhausen. Dort bekam er eine Strafe von vier Jahren Zuchthaus wegen »Boykotthetze«, die er bis zum letzten Tag absitzen musste, bevor er wieder nach Westberlin entlassen wurde.

17. Juni 1953

War waren die Jungen Gemeinden?

Dies waren Jugendgruppen der evangelischen Kirche, in denen sich viele Jugendliche sammelten, die dem staatlichen Einheitskurs entfliehen und frei sprechen wollten.

Was war der RIAS?

Der Rundfunk im amerikanischen Sektor (RIAS) sendete von Westberlin aus. Er wurde von der amerikanischen Regierung kontrolliert und war eine der wichtigsten Informationsquellen für die DDR-Bürger. Die DDR beschuldigte den RIAS später, die Proteste am 16./17. Juni angezettelt zu haben. Tatsächlich hatte er Nachrichten über die Proteste verbreitet, aber aus Sorge vor einem Krieg nur zurückhaltend berichtet und zum Beispiel Aufrufe zum Generalstreik nicht gesendet.

Der 17. Juni 1953 war ein regnerischer Tag. Und er war ein Tag, der in die Geschichte eingehen sollte. Überall in der DDR kam es zu Massendemonstrationen gegen die SED-Herrschaft und für freie Wahlen. Aufständische befreiten politische Gefangene, stürmten Büros der SED und der Staatssicherheit und zündeten Autos von Funktionären an.

Nach dem Tod Stalins am 5. März 1953 war die schlimmste Zeit des Stalinismus in der DDR zu Ende gegangen. Die sowjetische Führung beobachtete mit Sorge die Fluchtbewegung aus der DDR in die Bundesrepublik und zwang die SED-Spitze zu einem Kurswechsel. Zwar war seit 1952 die Westgrenze zur Bundesrepublik gesperrt, aber in den Westteil Berlins konnte man als DDR-Bürger relativ ungehindert gelangen. Jeden Monat verließen mehr als 10.000 Flüchtlinge das Land. Viele harte Maßnahmen wie das Verbot der **Jungen Gemeinden** oder langjährige Zuchthausstrafen für kleine Lebensmitteldiebstähle wurden aufgehoben, einige politische Gefangene entlassen. Allerdings gab es eine Ausnahme: Während alle anderen Bevölkerungsgruppen auf eine Erleichterung ihrer Lebensbedingungen hoffen konnten, gingen die Arbeiter leer aus. Sie erwarteten eine Rücknahme der erhöhten Arbeitsnormen (Vorgaben für die Arbeitsleistung), die für sie erhebliche Lohnverluste bedeuteten.

Und so braute sich zuallererst ausgerechnet unter den Bauarbeitern, die die pompösen Prachtbauten an der Ostberliner »Stalinallee« errichteten, eine gehörige Wut zusammen. Am 16. Juni 1953 traten sie in den Streik und marschierten zum Haus der Ministerien. Viele DDR-Bürger gesellten sich zu ihnen und so wurde aus dem Protest der Arbeiter gegen die Lohnsenkungen im Handumdrehen eine Revolte gegen das SED-Regime als Ganzes.

Über den Westberliner Radiosender **RIAS** erfuhr die Bevölkerung in anderen Teilen der DDR von den Protesten. Am nächsten Morgen breiteten sich überall die Demonstrationen aus. **»Spitzbart, Bauch und Brille** – sind nicht des Volkes Wille«, riefen die Demonstranten immer wieder auf ihrem Marsch durch Ostberlin. Die Mitglieder des Politbüros flohen nach Berlin-Karlshorst in das Hauptquartier der sowjetischen Besatzungsmacht. Die Massenrevolte hatte eine ungeheure Wucht und zeigte, wie viel Unmut sich in allen Teilen der Bevölkerung angestaut hatte. Aber sie hatte keine Führung und keine klare politische Richtung. Und so griff schließlich die Sowjetunion mit den in der DDR stationierten Truppen ein. Sie verhängte den Ausnahmezustand und trieb die Demonstranten mit Panzern auseinander. Nach wenigen Stunden hatte die Sowjetarmee den Aufstand in allen Städten erstickt. Obwohl die sowjetischen Truppen keineswegs wahllos in die Mengen schossen, kamen dabei mindestens 34 Menschen ums Leben. Einheiten der Sowjetarmee erschossen außerdem 18 angebliche Anführer nach Schnellurteilen von Militärgerichten.

Der Aufstand vom 17. Juni 1953 hatte gezeigt, wie schmal die Machtbasis der SED war. Schnell erfand das Politbüro deshalb die Behauptung, der Aufstand sei ein von Westdeutschland aus gesteuerter »faschistischer Putsch« gewesen. In den Wochen danach verhafteten das Ministerium für Staatssicherheit und die sowjetische Geheimpolizei rund 13.000 bis 15.000 Aufstandsteilnehmer. Zwar wurden viele Verhaftete bald wieder freigelassen, aber mindestens 2.300 von ihnen erhielten Haftstrafen. Allerdings vermied es die SED in Zukunft, die Arbeiter mit übermäßigen Lasten zu provozieren.

Wer waren »Spitzbart, Bauch und Brille«?
Die Spottnamen standen für den bärtigen SED-Generalsekretär Walter Ulbricht, den beleibten Staatspräsidenten Wilhelm Pieck und den bebrillten Ministerpräsidenten Otto Grotewohl. Die drei Funktionäre waren 1953 die höchsten Repräsentanten der SED-Diktatur.

Ost-Berlin, 17. Juni 1953

BEMERKENSWERTES

Neuwahlen

Der Sekretär des Schriftstellerverbandes der DDR, Kurt Barthel, klagte in der SED-Zeitung *Neues Deutschland* kurz nach dem Aufstand, er schäme sich für die demonstrierenden Arbeiter, die die SED-Regierung verraten hätten. Darauf antwortete der Schriftsteller Bertolt Brecht mit einem berühmten Gedicht, das mit der Frage endete: »Wäre es da nicht einfacher, die Regierung löste das Volk auf und wählte ein anderes?« Veröffentlicht hat Brecht das Gedicht allerdings nicht.

Auf der Suche nach dem besseren Deutschland – Brecht und Co.

Viele **Intellektuelle,** Schriftsteller und Künstler, die während des Nationalsozialismus verfolgt worden waren und aus Deutschland flüchten mussten, gingen nach dem Krieg in die DDR. Sie waren der Überzeugung, dass nur ein sozialistisches Deutschland eine gute Zukunft garantieren würde, weil in der Bundesrepublik viele Nazi-Täter ihre Karrieren fortsetzen konnten und die Wurzeln des Nationalsozialismus nicht ausgerottet waren.

Manche dieser Künstler waren überzeugte Kommunisten. Sie identifizierten sich mit der Sowjetunion als »Vaterland der Werktätigen« und schrieben Lobeshymnen auf Stalin, wie der Schriftsteller Johannes R. Becher, der Kulturminister der DDR wurde. Andere waren skeptisch gegenüber den diktatorischen Zügen des DDR-Sozialismus und wurden sich über ihre Distanz erst langsam klar. Früher oder später gerieten viele von ihnen in Konflikt mit der SED und verließen das Land wieder, wie der Philosoph Ernst Bloch oder der Schriftsteller **Uwe Johnson.** Wieder andere zeigten eine gewisse Sympathie für die DDR, entschieden sich aber gegen ein Leben in Ostdeutschland, wie zum Beispiel der Nobelpreisträger Thomas Mann. Er besuchte 1949 zwar die Goethe- und Schillerstadt Weimar in Thüringen und ließ sich dort ehren, zog aber aus dem amerikanischen Exil nach Zürich in der Schweiz, wo er bis zu seinem Tode lebte.

Der berühmteste Künstler der frühen DDR war Bertolt Brecht (1898–1956), einer der größten Schriftsteller und Dramatiker des 20. Jahrhunderts. Er war Kommunist, hatte es aber vermieden, während des »Dritten Reiches« in die Sowjetunion zu gehen. Stattdessen hatte er in Skandinavien, den USA und der Schweiz gelebt. 1948 ging er nach Ostberlin (in den Westzonen hatte er aufgrund seiner politischen Haltung Einreiseverbot) und übernahm wenig später das für ihn gegründete Theater »Berliner Ensemble«. Seine Haltung zum SED-Staat blieb immer doppeldeutig. Äußerlich blieb er stets loyal und genoss einige Privilegien, trat aber nie in die SED ein und machte in seinem »Arbeitsjournal« (eine Art Tagebuch) spöttische Bemerkungen über ihre Kulturpolitiker.

Die SED schmückte sich gerne mit den berühmten Künstlern, aber sie drängte sie auch in ihre Kunsttheorie des **»sozialistischen Realismus«.** In der Stalinzeit bekämpfte sie moderne, experimentelle

Bert Brecht

Kunst als »Formalismus« und »bürgerliche Dekadenz«. Die internationalen Klassiker dieser Phase, wie Franz Kafka, James Joyce oder Jean-Paul Sartre, fanden wegen ihrer oft düsteren Aussagen und ihres sperrigen Stils keine Gnade. Sie blieben in der DDR lange verboten, weil sie die Welt zu negativ sahen.

Die Auseinandersetzung mit den Menschheitsverbrechen des Nationalsozialismus blieb eines der Hauptthemen der DDR-Literatur. Zu den bedeutendsten Literaten zählen die Romanautorin Christa Wolf und der Dramatiker Heiner Müller, die auch Stoffe der griechischen Antike aufgriffen. Wolf war von 1949 bis Juni 1989 Mitglied der SED, geriet aber immer wieder in Konflikt mit dem Regime. Ihre Bücher gehörten zu den meistgelesenen in der DDR. Heiner Müller wurde schon 1961 wegen seines als konterrevolutionär eingestuften Stückes *Die Umsiedlerin oder Das Leben auf dem Lande* aus dem Schriftstellerverband der DDR ausgeschlossen und seine Stücke immer wieder abgesetzt. Erst ab den 70er-Jahren konnten seine Werke in der DDR gedruckt werden. Trotz aller Konflikte fühlte er sich der DDR auf eigene Weise verbunden. Er sagte einmal: »Die DDR ist mir wichtig, weil alle Trennlinien der Welt durch dieses Land gehen. Das ist der wirkliche Zustand der Welt und der wird ganz konkret in der Berliner Mauer.«

Heiner Müller

Was ist sozialistischer Realismus?

Der sozialistische Realismus war die offizielle Kunstlehre des Stalinismus. Er sollte leicht verständlich und von revolutionärer Romantik erfüllt sein. Im Mittelpunkt stehen »positive Helden« des sozialistischen Aufbaus. Einer der berühmtesten Romane dieser Stilrichtung war Nikolai Ostrowskis autobiografisches Buch Wie der Stahl gehärtet wurde *(erschienen 1932), der auch in den achten Klassen der Schulen gelesen wurde. Er handelt von dem jungen russischen Rotarmisten Pavel Kortschagin, der trotz Erblindung und Lähmung den Mut nicht verliert und aus den Kämpfen »gestählt« als kommunistischer Schriftsteller hervorgeht.*

BEMERKENSWERTES

Wo bleibt das Verbot?

1986 erhielt der lange verfemte Heiner Müller den Nationalpreis Erster Klasse aus der Hand des Generalsekretärs Erich Honecker. Danach wagte es kein Parteifunktionär mehr, sein neues Stück zu verbieten, den dritten Teil von *Wolokolamsker Chaussee*. In seiner Autobiografie sah Müller das als Vorzeichen für das Ende der DDR: »Das war Ende 1987 und da wusste ich: Es ist zu Ende. Wenn sie nicht mehr verbieten können, ist es aus.«

Tauwetter – die Entstalinisierung 1956/57 und ihr Ende

Wer war Nikita Chruschtschow (1894–1971)?

Der sowjetische Partei-funktionär, ein Bauern-sohn aus der Ukraine, eroberte nach Stalins Tod 1953 die Macht in der Sowjetunion und leitete die Entstalinisie-rung ein, wollte aber die Parteidiktatur nicht antasten. 1964 wurde er von Leonid Bresch-new gestürzt.

Was waren die Klassiker des Marxismus-Leninismus?

Stalin engte die sozia-listische Theorie auf wenige einfache Leit-sätze der Begründer des Kommunismus, Karl Marx und Fried-rich Engels, sowie des russischen Revolu-tionsführers Wladimir Iljitsch Lenin ein und bezeichnete diese Leh-re als Marxismus-Leni-nismus. Mit eigenen Reden und Werken er-hob er sich selbst ebenfalls zum »Klassi-ker« dieser Ideenlehre.

Was ist der Ostblock?

Zum Ostblock gehör-ten nach dem Zweiten Weltkrieg bis 1989 die Sowjetunion, Polen, die DDR, die Tsche-choslowakei, Ungarn, Rumänien und Bulga-rien, anfänglich auch Jugoslawien und Alba-nien. Diese Länder bil-

Karl Schirdewan wurde um drei Uhr in der Nacht geweckt. Ein Ku-rier überbrachte dem SED-Funktionär eine wichtige Botschaft in sein Moskauer Hotel: Der sowjetische Parteichef **Nikita Chruscht-schow** hatte für die Teilnehmer des 20. Parteitages der sowjetischen Kommunistischen Partei in der Nacht, nach dem Ende des offiziel-len Programms, noch eine Geheimrede gehalten. Der Kurier trug für Schirdewan und die anderen Spitzenfunktionäre der SED, die als Gäste an dem Parteitag teilgenommen hatten, die Rede nun auf Deutsch vor – sorgfältig betont und langsam, zum Mitschreiben.

Was Karl Schirdewan notierte, ließ ihm den Atem stocken. Der Sowjetführer Stalin, so begann die vierstündige Ansprache Chruschtschows, habe sich als Übermensch mit gottähnlichen, übernatürlichen Eigenschaften dargestellt, einen Menschen, der »al-les weiß, alles sieht, alles denkt, alles kann«. Doch tatsächlich sei Stalin ein grausamer Herrscher gewesen, der ab 1935 zur Stärkung seiner Macht ein System der Massenunterdrückung eingeführt habe, dem Zehntausende von kommunistischen Parteimitgliedern und große Teile der militärischen Führung der Sowjetunion zum Opfer gefallen seien. Mord und Folter hätten bei Stalin auf der Tagesord-nung gestanden und seine Opfer seien völlig unschuldig gewesen.

Diese Geheimrede vom 25. Februar 1956 erschütterte die ganze kommunistische Welt. Viele, die beim Tode Stalins 1953 noch Trä-nen vergossen hatten, waren schockiert.

Was würden diese Enthüllungen für die DDR bedeuten? Auf einer Parteikonferenz der SED trug Schirdewan seine Mitschrift der noch immer geheimen Rede vor. Hatten die alten Kommunisten von all-dem wirklich nichts gewusst? Welche Lehren der Vergangenheit sollten jetzt gelten, wie tief sollte die Selbstkritik gehen?

Am schnellsten hatte sich Walter Ulbricht gefangen. Schon weni-ge Tage nach der Rückkehr aus Moskau verkündete er, dass man den noch kurz zuvor hochverehrten Stalin nun nicht mehr zu den **»Klassikern des Marxismus-Leninismus«** zählen könne, und be-hauptete, in der DDR habe es weder Personenkult noch Massenver-folgung gegeben. »Keine Fehlerdiskussion!«, lautete seine Devise. Doch noch saßen ja Tausende von politischen Häftlingen auch in den Gefängnissen der DDR, nicht wenige von ihnen direkte Opfer des DDR-Stalinismus. Die SED richtete eine Kommission ein, die all diese Fälle prüfen sollte. Binnen weniger Monate wurden rund 21.000 politische Häftlinge entlassen. In der SED-Führung entbrannte ein heftiger Machtkampf. Schirdewan und einige andere Spitzenfunktionäre forderten von Ulbricht eine deutlichere Abkehr von den diktatorischen Methoden.

Doch dann geriet die Situation in anderen Ländern des **Ostblocks** außer Kontrolle: In Polen kam es zu Unruhen in der Bevölkerung. In Ungarn wurde der Staats- und Parteichef Rakosi abgelöst und es begann eine Revolution. Dies ließ die Sowjetunion nicht zu und marschierte am 24. Oktober 1956 mit Militärtruppen in Ungarn ein. Bei der Niederschlagung der Revolution gab es mehrere Tausend Tote und Zehntausende von Verletzten. Es folgten über 2.000 Todesurteile gegen Aufständische.

In der DDR blieb es ruhig. Die Bevölkerung hatte die Niederschlagung des Aufstands im Juni 1953 noch in bitterer Erinnerung. Nur einige Schriftsteller, Wissenschaftler und Philosophen setzten sich für eine **Liberalisierung** des DDR-Systems und einen **»demokratischen Sozialismus«** ein. Nach der Niederschlagung des Ungarnaufstands war Ulbricht seiner Position wieder sicher. Er wusste nun, dass auch er von der Sowjetunion weiter gestützt wurde. Im November und Dezember 1956 ließ er die Reformkommunisten im eigenen Land verhaften und als »staatsfeindliche Gruppe« zu langjährigen Haftstrafen verurteilen. Damit war das »Tauwetter« der Entstalinisierung vorbei – eine neue Eiszeit begann. Seine Gegner in der SED-Spitze wie Karl Schirdewan entfernte Ulbricht rigoros aus allen wichtigen Ämtern.

deten den Einflussbereich der Sowjetunion in Europa im Kalten Krieg. In allen diesen Ländern herrschten kommunistische Parteien.

Was versteht man unter Liberalisierung?
Liberalisierung bedeutet die Zulassung von mehr Freiheiten (lat. libertas = »die Freiheit«), wie zum Beispiel die Veröffentlichung von abweichenden Meinungen oder freie Wahlen.

Was bedeutet »demokratischer Sozialismus«?
Die Reformer von 1956 verstanden darunter eine Staatsordnung, in der die Grundprinzipien des sozialistischen Systems erhalten blieben, wie die Abschaffung des Privateigentums an Unternehmen und der Nutzen der Gewinne für die Allgemeinheit, in dem aber ein demokratisches politisches System und wirkliche Mitbestimmung der Arbeiter in den Betrieben herrschten. Sie nannten dieses Programm den »dritten Weg« zwischen dem westlichen Kapitalismus und dem sowjetischen Kommunismus.

BEMERKENSWERTES

Veränderungsmaßnahmen

Erst 1961 wurde die Stalinallee in Ostberlin umbenannt, ein Teil in Karl-Marx-Allee, der andere in Frankfurter Allee. Bautrupps der Nationalen Volksarmee bauten das Denkmal des sowjetischen Diktators über Nacht ab. Aus der Bronze wurden Tierfiguren gegossen, die man noch heute im Tierpark Berlin-Friedrichsfelde sehen kann. Die Gießereiarbeiter behielten die Nase und die Schnurrbartspitze als Andenken. Sie sind seit 2001 im Café »Sibylle« an der Karl-Marx-Allee zu besichtigen.

Kollektivierung der Landwirtschaft

Was ist Kollektivierung?

Kollektivierung ist der Übergang von einem einzelnen Bauernhof zu einer kollektiven, also gemeinschaftlichen Produktion. In der Sowjetunion hießen die Agrarbetriebe Kolchosen (russ. kollektivnoe chosjaistwo = »Kollektivwirtschaft«). Neben den LPG auf dem Lande gab es in der DDR auch Produktionsgenossenschaften des Handwerks (PGH).

Wie arbeiteten Agitationsbrigaden?

Agitationsbrigaden waren Trupps von SED-Mitgliedern sowie zum Beispiel Mitgliedern der Jugendorganisation FDJ. Sie belagerten die Bauernfamilien und drohten, wer nicht in die LPG wolle, sei gegen den Frieden und würde Sabotage am sozialistischen Aufbau betreiben. Volkspolizei und Staatssicherheit verhafteten in manchen Fällen auch Bauern, um sie weiter unter Druck zu setzen.

Stolz meldete die SED-Kreisleitung Eilenburg aus dem Bezirk Leipzig am 12. Dezember 1959 in einem Fernschreiben nach Ostberlin, dass sie mit diesem Tage »alle bäuerlichen Betriebe für die genossenschaftliche Arbeitsweise gewonnen« hätte, bis auf einen einzigen Bauernhof. In den zehn Wochen seit dem Jahrestag der DDR-Gründung, dem 7. Oktober, war die örtliche SED mit Dutzenden von Trupps von Hof zu Hof gezogen und hatte die 1.473 Bauern dazu gebracht, ihre Höfe in Landwirtschaftliche Produktionsgenossenschaften – kurz LPG genannt – einzubringen. Pro Bauer wären dafür rund zehn Stunden benötigt worden.

Was bedeutete genossenschaftliche Arbeitsweise? Die Bauern sollten nicht mehr einzeln ihre Höfe bewirtschaften, sondern ihre Ackerflächen und Weiden, ihr Vieh und ihre Maschinen gemeinsam nutzen. Damit waren größere Anbauflächen und eine bessere Nutzung der Geräte möglich. Außerdem konnten die Bauern, die seit jeher von der Aussaat im Frühling bis zur Ernte im Herbst von Sonnenaufgang bis Sonnenuntergang arbeiteten, nun auf geregelte Arbeitszeiten hoffen.

Die meisten Bauern hielten allerdings nichts von den Genossenschaften. Sie fürchteten, dass es dem Staat nur darum ging, sie um ihr Eigentum zu bringen. Außerdem sahen sie Einkommensverluste auf sich zukommen, weil die LPG in der Praxis weitaus weniger produktiv als in der Theorie waren und sie ihren Gewinn nicht mehr selber in der Hand hatten.

Mit der Bodenreform von 1945 war die ostdeutsche Landwirtschaft in viele Bauernhöfe aufgeteilt worden. Es gab einige Großbauern, die der SED ein besonderer Dorn im Auge waren, aber auch gut bewirtschaftete Höfe mittlerer Größe, die eine wichtige Stütze für die Lebensmittelversorgung im Lande waren, und viele kleine Neubauernwirtschaften, die ständig um ihre Existenz kämpfen mussten. Die **Kollektivierung** der Landwirtschaft war der SED schon immer wichtig gewesen, weil sie die Macht der Großbauern brechen und die Kontrolle über die Produktion von Lebensmittel erlangen wollte.

Nach einem ersten Anlauf 1952/53 zur Bildung von LPG hatte die SED-Führung diese Pläne jedoch gebremst, um die schwierige Versorgung mit Grundnahrungsmitteln wie Getreide, Kartoffeln, Milch und Fleisch durch eine Umstellung nicht zu gefährden. 1959 begann die SED-Führung erneut, mit Nachdruck bei den Bauern für den Eintritt in die LPG zu werben. Doch ohne die wichtigen Mittelbauern war die Kollektivierung nicht zu machen. Zunächst versuchte die SED es mit besonderen Anreizen, doch schließlich entschied sie sich für massiven Druck gegen die eigensinnigen Bauern.

Bald erging es überall in der DDR den Bauern so wie in den Dörfern um Eilenburg. SED-Funktionäre bildeten Hunderte von **Agitationsbrigaden,** die jeden einzelnen Hofbesitzer aufsuchten und ihn drängten, in die LPG einzutreten. Wer störrisch war, bekam mit vielen Tricks die Staatsmacht zu spüren. Ein Bauer erinnert sich: »Als ich . . . nach Hause kam, waren der Dorfpolizist und ein uniformierter Feuerwehrmann anwesend und untersuchten alle elektrischen Leitungen und Feuerstellen. Sie benahmen sich sehr rücksichtslos und aggressiv, traten den Hofhund und maßten sich Rechte an, die ihnen gar nicht zustanden. So bedrohten sie unter anderem meine Frau mit Strafe; ihre Untersuchungen gipfelten darin, dass die Leitungen fehlerhaft seien und ich mich strafbar gemacht hätte. [. . .] Gegen diesen Terror sah ich mich machtlos. [. . .] Am 26. nachts um 23 Uhr habe ich dann zusammen mit meiner Tochter die Flucht angetreten, meine Frau und mein Sohn kamen am Sonntag nach.«

Die Werbetrupps gaben nicht auf, bevor nicht alle Bauern unter diesem **»freiwilligen Zwang«** in die LPG eingetreten waren – oder ihren Hof durch Flucht in den Westen aufgegeben hatten. So entstanden von März bis Mai 1960 etwa 10.000 neue LPG mit fast einer Million Mitgliedern. Dies führte erneut zu Problemen in der Lebensmittelversorgung. Die Fluchtwelle in die Bundesrepublik schwoll wieder an. 1960 verließen circa 200.000 Ostdeutsche die DDR, darunter rund 15.000 Bauern. Bis zum Mauerbau im August 1961 kamen noch einmal über 170.000 Flüchtlinge hinzu.

Wieso sprach man im Volksmund von »freiwilligem Zwang«?
Die SED wollte den Anschein erwecken, die Bauern würden aus freien Stücken ihre Höfe aufgeben, weil sie die Vorteile der genossenschaftlichen Produktion erkannten. Deshalb wurden sie nicht einfach enteignet, sondern so lange unter Druck gesetzt, bis sie den Eintritt in die LPG »freiwillig« unterschrieben.

BEMERKENSWERTES

Sichtbare Spuren

Die LPG sind nach 1990 aufgelöst worden, aber wenn man Satellitenfotos von Deutschland betrachtet, kann man noch heute die Folgen der Kollektivierung sehen: Während im Westen viele kleine buntscheckige Felder zu erkennen sind, heben sich die großen Anbauflächen der ehemaligen Kollektivwirtschaften in ausgedehnten Streifen deutlich ab.

13. August 1961:
ein Regime mauert sich ein

Was waren die »Three Essentials«?

In einer Fernsehrede hatte US-Präsident Kennedy im Juli 1961 seine Berlinpolitik erklärt:
1. Militärpräsenz der USA, Großbritanniens und Frankreichs in Westberlin;
2. freier Zugang für den Westen nach Westberlin;
3. Bewegungsfreiheit für die Westberliner. Damit lehnte er die sowjetische Forderung ab, Westberlin zu entmilitarisieren und den Zugang der DDR zu übergeben. Er verzichtete aber auf Forderungen an Ostberlin. Nach dem Mauerbau sagte Kennedy: »Eine Mauer ist verdammt noch mal besser als Krieg!«

Das war eigentlich unvorstellbar: die Millionenstadt Berlin in der Mitte teilen? War das überhaupt möglich mit all ihren Straßen, Waldwegen, U- und S-Bahn-Linien, Flüssen und Kanälen, Strom- und Gasleitungen, Kanalisation und Telefonnetz? Es war möglich: Am Sonntagmorgen des 13. August 1961 um ein Uhr begannen DDR-Truppen, die gesamte Grenze zwischen Ost- und Westberlin mit Stacheldraht abzusperren. Sie hielten die S-Bahnen an und stemmten am Brandenburger Tor den Asphalt auf. Wie einen militärischen Feldzug hatte die SED den Mauerbau streng geheim geplant. Überall standen Polizei und Militär bereit, um Protest zu ersticken.

Berlin war bereits seit Langem politisch geteilt: Es gab zwei Bürgermeister, zwei Stadtverwaltungen, ein demokratisches Parteiensystem im Westen, die SED-Herrschaft im Osten. Die Grenze Westberlins zu den umliegenden DDR-Gebieten war schon seit 1952 mit Stacheldraht und Grenzstreifen abgesperrt, aber zwischen Ostberlin und Westberlin ließ sich die Demarkationslinie noch ziemlich ungehindert überschreiten. 12.000 West-Berliner arbeiteten im Osten, 53.000 Ost-Berliner fuhren täglich zu ihrem Arbeitsplatz in den Westteil. Ostberliner Schüler vertrieben sich den Nachmittag gerne auf dem Kudamm oder in einem der Kinos, wo es amerikanische Filme gab.

Das Hauptproblem für die DDR waren die vielen Flüchtlinge: Seit 1949 hatten über drei Millionen Einwohner das Land verlassen, fast ein Sechstel der Bevölkerung. 1960/61 stiegen diese Zahlen wieder: Jeden Monat verließen über 20.000 Menschen ihre Heimat durch das »Schlupfloch« Berlin, denn die Westgrenze der DDR war schon seit 1952 gesperrt.

Den Bau der Mauer konnte die DDR-Führung nicht alleine entscheiden. Die Sowjetunion hatte lange gezögert, weil sie hoffte, auch Westberlin unter ihre Vorherrschaft zu bekommen, und weil sie den Ansehensverlust bei Schließung der Grenze scheute. Doch schließlich hatte der SED-Parteichef Walter Ulbricht den sowjetischen Parteichef Nikita Chruschtschow überzeugt: »Wir sind nun mal ein Staat . . . der bei offenen Grenzen den Wettkampf zwischen den beiden Systemen führt.« Und diesen Wettkampf drohte die DDR zu verlieren.

Angesichts der Abriegelung machte sich in Westberlin ohnmächtige Wut breit. Die Bildzeitung schrieb: »Der Osten handelt – was tut der Westen? Der Westen tut nichts!« Nur Bürgermeister Willy Brandt protestierte scharf, doch die Regierungschefs in Washington, London und Paris, und auch Bundeskanzler Konrad Adenauer, hielten still. Wie der amerikanische Präsident John F. Kennedy in seinen **»Three Essentials«** (drei unverzichtbaren Bedingungen) kurz zuvor formuliert hatte, hätte er für die Freiheit Westberlins sogar einen Atomkrieg riskiert, aber die Mauer war eine Sache auf Ostberliner Seite. Damit war im Kalten Krieg die Trennlinie zwischen Ost und West endgültig zementiert.

In Ostberlin und der gesamten DDR verhafteten die Polizei und die Stasi viele Tausend Menschen, die gegen den Mauerbau protestierten. Verzweifelt winkten sich getrennte Familienmitglieder über die Grenze hinweg zu. Manche sprangen aus ihren Häusern, die direkt an der Grenze lagen. Am Anfang gab es noch Schlupflöcher in den Absperrungen, sodass in den ersten Wochen einigen Hundert Menschen die Flucht gelang, unter ihnen auch der Grenzsoldat **Conrad Schumann.** Doch damit war bald Schluss: Als eines der ersten Todesopfer erschossen Grenzposten am 17. August 1962 den Maurergesellen Peter Fechter. Bis 1989 starben an der Berliner Mauer mindestens 125 DDR-Bürger, die versuchten, nach Westberlin zu fliehen.

Mauerbau

BEMERKENSWERTES

Niemand hat die Absicht . . .

Zwei Monate vor dem Mauerbau hätte Walter Ulbricht auf einer Pressekonferenz auf die Frage einer westdeutschen Journalistin, ob die Staatsgrenze bald am Brandenburger Tor verlaufe, beinahe etwas verraten: »Ich verstehe Ihre Frage so, dass es in Westdeutschland Menschen gibt, die wünschen, dass wir die Bauarbeiter der Hauptstadt mobilisieren, um eine Mauer aufzurichten . . . Niemand hat die Absicht, eine Mauer zu errichten!« Nach einer Mauer hatte die Journalistin aber gar nicht gefragt . . .

Militarisierung des Lebens

**Was war die
Wehrmacht?**

Wehrmacht hieß die
Armee des nationalso-
zialistischen Deutsch-
land. Aufgrund der
Wehrpflicht konnten
damals alle erwachse-
nen Männer zum
Kriegsdienst herange-
zogen werden. Etwa
zehn Millionen Wehr-
machtssoldaten starben
im Zweiten Weltkrieg.

Was ist Pazifismus?

Als Pazifismus (lat. pax
= »Frieden«) bezeich-
net man die grundsätz-
liche Ablehnung von
Krieg und Militär als
Mittel der Politik.

Was ist Militarisierung?

Militarisierung ist die
Verbreitung militäri-
schen Denkens im Le-
bensalltag, wie zum
Beispiel durch Unifor-
men, Befehle, Schieß-
übungen und das Den-
ken in Freund-Feind-
Kategorien.

Nie wieder Krieg! – das war die Stimmung in weiten Teilen der Bevölkerung Nachkriegsdeutschlands. Millionen Familien hatten unter Bombenangriffen gelitten, mussten fliehen und hatten Angehörige verloren. Die letzten Kriegsgefangenen waren erst 1956 aus
Zwangsarbeitslagern in der Sowjetunion zurückgekehrt. Auch in
den 50er-Jahren waren die Städte noch übersät von Ruinen. Wieder
eine Waffe in die Hand zu nehmen, das konnten sich viele ehemalige **Wehrmachtssoldaten** nicht vorstellen.

Doch der Kalte Krieg brachte es mit sich, dass die Regierungen in
beiden deutschen Staaten schon wenige Jahre nach Kriegsende wieder mit den Vorbereitungen für die Aufstellung von Armeen begannen. Ab 1949 gab es in der DDR Polizeieinheiten, die als Vorläufer
für ein neues Militär gedacht waren. 1952 gründete die SED die Ka-
sernierte Volkspolizei (KVP), eine getarnte Armee, die bereits über
eine militärische Bewaffnung verfügte. Nach der Gründung der
Bundeswehr in der Bundesrepublik ließ die DDR diese Tarnung fallen und benannte die Truppen 1956 in Nationale Volksarmee (NVA)
um.

Für die DDR ging es auch um das internationale Ansehen, ein
Staat mit eigenen Streitkräften zu sein. Doch der **Pazifismus** in der
Bevölkerung wog schwer, zumal die SED ihren eigenen Staat und
die Sowjetunion unablässig als große Friedensmacht darstellte und
den Aufbau der Bundeswehr im Westen kritisierte. Unter dem Motto
»Armee des Volkes« betrieb sie massive Propaganda für die **Militarisierung** des Lebens in der DDR: 1952 wurde eine Gesellschaft für
Sport und Technik (GST) gegründet, die mit Schieß- und Motorsport,
Fallschirmspringen und Geländeläufen unter Jugendlichen Begeisterung für das Militär entfachen sollte. Auch im Schulsport und
selbst in Fächern wie Mathematik hielt militärisches Denken Einzug. So musste zum Beispiel als Sachaufgabe die Reichweite von
Kanonen berechnet werden. Hinzu kamen die einheitlichen Blau-
hemden als Uniform der Staatsjugend FDJ und Fahnenappelle, bei
denen zum Schulbeginn am Morgen sämtliche Schülerinnen und
Schüler in Reih und Glied antreten mussten. Ab 1978 gab es regel-
mäßigen Wehrunterricht in den Schulen.

Zunächst wurden die Truppen mit Freiwilligen besetzt, allerdings
gab es immer wieder Kampagnen, mit denen junge Männer unter
Druck gesetzt wurden, erst einen Wehrdienst zu leisten, um zum

Beispiel bestimmte Fächer studieren zu dürfen. Erst nach dem Mauerbau war der Weg frei für die Einführung der allgemeinen **Wehrpflicht.** Am 25. Januar 1962 war es so weit. Die Zeitungen verkündeten: »Der Friede muss bewaffnet sein«, und: »Waffendienst – höchste Ehre und patriotische Pflicht jedes Staatsbürgers der DDR«. Nun konnte sich niemand mehr dem Dienst durch die Flucht in den Westen entziehen. Wie die Staatssicherheit in ihren Stimmungsberichten notierte, löste die Wehrpflicht einige Unruhe in der Bevölkerung aus. Vor allem Jugendliche und Frauen beriefen sich darauf, dass die DDR die Wehrpflicht immer abgelehnt habe. Entrüstet kündigten DDR-Bürger mit Westverwandtschaft an, »im Kriegsfalle trotz gegebener Befehle nicht schießen« zu wollen. Doch einen Ausweg gab es nicht.

In den 70er- und 80er-Jahren suchte die Nationale Volksarmee verstärkt nach Nachwuchs für die Unteroffiziers- und Offizierslaufbahn. Schon in der siebten und achten Klasse wurden Schüler gedrängt, sich für eine Karriere als Berufssoldat zu verpflichten. Dazu durchkämmten Werber der NVA systematisch alle Schulen. Die Klassenlehrer mussten entsprechende Quoten erfüllen. Außerdem wurde es für begehrte Studienfächer verlangt, zuvor einen verlängerten Wehrdienst von drei Jahren abzuleisten. Einen Wehrdienst für Mädchen gab es in der DDR nicht. Sie mussten aber ebenso am Wehrunterricht teilnehmen und wurden auf Hilfsdienste in der Zivilverteidigung vorbereitet.

__Konnte man in der DDR die Wehrpflicht verweigern?__

Einen Zivildienst ließ die DDR nicht zu. Nach Protesten der Kirchen führte die NVA 1964 einen waffenlosen Dienst als sogenannte Bausoldaten ein. Sie wurden zum Beispiel zum Kasernenbau eingesetzt. Aus Angst vor Repressalien und Nachteilen im weiteren Berufsleben verweigerten aber nur wenige Jugendliche den Waffendienst. Einige von diesen gehörten zu den Gründervätern der oppositionellen Friedensbewegung.

BEMERKENSWERTES

Brutaler Schliff

Wie in vielen Armeen stand auch in der NVA – ganz entgegen dem Ideal der »sozialistischen Soldatenpersönlichkeit« – das »Schleifen« durch die Vorgesetzten auf der Tagesordnung. Zu den brutalsten Auswüchsen gehörte außerdem die Kameradenschinderei, die bei der NVA »Entlassungskandidatenbewegung« hieß: Wer als »Rotarsch« neu in die Truppe kam, wurde von den älteren Wehrpflichtigen (den »Entlassungskandidaten«) zum Beispiel gezwungen, deren Putzdienste zu übernehmen. Mit sadistischen Quälereien ließen die älteren Soldaten, oft nach kräftigem Alkoholkonsum, ihrem Frust freien Lauf.
Die Vorgesetzten sahen häufig weg.

Machtwechsel –
die Fürsorgediktatur der Ära Honecker

Was ist die Breschnewdoktrin?

Als Breschnewdoktrin bezeichnet man die Lehre von der beschränkten Souveränität der sozialistischen Staaten gegenüber der Sowjetunion. Sie wurde 1968 als Begründung für den Einmarsch der Truppen des Warschauer Paktes in die Tschechoslowakei formuliert. Danach musste jedes Land, das sich vom sowjetischen Modell entfernt, mit einem militärischen Einschreiten rechnen.

Wie ging man mit Ulbrichts Andenken um?

In der kommunistischen Geschichtsschreibung wurden Politiker, die in Ungnade gefallen waren, systematisch verschwiegen. Damit sie nicht mehr sichtbar waren, wurden sogar historische Fotos gefälscht. So ließ Stalin zum Beispiel den russischen Revolutionsführer Leo Trotzki, einen der engsten Mitkämpfer Lenins, aus dem Gedächtnis verschwinden. Walter Ulbricht traf es nicht ganz so hart. Die nach ihm benannten Fabriken, Straßen und Sportstadien bekamen neue Namen, aber in einigen Geschichtsbüchern wurde er gelegentlich noch erwähnt.

28. Juli 1970, in einem Krankenhaus bei Moskau: Kurz nach einer Operation empfängt der sowjetische Staats- und Parteichef Leonid Breschnew, der »Vater« der **Breschnewdoktrin,** den »Kronprinzen« in der SED-Führung, Erich Honecker, zu einer Unterredung. Thema: Walter Ulbricht und dessen Zukunft. Breschnew ist unzufrieden, denn Ulbricht hat sich in letzter Zeit als Lehrmeister gegenüber der Sowjetunion aufgespielt und Pläne für eine Annäherung an die Sozialdemokratie in der Bundesrepublik geschmiedet. Schließlich eröffnet Breschnew Honecker: »Ich sage dir ganz offen, es wird ihm auch nicht möglich sein, an uns vorbeizuregieren, unüberlegte Schritte gegen dich und andere Genossen des Politbüros zu unternehmen.« Und er fügte hinzu: »Wir sind schon lange der Auffassung, dass du nach ihm die Partei leitest.«

Honecker verstand die Worte richtig – damit war der Weg frei für ihn, den alternden Diktator zu verdrängen. Zu Hilfe kam Honecker eine akute Wirtschaftskrise im Herbst und Winter 1970, dank der er Stimmung gegen Ulbrichts Politik machen konnte. Am 3. Mai 1971 schließlich gab Ulbricht auf: Aus »gesundheitlichen Gründen« verzichtete er auf das Amt des Ersten Sekretärs der SED und empfahl Honecker als Nachfolger, wie Breschnew es ihm kurz zuvor geraten hatte. Ulbricht blieb Vorsitzender des Staatsrates, in erster Linie eine repräsentative Aufgabe. Nach und nach verschwand er aus der Öffentlichkeit – und wurde später beinahe zur **Unperson.**

Erich Honecker (1912–1994) war fast 20 Jahre jünger als Ulbricht. Er stammte aus dem Saarland, wo er eine Dachdeckerlehre begann, aber bald abbrach zugunsten seiner politischen Aktivitäten im kommunistischen Jugendverband. Ab 1933 betrieb er Untergrundarbeit für die verbotene KPD und wurde 1935 von der Geheimen Staatspolizei verhaftet. Der nationalsozialistische Volksgerichtshof verurteilte ihn zu zehn Jahren Haft. Nach 1945 machte er eine steile Karriere als Vorsitzender der Jugendorganisation FDJ, seit 1958 als Mitglied des SED-Politbüros und Experte für Sicherheitsfragen und Jugendpolitik. Obwohl Erich Honecker schon 58 Jahre alt war, als er an die Macht kam, gab er sich ein jugendliches Image. Im Unterschied zu dem immer distanzierten und zugeknöpften Ulbricht wollte er möglichst volksnah erscheinen.

In seiner Amtszeit legte Honecker vor allem Wert darauf, mit sozialpolitischen Wohltaten Zustimmung in der Bevölkerung zu finden. Er senkte Preise, erhöhte Löhne und versuchte, das Warenangebot zu verbessern. Er ließ Kredite für junge Eheleute ausgeben, die sie nach der Geburt von Kindern nicht mehr zurückzahlen mussten (im Volksmund hieß das, die Kredite »abkindern«), und rief ein großes **Wohnungsbauprogramm** aus.

Für viele DDR-Bürger erhöhte sich durch die neue Politik der Lebensstandard erheblich: Kühlschrank, Waschmaschine und Fernseher hielten in den 70er-Jahren in viele Haushalte Einzug. Diese Politik hatte allerdings ihre Kehrseite: Innerhalb weniger Jahre verschuldete sich die DDR. So waren zum Beispiel die Monatsmieten auf weniger als eine Mark pro Quadratmeter festgelegt, viel zu wenig, um den Häuserbau und die Instandhaltung zu finanzieren. Die Modernisierung der Wirtschaft (neue Maschinen, moderne Technik) musste deshalb hintanstehen.

Außerdem betrieb Honecker den massiven Ausbau des Überwachungsstaates. Diese Entwicklung hatte schon in den 60er-Jahren eingesetzt, doch der Apparat der Staatssicherheit wurde nun unaufhörlich erweitert, von rund 40.000 (1970) auf rund 80.000 (1982) Geheimpolizisten. Überall witterte dieser Apparat »feindliche« Gedanken bei den Einwohnern der DDR. Er kontrollierte Briefe und Telefongespräche und warb heimlich sogenannte **»inoffizielle Mitarbeiter«** (IM) an, die über die Meinungen ihrer Nachbarn, Arbeitskollegen oder Freunde berichten sollten. Besonders abgesehen hatte es die Geheimpolizei auf all jene, die versuchten, in den Westen zu fliehen. Jedes Jahr wurden mehrere Hundert DDR-Bürger zu Gefängnisstrafen wegen »versuchter Republikflucht« verurteilt.

Erich Honecker

Welchen Hintergrund hatte das Wohnungsbauprogramm?

Damit sollte der drängende Platzmangel in den maroden Städten beseitigt werden. Es gab damals so wenige Wohnungen, dass Ehepaare häufig auf Jahre bei den Eltern wohnen mussten. Im Rahmen des Bauprogramms entstanden weitläufige Stadtteile wie Berlin-Marzahn und Halle-Neustadt mit ihren Plattenbauhochhäusern.

Was ist ein »inoffizieller Mitarbeiter«?

So bezeichnete das Ministerium für Staatssicherheit seine geheimen Informanten. Bis Mitte der 70er-Jahre war dieses Netz auf über 180.000 IM angewachsen. Im Volksmund hieß die Staatssicherheit aufgrund dieser Bespitzelung auch »VEB Horch und Guck«.

BEMERKENSWERTES

Keine Staatstrauer für Ulbricht

Walter Ulbricht starb am 1. August 1973, als in Ostberlin gerade die FDJ mit großem propagandistischem Aufwand die »Weltfestspiele der Jugend und Studenten« feierte. Für eine Staatstrauer sah die SED-Führung in dieser Situation keinen Anlass. Auf den (erfundenen) ausdrücklichen Wunsch des Verstorbenen ging das Festival weiter, als wäre nichts geschehen.

Zwischen Kaufhalle und Intershop – Versorgung und Alltag

Was sind Devisen?

Die DDR-Währung war international nicht gegen andere Währungen umtauschbar. Deshalb konnte die DDR damit auf dem Weltmarkt keine Waren einkaufen. Sie musste dies in Währungen wie der westdeutschen D-Mark oder in US-Dollar tun, sogenannten Devisen. Deshalb wurden bestimmte Produkte auch innerhalb der DDR nur gegen solches Westgeld verkauft.

Was war der Intershop?

Der Intershop war eine Ladenkette, in dem es westliche Produkte wie Jeans, Stereoanlagen, Qualitätskaffee, Kosmetik oder Süßigkeiten gab, aber nur gegen die westdeutsche D-Mark. Intershopläden gab es in größeren Städten, in Hotels, Bahnhöfen und an den Autobahnen.

Wie konnte man an D-Mark herankommen?

Das ging nur durch Geschenke von Verwandten aus der Bundesrepublik oder Schwarzhandel. Handwerker ließen sich zum Beispiel eine schnelle Reparatur gerne in »West« bezahlen.

Das wichtigste Utensil für den Alltag in der DDR war der kleine, faltbare Einkaufsbeutel für die Jackentasche. Einweg-Plastiktüten gab es nicht, und wenn ein begehrter Mangelartikel gerade zu ergattern war, musste man sofort »zuschlagen«. Wer wusste schon, wann es wieder Ketchup, ungarische Salami oder holländischen Käse geben würde? Aufgrund der Planwirtschaft kam es immer wieder zu Lieferengpässen. Schwierig war besonders die Versorgung mit Frischwaren wie Obst und Gemüse, die nicht selten bereits auf dem Transport verdarben.

Die sozialistische Staatsführung legte viel Wert darauf, dass einfache Grundnahrungsmittel wie Brot und Nudeln zu niedrigen Preisen angeboten wurden. So blieb der Preis eines Brötchens viele Jahre unverändert bei fünf Pfennig. Aber schon die Dose Ananas galt als Luxusartikel, sie kostete mehr als zwölf Mark. Besonders selten waren Frischwaren wie Bananen oder Pfirsiche zu bekommen. Für hochwertige, sehr teure Produkte wurden seit 1962 eigene Läden eingerichtet, die »Exquisit«-Geschäfte, ab 1976 außerdem die »Delikat«-Läden (für Nahrungsmittel). Außerdem gab es für hohe Staats- und Parteifunktionäre eigene Läden, in denen sie auch alle Mangelwaren und Produkte aus dem Westen für DDR-Geld kaufen konnten.

Besonders scharf sahen die DDR-Einwohner die Versorgungsmängel durch den Kontrast mit der Bundesrepublik, deren Warenangebot sie über die westlichen Fernsehprogramme kannten. Das Ziel der SED, die Bundesrepublik im Lebensstandard »einzuholen und zu überholen«, rückte in immer weitere Ferne. Ein breiteres Angebot gab es in der DDR nur gegen **Devisen** in sogenannten »**Intershops**«. Die DDR-Bürger waren darauf angewiesen, sich D-Mark zu **beschaffen**.

Im Laufe der 70er-Jahre verbesserte sich das Warenangebot durchaus. Viele Familien konnten sich nun hochwertige **Haushaltsgeräte** anschaffen, wie sie im Westen längst verbreitet waren. Es gab aber immer wieder Lücken. 1977 kam es zum Beispiel zur »Kaffee-Krise«: Aufgrund eines Preisanstiegs für Kaffee auf dem Weltmarkt musste die DDR ihre Einkaufsmengen senken. Um die Versorgungslücke zu schließen, erfanden die Kaffeeröstereien den »Kaffee-Mix« aus halb Kaffeebohnen und halb Getreidekaffee (bekannt als »Muckefuck«). Die DDR-Bürger waren empört: In Protestbriefen klagten sie, dass der Kaffee-Mix wie »kurz nach dem Krieg« schmecken würde. **»Erichs Krönung«**, wie das Mischpulver bespottet wurde, blieb in den Läden liegen.

Da es in der DDR keine Arbeitslosigkeit gab und die Unterschiede in Lohn und Vermögen relativ gering waren, ergaben sich aus den unterschiedlichen Versorgungsmöglichkeiten und dem Zugang zu Westgeld die größten Unterschiede im Wohlstand. Nach der Kaffeekrise berichtete die Staatssicherheit, dass die DDR-Bürger insgeheim vier Schichten in der Bevölkerung unterschieden: erstens Arbeiter und Rentner, die mit ihrem geringen Einkommen nur in den schlecht belieferten normalen Läden einkaufen konnten; zweitens etwas Reichere ohne Westgeld, bei denen das Einkommen für »Delikat« und »Exquisit« reichte; drittens Westgeldbesitzer mit Zugang zum Intershop und viertens hohe Funktionäre, die sogar moderne Westautos fuhren und ohne jede Sparmaßnahmen in Sonderläden einkaufen konnten.

Auf einem Gebiet überholte die DDR die Bundesrepublik tatsächlich: beim Alkoholkonsum. Der stieg Jahr für Jahr. 1988 tranken die DDR-Einwohner im Durchschnitt 15,5 Liter harte Alkoholgetränke (ohne Bier und Wein) – im Westen waren es 5,8 Liter. Die Schnapsregale in den Läden waren immer gefüllt.

Wie war der Standard bei den Haushaltsgeräten?

Während 1970 etwas mehr als die Hälfte der Menschen in der DDR einen Kühlschrank besaß, waren es 1980 praktisch alle Haushalte. Bei den Waschmaschinen waren immerhin 84 Prozent erreicht. Und auch der Fernseher hatte seinen Siegeszug angetreten und war nun in nahezu jedem Haushalt vorhanden. Schlechter sah es bei Autos aus: 1980 hatten gerade mal 38 Prozent aller Haushalte einen Wagen. Die Wartezeit für die Bestellung von Pkw betrug mindestens zehn Jahre. Auch Telefone galten als begehrter Luxus.

BEMERKENSWERTES

Der »Trabbi«

Zum Inbegriff der DDR-Wirtschaft ist der »Trabant« geworden. Dieses Automodell wurde in den 60er-Jahren vom VEB Sachsenring in Zwickau entworfen. Seine Karosserie bestand aus Kunststoff. Er war damals ein kleiner, aber relativ moderner Wagen, vergleichbar mit dem westdeutschen Käfer. Trotz mehrerer Entwürfe der Ingenieure wurde das Modell bis 1989 nicht erneuert. Die Technik der »Rennpappe« veraltete hoffnungslos. Trotzdem betrugen die Wartezeiten für den Kauf eines Trabant mehr als zehn Jahre, und wer einen ergattert hatte, pflegte ihn liebevoll. Im Volksmund gab es Hunderte von Trabbi-Witzen, zum Beispiel diesen: »Treffen sich ein Trabbi und ein Kuhfladen. Fragt der Kuhfladen: ›Was bist du denn?‹ Der Trabbi antwortet: ›Ein Auto.‹ Sagt der Kuhfladen: ›Wenn du ein Auto bist, bin ich eine Pizza!‹«

Warum »Erichs Krönung«?

Der Spottname für den 1977 erfundenen Kaffee-Mix verband den Namen des Staats- und Parteichefs Erich Honecker mit der westdeutschen Kaffeemarke »Jacobs Krönung«.

Jung sein in der DDR

Was ist das Blauhemd?

Bei allen offiziellen Anlässen hatten die Mitglieder der FDJ ein blaues Uniformhemd mit dem FDJ-Abzeichen zu tragen. Die Mitglieder der Kinderorganisation »Thälmannpioniere« trugen ein weißes Hemd mit einem roten Halstuch.

Was sind Pionier- und FDJ-Gruß?

Pionierversammlungen und die Unterrichtsstunden der unteren Klassen begannen mit dem Ruf eines Schülers: »Für Frieden und Sozialismus: Seid bereit!«, und die Klasse antwortete: »Immer bereit.« Bei der FDJ lautete der Gruß: »Freundschaft!«

Was ist eine Polytechnische Oberschule?

»Polytechnisch« stand für eine enge Verbindung zwischen Schule und späterer Berufswelt. Es gab deshalb eigene Unterrichtsfächer wie »Einführung in die sozialistische Produktion« (ESP) und Technisches Zeichnen. Die Unterscheidung von verschiedenen Schultypen (Gymnasium, Realschule, Volksschule) war damit abgeschafft.

Die wichtigste Organisation für die Jugendlichen in der DDR war die 1946 gegründete Freie Deutsche Jugend (FDJ). Sie war offiziell eine überparteiliche Staatsjugend, stand aber unter Anleitung der SED. Andere Jugendorganisationen waren nicht zugelassen. Die Leiter der FDJ, wie Erich Honecker (1946–1955) oder später Egon Krenz (1974–1983), stiegen in höchste Positionen der SED auf.

Mit 14 Jahren wurde man in die FDJ aufgenommen, für die jüngeren Schüler gab es die Pionierorganisation »Ernst Thälmann«, in die man mit der Einschulung kam. Wer den Beitritt verweigerte, hatte mit ernsten Folgen zu rechnen: Die Zulassung zu höheren Schulen oder attraktiven Berufen war dann praktisch ausgeschlossen. Über 90 Prozent der Schüler und Studenten trugen deshalb das **Blauhemd.** Bei offiziellen Anlässen grüßte man sich mit dem **Pioniergruß** und dem **FDJ-Gruß.** Die FDJ war auch der Anbieter für praktisch sämtliche Freizeitaktivitäten. Sie hatte ein eigenes Reisebüro (»Jugendtourist«) und betrieb Jugendklubs in allen Orten, in denen auch Discos veranstaltet wurden.

Das Schulsystem in der DDR basierte seit 1959 auf der zehnklassigen **Polytechnischen Oberschule (POS).** Ziel war es, auch Arbeiterkindern einen möglichst günstigen Bildungszugang zu verschaffen. Für den Zugang zum Abitur schloss sich die Erweiterte Oberschule (EOS) bis zur zwölften Klasse an. Allerdings wurde nur etwa jeder zehnte Schüler zur EOS zugelassen, weil der Bedarf an **Abiturienten** als gering eingeschätzt wurde.

Auch in der Schule spielte die politische Schulung eine große Rolle: In Fächern wie Staatsbürgerkunde und Geschichte, ab 1978 auch im Wehrunterricht, wurde die Lehre des Marxismus-Leninismus verbreitet und das Feindbild vom aggressiven Westen vermittelt. Schule und FDJ hatten die Aufgabe, die Kinder und Jugendlichen zu »sozialistischen Persönlichkeiten« zu erziehen. Hierunter verstand man Einsatzbereitschaft und Disziplin, aber auch die Unterordnung in der Gruppe (die sogenannte Kollektiverziehung).

Was waren die Folgen dieser Ziele von Schule und FDJ? Sie erzogen Jugendliche zu Anpassung und Unterordnung, aber auch zur »doppelten Meinung«: Im Unterricht spulten sie die gewünschten Formeln vom »Sieg des Sozialismus« und dem »aggressiven BRD-Imperialismus« herunter, doch in der Familie und unter Freunden pflegte man seine eigenen Ansichten.

Zugleich standen SED und FDJ vor einem Balanceakt, denn sie mussten auch auf die Interessen der Jugendlichen eingehen. Und die waren hauptsächlich geprägt von dem Lebensstil, der über die Radios aus dem Westen kam: von Rock 'n' Roll, Beat, Rock, wilder Kleidung und langen Haaren. Dies führte zu einem ständigen Zickzackkurs. Ein paar Jahre lang waren »Gitarrengruppen« erlaubt, dann wurden sie plötzlich wieder als »Gammlerkultur« verboten. Seit den 70er-Jahren arrangierte sich die FDJ mit dem Trend und ließ die Bildung von Bands wie den »Puhdys« zu, die Rockmusik mit deutschen Texten machten, bei Konzerten aber häufig auch Hits amerikanischer und britischer Bands nachspielten. Doch auch hier kam es immer wieder zu Verboten, wenn die Texte zu kritisch und das Auftreten zu wild wurden.

In den 80er-Jahren holte die FDJ sogar westliche Rockstars wie Joe Cocker und Bruce Springsteen zu Freiluftkonzerten nach Ost-Berlin, aber einem Sänger mit kritischen deutschen Texten wie Udo Lindenberg wurde (nach einem einzigen Konzert vor handverlesenem Publikum) eine Tournee durch die DDR verwehrt.

Aus welchen Gesellschaftsschichten stammten die Abiturienten?

Der Arbeiteranteil an den Abiturienten sank seit den 60er-Jahren, weil Akademiker- und Funktionärsfamilien dafür sorgten, dass ihre Kinder zur EOS kamen und unter den Arbeiterkindern die Bereitschaft geringer war, sich politisch anzupassen.

BEMERKENSWERTES

Jeans sind keine Hosen

Mit Jeans hatte die DDR zwei Probleme: ein ideologisches und ein wirtschaftliches. Jeans galten als Ausdruck der amerikanischen Unkultur und die DDR wollte nicht, dass sich die Jugendlichen am Westen, Rock 'n' Roll und wilden Leben orientierten. Außerdem mussten die Originale (von Levi's) aus dem Ausland eingeführt werden, für teure Fremdwährung. Deshalb tobte bis weit in die 60er-Jahre ein Kampf darum, ob Jugendliche Jeans tragen durften oder nicht. In der Schule und bei FDJ-Veranstaltungen waren die »Nietenhosen« streng verboten, aber nach und nach verbesserte sich ihr Image. Ab den 70er-Jahren war es sogar üblich, das FDJ-Blauhemd mit der Jeans zu kombinieren. Trotzdem galt weiter der Spruch aus Ulrich Plenzdorfs Kultbuch *Die neuen Leiden des jungen W.* von 1973: »Ich meine, Jeans sind eine Einstellung und keine Hosen.«

Ab morgen erwachsen? – Konfirmation und Jugendweihe

Ist es heute noch üblich, zur Konfirmation oder zur Erstkommunion zu gehen? Die Antwort ist in Deutschland je nach Region sehr unterschiedlich, je nachdem, wie groß die Zahl der evangelischen bzw. katholischen Kirchenmitglieder ist. Vor allem in Ostdeutschland ist es hingegen verbreitet, den Übertritt in die Erwachsenenwelt mit dem Ritus einer Jugendweihe zu begehen.

Das war einmal ganz anders: Anfang der 50er-Jahre war die DDR noch überwiegend evangelisch geprägtes Gebiet (14 Millionen Protestanten, knapp zwei Millionen Katholiken). Die Menschen schickten ihre Kinder ganz selbstverständlich zur Konfirmation bzw. Erstkommunion. 1954 begann die SED, gegen diese Tradition ihre eigene Feier durchzusetzen: Ab sofort sollten die Jugendlichen an der »Jugendweihe« teilnehmen. Dies war ein Ersatzritual, das seine erste Blütezeit während der Weimarer Republik erlebt hatte, damals von **atheistischen** Verbänden aus der sozialistischen Arbeiterbewegung verbreitet.

Zunächst nahmen nur sehr wenige an der Jugendweihe teil. Die meisten ließen sich nach wie vor konfirmieren und die Kirchen erklärten, dass sich die Jugendweihe für Christen verböte. Als 1957 immer noch kaum mehr als ein Viertel der Jugendlichen die Jugendweihe absolvierte, erhöhte die SED den Druck. Wer sich nun weigerte, musste damit rechnen, nicht zum Abitur zugelassen zu werden, und galt als Anhänger des »rückständigen Muckertums« der Pfarrer und ihres »mittelalterlichen Aberglaubens«.

Der Druck zeigte Wirkung: 1959 nahmen schon 80 Prozent der Jugendlichen teil und in den späteren Jahrzehnten sank der Anteil der Jugendweiheverweigerer unter drei Prozent. Die **Kirchen** konnten unter diesen Bedingungen ihre scharfe Ablehnung der Jugendweihe nicht durchhalten. Die Durchsetzung der Jugendweihe war ein großer Sieg der SED gegen die Stellung der Kirchen in der Gesellschaft. Wer nicht gerade aus einer Pastorenfamilie kam, beugte sich dem Ritual.

Doch worum ging es dort eigentlich? In den Jugendstunden zur Vorbereitung gab es immer einen Besuch in einer Gedenkstätte in einem ehemaligen Konzentrationslager, zum Beispiel in Buchenwald (bei Weimar) oder Sachsenhausen (bei Oranienburg). Außerdem standen Besuche im Rathaus und in Betrieben auf dem Programm.

Viel Wert wurde auch darauf gelegt, die jungen Leute zur Verteidigungsbereitschaft zu erziehen. Dies schlug sich auch in dem Gelöbnis nieder, das den Weihlingen während der Feier abgenommen wurde. Darin hieß es, dass sie »für die große und edle Sache des Sozialismus« arbeiten und kämpfen, die »Freundschaft mit der Sowjetunion« vertiefen und den »Sozialismus gegen jeden imperialistischen Angriff« verteidigen würden. Ob die Jugendlichen viel darüber nachgedacht haben, was sie da versprechen?

Für die meisten Jugendlichen war all dies wohl nur ein lästiges Ritual, vorher mit den Lehrern gründlich geübt: Einmarsch in den Saal in genau festgelegter Reihenfolge, klassenweise hinsetzen, auf die Bühne, viermal »Ja, das geloben wir!«, Urkunde entgegennehmen, klassenweise wieder von der Bühne. Dazwischen Musik und Reden. Wichtiger war die Feier in der Familie: einmal im Mittelpunkt stehen, vielleicht der erste Schnaps . . . – Und die **Geschenke** nicht zu vergessen! Am Abend folgte ein Treffen mit den Freunden um die Ecke: Was habt ihr bekommen, hat es sich gelohnt? In Ostdeutschland hat sich die Tradition der Jugendweihe bis heute gehalten. Nach dem Ende der Zwangsteilnahme 1990 sanken die Teilnehmerzahlen zwar zunächst auf rund 20 Prozent, sind danach aber wieder auf etwa 40 Prozent der Jugendlichen gestiegen. Das Gelöbnis ist heute allerdings geändert.

Was bekamen die Jugendlichen zur Jugendweihe geschenkt?

Am beliebtesten war »Technik«, zum Beispiel ein Kassettenrekorder, Typ »Annett«, um Musik im Radio aufnehmen zu können. Ein Moped war auch beliebt, aber das bekamen die wenigsten. Eltern und Verwandte schenkten gerne auch »Vernünftiges« – eine Armbanduhr oder Handtücher. Hoch im Kurs standen schwer zu ergatternde Waren wie amerikanische Jeans und natürlich Geld – ein paar Hundert Mark und vielleicht sogar der eine oder andere Schein in westdeutscher Währung.

BEMERKENSWERTES

Ein deutsches Phänomen

Die Jugendweihe gab es nicht in den übrigen sozialistischen Ländern Europas; sie war eine deutsche Tradition, die die SED eigens aufgegriffen hat, um die Macht der Kirchen in der DDR zu schwächen. Die orthodoxe Kirche kennt allerdings auch keine Konfirmation. Ab 1957 versuchte die SED, auch eine sozialistische Namensweihe einzuführen, die in den Betrieben durchgeführt werden sollte. Obwohl die Zahl der christlichen Taufen infolge des antikirchlichen Drucks schnell fiel, setzte sich die Namensweihe nicht durch.

Kirchen und Religionsgemeinschaften

Was ist demokratischer Zentralismus?

Seinem Ursprung nach bedeutete demokratischer Zentralismus, dass die untergeordneten Ebenen der kommunistischen Partei alle Beschlüsse der gewählten Parteiführung ausführen mussten. In der Praxis der kommunistischen Länder galt das auch für alle anderen Organisationen. Sie mussten sich der »führenden Rolle« der Partei unterordnen. Und demokratisch gewählt wurde die Parteiführung schon lange nicht mehr, sondern blieb einfach an der Macht.

Wer ist Manfred Stolpe?

Nach 1990 wurde Manfred Stolpe zur umstrittensten Figur der evangelischen Kirche in der DDR. Als langjähriger Konsistorialpräsident, also Chef der Kirchenverwaltung, führte er viele Verhandlungen mit staatlichen Stellen. Das Ministerium für Staatssicherheit führte ihn über viele Jahre als inoffiziellen Mitarbeiter (Deckname »Sekretär«), doch er bestreitet bis heute, davon gewusst zu haben. Viele kritische Christen werfen ihm ein doppeltes Spiel vor, doch in der Bevölkerung war er offenbar beliebt. Nach 1990 wählten ihn die Bran-

Pfarrer Gehrt war bei den Jugendlichen seiner Gemeinde in einem kleinen Ort bei Dresden sehr beliebt. Zum »Pastörchen« konnten sie kommen, wenn sie etwas auf dem Herzen hatten. In seiner Jugendgruppe wurde offen gesprochen, nicht so wie in der Schule, wo nur die Staatsmeinung zählte. Dabei fand er manches am Sozialismus an sich gar nicht schlecht. Aber mit der SED, mit der Bevormundung und Gängelei, da wollte er sich nicht abfinden.

Einmal erzählte er in der abendlichen Runde auf dem Zeltplatz ganz beiläufig, dass eine junge Gemeindemitarbeiterin ihm ihr Tagebuch überlassen hätte. Er fand darin eine bittere Offenbarung: Sie war von der Staatssicherheit angeworben worden, um ihn auszuhorchen. Zu ihrem nächsten Treffen mit dem Stasi-Offizier ging er einfach mit, um ihr beim »Nein«-Sagen zu helfen. Die Geheimpolizisten staunten nicht schlecht und hielten beide ein paar Stunden fest, aber sie ließen von der jungen Frau ab. Das war seine Botschaft und seine Haltung: Wenn du in Gott ruhst, kannst du deinen eigenen Weg gehen.

Dass es Pfarrer wie den Pastor Gehrt gab, wurmte die SED ganz außerordentlich. Die Kirchen behaupteten sich damit als moralische Autorität und als Umgebung, in der das eigene Denken geschätzt wurde. Dies war eine Sonderrolle, denn sie waren die einzigen Organisationen in der DDR, die nicht nach den Prinzipien des **»demokratischen Zentralismus«** von der Staatspartei kontrolliert wurden. Sie waren demokratisch organisiert und verfügten über enge und stabile Verbindungen in die Bundesrepublik. Bis 1968 gehörten die evangelischen Landeskirchen zur gesamtdeutschen EKD (Evangelische Kirche in Deutschland). Danach schlossen sie sich zu einem Bund der evangelischen Kirchen in der DDR zusammen (BEK), hielten aber an ihren Verbindungen zum Westen fest und empfingen auch finanzielle Unterstützung.

Die Kirchenpolitik der SED ging von der marxistisch-leninistischen Überzeugung aus, dass die Religion ein Überbleibsel aus der Vergangenheit sei, das im Sozialismus verschwinden würde. Nach einer frühen Phase der aggressiven Antikirchenpolitik hielt sie sich aber stärker zurück, erklärte Religion zur Privatsache und beschränkte sich darauf, sie aus dem öffentlichen Leben zu verdrängen. Außerdem versuchte sie, den Kurs der Kirchen durch die Staatssicherheit zu steuern und sogar Bischöfe und hohe Angehörige der

Kirchenverwaltung wie **Manfred Stolpe** als inoffizielle Mitarbeiter anzuwerben. Gegen den antireligiösen Druck protestierte 1976 der Pfarrer Oskar Brüsewitz mit einer schrecklichen Tat: Er verbrannte sich selbst auf dem Marktplatz von Zeitz (Sachsen-Anhalt).

Bei aller Distanz nahm der DDR-Staat die sozialen Dienste der Kirchen gerne in Anspruch. Sie betrieben 76 Krankenhäuser und Hunderte von Heimen für Alte, Pflegebedürftige und Behinderte. Gar nicht gerne gesehen war hingegen die Jugendarbeit: Die Jungen Gemeinden galten als Schoß der unabhängigen Friedensbewegung, die sich gegen Rüstung und Militarisierung wandte.

Da bekennende Christen mit erheblichen Nachteilen in Schule und Beruf zu rechnen hatten, führte die SED-Politik nach und nach zu einer Entchristianisierung der DDR-Bevölkerung. Während 1950 noch 95 Prozent aller DDR-Einwohner Kirchenmitglieder waren, lag der Anteil 1989 nur noch bei rund 35 Prozent. Durch die SED-Politik verwandelten sich die christlichen Religionsgemeinschaften von Volkskirchen in Minderheitenkirchen. Dieser Prozess der **Säkularisierung** hat sich auch nach dem Zusammenbruch der DDR nicht wieder umgekehrt.

denburger mehrmals zum Ministerpräsidenten ihres Bundeslandes.

Was versteht man unter Säkularisierung?

Saeculum bedeutete im Kirchenlatein die »zeitliche Welt«. Säkularisierung ist das Nachlassen der religiösen Bindungen in der Bevölkerung und die zurückgehende Bedeutung der Kirchen in der Gesellschaft, unter anderem durch die Trennung von Staat und Kirche. Dieser Prozess ist in allen modernen Gesellschaften zu beobachten, wurde aber in der DDR als staatliche Politik gezielt betrieben.

Als evangelischer Konsistorialpräsident begrüßt Manfred Stolpe 1984 Erich Honecker.

BEMERKENSWERTES

Juden in der DDR

Eine schwierige Position hatten in der DDR auch die wenigen Juden, die es dort nach dem nationalsozialistischen Völkermord noch gab. Ab 1950 verfolgte die DDR eine Politik des Antizionismus, bekämpfte also den Staat Israel, der für die Überlebenden der Judenvernichtung eine neue Heimstatt werden sollte. Diese Politik war für viele Juden nicht akzeptabel. Deshalb untersagte die DDR-Führung jede eigenständige politische Äußerung. 1952 flohen aus Furcht vor einer Verhaftungswelle etwa 550 Juden in den Westen. Jüdische Gemeinden gab es nur in wenigen großen Städten wie Ostberlin, Dresden und Leipzig. Sie durften keinen eigenen Rabbiner haben und hatten jeweils nur einige Dutzend Mitglieder.

Helden des Sozialismus – Sportler und Kosmonauten

Was war der Sputnikschock?

Mit dem erfolgreichen Flug des Satelliten »Sputnik« bewies die Sowjetunion, dass sie Raketen bauen konnte, die um die ganze Welt fliegen. Das schockierte die USA, denn damit war sie für sowjetische Atomwaffen erreichbar.

Was ist ein Kosmonaut?

Die Sowjetunion nannte ihre Raumflugpiloten Kosmonauten (von griech. kosmos = »Weltraum«). Um sich abzugrenzen, sprachen die USA seit 1958 von Astronauten (von griech. astron = »Stern«).

Wer ist Sigmund Jähn?

Sigmund Jähn (geb. 1937) war Jagdflieger bei den Luftstreitkräften der DDR, als er für die Weltraummission ausgewählt wurde. Nach seinem Flug leitete er das Zentrum für Kosmonautenausbildung der NVA. 1979 erhielt er den Orden »Held der DDR«. Bis heute berät er bei der Vorbereitung von Raumflügen.

In dem Wettlauf ins All, der schon in den 50er-Jahren zwischen den beiden Supermächten entbrannt war, hatte die Sowjetunion lange Zeit die Nase vorn: Den ersten Satelliten, den **»Sputnik«**, schoss sie 1957 in die Umlaufbahn und 1961 gelang mit Juri Gagarin dem ersten Menschen der Flug ins Weltall. Diese Triumphe feierte der Ostblock ausgiebig. Die USA reagierten darauf mit ihrem Mondflugprogramm. 1969 waren sie dann einen Schritt voraus, als Neil Armstrong beim Ausstieg auf dem Mond die berühmten Worte sprach: »Dies ist ein kleiner Schritt für einen Menschen, aber ein großer Schritt für die Menschheit.«

Auch in der DDR war das Weltraumfieber entbrannt. Überall bauten kleine Jungs die Raketen und Raumkapseln nach und träumten von einer Karriere als **Kosmonaut.** Ihr großer Held war **Sigmund Jähn,** der erste Deutsche im Weltall. Der NVA-Militärflieger startete nach zwei Jahren Vorbereitung am 26. August 1978 zu einem neuntägigen Flug um die Erde. Nach seiner Rückkehr wurde er als Nationalheld gefeiert und berichtete überall von seinen Eindrücken.

Ein anderes Gebiet, auf dem die DDR sehr erfolgreich war, war der Sport. Nach der Trennung der Olympiamannschaften 1968 (bis dahin gab es noch eine gesamtdeutsche Mannschaft) wurde sie zu einer Weltmacht, die regelmäßig bei Olympischen Spielen im Medaillenspiegel auf den vordersten Rängen lag. Weil die Athleten für einen guten Eindruck von der DDR in der Welt warben, bezeichnete man sie auch als »Diplomaten im Trainingsanzug«.

Zu den Berühmtheiten der frühen Jahre gehörte der Rennradler **Gustav-Adolf (genannt »Täve«) Schur**. Er gewann 1955 das erste Mal die Friedensfahrt, im Ostblock das bedeutendste Radrennen. 1959 siegte er noch einmal bei dieser »Tour de France des Ostens«. Medaillen bei den Olympischen Spielen in Melbourne 1956 und Rom 1960 und Siege bei den Weltmeisterschaften 1958 und 1959 kamen hinzu. Zur Legende wurde Täve Schur, als er bei der Weltmeisterschaft 1960 die Konkurrenten auf sich konzentrierte

Täve Schur

und dadurch seinem Mannschaftskameraden Bernhard Eckstein den Sieg ermöglichte.

Die berühmteste Sportlerin der 80er-Jahre war Katharina Witt aus Karl-Marx-Stadt. 1984 und 1988 siegte sie bei der Olympiade im Eiskunstlauf. Berühmt wurde sie 1988 im kanadischen Calgary. Ihre stärkste Konkurrentin, die Amerikanerin Debi Thomas, hatte durch Zufall die gleiche Musik gewählt wie sie: die feurige »Carmen« von George Bizet. Mit einer grandiosen Kür eroberte Katharina Witt den Thron des Eiskunstlaufs. Seitdem galt sie als »schönstes Gesicht des Sozialismus« und machte eine Weltkarriere auf dem Eis. In der DDR hatte nachts um halb vier Uhr mehr als die Hälfte der Bevölkerung vor dem Fernseher gesessen, um mit ihrer »Kati« zu fiebern. Nach ihrer Rückkehr wurde sie mehrfach von Erich Honecker empfangen, auch die Funktionäre schmückten sich gerne mit ihr.

Als die DDR-Führung gemerkt hatte, dass sie im Sport große Erfolge feiern konnte, überließ sie in der Nachwuchssuche und im Training nichts mehr dem Zufall. Zu dieser systematischen Sportförderung zählte auch eine dunkle Kehrseite – das Doping. Viele Sportler bekamen verbotene Medikamente, um ihre Leistungen zu steigern. Dafür gab es sogar staatliche Forschungsprogramme.

Welche politische Bedeutung hatte Täve Schur?
Der Rennradler, geboren 1931, wurde mehrere Male zum populärsten DDR-Sportler aller Zeiten gewählt. Als Abgeordneter der Volkskammer (1958–1990) und Bundestagsabgeordneter der PDS (1998–2002) setzte er seine Popularität auch für den Sozialismus ein.

BEMERKENSWERTES

Fußball gesamtdeutsch

Seit 1990 kamen mehrere DDR-Fußballnationalspieler in die bundesdeutsche Nationalmannschaft. Der erste war Matthias Sammer am 19. Dezember 1990 im Spiel gegen die Schweiz. Es folgten Andreas Thom, Thomas Doll und Ulf Kirsten. Franz Beckenbauer meinte damals, mit den DDR-Spielern sei der frisch gebackene Weltmeister Deutschland »über Jahre nicht mehr zu besiegen«. Ganz so kam es dann doch nicht . . . Schon vor der Maueröffnung waren einige DDR-Fußballer bei Spielen im Westen geflüchtet, wie Falko Götz und der Trainer Jörg Berger.

Opposition und Widerstand

Was ist das Ostbüro der SPD?

Das Ostbüro der SPD diente in den 50er-Jahren als Kontaktstelle für ostdeutsche Sozialdemokraten, die sich der Zwangsvereinigung zur SED nicht fügen wollten. Es hatte seinen Sitz in Hannover, später in Bonn.

Was versteht man unter einem Dissidenten?

Dissident kommt vom lateinischen dissidere *= »nicht übereinstimmen«. Die Dissidenten in der DDR teilten mit der herrschenden Partei den Glauben an die Idee des Kommunismus. Sie meinten aber, dass die Partei deren wahre Grundsätze verraten habe. Die Dissidenten beriefen sich häufig auf Marx, zum Beispiel auf dessen persönliches Motto:* De omnibus dubitandum est *(»An allem ist zu zweifeln«) – also auch an der Politik der kommunistischen Partei, fügten sie hinzu.*

Mit dem Mauerbau 1961 hatte sich die Situation für Widerstand gegen das SED-Regime entscheidend verschlechtert. Unterstützerorganisationen in Westberlin wie die Kampfgruppe gegen Unmenschlichkeit (KgU) oder das **Ostbüro der SPD** waren von ihren Sympathisanten in der DDR abgeschnitten. Hunderte von Verhaftungen in den Jahren zuvor und eine neue Verhaftungswelle nach dem Mauerbau hatten die Basis für Widerstand ausgetrocknet. Außerdem waren viele, die das DDR-System ablehnten, bis 1961 in den Westen gegangen.

Die Hauptmethode zur Bekämpfung der DDR bestand nach dem Mauerbau in der Fluchthilfe. In den ersten Monaten bauten Anti-DDR-Aktivisten mehrere Tunnel unter der Berliner Mauer, durch die noch einige Hundert Menschen fliehen konnten, bevor die Tunnel entdeckt wurden. Später schleusten Fluchthelfer in Autoverstecken oder mit falschen Pässen über andere Länder pro Jahr rund 400 Fluchtwillige aus. Die Fluchthelfer arbeiteten teils für Geld, teils aus Überzeugung. Sie galten aus Sicht der SED als »kriminelle Menschenhändler« und die schlimmsten Feinde der DDR. Gegen sie verübte die Staatssicherheit auch Mordanschläge.

Innerhalb der DDR am lebendigsten blieb die Szene der kommunistischen **Dissidenten,** die das SED-Regime zwar kritisierten, aber keine Anpassung an die Verhältnisse in der Bundesrepublik, sondern einen »demokratischen Sozialismus« wollten. Ihre prominentesten Vertreter waren Robert Havemann, Wolf Biermann und Rudolf Bahro. Starken Einfluss hatte der **»Prager Frühling«,** der den Dissidenten als Vorbild diente.

Robert Havemann (1910–1982) war Chemieprofessor an der Humboldt-Universität zu Berlin. Als überzeugter Kommunist hatte er im »Dritten Reich« die Widerstandsgruppe »Europäische Union« gegründet und war 1943 zum Tode verurteilt worden. Weil er »kriegswichtige« Forschungen für den Waffenbau leisten sollte, wurde seine Hinrichtung aufgeschoben. Nach dem Krieg machte er als überzeugter Kommunist eine steile wissenschaftliche und politische Karriere. Durch die Entstalinisierung ab 1956 nahm er zunehmend eine kritische Haltung zur SED-Politik ein. In einer berühmten **Vorlesungsreihe** trat er 1963 für persönliche Freiheit als Grundlage der sozialistischen Gesellschaft und gegen den herrschenden Zwang auf. Daraufhin wurde er aus der SED ausgeschlossen und musste seine Professur aufgeben. Er wurde zur Leitfigur der Andersdenkenden in der DDR, der für die Zulassung einer legalen Opposition und unabhängige Zeitungen eintrat. Die SED wagte nicht, ihn erneut ins Gefängnis zu stecken, sondern bestrafte ihn später mit Hausarrest auf seinem Grundstück in Grünheide bei Berlin.

Rudolf Bahro (1935–1997) wurde 1977 mit einem Schlag weltbekannt: In der Bundesrepublik erschien seine schonungslose Kritik des »real existierenden Sozialismus« unter dem Titel *Die Alternative*. Das Buch hatte der gelernte Philosoph über mehrere Jahre heimlich geschrieben und den Text in den Westen geschmuggelt (wie wir heute wissen, alles unter Beobachtung der Staatssicherheit, die aber nichts unternahm). Einen Tag nach Veröffentlichung seines Buches wurde er festgenommen und wegen »Landesverrat« später zu acht Jahren Gefängnis verurteilt. Dies löste in vielen Ländern Proteste aus, sodass die SED-Führung ihn 1979 schließlich in die Bundesrepublik ausreisen ließ.

In den 70er-Jahren wuchs eine jüngere Generation von Oppositionellen heran. Hier trafen sich Anhänger der sozialistischen Dissidenten, Mitglieder der Jungen Gemeinden, Bausoldaten und andere Jugendliche, die mit ihrem Lebensstil aneckten. Ab 1978 entstand aus den Protesten gegen den Wehrunterricht die unabhängige Friedensbewegung, die sich gegen die Atomrüstung in Ost und West und die Militarisierung des Lebens in der DDR wandte. Ihr Symbol war das Abzeichen »Schwerter zu Pflugscharen«.

Robert Havemann

Worum ging es im Prager Frühling?

1968 entschloss sich die Kommunistische Partei der Tschechoslowakei zum Reformkurs eines »Sozialismus mit menschlichem Antlitz«. Die Geheimpolizei sollte abgebaut werden, Meinungsfreiheit und eine größere politische Vielfalt zugelassen werden. Die Staaten des Warschauer Paktes beendeten diesen Kurs mit einem militärischen Einmarsch am 21. August 1968.

Was vertrat Havemann in seiner Vorlesungsreihe 1963?

Die wichtigste Passage lautete: »Wahre Freiheit haben wir erst, wenn es für unser Tun und Lassen eine breite Skala von Möglichkeiten gibt. Je mehr man nicht tun darf, umso weniger Freiheit. Wir wollen eine Welt schaffen, in der allen Menschen immer mehr Möglichkeiten offenstehen, sodass jeder ganz nach seinem individuellen Streben handeln kann, nicht beschnitten und eingeengt durch Anordnungen, Befehle und ›Grundsätze‹.«

BEMERKENSWERTES

Der bestbewachte Mann der DDR

Über keine Person hat das Ministerium für Staatssicherheit mehr Überwachungsakten angelegt als über Robert Havemann. Dabei war er bis 1963 sogar selbst inoffizieller Mitarbeiter gewesen. Doch in den folgenden 19 Jahren bis zu seinem Tod sammelte die Staatssicherheit mehr als 250 Aktenordner Material: Abhörprotokolle, Spitzelberichte, Gerichtsakten und vieles andere.

Biermann und die Folgen

**Wer war
Rosa Luxemburg?**

*Rosa Luxemburg
(1870–1919) war eine
der wichtigsten Theo-
retikerinnen und Politi-
kerinnen der sozialisti-
schen Arbeiterbewe-
gung in Polen und
Deutschland. In der
deutschen SPD vertrat
sie einen radikalen
Kurs, gründete 1918
gemeinsam mit Karl
Liebknecht die Kom-
munistische Partei
Deutschlands und
kämpfte für eine sozia-
listische Revolution.
Zugleich kritisierte sie
die russischen Kommu-
nisten für ihren Kurs
nach der Oktoberrevo-
lution 1917. Am 15.
Januar 1919 wurde sie
von republikfeindli-
chen Offizieren ermor-
det.*

Ohne allgemeine Wahlen, ungehemmte Presse- und Versammlungsfreiheit, freien Meinungskampf erstirbt das Leben in jeder öffentlichen Institution, wird zum Scheinleben, in der die Bürokratie
allein das tätige Element bleibt . . . im Grunde also eine Cliquenwirt-
schaft – eine Diktatur allerdings, aber nicht die Diktatur des Proletariats, sondern die Diktatur einer Handvoll Politiker.« Es waren diese
Worte, niedergeschrieben 1918 von der kommunistischen Partei-
führerin **Rosa Luxemburg** in ihrer Schrift über die russische Revolution, die der ostdeutsche Liedermacher Wolf Biermann vor 7.000 be-
geisterten Zuhörern im westdeutschen Köln vortrug. Das Konzert
dauerte vier Stunden, es war voll bissiger Worte gegen die Verhältnisse in der DDR. Danach waren die Würfel gefallen: Drei Tage
nach diesem Konzert gab die DDR-Regierung bekannt, dass sie
Wolf Biermann die DDR-Staatsbürgerschaft aberkannte und ihn
ausbürgerte. Er durfte nicht mehr zurückkommen.

Wie war es dazu gekommen? Wolf Biermann, Sohn eines von den
Nazis in Auschwitz ermordeten jüdischen Kommunisten, war 1953
aus seiner Heimat Hamburg nach Ostberlin übergesiedelt. Ab 1962
trat er öffentlich mit seinen Liedern auf, die kritisch und realistisch
das Leben in der DDR beleuchteten. 1965 warf ihm die SED vor, er
habe sich durch seine Kritik an der DDR »mit den Mördern seines
Vaters verbündet«. Er erhielt ein generelles Publikations- und Auf-
trittsverbot, doch das konnte die Verbreitung seiner Lieder nicht
stoppen: Hundertfach kursierten Tonbänder und Abschriften seiner
Lieder in der DDR.

Schon seit Anfang der 70er-Jahre hatten sich SED und Staatssicherheit Gedanken gemacht, wie sie den populären Kritiker loswerden konnten. 1976 war es schließlich so weit: Eine Konzerteinla-
dung durch die westdeutsche Gewerkschaft IG Metall bot ihnen die
lang ersehnte Gelegenheit. Doch offenbar hatten die SED-Führer die
Situation falsch eingeschätzt: Sie rechneten damit, dass nach ein
paar Protesten sich niemand mehr für den ausgebürgerten
Unruhestifter interessieren würde.

Es kam anders: Noch am selben Abend übertrug das **westdeutsche
Fernsehen** das Biermannkonzert in voller Länge, sodass man sich in
der DDR ein eigenes Bild machen konnte. Am folgenden Tag formulierten zwölf der namhaftesten Schriftsteller und Künstler der DDR,
unter ihnen Christa Wolf und Heiner Müller, ein Protestschreiben,

das in den folgenden Tagen insgesamt 106 Künstler und Hunderte weiterer DDR-Bürger unterzeichneten. Erschrocken reagierte die SED-Führung mit einer Welle der politischen Verfolgung. Die bekannten Künstler wurden unter Druck gesetzt, ihre Unterschriften zu widerrufen, und viele weniger prominente Unterzeichner wurden verhaftet.

Die SED-Führung blieb hart, aber damit beschädigte sie ihr Ansehen in der Bevölkerung und im Westen erheblich. Biermann musste im Westen bleiben und eine ganze Reihe von in der DDR sehr bekannten Schauspielern, Schriftstellern und Künstlern folgte kurz darauf, weil ihnen die Arbeitsmöglichkeiten in der DDR genommen wurden: unter ihnen die Sängerin Nina Hagen (die Stieftochter Wolf Biermanns), der Schauspieler Manfred Krug und nach mehreren Monaten Untersuchungshaft die Musiker und Texter der Rockband »Klaus Renft Combo«, Christian Kunert und Gerulf Pannach, sowie der Schriftsteller und Jenaer Oppositionelle Jürgen Fuchs. Viele der Künstler, die der DDR grundsätzlich positiv gegenüberstanden, verloren durch die Geschehnisse rund um Biermann ihre Illusion über eine Demokratisierung des Systems der DDR.

Wolf Biermann beim Konzert in Köln 1976

Konnte man in der DDR westdeutsches Fernsehen empfangen?

Die Fernsehübertragung des Biermannkonzerts in weite Teile der DDR war möglich, weil die westdeutschen Fernsehsender von Westberlin, dem Harz und anderen Sendestationen aus dorthin über Antenne ihre Programme ausstrahlten. Nur im Gebiet um Dresden, dem sogenannten »Tal der Ahnungslosen«, war ein Empfang technisch nicht möglich. Die meisten DDR-Bürger konnten sich also jeden Abend Nachrichten und Unterhaltungssendungen vom »Klassenfeind« ins heimische Wohnzimmer holen. Das war zwar vom Staat nicht gerne gesehen, aber auch nicht direkt verboten.

BEMERKENSWERTES

Danach – zwei Besuche Biermanns in der DDR

1982 entschloss sich die SED-Führung zu einem ungewöhnlichen Gnadenakt. Sie gestattete Wolf Biermann, seinen engen Freund Robert Havemann kurz vor dessen Tod noch einmal zu besuchen. Der nächste Besuch Wolf Biermanns stand dann schon unter einem anderen Stern: Nach dem Zusammenbruch der SED-Parteiherrschaft kam er am 1. Dezember 1989 nach Leipzig und feierte seine Rückkehr mit einem großen Konzert.

Der Grundlagenvertrag mit der Bundesrepublik

Was bedeutet »Wandel durch Annäherung«?

Willy Brandt wollte die Realität der Teilung anerkennen und im Gegenzug die DDR zu mehr persönlichen Kontakten und einer Öffnung ihres seit dem Mauerbau abgeschotteten Landes bewegen. Die Formel »Wandel durch Annäherung« stammte von Brandts engstem Mitarbeiter Egon Bahr, der sie erstmals 1963 auf einer Tagung in Tutzing präsentiert hatte.

Was sind die Vereinten Nationen?

Die Vereinten Nationen (UN = United Nations) wurden 1945 gegründet mit dem Ziel des friedlichen Zusammenlebens und der Verhinderung von Kriegen. Die DDR und die Bundesrepublik waren das 133. und 134. Aufnahmeland. Zurzeit haben die Vereinten Nationen 192 Mitgliedsstaaten. Hauptsitz der UN ist New York.

Erfurt, 19. März 1970: Zum ersten Mal besucht ein Bundeskanzler der Bundesrepublik Deutschland die DDR. Willy Brandt trifft den DDR-Ministerpräsidenten Willi Stoph. Alles hat die DDR-Seite sorgsam vorbereitet, doch nachdem Brandt im Tagungshotel eingetroffen ist, gerät die Situation außer Kontrolle: Hunderte von DDR-Bürgern durchbrechen die Absperrungen und rufen in Sprechchören: »Willy Brandt ans Fenster!« Der Bundeskanzler ist tief bewegt über die spontane Kundgebung. Doch ermuntern darf er sie nicht, denn er muss bedenken: »Ich würde anderntags wieder in Bonn sein, sie nicht . . .« Mit einer beruhigenden Geste winkt er aus dem Fenster und seine Anhänger werden still. »Ich wandte mich schweren Herzens ab.« Wenig später drängt die Volkspolizei die Menge weg.

Mit dem westdeutschen Bundeskanzler und seiner »neuen Ostpolitik«, die auf **»Wandel durch Annäherung«,** setzte, verbanden viele DDR-Bürger die Hoffnung auf eine Verbesserung der Reisemöglichkeiten und mehr Freiheiten in ihrem Leben. Nach dem Treffen von Erfurt begannen langwierige Verhandlungen, die schließlich im Dezember 1972 zur Unterzeichnung des Grundlagenvertrages zwischen der Bundesrepublik und der DDR führten. Auch wenn die Bundesrepublik sich weigerte, die DDR als Ausland zu betrachten und das Ziel der Wiedervereinigung aufzugeben, konnte die DDR damit einen großen Erfolg verbuchen: Mit dem Vertrag akzeptierten beide Staaten gegenseitig ihre Existenz und ihre Grenzen.

Dies war die Voraussetzung für die Anerkennung der DDR in der ganzen Welt. 1973 wurden beide Staaten Mitglieder der **Vereinten Nationen.** In Bonn und Ostberlin richteten die beiden Staaten gegenseitig »ständige Vertretungen« ein, die ähnlich wie Botschaften in fremden Ländern arbeiteten. Außerdem durften jetzt auch Journalisten von westlichen Zeitungen und Fernsehsendern aus Ostberlin berichten. Westdeutsche und Westberliner konnten aufgrund der Verträge jetzt relativ unkompliziert **in die DDR fahren,** um ihre Verwandten und Freunde zu besuchen.

Obwohl die DDR-Regierung die Vereinbarungen akzeptierte, hatte sie große Befürchtungen hinsichtlich der innenpolitischen Folgen. Sie wusste, dass die Mehrheit der DDR-Bürger sich stark an Westdeutschland orientierte. DDR-Außenminister Otto Winzer soll deshalb die »neue Ostpolitik« als »Aggression auf Filzlatschen« bezeichnet haben, mit der die Bundesrepublik mehr Einfluss auf die Ostdeutschen gewinnen und das SED-Regime von innen aushöhlen wollte. Deshalb grenzte sich die DDR-Regierung stärker ab: 1974 strich sie aus der DDR-Verfassung alle Formulierungen, die an die gemeinsame deutsche Nation erinnerten. Außerdem baute sie das Bespitzelungssystem des Ministeriums für Staatssicherheit stark aus, um die Ausbreitung westlicher politischer Ideen zu kontrollieren.

Trotz der Verbesserungen gab es weiterhin viele Schwierigkeiten. 1980 erhöhte die DDR den **Mindestumtausch** für private Reisen in die DDR auf 25 D-Mark pro Tag, um den starken Andrang zu bremsen und mehr Westgeld zu erhalten. Die DDR-Regierung hielt weiterhin an ihrer Forderung nach voller völkerrechtlicher Anerkennung fest. 1987 glaubte sie sich kurz vor dem Ziel, als SED-Generalsekretär Erich Honecker mit allen Ehren eines Staatsgastes in Bonn von Bundeskanzler Helmut Kohl empfangen wurde.

Doch am inneren Verfall der DDR, der zwei Jahre später zum Zusammenbruch des Systems führte, konnte diese Reise nichts mehr ändern. Indirekt hatte die SED im Vorfeld dieses Bonnbesuchs sogar selbst dazu beigetragen, dass die DDR-Bürger immer unzufriedener wurden. Als »Geste des guten Willens« erlaubte sie 1986/87 mehr als 1,5 Millionen DDR-Bürgern, zu Familienfeierlichkeiten in die Bundesrepublik zu reisen. Als die zurückkamen, berichteten sie oft begeistert über ihre Eindrücke vom reichen und bunten Westen.

Wie viele Menschen nutzten die Reisemöglichkeit in die DDR?

Jährlich gab es ab 1973 mehr als fünf Millionen Reisen, allerdings nur vom Westen in die DDR. Umgekehrt blieb fast alles beim Alten: DDR-Bürger durften nur als Rentner in den Westen fahren (1973 immerhin rund 1,2 Millionen). Allen anderen war der Weg über die Grenze versperrt, von wenigen Ausnahmen in »dringenden Familienangelegenheiten« und Geschäftsreisen abgesehen.

Was war der Mindestumtausch?

Westdeutsche mussten pro Reisetag 25 D-Mark in DDR-Mark umtauschen. Da es in den DDR-Läden wenig Interessantes zu kaufen gab und Restaurantbesuche relativ preisgünstig waren, hatten die Reisenden häufig Geld übrig. Zurücktauschen war aber nicht möglich und über die Grenze durfte das DDR-Geld nicht mitgenommen werden.

BEMERKENSWERTES

Theater auf dem Weihnachtsmarkt

Beim zweiten Besuch eines Bundeskanzlers in der DDR, 1981 von Helmut Schmidt, hatte die DDR-Führung gründlich vorgesorgt, um spontane Kundgebungen zu verhindern: Etwa 34.000 Polizisten und Mitarbeiter der Staatssicherheit bewachten jeden Meter der Reisestrecke. In Güstrow (Mecklenburg) wurde die gesamte Innenstadt für die Einwohner gesperrt. Niemand durfte sein Haus verlassen. Für den im Programm vorgesehenen Besuch Schmidts auf dem örtlichen Weihnachtsmarkt mussten Funktionäre und Polizisten in Zivil »Bevölkerung« spielen, die den Gast artig begrüßten.

Kalter Krieg und Entspannung – die DDR im Ost-West-Konflikt

Woher stammt der Begriff Kalter Krieg?

1946 prägte Herbert Swope, ein Mitarbeiter des US-Präsidenten, den Begriff. Bekannt wurde er aber durch den amerikanischen Publizisten Walter Lippmann. 1947 veröffentlichte er die Broschüre The Cold War. A Study in US Foreign Policy *(Der Kalte Krieg. Eine Studie zur US-Außenpolitik).*

Was sind Stellvertreterkriege?

Die Großmächte USA und UdSSR griffen immer wieder militärisch in Konflikte in Staaten der Dritten Welt ein, um Verbündete in der weltweiten Systemkonfrontation zu unterstützen. Hierzu zählten der Koreakrieg, der Vietnamkrieg, die sowjetische Invasion in Afghanistan und einige andere Kriege und Bürgerkriege.

Als **Kalten Krieg** bezeichnet man die Auseinandersetzung zwischen den Supermächten USA und UdSSR und ihren jeweiligen Verbündeten von 1945 bis 1990. Er war ein Konflikt zwischen den beiden unvereinbar erscheinenden Weltanschauungen, dem liberaldemokratischen, kapitalistischen System des Westens und dem kommunistischen System des Ostens. Diese Auseinandersetzung wurde immer wieder bis an den Rand des »heißen Krieges« geführt.

Dass der Kalte Krieg tatsächlich »kalt« blieb, es also nicht – trotz vieler **Stellvertreterkriege** außerhalb Europas – zu einem dritten Weltkrieg kam, war ein Ergebnis des Rüstungswettlaufs um die Atombombe. Nachdem beide Supermächte in der Lage waren, die jeweils andere Macht durch einen Atomschlag auszulöschen, schreckten sie im entscheidenden Moment davor zurück – das »Gleichgewicht des Schreckens« war geboren. Eine Garantie dafür gab es allerdings nicht. Als die Sowjetunion 1962 Atomraketen auf Kuba stationierte, stand die Welt am Rande eines solchen Krieges. Und 1983 kam es noch einmal zu einer gefährlichen Situation, als die östliche Seite die westliche Atomwaffen-Militärübung »Able Archer« als Vorbereitung für einen tatsächlichen Angriff wertete und für seine Raketenstreitkräfte Alarm auslöste.

Da ein Atomkrieg unweigerlich zur völligen Zerstörung Mitteleuropas und damit auch des geteilten Deutschlands geführt hätte, beteiligten sich die beiden deutschen Staaten seit den 70er-Jahren an den Bemühungen, durch Abrüstungsverhandlungen und **»vertrauensbildende Maßnahmen«** diese gefährliche Situation zu entschärfen. Der wichtigste internationale Vertrag dieser Art war die 1975 in Helsinki (Finnland) beschlossene Schlussakte der »Konferenz über Sicherheit und Zusammenarbeit in Europa« (KSZE), mit der alle bedeutenden Staaten Europas und die beiden Supermächte USA und UdSSR die Grenzen in Europa als unverletzlich anerkannten. Wie sich später zeigte, entwickelte sich für die DDR ein anderer Teil der KSZE-Schlussakte, der sogenannte Korb drei, zu einem dauernden Unruheherd. In diesem Korb drei war eine Reihe von Menschen- und Bürgerrechten niedergeschrieben, darunter auch das Recht, das eigene Land verlassen zu dürfen. Darauf beriefen sich in den folgenden Jahren immer mehr DDR-Bürger und forderten ihre Ausreise in die Bundesrepublik.

Der Kalte Krieg war auch ein Krieg der Geheimdienste. Mit gro-ßem Aufwand versuchten die Mächte beider Seiten, mit Agenten, Spionagesatelliten und riesigen Radaranlagen die Waffenlager und die militärischen Pläne des Gegners auszukundschaften, um daraus ihre Vorteile zu ziehen. Immer wieder gelang es beiden Seiten, Spione in herausgehobenen Positionen der Militärbündnisse zu platzieren, wie zum Beispiel den polnischen Oberst **Ryszard Kukliński,** der von 1971 bis 1981 viele geheime Dokumente über sow-jetische Atomwaffen an den amerikanischen Geheimdienst CIA lie-ferte. Auf diesem Gebiet erzielte die DDR-Staatssicherheit mit ihrer »Hauptverwaltung Aufklärung« legendäre Erfolge, bei denen sie sich die günstige Situation im geteilten Deutschland zunutze mach-te: Agenten konnten sich durch die gemeinsame Sprache gut tarnen. Ihr wichtigster Militärspion war der Westdeutsche **Rainer Rupp,** der von 1977 bis 1990 Geheiminformationen aus dem Hauptquartier des westlichen Militärbündnisses NATO in Brüssel lieferte. Dank Rupp war die Führung des Warschauer Paktes in einigen Fällen noch vor der NATO-Führung über die aktuellen Papiere zur Militärplanung informiert.

Was sind »vertrauensbildende Maßnahmen«?

Dazu gehörten gegen-seitige Informationen über bevorstehende Militärmanöver, die Entsendung von militä-rischen Beobachtern zu solchen Übungen und die Einrichtung ei-ner direkten Telefonlei-tung zwischen der sowjetischen und der amerikanischen Füh-rung, dem sogenann-ten »roten Telefon«.

Was wurde aus den Spionen Kukliński und Rupp?

Ryszard Kukliński flüchtete 1981 mit sei-ner Familie in die USA und wurde in Polen 1984 in Abwesenheit zum Tode verurteilt. Nach dem Ende des Kommunismus in Po-len änderte sich jedoch die offizielle Meinung über den Spion. Als er 2004 starb, wurde er auf dem Ehrenfriedhof in Warschau als Natio-nalheld beerdigt. Für manche Polen gilt er aber noch heute als Vaterlandsverräter. Rainer Rupp wurde 1993 enttarnt und ver-haftet. Er erhielt eine Strafe von zwölf Jahren Gefängnis. Im Jahr 2000 wurde er entlas-sen und arbeitet seit-dem als Buchautor und Journalist für kommu-nistische Zeitungen.

Spion Rainer Rupp alias »Topas« vor Gericht, 1994

BEMERKENSWERTES

Ein Spion in Dresden

Die Sowjetunion unterhielt während des Kalten Krieges auch selbst Spionagestützpunkte in der DDR. Als Wladimir Putin im Jahr 2000 russischer Präsident wurde und sich viele wunderten, warum er perfekt Deutsch konnte, kam schnell ans Tageslicht, dass Putin von 1985 bis 1990 in Dresden als Spionageoffizier gearbeitet hatte und von dort aus westdeutsche Agenten führte.

Der Warschauer Pakt –
das Militärbündnis des Ostblocks

Welche Staaten waren an der Gründung des Warschauer Pakts beteiligt?

Gründungsstaaten waren die UdSSR, Bulgarien, Ungarn, DDR, Polen, Rumänien, Tschechoslowakei und Albanien. Albanien verließ 1962 als Verbündeter Chinas den Warschauer Pakt.

Die westlichen Mächte hatten sich bereits 1949 zur Nordatlantik-vertrag-Organisation (NATO) als militärpolitischem Bündnis zusammengeschlossen. Die Bundesrepublik war 1955 beigetreten und hatte mit dem Aufbau der Bundeswehr begonnen. Im selben Jahr gründeten die Sowjetunion und die **Staaten** ihres Machtbereichs die Warschauer Vertragsorganisation (Warschauer Pakt) als Gegenbündnis. Ein ähnliches Bündnis auf dem Gebiet der Wirtschaft war der Rat für Gegenseitige Wirtschaftshilfe **(RGW).**

Was war der RGW?

Der Rat für Gegenseitige Wirtschaftshilfe bestand von 1949 bis 1991. Er sollte die wirtschaftliche Planung, Zusammenarbeit und Arbeitsteilung unter den Ostblockstaaten organisieren. Die DDR trat dem RGW 1950 bei. Aufgrund der Arbeitsteilung wurden zum Beispiel für den gesamten Ostblock Busse in Ungarn (Marke Ikarus) und Lokomotiven in der Sowjetunion gebaut.

Die Nationale Volksarmee der DDR war eng in die Kommandostrukturen des Warschauer Paktes eingebunden und auf die Sowjetarmee als Haupttruppe des Militärbündnisses ausgerichtet. Dies ergab sich schon aus der Kräfteverteilung der beiden Truppen: Während die NVA eine Friedensstärke von rund 170.000 Mann hatte, umfassten allein die in der DDR stationierten sowjetischen Truppen rund 400.000 Mann. Die Soldaten der Sowjetarmee waren im Straßenbild leicht an ihren Uniformen mit der Aufschrift **CA** auf den Schulterklappen zu erkennen. Besonders beliebt waren die »Freunde« (wie sie ironisch genannt wurden) in der Bevölkerung nicht, weil sie sich oft nicht an Gesetze gebunden fühlten und zum Beispiel bei Manövern häufig Schäden hinterließen oder Autounfälle verursachten. Aber die jungen Rekruten, die unter strengem Regime in den Armeegarnisonen gehalten wurden, taten den DDR-Bürgern oft auch leid.

Die sowjetischen Streitkräfte in Deutschland (GSSD) gehörten zu den am besten **ausgerüsteten** Truppen der Sowjetunion. Im Kriegsfall hätten GSSD und NVA gemeinsam die »erste strategische Staffel« des Warschauer Paktes in Mitteleuropa gebildet. Die Militärplanungen des Warschauer-Pakt-Kommandos gingen davon aus, dass ein Krieg mit einem NATO-Angriff aus dem Westen beginnen würde. Dagegen rüsteten sie die Truppen mit einem massiven Abschreckungspotenzial aus.

Neben der militärischen Funktion gegenüber der NATO hatte der Warschauer Pakt auch Bedeutung für die Sicherung des Systems nach innen. In der DDR hatte die Sowjetunion als **Hegemonialmacht** ihre Truppen am 17. Juni 1953 eingesetzt, um den Volksaufstand niederzuschlagen. Dieses Vorgehen wiederholte sich 1956 in Ungarn und 1968 in der Tschechoslowakei. Als in Polen 1981 die unabhängige Gewerkschaftsbewegung Solidarność das kommunistische Regime zu stürzen drohte, forderten einige Ostblockpolitiker erneut einen Einmarsch. Stattdessen verhängte die polnische Staats- und Parteiführung das Kriegsrecht und sicherte den Systemerhalt mithilfe der eigenen Armee, Polizei und Staatssicherheit.

Die Vormachtstellung der Sowjetunion zeigte sich auch in den Befehlsstrukturen des Militärbündnisses. Zwar gab es einen »Politischen beratenden Ausschuss«, in dem alle Mitgliedstaaten vertreten waren. Oberkommandierender der Vereinten Streitkräfte des Warschauer Pakts war aber immer ein sowjetischer Marschall und die gesamte militärische Führung lag beim Generalstab der Sowjetarmee.

Mit dem Zusammenbruch der kommunistischen Systeme löste sich auch der Warschauer Pakt auf. Die DDR trat am 24. September 1990, wenige Tage vor dem Beitritt zur Bundesrepublik, aus dem Militärbündnis aus. Zum 1. Juli 1991 löste sich das Bündnis ganz auf. Alle nichtsowjetischen Warschauer-Pakt-Staaten sowie die ehemaligen Sowjetrepubliken Estland, Lettland und Litauen sind mittlerweile Mitglieder der NATO. Die letzten Truppen der Sowjetarmee (die nach der Auflösung der Sowjetunion 1991 mittlerweile russische Armee hieß) verließen 1994 endgültig das Territorium der Bundesrepublik Deutschland.

Was bedeutet CA?

Die kyrillischen Buchstaben auf den Schulterklappen der Soldaten standen für Sowjetskaja Armija – Sowjetische Armee. Im Volksmund hießen die Soldaten deshalb die »Herren von C & A«, nach der westdeutschen Bekleidungskette.

Wie war die sowjetische Truppe gerüstet?

Sie hatte modernste Waffen, darunter mehr als 13.000 Panzer und 700 Kampfflugzeuge. Zu ihrem Arsenal zählten auch Atomraketen mit rund 300 Kilometer Reichweite.

Was ist eine Hegemonialmacht?

Hegemonie (altgriech. hēgemón = »Führer«) ist die Vorherrschaft eines Staates oder eines anderen Akteurs. Die Sowjetunion übte die Vorherrschaft innerhalb des Ostblocks aus.

BEMERKENSWERTES

DDR-Truppen in der Tschechoslowakei 1968?

Am 21. August 1968 stießen Truppen von fünf Warschauer-Pakt-Armeen in die ČSSR vor und beendeten gewaltsam das Reformexperiment des »Prager Frühlings«. Es war lange strittig, ob auch die Nationale Volksarmee der DDR daran beteiligt war. Aus Geheimdokumenten lässt sich die Frage heute beantworten: Für den Einmarsch hatten sich zwei Divisionen gefechtsbereit gemacht, wurden aber nicht in Marsch gesetzt. Dafür gab es auch historische Gründe: Die DDR-Führung und die Kommandeure des Warschauer Paktes befürchteten offenbar Hassausbrüche gegen die deutschen Truppen, da diese Erinnerungen an die Besetzung der Tschechoslowakei durch die Wehrmacht 1938 wachgerufen hätte. Die einzigen NVA-Soldaten, die das Territorium der ČSSR tatsächlich beschritten, war eine kleine Funkergruppe, die zu einer Einheit der sowjetischen Armee gehörte.

Die DDR und die Dritte Welt

Was ist Imperialismus?
Unter Imperialismus verstand man in der marxistisch-leninistischen Theorie die Herrschaft der reichen kapitalistischen Staaten, besonders der USA, über die anderen Teile der Welt.

Was besagte die Hallsteindoktrin?
Walter Hallstein, Staatssekretär im Auswärtigen Amt der Bundesrepublik, hatte diese außenpolitische Linie formuliert. Sie besagte, dass die Bundesrepublik und alle westlichen Staaten die diplomatischen Beziehungen zu einem Land abbrechen, wenn es solche Beziehungen mit der DDR aufnimmt. Die DDR sprach deshalb von einer »Alleinvertretungsanmaßung«. Unter der Regierung Willy Brandts ab 1969 wurde die Hallsteindoktrin aufgegeben.

Hoch – die – internationale – Solidarität!« Dieser Kampfruf stand über den Beziehungen der DDR zu Ländern in Afrika, Asien und Lateinamerika. Er gründete sich auf die Behauptung, dass die DDR und der Ostblock gemeinsam mit den ausgebeuteten Ländern der Dritten Welt gegen die **imperialistischen** USA und die anderen Länder des reichen Westens kämpfen würden. Tatsächlich verbargen sich unter diesem Spruch sehr unterschiedliche Formen der Zusammenarbeit: Handelskontakte, militärische und zivile Ausbildungs- und Ausrüstungshilfe oder auch die Anwerbung von Arbeitskräften. Hauptpartner der DDR in der Dritten Welt waren Kuba und Vietnam. Außerdem pflegte die DDR gute Kontakte in die arabische Welt, mit der sie ihre antiisraelische Haltung verband.

In den ersten Jahrzehnten hatte die DDR vor allem das Ziel, Handelsvertretungen in Ländern der Dritten Welt zu errichten, um damit eine Hintertür für die diplomatische Anerkennung öffnen zu können. Doch erst nach dem Wegfall der **Hallsteindoktrin** Ende der 60er-Jahre erfüllten sich diese Hoffnungen. 1969 erkannten der Irak und Kambodscha als die ersten Staaten die DDR diplomatisch an.

In Afrika leistete die DDR in einer Reihe von gerade aus der Kolonialherrschaft entlassenen Staaten wie Mosambik und Angola wirtschaftliche und politische Aufbauhilfe für die sowjettreuen Regime. Viel Unterstützung erhielten auch Befreiungsbewegungen wie die **SWAPO** in Südwestafrika (ab 1990 Namibia) und der **ANC,** der wichtigsten Kampforganisation gegen das vom Westen lange Zeit gestützte rassistische **Apartheidregime** in Südafrika. Die Nationale Volksarmee und das Ministerium für Staatssicherheit bildeten Untergrundkämpfer solcher Organisationen aus. Außerdem lieferte die DDR Waffen und Ausrüstung. In den Genuss dieser Unterstützung kam auch die Palästinensische Befreiungsorganisation (PLO), die Israel mit Terrorakten beseitigen wollte.

In den 80er-Jahren spielten sogenannte »Vertragsarbeiter« eine immer größere Rolle. Dies waren ausländische Arbeitskräfte, vor allem aus Vietnam, die auf der Grundlage von staatlichen Abkommen angeworben wurden, um die Arbeitskräfteknappheit in der DDR abzumildern. Sie mussten spätestens nach fünf Jahren in ihre Heimat zurückkehren und durften in der der DDR nur in Wohnheimen wohnen. Arbeiterinnen mussten im Falle einer Schwangerschaft sofort die DDR verlassen. Als 1990 die DDR zusammenbrach, lebten dort etwa 60.000 Vietnamesen.

Bis heute gibt es erbitterten Streit darüber, ob in der DDR unter dem Mantel der »internationalen Solidarität« doch eine gehörige Portion Rassismus grassierte. Wirklich in die Gesellschaft aufgenommen wurden weder die politischen Flüchtlinge noch die Vertragsarbeiter. Im Gegenteil, die DDR tat alles, um sie aus dem normalen Leben herauszuhalten. Unter der Bevölkerung gab es gehöriges Gegrummel über die »Fidschis« und »Neger«, die angeblich die Läden leer kauften und es wagten, in den Jugendkub zu kommen und einheimische Frauen anzusprechen. Der Zulauf zu den Neonazis und die rassistischen Ausschreitungen von Hoyerswerda und Rostock 1991, bei denen Anfang der 90er-Jahre Hetzjagden auf Ausländer und Brandanschläge auf deren Wohnheime zu beklagen waren, ließen die Öffentlichkeit aufschrecken.

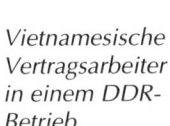

Vietnamesische Vertragsarbeiter in einem DDR-Betrieb

Welche Unterstützung bekamen SWAPO und ANC?

Die beiden Organisationen, heute Regierungsparteien in Südafrika und Namibia, schickten Tausende von jungen Mitgliedern zur militärischen Ausbildung in die DDR. SWAPO steht für South-West African People's Organization, *ANC für* African National Congress.

Was ist Apartheid?

Apartheid nannte man in Südafrika die völlige Trennung von Farbigen und Weißen; farbige Südafrikaner durften nicht einmal dieselben Strände oder Treppen benutzen wie Weiße und waren in jeder Hinsicht in der Gesellschaft massiv benachteiligt. Dieses System wurde erst in den 90er-Jahren aufgegeben.

BEMERKENSWERTES

Afrikanische »Ossis«

Ab 1979 nahm die DDR über 400 schwarze Kinder von SWAPO-Mitgliedern auf, die gegen die weißen Südafrikaner im besetzten Südwestafrika kämpften. Sie wurden in einem Kinderheim in Bellin (Mecklenburg) untergebracht und lernten dort das deutsche Leben und die deutsche Sprache, hatten aber kaum Kontakt zu ihrer heimatlichen Kultur. Als Namibia 1990 unabhängig wurde und die DDR zusammenbrach, mussten diese Kinder plötzlich zurückkehren. In der völlig fremden Umgebung dort hatten sie schnell ihren Ruf als »schwarze Deutsche« weg. Sie gründeten den »Ossiklub von Windhoek«.

Von der Sowjetunion lernen, heißt wählen lernen – die DDR und Gorbatschow

Was versteht man unter der Sinatra-doktrin?

So bezeichnete der Sprecher des sowjetischen Außenministers Gennadi Gerassimow im Oktober 1989 in Helsinki scherzhaft die neue Großzügigkeit der UdSSR gegenüber ihren Verbündeten. Gemeint war ein Lied des amerikanischen Sängers Frank Sinatra mit dem Titel I did it my way *– jeder Staat sollte jetzt »seinen Weg« gehen dürfen.*

Es war schon fast zur traurigen Gewohnheit geworden – seit dem Tode des sowjetischen Staats- und Parteichefs Leonid Breschnew im November 1982 waren immer wieder Nachfolger bestimmt worden, die nach wenigen Monaten verstarben: Juri Andropow im Februar 1984 und Konstantin Tschernenko im März 1985. Wer würde wohl jetzt folgen in der grauen Welt der alten Männer des sowjetischen Politbüros? Die Überraschung konnte kaum größer ausfallen. Es folgte kein weiterer hinfälliger Greis, sondern ein dynamischer und offener Parteiführer, 20 Jahre jünger als sein Vorgänger: Michail Sergejewitsch Gorbatschow, geboren 1931 und langjähriger Parteifunktionär, der die ganze Ochsentour durch die Apparate hinter sich hatte.

Schnell bemerkten die DDR-Bürger, die darin geübt waren, zwischen den Zeilen der offiziellen Verlautbarungen die Neuigkeiten zu entdecken, dass Gorbatschow anders war – nicht nur anders als seine Vorgänger, sondern anders auch als die betagten Parteiführer in Ostberlin mit Erich Honecker an der Spitze. Gorbatschow setzte drei Themen auf die Tagesordnung: *Glasnost*, das russische Wort für Offenheit und Transparenz; *Perestrojka*, den »Umbau« der maroden Wirtschaft; und *Novoe Myschlenie*, ein »Neues Denken« im Ost-West-Konflikt, um die riesigen Kosten der sowjetischen Rüstung zu senken. Er kritisierte offen unfähige Funktionäre und ermunterte die Zeitungen, kritisch über Missstände und Tabuthemen zu berichten. Schließlich ging er daran, das sowjetische Wahlsystem zu demokratisieren: Bei den Wahlen zum sowjetischen Parlament, dem »Kongress der Volksdeputierten«, im März 1989 gab es das erste Mal pro Abgeordnetensitz mehrere Kandidaten zur Auswahl.

Die DDR reagierte auf den neuen sowjetischen Kurs abwehrend. Die alte Parole »Von der Sowjetunion lernen, heißt siegen lernen« sollte plötzlich nicht mehr gelten. Stattdessen rief die SED einen »Sozialismus in den Farben der DDR« aus und hob hervor, dass der Lebensstandard und die Wirtschaftsleistung in der DDR ja viel höher seien als in der Sowjetunion. Der Gipfelpunkt der Abwehrreaktionen gegen die sowjetische Reformpolitik war erreicht, als Honecker sogar die sowjetische deutschsprachige Zeitschrift *Sputnik* in der DDR verbieten ließ, weil diese kritische Artikel über Stalins Verbrechen brachte. Damit löste die SED-Führung wütende Reaktionen in der Bevölkerung aus. Auch viele Funktionäre wollten sich mit dieser Bevormundung und Zensur nicht mehr abfinden und protestierten.

Die dramatischste Entwicklung aus Sicht der SED war jedoch die Politik Gorbatschows zur deutschen Frage. Er ließ erkennen, dass die Sowjetunion in Zukunft darauf verzichten wollte, den anderen Ostblockstaaten ihren politischen Kurs vorzuschreiben. Statt der Breschnewdoktrin von der »beschränkten Souveränität« sollte jetzt die **»Sinatradoktrin«** gelten: Jedes Land sollte selbst über seine Zukunft entscheiden. Damit deutete sich an, dass Gorbatschow auf die Bestandsgarantie für die DDR möglicherweise verzichten würde. Erschüttert reagierte die SED-Führung, als Gorbatschow im Juni 1989 zu einer triumphalen Reise durch die Bundesrepublik antrat, wo ihm Wellen der Begeisterung entgegenschlugen, wie zuvor nur John F. Kennedy 1963. Bundeskanzler Kohl verstand sich offenkundig prächtig mit seinem Gast – und die Sowjetunion brauchte dringend Wirtschaftshilfe aus der Bundesrepublik . . .

Die DDR-Opposition gab ihre Skepsis gegenüber dem neuen sowjetischen Parteichef nur zögerlich auf. Sie zweifelten an seinem ernsten Willen und an den Erfolgsaussichten. Erst als Gorbatschow im Dezember 1986 dem sowjetischen Regimekritiker **Andrej Sacharow** die Rückkehr nach Moskau aus der Verbannung gestattete und ihm zugleich die Möglichkeit gab, sich auch öffentlich zu äußern, festigte sich die Überzeugung, dass er es ernst meinen könnte mit dem Ende der politischen Verfolgung in der UdSSR.

Wer war Andrej Sacharow?

Der russische Atomphysiker Andrej Dmitrijewitsch Sacharov (1921–1989) war einer der Väter des sowjetischen Atomwaffenprogramms. Später begann er, die Gefahren dieser Waffentechnik zu erkennen. 1970 gründete er ein Komitee zur Durchsetzung der Menschenrechte und erhielt 1975 den Friedensnobelpreis. Nach Protesten gegen den sowjetischen Einmarsch in Afghanistan 1979 wurde er von der sowjetischen Geheimpolizei KGB verhaftet und nach Gorki verbannt, wo er unter Aufsicht leben musste. Nach seiner Befreiung 1986 engagierte er sich in der Politik und wurde 1989 Abgeordneter des Kongresses der Volksdeputierten. Im gleichen Jahr starb er an einem Herzinfarkt.

BEMERKENSWERTES

»Tapeten-Kutte« und die Perestrojka

Die SED-Führung fühlte sich durch die sowjetische Reformpolitik unter enormem Druck. Im März 1987 formulierte das Politbüromitglied Kurt Hager für ein Interview der westdeutschen Illustrierten *stern*, das auch in der DDR-Zeitung *Neues Deutschland* nachgedruckt wurde, die trotzige Reaktion: »Würden Sie, wenn Ihr Nachbar seine Wohnung neu tapeziert, sich verpflichtet fühlen, Ihre Wohnung ebenfalls neu zu tapezieren?« Die DDR-Bürger waren empört über diese Absage an jegliche Reform. Ab diesem Tag hatte Hager seinen Spottnamen weg: »Tapeten-Kutte«.

Flucht und Ausreise

Wie sahen die Sicherungsanlagen an der Grenze aus?

Dem ersten Zaun folgten ein geharkter Grenzstreifen mit Wachtürmen, Scheinwerfer, Kfz-Sperrgräben, Hundelaufanlagen, Minenfelder, schließlich der eigentliche Grenzzaun, drei Meter hoch. Ab 1970 montierten die Grenztruppen der DDR an den Zäunen sogenannte Selbstschussanlagen, Typ SM 70, eine Apparatur, die bei Berühren eines Signaldrahtes etwa 100 scharfkantige Stahlwürfel verschoss.

Was war der Schießbefehl?

Die Grenzsoldaten hatten den Befehl, Flüchtlinge zu erschießen, wenn sie anders nicht aufzuhalten waren. Für die Verhinderung von Fluchten bekamen die Soldaten Prämien. Nach 1989 gab es rund 120 Strafverfahren wegen Totschlags oder Mordes gegen die Todesschützen und ihre Befehlsgeber in den Grenztruppen und dem Politbüro. Die unmittelbaren Schützen wurden in der Regel zu Strafen auf Bewährung verurteilt. Die noch prozessfähigen Politbüromitglieder, wie Egon Krenz und der Ostberliner SED-Chef Günter Schabowski, mussten

Der Blick über die Ostsee war verführerisch: das offene Meer, die Ozeandampfer am Horizont. Wie die Landkarte zeigte, waren es einige Dutzend Kilometer bis zur schleswig-holsteinischen Küste. Wäre das zu schaffen? Schwimmen, auf der Luftmatratze, im heimlich herangeschafften Boot, womöglich mit Motor? Die Flucht war gefährlich, am Strand patrouillierten die Grenzer, in den Hoheitsgewässern kreuzten die Boote der Grenztruppen und der Weg war sehr weit. Wie viele Menschen bei dem Versuch ertranken, über die Ostsee aus der DDR zu fliehen, wird niemals zu ermitteln sein. Immer wieder wurden von Fischerbooten oder Strandspaziergängern Wasserleichen entdeckt. Doch rund 900 schafften diesen gefährlichen Weg, zum Teil nach monatelangem Ausdauertraining im Schwimmbad oder mit abenteuerlichen Mini-U-Booten Marke Eigenbau.

Nach dem Mauerbau gab es keine Schlupflöcher durch die DDR-Grenze mehr; immer aufwendiger bauten die Grenztruppen die **Sicherungsanlagen** aus. Aufgrund dieses Ausbaus und des **Schießbefehls** an die Grenzsoldaten gelangen nach 1961 **kaum noch Fluchten** über die Grenze. Wer das Land verlassen wollte, versuchte es eher mit gefälschten Pässen, die westdeutsche Fluchthelfer lieferten, oder über die Grenzen zu Jugoslawien in Ungarn oder Bulgarien.

Seit der KSZE-Schlussakte von Helsinki 1975, in der das Recht auf **»Freizügigkeit«** niedergeschrieben war, nahm allerdings die Zahl derjenigen DDR-Bürger zu, die das Land über eine offizielle Ausreise verlassen wollten. Die DDR-Regierung weigerte sich zunächst, solche Anträge zu bearbeiten, und setzte die Ausreisewilligen unter Druck, aber es wurden immer mehr. 1984 entließ die SED auf einen Schlag fast 30.000 solcher Ausreisewilligen in die Bundesrepublik. Davon versprach sie sich eine Beruhigung, doch das Gegenteil trat ein: In Windeseile sprach sich die Nachricht von der Ausreisewelle herum und noch mehr

Der 18-jährige Peter Fechter wird bei seinem Fluchtversuch am 17. August 1962 von DDR-Grenzsoldaten erschossen.

DDR-Bürger stellten einen Ausreiseantrag. Im Sommer 1989 gab es schließlich 125.000 solche Anträge.

Der ständige Zuwachs an Ausreiseanträgen stellte die SED vor enorme Probleme: Er zeigte, dass in allen Teilen der Gesellschaft die Unzufriedenheit wuchs. Oft begründeten die Antragsteller ihren Ausreisewunsch mit der allgemeinen Perspektivlosigkeit, mit dem Verfall der Städte und der fehlenden Aussicht, ein Leben nach den eigenen Wünschen führen zu können. Einen Ausreiseantrag zu stellen, war zwar nicht lebensgefährlich, aber trotzdem ein schwerer Schritt. Die meisten Antragsteller verloren sofort ihre Arbeitsstellen und lebten teilweise über Jahre mit der Ungewissheit, ob sie jemals die DDR verlassen dürften. War die Ausreise genehmigt, mussten sie innerhalb von zwei Tagen das Land verlassen und oftmals einen Großteil ihres Hab und Guts zurücklassen, von den Freunden und Verwandten ganz zu schweigen. Hunderte von Ausreisewilligen wurden von der Staatssicherheit verhaftet, weil sie in Briefen an westdeutsche Regierungsstellen um Hilfe gebeten oder Drohungen gegen DDR-Stellen ausgesprochen hatten.

In den letzten Jahren der DDR spitzten sich alle diese Krisensignale zu: 1988 blieben fast 6.000 DDR-Einwohner nach privaten und dienstlichen Reisen im Westen. Hinzu kamen mehr als 25.000 genehmigte Ausreisen. In einigen Berufsgruppen, wie den Ärzten, wurde das Personal knapp. Noch waren die Ausreisewilligen Außenseiter, aber ihr Lebensgefühl entsprach immer mehr der allgemeinen Stimmungslage in der Bevölkerung: So konnte es nicht weitergehen.

mehrjährige Haftstrafen absitzen.

Wie viele Menschen schafften die Flucht aus der DDR?

Seit Mitte der 70er-Jahre gab es pro Jahr rund 600 bis 900 erfolgreiche Fluchten und über 2.800 aufgedeckte Fluchtversuche. Von 1949 bis 1989 starben bei dem Versuch, die DDR-Grenze zu überwinden, über 700 Menschen.

Was bedeutet Freizügigkeit?

Dieser juristische Begriff bedeutet das Recht, sich frei zu bewegen, den Wohnort zu wechseln und auch das eigene Land zu verlassen.

BEMERKENSWERTES

Die letzten Grenztoten in Berlin

Der 21-jährige Chris Gueffroy war der letzte Flüchtling, den Grenzsoldaten an der Berliner Mauer erschossen. In der Nacht vom 5. zum 6. Februar 1989 entdeckten sie ihn und seinen Freund Christian Gaudian kurz vor dem letzten Grenzzaun in Berlin-Treptow. Gueffroy starb im Kugelhagel, sein Freund wurde schwer verletzt festgenommen. Kurz nach den Schüssen auf Gueffroy hob Erich Honecker im April 1989 heimlich den Schießbefehl auf, um weitere Negativschlagzeilen zu vermeiden. Nach Chris Gueffroy starb noch ein weiterer Mensch bei einem Fluchtversuch: Winfried Freudenberg stürzte am 8. März 1989 mit einem selbst gebauten Gasballon nach einem stundenlangen Irrflug über Berlin-Zehlendorf ab.

Köpfe der Bürgerbewegung

Wie groß war die Oppositionsszene?

Zu den Oppositions- und Bürgerrechtsgruppen zählten Ende der 80er-Jahre rund 2000 Aktivisten und Sympathisanten. In allen größeren Städten gab es Gruppen. Sie waren untereinander gut vernetzt. Die Staatssicherheit versuchte mit vielen Methoden, diese Gruppen zu lähmen.

Was stand im Berliner Appell?

Die Verfasser forderten ein atomwaffenfreies Europa und Friedensverträge für das geteilte Deutschland, aber auch die Einführung eines Sozialen Friedensdienstes für Kriegsdienstverweigerer in der DDR und die Abschaffung des Wehrunterrichts. Nach der Veröffentlichung des Appells über westliche Medien wurde Rainer Eppelmann im Februar 1982 für drei Tage inhaftiert, dann aber wieder freigelassen.

Seit Ende der 70er-Jahre hatte sich im Umfeld der evangelischen Kirche und der wenigen sozialistischen Dissidenten eine neue **Bürgerrechtsszene** entwickelt. Ihr Ausgangspunkt war die Friedensbewegung der frühen 80er-Jahre und der Protest gegen die Militarisierung des Lebens und das Feindbilddenken in der DDR. Weitere Themen waren die Vorherrschaft der SED, die fehlende Demokratie, die Menschenrechte und die Umweltverschmutzung in der DDR. Zugleich stand die Bürgerbewegung aber dem westlichen System kritisch gegenüber. Sie knüpften an die Theorien vom »dritten Weg« zwischen Ost und West an. Ihre engsten Partner im Westen waren die gerade gegründeten oppositionellen Grünen.

Eine der bekanntesten Figuren der Opposition war der evangelische Pfarrer Rainer Eppelmann. Der gelernte Maurer hatte als Bausoldat gedient und wegen Verweigerung des Gelöbnisses acht Monate im Militärgefängnis abgesessen. Danach studierte er Theologie und wurde Gemeindepfarrer in der Berliner Samaritergemeinde. Dort gehörte er 1977 zu den Erfindern der »Blues-Messen«, Gottesdienste, die mit Rockmusik und Sketchen unangepasste Jugendliche anzogen. Die Blues-Messen brachten es zeitweilig auf bis zu 8.000 bis 9.000 Teilnehmer in der ganzen DDR.

1982 schrieb Eppelmann gemeinsam mit dem Dissidenten Robert Havemann den **»Berliner Appell** – Frieden schaffen ohne Waffen«. Im Oktober 1989 gründete er die Organisation »Demokratischer Aufbruch«; nach den demokratischen Wahlen vom 18. März 1990 übernahm er als Minister für Abrüstung und Verteidigung die Auflösung der Nationalen Volksarmee. Er war später lange Zeit Bundestagsabgeordneter der CDU und ist heute Vorsitzender der Bundesstiftung zur Aufarbeitung der SED-Diktatur.

Als »Mutter Courage« der DDR-Opposition gilt die Malerin Bärbel Bohley. 1982 gründete sie mit einigen Mitkämpferinnen die »Frauen für den Frieden«, die sich als Teil der blockübergreifenden Friedensbewegung in Ost und West verstanden. Nach einer Protestaktion wurde sie Ende 1982 verhaftet und erst nach sechs Wochen aufgrund internationaler Proteste entlassen. Sie gehörte später zu den Mitbegründerinnen einer der wichtigsten Oppositionsgruppen, der Initiative Frieden und Menschenrechte (IFM), die 1986 zum 11. Parteitag der SED eine Demokratisierung der DDR forderte und die Herrschaft der Staatspartei infrage stellte.

Bärbel Bohley wurde am 25. Januar 1988 erneut verhaftet. Unter massivem Druck erklärte sie sich bereit, die DDR für ein halbes Jahr zu verlassen. Nach ihrer Rückkehr gehörte sie 1989 zu den Mitbegründern der Organisation »Neues Forum«. Nach dem Mauerfall wandte sie sich **enttäuscht** von der Revolution ab. Später lebte sie lange in Kroatien.

Zum harten Kern der DDR-Oppositionellen zählte auch Reinhard Schult. Auch er hatte den Waffendienst verweigert und als Bausoldat gedient. Er versuchte sich an einem Theologiestudium, wandte sich aber von diesem Berufsweg ab und arbeitete als Hilfsarbeiter. 1979 bekam er acht Monate Haft wegen der Verbreitung von »staatsfeindlichen« Schriften wie Texten von Wolf Biermann. Danach war er in verschiedenen kirchlichen und marxistischen Oppositionsgruppen aktiv. Er verstand sich als »Berufsrevolutionär« und forderte eine strenge Abgrenzung von den Ausreiseantragstellern und vom Westen. Als Mitunterzeichner des Aufrufs für die Gründung des »Neuen Forums« und als Vorkämpfer für die Auflösung des Ministeriums für Staatssicherheit stand Schult in der demokratischen Revolution an vorderster Front. Doch nach der Wiedervereinigung zog er sich aus dem politischen Leben zurück, das seinen basisdemokratischen und sozialistischen Vorstellungen nicht entsprach. Er lebt heute in einem kleinen Dorf in der Uckermark (Brandenburg).

Bärbel Bohley

Warum war Bärbel Bohley enttäuscht vom Verlauf der Revolution?
Wie viele DDR-Oppositionelle hatte sich Bärbel Bohley für eine Reform der DDR, nicht für den Beitritt zur Bundesrepublik eingesetzt. Als die große Mehrheit der DDR-Bürger nach dem Fall der Mauer in den Westen drängte, zog sie sich aus der Politik zurück.

BEMERKENSWERTES

Lähmen und zersetzen

Aus Furcht vor internationalen Protesten vermied die SED-Führung es in den meisten Fällen, die bekannten Oppositionellen zu verhaften. Stattdessen versuchte man, mithilfe von Agenten in den Gruppen Zwietracht zu säen und die führenden Köpfe psychisch zu zermürben. Zu solchen »Zersetzungsmaßnahmen« gehörten Telefonterror, falsche Kleinanzeigen und Warenbestellungen, mit denen sich die Empfänger herumschlagen mussten. Am wirkungsvollsten war das Gerücht, der Oppositionelle würde für die Stasi als Spitzel arbeiten.

Warum brach die DDR zusammen?

Wie hoch waren die Schulden der DDR?

Die Verschuldung der DDR bei internationalen Banken lag 1989 bei etwa 14 Milliarden Dollar. 1971 hatte sie etwas mehr als eine Milliarde Dollar betragen. Um die Kreditsituation durch Warenexporte zu stabilisieren, wäre eine Senkung des Konsumstandards in der DDR um 25 bis 30 Prozent notwendig gewesen.

Anfang 1989 schien in der DDR äußerlich alles beim Alten: Die Führung bereitete sich auf pompöse Feiern zum 40. Gründungstag der Republik vor. Im Vergleich zu manchem anderen Ostblockstaat stand die Wirtschaft noch gut da und konnte sich auch der Unterstützung durch die Bundesrepublik erfreuen. Im Alltag herrschten Ruhe und Ordnung. Arbeitslosigkeit kannte man in der DDR nicht. Die Bürger meckerten über die Versorgungslücken – aber gab es die nicht schon immer?

Fast niemand rechnete damit, dass ein Jahr später die Grenze offen und die Tage der DDR gezählt sein würden. Die DDR war ein zwar in vielen Aspekten unangenehmer, aber stabiler Teil der Nachkriegsordnung in Europa. Tatsächlich aber hatte sich unter dem Mantel der Stabilität eine Fülle von Problemen angestaut, die ab dem Sommer 1989 binnen weniger Wochen die Revolte der Bürger und den völligen Zerfall des Systems auslösten. Begünstigt wurde dies durch die neue Haltung der Sowjetunion zu ihren Verbündeten: Die sowjetische Führung griff nicht mehr wie früher in die innenpolitischen Belange der Ostblockstaaten ein, um ihre Vorherrschaft in der östlichen Hälfte Europas zu sichern.

Hinter der Krise standen langfristige innere Ursachen. Massiv schlugen jetzt die Folgen der Wirtschaftspolitik zurück. Der Zustand vieler Produktionsanlagen in den Betrieben war desolat. Mit uralten, immer wieder geflickten Maschinen mussten die Arbeiter unter oft katastrophalen gesundheitlichen Bedingungen produzieren. Seit Anfang der 70er-Jahre war zu wenig Geld in die Erneuerung der Produktionsanlagen geflossen. Hinzu kamen die Systemschwächen der Planwirtschaft: Es gab wenig Anreize, moderne Geräte zu entwickeln oder effektiver zu arbeiten. Gute Produkte musste die DDR in immer größerem Umfang an das Ausland verkaufen, um die **Schulden** bei internationalen Banken zu begleichen.

Zugleich verlor die SED-Führung an Kraft. Statt sich den Problemen der Zeit zu stellen, verschanzten sich die Parteiführer hinter ihrer Propaganda. Sie wollten nicht hören, welche Wünsche die Bevölkerung hatte. Die meisten Mitglieder des Politbüros waren mittlerweile weit über 70 Jahre alt, Staatssicherheitsminister Erich Mielke sogar schon 82. Frischen Wind durch einen Generationswechsel ließen sie nicht zu. Selbst treue SED-Mitglieder und Funktionäre verzweifelten an dieser Unbeweglichkeit und verloren den Glauben an die Zukunft.

Unter Druck geriet die Parteiherrschaft auch, weil die jüngeren Generationen eigene Vorstellungen darüber entwickelten, welche Art Leben sie führen wollten. Viele wollten reisen und die Welt sehen und sich nicht in die feste Lebensplanung einfügen, die die sozialistische Gesellschaft für sie bereithielt: Schule, Facharbeiterlehre, Heirat und Kinder – ein eintöniges, diszipliniertes Leben bis zur Rente. Täglich schwappte die Vielfalt des Lebens in Westdeutschland über die Fernsehprogramme in ihre Wohnzimmer, sollte das alles an ihnen vorbeigehen?

Unter der Oberfläche steuerte alles auf die Frage zu: Wann würde die SED beginnen, sich zu bewegen – und wo wartete ein DDR-Gorbatschow auf seine Chance? Die westlichen Journalisten meinten schon, ihn entdeckt zu haben. Da gab es in Dresden einen SED-Chef, der anders war als die »blutleeren« Politbüromitglieder: **Hans Modrow** lautete sein Name . . .

Hans Modrow

*Wer war
Hans Modrow?*

Der langjährige Parteifunktionär (geboren 1928) war seit 1973 Chef der SED im Bezirk Dresden gewesen. In den 80er-Jahren war er öfters in Konflikt mit der SED-Zentrale gekommen, weil er sich für eine kritische und nüchterne Analyse der Probleme in seinem Bezirk stark gemacht hatte. Bei einem Besuch in der Bundesrepublik hatte er im September 1989 das Interesse der westdeutschen Medien auf sich gezogen. Er war relativ jung, machte einen vitalen Eindruck und wohnte ganz bescheiden in einer einfachen Plattenbauwohnung statt in der abgeschotteten Politbürosiedlung in Wandlitz bei Berlin. Er präsentierte sich als dynamischer Politiker, der jeden Tag schwimmen geht.

BEMERKENSWERTES

Mikrochip-Programm der DDR

Als die DDR-Führung begriff, dass die Weltwirtschaft an der Schwelle zu einer neuen industriellen Revolution durch die Einführung der Computertechnik stand, versuchte sie, den Rückstand auf diesem Gebiet durch ein umfangreiches Entwicklungsprogramm für eine eigene Computerchip-Produktion aufzuholen. Da der Verkauf von modernen Chips an die Ostblockstaaten im Westen verboten war (man befürchtete eine militärische Nutzung), musste die DDR durch Industriespionage, geheime Lieferverträge mit japanischen Firmen und eigene Forschung die Entwicklungslücke zu schließen versuchen. Dies gelang jedoch nicht. Als Erich Honecker 1988 dem sowjetischen Staats- und Parteichef Gorbatschow bei einem Besuch stolz ein Chip-Exemplar aus der neuesten Serienproduktion überreichte, handelte es sich dabei um eine Attrappe. Die Computer des VEB Robotron hinkten der neuesten Technik immer um mehrere Entwicklungsgenerationen hinterher.

Demokratische Revolution und
Wiedervereinigung 1989/90

Der Mauerfall und die Wiedervereinigung 1989/90

20 Jahre ist es her, dass die DDR-Bürger für Demokratie und gegen die SED-Diktatur auf die Straße gingen, dass die Mauer fiel und dass die Weichen für die Wiedervereinigung gestellt wurden. Nach 40 Jahren Stabilität brach das kommunistische System binnen weniger Wochen zusammen, scheinbar von selbst.

Die Bürgerrechtsbewegung des Herbstes 1989 ist eines der größten und erfolgreichsten Ereignisse der Demokratiegeschichte in Deutschland. Anders als die Westdeutschen, die 1949 die Demokratie von den Alliierten »geschenkt« bekamen und sich dann mit dem freiheitlichen System nach und nach anfreundeten, mussten die Ostdeutschen sich diese Demokratie erkämpfen und es war anfangs keineswegs abzusehen, ob sie nicht mit einer blutigen Niederschlagung rechnen mussten, wie sie die SED ihren Gegnern im Falle einer »Konterrevolution« immer wieder angedroht hatte. Zu den Grundsätzen dieser Bewegung gehörte auch ihre Gewaltlosigkeit. »Keine Gewalt«, riefen die Demonstranten den Polizisten zu, die ihnen gegenüberstanden, aber auch sich selbst. Die blutige Rache an den Getreuen des alten Systems, die wir in so vielen Revolutionen der Weltgeschichte sehen, blieb in der demokratischen Revolution 1989/90 aus.

Die demokratische Revolution in der DDR und der Zusammenbruch des Kommunismus waren Vorgänge von weltgeschichtlicher Bedeutung. Der Fall der Berliner Mauer symbolisiert das Ende des »Eisernen Vorhangs«, der Europa seit den 40er-Jahren geteilt hatte. Diese Wende hatte sich 1989 bereits in Polen und Ungarn angekündigt. Dort hatten die herrschenden kommunistischen Parteien sich auf einen schrittweisen Umbruch eingelassen, die Opposition nach und nach legalisiert und so in einer Mischung von Reform und Revolution den Weg in ein neues politisches System beschritten. Mit dem Umbruch in der DDR bekam dieser Prozess schlagartig Kraft in ganz Osteuropa. Die ČSSR folgte nach wenigen Tagen mit der »samtenen Revolution«. Ihr Ergebnis war neben der Demokratie die Teilung des Landes in die Tschechische und die Slowakische Republik. Im Dezember 1989 erreichte der Umbruch auch Rumänien. Der Aufstand gegen die Schreckensherrschaft des Diktators Nicolae Ceauşescu blieb jedoch nicht friedlich. Am 25. Dezember 1989 verurteilte ein Militärgericht ihn und seine Frau vor laufender Kamera zum Tode und ließ die beiden erschießen.

Tief greifende Folgen hatten die Revolutionen von 1989 für die Sowjetunion als Hegemonialmacht Osteuropas selbst: Der dortige Reformkurs Michail Gorbatschows hatte den Wandel erst möglich gemacht. Aber die Reformen gerieten außer Kontrolle. 1991 versuchten alte Funktionäre einen Putsch, um Gorbatschow gewaltsam zu beseitigen. Die Putschisten wurden besiegt, aber Gorbatschow musste sich dem neuen starken Mann, Boris Jelzin, geschlagen geben. Das Imperium der UdSSR mit seinen 15 Sowjetrepubliken zerfiel: Die baltischen Staaten Estland, Lettland, Litauen wurden unabhängig und orientierten sich nach Westen. Die anderen Republiken wurden eigenständig in einer »Gemeinschaft unabhängiger Staaten« (GUS). Von diesem Bedeutungsverlust erholte sich Russland, wie es jetzt wieder hieß, nur langsam.

Bis heute ist umstritten, ob der Begriff »Revolution« auf die Vorgänge in der DDR 1989/90 tatsächlich passt. Mit der Entmachtung der SED und der Einführung der Demokratie sind wichtige Kriterien für eine, wie das Lexikon den Begriff erklärt, »grundlegende, meist plötzliche Umgestaltung der politisch-sozialen Verhältnisse« zweifellos erfüllt. Im Volksmund setzte sich nach 1989 bald das Wort »Wende« durch. Es ist nicht besonders präzise, aber darin kommt zum Ausdruck, dass viele Menschen, die damals auf die Straße gingen, sich vielleicht im Rückblick nicht als »Revolutionäre« fühlen. Auch gab es keine feste Organisation, die die Machteroberung lenkte. Und schließlich ist mancher nicht mehr sicher, ob der schnelle Beitritt zur Bundesrepublik der richtige Weg war, denn damit ging viel von der gerade gewonnenen Gestaltungsfreiheit wieder verloren. Die Debatte darüber wird noch lange anhalten.

Ungarn – das Loch im Eisernen Vorhang

Wie kam es zur Grenzöffnung in Ungarn?

Ungarn entschied sich im Mai 1989 für eine radikale Reform des sozialistischen Systems und begann mit der Öffnung zum Westen. Am 27. Juni trafen sich die Außenminister Ungarns und Österreichs, Gyula Horn und Alois Mock, bei Sopron, um eigenhändig in einem symbolischen Akt den Stacheldraht zu zerschneiden, der die beiden Länder seit vielen Jahren trennte. Der ungarische Ministerpräsident Miklós Nemeth überreichte dem US-Präsidenten George Bush sogar ein Stück Grenzzaun und erklärte, er hoffe, dass alle künstlichen, physischen und geistigen Trennmauern überall einstürzen würden.

Am 2. Mai 1989 begann der **Abbau der Grenzbefestigungen** an der ungarisch-österreichischen Grenze. Dieser Schritt hatte tief greifende Folgen für die DDR. Zwar gab es noch Grenzpatrouillen, die Flüchtlinge aufgriffen, aber die ungarischen Behörden lieferten DDR-Bürger nicht mehr bei deren Staatssicherheit ab, sondern ließen sie in Ungarn wieder laufen. Diese neue Praxis sprach sich schnell herum und schon stieg die Zahl derjenigen, die versuchten, auf diesem Wege in den Westen zu gelangen.

Mit dem Beginn der Sommerferien gewann diese Fluchtwelle schnell an Kraft. Zehntausende von Familien reisten jetzt an den Balaton oder in andere Regionen des beliebten Urlaubslandes und spätestens dort steckte die Stimmung jeden an: Was erzählen die anderen auf unserem Campingplatz über die Grenzkontrollen? Sollen wir den Schritt wagen? Was hält uns noch in unserer Heimat? Was würde uns im Westen erwarten? Werden wir so eine Chance noch einmal im Leben haben?

Immer häufiger verwaisten Zelte und Hotelzimmer, an den Straßenrändern blieben die Trabants stehen. Wer zurückgeschickt wurde, traute sich oft nicht mehr in die DDR aus Angst vor Verhaftung wegen »versuchter Republikflucht«. Hunderte flüchteten auf das Gelände der bundesdeutschen Botschaft in Budapest, ebenso in Prag und Warschau. Tausende traten jede Woche den Weg ohne Rückkehr an. Am 11. September 1989 öffneten die Ungarn ihre Grenze nach Österreich vollständig. Allein in den nächsten drei Tagen flohen daraufhin 15.000 DDR-Bürger in die Bundesrepublik. Insgesamt zählte man 1989 im Aufnahmelager in Gießen bis Anfang November 225.233 Übersiedler aus der DDR. Damit waren der Warschauer Pakt als Grenzsicherungsgemeinschaft faktisch am Ende und erneut die Verhältnisse vor dem Mauerbau 1961 erreicht.

DDR-Flüchtlinge am ungarisch-österreichischen Grenzübergang Sopron, 19. August 1989

Die DDR-Führung reagierte verärgert, ungläubig und hilflos: Warum ließen die ungarischen Genossen sie so im Stich? Die einzige Lösung hätte darin bestanden, niemanden mehr nach Ungarn reisen zu lassen, doch davor schreckte die SED-Führung zurück. Über Wochen herrschte Funkstille in Ostberlin, abgesehen von trotzigen Kommentaren wie dem von Erich Honecker persönlich formulierten Satz, man solle den Flüchtlingen »keine Träne nachweinen«.

Unterdessen hatten sich auch in die Botschaften der Bundesrepublik in Prag und Warschau mehrere Tausend DDR-Bürger geflüchtet, die ihre Ausreise forderten. Dort herrschten chaotische Zustände. Schließlich erklärte sich die DDR-Regierung bereit, diese Flüchtlinge **ausreisen** zu lassen. Das Land blutete einfach aus, die Regierung war gelähmt, aber ihre Macht schien stabil. Da ergriffen die Oppositionellen die Initiative: »Wir bleiben hier!«, lautete ihre Antwort auf die Fluchtwelle und: »Wir wollen eine Demokratisierung der DDR!« Am 24. Juli 1989 rief eine Gruppe um die Pfarrer Martin Gutzeit und Markus Meckel zur Gründung einer Sozialdemokratischen Partei in der DDR (SDP) auf; am 9. und 10. September trafen sich im Hause des verstorbenen Robert Havemann in Grünheide bei Berlin rund 30 Personen zur Gründung des **»Neuen Forums«,** unter ihnen die Malerin Bärbel Bohley, der Biophysiker Jens Reich und der Rechtsanwalt Rolf Henrich. Die Gründer beantragten die offizielle Zulassung als staatlich anerkannte Vereinigung. Wenige Tage später erklärte die DDR-Regierung das Neue Forum zur »staatsfeindlichen Plattform«, aber sie konnte die gewaltige Zustimmungswelle nicht mehr aufhalten: Innerhalb weniger Tage kursierte der Gründungsaufruf »Aufbruch 89« in unzähligen Abschriften und Zehntausende von DDR-Bürgern unterschrieben ihn.

BEMERKENSWERTES

Der betäubte Mitropa-Kellner

Die SED-Führung versuchte, in ihrer Propaganda den Eindruck zu erwecken, die Ungarnflüchtlinge würden gar nicht freiwillig in den Westen fliehen. Am 21. September 1989 brachte sie die abenteuerliche Geschichte von einem Mitropa-Kellner, der angeblich von westlichen Agenten mitmilfe einer präparierten Mentholzigarette betäubt und nach Österreich verschleppt worden sei und nur mühsam den Weg zurück in die DDR geschafft hatte. Später stellte sich heraus: Die Geschichte war von A bis Z erfunden.

Wie wurde die Ausreise bewerkstelligt?

In Sonderzügen fuhren die Botschaftsflüchtlinge über DDR-Gebiet zum bundesdeutschen Grenzbahnhof Hof. Im Vorfeld hatte es großes Misstrauen gegenüber dem Arrangement unter den Betroffenen gegeben; sie fürchteten, festgenommen zu werden, sobald die Züge sich auf DDR-Gebiet befanden. Tatsächlich klappte die Ausreise reibungslos. In Dresden und anderen Durchfahrtsorten kam es allerdings zu Tumulten und Straßenschlachten, weil die Volkspolizei verhindern wollte, dass weitere Menschen auf die Züge aufsprangen.

Was wollte das Neue Forum?

Im Gründungsaufruf des Neuen Forums wurde die SED nicht direkt angegriffen. Aber die Initiatoren forderten einen demokratischen Dialog zwischen Staat und Gesellschaft. Das Neue Forum sollte dafür als Plattform dienen.

»Wir sind das Volk!« – das Wunder von Leipzig

Welche Rolle spielten die »Kampfgruppen der Arbeiterklasse«?

Nach dem 17. Juni 1953 hatte die SED in allen Betrieben bewaffnete Kampfgruppen bilden lassen. Sie sollten gegen erneute Unruhen mit Waffengewalt vorgehen, so auch am 9. Oktober 1989 in Leipzig. Tatsächlich weigerten sich aber viele Angehörige der Kampfgruppen, gegen die Bevölkerung vorzugehen.

Was war das Massaker vom Platz des himmlischen Friedens in Peking?

Seit April 1989 hatten sich auf dem Tienanmen-Platz (Platz des himmlischen Friedens) im Zentrum Pekings rund 4.000 Studenten niedergelassen, um für Demokratie und Menschenrechte im kommunistischen China zu demonstrieren. In den folgenden Wochen kamen immer mehr Demonstranten hinzu. Am 4. Juni 1989 räumte die chinesische Armee den Platz mit Panzergewalt, dabei starben bis zu 5.000 Menschen.

Montagabend, 9. Oktober 1989. Die hohlen Jubelfeiern zum 40. Jahrestag der DDR-Gründung waren vorbei. In Ostberlin hatte es Hunderte von Verhaftungen und Misshandlungen gegen Protestdemonstranten gegeben. Seit Anfang September hatten sich in Leipzig jeden Montag nach einer Andacht des engagierten Pfarrers Christian Führer in der Nikolaikirche mitten im Stadtzentrum Demonstrationen gebildet. Zuerst kamen nur einige Dutzend Teilnehmer, dann einige Hundert, am 25. September schon mehr als 8.000 zu diesen »ungesetzlichen Zusammenrottungen«, wie die Leipziger Volkszeitung sie nannte. Immer wieder hatten Volkspolizei und Staatssicherheit sie brutal auseinandergetrieben.

Jetzt hielt das Land den Atem an. Was würde heute passieren? Gerüchte schwirrten durch Leipzig. In den Krankenhäusern war erhöhte Bereitschaft für Ärzte und Schwestern angeordnet, Blutkonserven wurden bereitgestellt, den Ärzten gesagt, dass sie sich auf Schussverletzungen einzustellen hätten. Drei Tage zuvor hatten die Zeitungen mit der Erklärung einer **Kampfgruppeneinheit** gedroht: »Wir sind bereit und willens, das von unserer Hände Arbeit Geschaffene wirksam zu schützen, um diese konterrevolutionären Aktionen endgültig und wirksam zu unterbinden. Wenn es sein muss mit der Waffe in der Hand.« Polizei, Armee und Staatssicherheit wurden in die Stadt gefahren, in den Nebenstraßen hörte man die Panzer und Mannschaftswagen rollen.

Trotz aller Drohungen: Am späten Nachmittag öffneten sich überall die Türen. Rund 70.000 Menschen strömten auf den Ring um die Innenstadt und stimmten den Ruf der Befreiung an: »Wir sind das Volk! Wir sind das Volk! Wir sind das Volk!« Das waren keine versprengten Häufchen von Unruhestiftern mehr, das war ganz einfach – das Volk. Ein Volk, das genug hatte von der Bevormundung in den Zeitungen, das frei wählen und sein Leben selbst bestimmen wollte.

Diese Menschenmassen waren einer der entscheidenden Gründe dafür, dass es an diesem Montag nicht zu einem furchtbaren **Massaker** wie im Sommer 1989 in Peking kam. Der friedliche Verlauf ging auch auf einen **Aufruf** zurück, den bekannte Leipziger Bürger wie der Kapellmeister Kurt Masur, der Kabarettist Bernd-Lutz Lange und der Pfarrer Peter Zimmermann mit drei führenden Funktionären der

SED-Bezirksleitung verfasst hatten. Das Wunder geschah: Der SED-Chef von Leipzig löste den Einsatzbefehl nicht aus, die Polizisten zogen sich zurück. Damit war der Bann gebrochen. Erich Honecker erwog noch einmal für den kommenden Montag einen harten Einsatz, doch seine Tage als Parteichef waren bereits gezählt.

In den folgenden Wochen brachen sich die Demonstrationen überall Bahn: In großen und kleinen Städten kamen die Leute auf die Straße, die Teilnehmerzahlen stiegen in die Hunderttausende. Zugleich bildeten sich neue Organisationen. Das Neue Forum und die SDP waren schon da, nun konnten auch »Demokratie Jetzt« und der »Demokratische Aufbruch« an die Öffentlichkeit treten.

Die Entwicklung mündete schließlich in einer Demonstration am 4. November 1989 auf dem Ostberliner Alexanderplatz mit bis zu einer Million Teilnehmern. Im Unterschied zu den vergangenen Wochen war sie von einer Künstlerinitiative sogar offiziell angemeldet worden. Die SED wagte nicht mehr, sie zu untersagen. Im Gegenteil: Als Zeichen ihrer Dialogbereitschaft schickte sie den Ostberliner Parteichef Günter Schabowski und den ehemaligen stellvertretenden Stasi-Chef Markus Wolf – beide wurden ausgepfiffen. Dagegen konnten jetzt erstmals auch kritische Schriftsteller wie Christa Wolf und Heiner Müller sowie Oppositionelle wie Jens Reich, Friedrich Schorlemmer und Marianne Birthler öffentlich (und vor laufenden DDR-Fernsehkameras) ungehindert sprechen.

Was beinhaltete der Aufruf der Leipziger Bürger und SED-Funktionäre?

Der Aufruf mahnte zu friedlichem und besonnenem Verhalten, damit es durch Dialog zu Veränderungen kommen könne. Er wurde durch öffentliche Verlesung und über den Rundfunk vor Beginn der Demonstration in der Stadt verbreitet und trug massiv dazu bei, dass die Situation nicht eskalierte. Die drei beteiligten SED-Funktionäre handelten ohne Rücksprache mit ihren Vorgesetzten.

BEMERKENSWERTES

Wie erfuhr die Welt vom »Wunder von Leipzig«?

Die Staatssicherheit hat in den Wochen zuvor systematisch die Anwesenheit von westdeutschen Kamerateams in Leipzig unterbunden. Auch am Mittag des 9. Oktobers wurde der VW Passat des ZDF-Reporters Michael Schmitz und seines Teams vor den Toren der Stadt abgefangen und nach Ostberlin zurückgeschickt. Doch einige Bürgerrechtler hatten sich mit einer Videokamera auf die Lauer gelegt. Von einem Kirchturm und aus einer Aktentasche filmten sie die 70.000 Demonstranten. Auf verschlungenen Wegen gelangte die Kassette aus der Stadt. Schon am folgenden Abend waren in der westdeutschen Nachrichtensendung »Tagesthemen« die spektakulären Bilder vom Leipziger Ring zu sehen.

Der Rücktritt Honeckers und die Entmachtung der SED

Was sagte Gorbatschow wirklich zu Honecker?

Aus Gorbatschows Satz »Wenn wir zurückbleiben, bestraft uns das Leben sofort« wurde noch am selben Tag die berühmte Formel »Wer zu spät kommt, den bestraft das Leben«. Die stammte aber gar nicht von Gorbatschow selbst, sondern von seinem Sprecher Gennadi Gerassimow. Er hatte diesen Satz auf einer Pressekonferenz am selben Abend auf Englisch gesagt. Später übernahm ihn auch Gorbatschow in seinen Erinnerungen.

Wer ist Egon Krenz?

Krenz, geboren 1937, war sein ganzes Berufsleben lang Funktionär. Nach seiner Zeit als FDJ-Chef war er Sekretär für Sicherheitsfragen und Jugend in der Parteiführung und galt lange als Kandidat Honeckers für dessen Nachfolge. Nach seiner Abwahl wurde er am 21. Januar 1990 aus der SED-PDS ausgeschlossen. 1997 wurde er im Schießbefehlprozess wegen Totschlags in vier Fällen zu sechseinhalb Jahren Gefängnis verurteilt. 2000 bis 2003 saß er in Haft in der Strafanstalt Plötzensee. Krenz lebt heute in Dierhagen an der Ostsee.

Der sowjetische Staats- und Parteichef Michail Gorbatschow hatte Erich Honecker bei seinem Besuch am 6./7. Oktober 1989 mit auf den Weg gegeben: **»Wenn wir zurückbleiben,** bestraft uns das Leben sofort.« Den ganzen Sommer über war die SED-Führung gelähmt gewesen, weil Honecker schwer erkrankt war und sein Stellvertreter Günter Mittag keinen Kurswechsel einleitete. In der Partei wuchs der Unmut, weil es keine Antworten auf die Ungarnkrise, die sowjetische Reformpolitik und den Verfall des Landes gab. Mehr und mehr verbreitete sich das Gefühl: So kann es nicht weitergehen. Bis zum nächsten regulären Parteitag, der im April 1991 stattfinden sollte, war es aber noch ein weiter Weg.

Welche Pläne auch immer der geschwächte Honecker für seinen Rückzug aus der Politik haben mochte, jetzt überholten ihn die Ereignisse. Am 10. Oktober 1989 einigte sich das Politbüro das letzte Mal auf eine Kompromisserklärung, in der von Dialog, aber auch

Egon Krenz

von den »Machenschaften des BRD-Imperialismus« die Rede war. Aber im Hintergrund organisierte **Egon Krenz** den Sturz seines langjährigen Förderers. Am 17. Oktober schlug Ministerpräsident Willi Stoph die Ablösung Honeckers als Generalsekretär der SED vor. Krenz sollte zum Nachfolger gewählt werden. Honecker war schockiert, fügte sich aber in sein Schicksal. »Aus gesundheitlichen Gründen« gab er das Parteiamt auf.

Krenz hielt am Abend seiner Wahl eine Fernsehansprache, in der er für den friedlichen Dialog und eine »Wende« in der SED-Politik warb. Doch er galt in der Bevölkerung als belastet: Bei den gefälschten Kommunalwahlen vom Mai 1989 war er der Wahlleiter, nur wenige Wochen zuvor hatte er bei einem Chinabesuch die dortige Politik gelobt, außerdem galt er als farbloser Zögling Honeckers.

Letztlich war sein Amtsantritt auch nur eine Episode im unaufhaltsamen Verfall der Staatspartei SED. Unter dem Druck der Demonstrationen trat am 8. November das gesamte Politbüro zurück, nur wenige der alten Mitglieder wurden erneut berufen. Einen Tag später folgte der Ministerrat. Nachfolger des Ministerpräsidenten Willi Stoph wurde der Dresdener Hoffnungsträger Hans Modrow. Damit verschoben sich die Machtverhältnisse: Fortan war nicht mehr der SED-Generalsekretär, sondern der von der (allerdings nicht demokratisch gewählten) Volkskammer bestimmte Ministerpräsident die entscheidende Person als Regierungschef. Es war auch die Volkskammer, die nun am 1. Dezember 1989 das entscheidende Grundprinzip der Parteidiktatur beseitigte: Aus Artikel 1 der DDR-Verfassung strich sie die »führende Rolle« der SED, die unterdessen an massivem **Mitgliederschwund** litt.

Hinsichtlich der alten Führung überschlugen sich die Ereignisse: Ein Sonderparteitag am 4. und 5. Dezember schloss die Spitzenfunktionäre Honecker, Stoph, Mielke und einige andere aus der Partei aus; in den folgenden Wochen kamen sie in Untersuchungshaft wegen Amtsmissbrauchs und Korruption. Am 6. Dezember trat Egon Krenz von allen Staatsämtern zurück. Der Parteitag wählte schließlich am 9. Dezember den Rechtsanwalt Gregor Gysi zum Parteivorsitzenden. Das Amt des Generalsekretärs wurde abgeschafft. Nur knapp hielt Gysi die Delegierten davon ab, die **Selbstauflösung** der Partei zu beschließen. Stattdessen benannte sie sich in SED-PDS (Partei des demokratischen Sozialismus) um.

Wie viele Mitglieder verlor die SED 1989/90?

Schon das ganze Jahr über hatte es Austritte aus der Partei mit ihren 2,3 Millionen Mitgliedern gegeben, aber seit Oktober 1989 wollten innerhalb weniger Wochen Hunderttausende ihr Parteibuch loswerden. Ein Jahr später, Ende 1990, hatte die Partei nur noch etwa 280.000 Mitglieder.

Warum wollte Gysi die Auflösung der SED verhindern?

Der neue Vorsitzende warnte die SED-Mitglieder davor, dass sie ihre politische Heimat verlieren würden und das (nicht unbeträchtliche) Vermögen der SED herrenlos werden würde. Mit diesem Plädoyer legte er die Basis für die Wiederauferstehung der SED als ostdeutsche Regionalpartei PDS.

BEMERKENSWERTES

Wasser predigen, Wein trinken . . .

Aufsehen erregte der erste Blick hinter die Kulissen der Politbürosiedlung in Wandlitz (Brandenburg). Dort war seit 1960 hinter streng bewachten Mauern ein eigenes kleines Städtchen mit Schwimmbad, Restaurant, Einkaufsläden und Tankstelle für die Mitglieder der Parteiführung und ihre Familien errichtet worden. Am 25. November 1989 machte sich ein Reporterteam der Jugendsendung »Elf99« des DDR-Fernsehens auf, hinter diese legendenumwitterten Mauern zu schauen. Sie fanden keinen atemberaubenden Luxus, aber eine Rundumversorgung mit Westwaren, von der gewöhnliche DDR-Bürger nur träumen konnten. Jede Woche hatten Kuriere die Waren aus dem Westberliner KaDeWe (Kaufhaus des Westens) und anderen Läden angeliefert.

»Wahnsinn!« – die Öffnung der Mauer am 9. November 1989

Was geschah an den anderen Grenzübergängen in Berlin?

Der Grenzübergang Bornholmer Straße zwischen den Stadtteilen Prenzlauer Berg (Ost) und Wedding (West) erlebte den stärksten Andrang, weil hier sehr viele Menschen in Grenznähe wohnten. An den anderen zehn Übergängen, die meist an den Bürovierteln in Berlin-Mitte lagen, sammelten sich die DDR-Bürger erst etwas später. Die wichtigsten von ihnen waren in der Invalidenstraße, der Heinrich-Heine-Straße und der Oberbaumbrücke sowie im Bahnhof Friedrichstraße. Am berühmten Checkpoint Charlie an der Ecke Friedrichstraße/Zimmerstraße, an dem sich 1961 die sowjetischen und amerikanischen Panzer gegenübergestanden hatten, sammelten sich zunächst nur Schaulustige auf der Westseite, die den Grenzkontrolleuren zur Feier des Tages Sekt anboten. Als sich rund 3.000 Westberliner versammelt hatten, sperrten die Grenzsoldaten gegen 23 Uhr den Übergang für jeden Verkehr. Da sie Gefahr liefen, dass der Übergang von beiden Seiten gestürmt würde, gaben sie schließlich auf und öffneten alle Tore.

Die Massendemonstrationen und die Aktivitäten der noch immer verbotenen Organisationen wie dem Neuen Forum ließen die Situation an den Grenzen der DDR etwas aus dem Blick geraten, aber noch immer flohen Tausende DDR-Bürger in den Westen. Die SED stand unter starkem Druck, eine gangbare Regelung für Reise und Ausreise zu schaffen. Allerdings blieb ihr dabei kaum mehr als eine Kapitulationserklärung, denn jede Regelung, die die Freizügigkeit weiter beschränkte, hätte nur zu einer weiteren Fluchtwelle über Ungarn geführt.

Am 9. November hatte das Politbüro schließlich den Entwurf für ein Reisegesetz erarbeitet, nach dem in Zukunft Westreisen auch ohne besondere Voraussetzungen, wie Verwandtenbesuche, gestattet werden würden. Die Genehmigungen sollten kurzfristig durch die Volkspolizei erteilt werden. Mit dieser Meldung in der Tasche ging das Politbüro-Mitglied Günter Schabowski in die tägliche Pressekonferenz. Er hatte allerdings übersehen, dass die Regelung erst ab dem nächsten Tag gelten sollte. Um 18:53 Uhr kurz vor Ende der Pressekonferenz, berichtete er beiläufig über die neue Regelung. Auf die Frage, ab wann sie gelten würde, schaute er noch einmal auf seinen Zettel und las vor: »Sofort, unverzüglich . . .«

Was sollte das bedeuten? Bezog es sich nur auf die endgültige Ausreise ohne Rückkehr oder auch auf Besuchsreisen? Konnte das wirklich sein? Die ersten Nachrichtensendungen brachten die Meldung noch etwas unsicher, aber in der Tagesschau um 20 Uhr hieß es schon als Topmeldung: »DDR öffnet Grenze.« Ab da gab es kein Halten mehr. Von Minute zu Minute sammelten sich mehr DDR-Bürger an den Ostberliner Grenzübergängen. Die Kommandanten der Passkontrolleinheiten wussten von nichts, niemand hatte sie vorab informiert.

Kurz nach 21 Uhr versuchten die Befehlshaber am **Übergang Bornholmer Straße** in Berlin eine Ventillösung. Wer besonders renitent war, sollte durchgelassen werden. Das half nichts, sodass schließlich der Leiter der Kontrolleinheit um 22:30 Uhr befahl: »Wir fluten jetzt!« Die Schlagbäume gingen hoch und Tausende strömten begeistert hinüber nach Westberlin. Bis Mitternacht öffneten schließlich alle Übergänge in Berlin. Die vormals streng bewachte Mauer vor dem Brandenburger Tor verwandelte sich in den Schauplatz des größten Freudentanzes der Berliner Geschichte. »Wahnsinn! Wahnsinn!«, riefen die Ostberliner immer wieder in die Kameras der herbeigeeilten Fernsehteams. Nach 28 Jahren war die Mauer gefallen. Die politische und militärische Führung mit Egon Krenz an der Spitze erfuhr erst mit **Verspätung,** was sich zugetragen hatte.

In Berlin und den grenznahen Städten der Bundesrepublik war in den folgenden Tagen ein geordnetes Leben kaum noch möglich: Überall zogen sich die endlosen Schlangen der ostdeutschen Autos durch die Städte. Die Grenzzäune zur Bundesrepublik wurden durchschnitten und alte Straßen wieder zum Leben erweckt. In Berlin begannen die »Mauerspechte«, mit Hammer und Meißel den Betonwall quer durch die Stadt abzutragen und als Andenken zu verkaufen. Ein großes Wiedersehen und Kennenlernen setzte ein. Die Bundesregierung zahlte jedem DDR-Bürger ein Begrüßungsgeld von 100 D-Mark, da die DDR-Währung in der Bundesrepublik nichts wert war.

Besiegelt wurde die Maueröffnung schließlich durch die sowjetische Führung. Die war nicht erfreut, erst im Nachhinein informiert zu werden. Aber sie ließ ihre Truppen in den Kasernen und blieb damit ihrer Linie treu: Sie würde den Weg der Ostdeutschen akzeptieren, auch wenn sie damit einen erheblichen Einflussverlust erlebte.

Wie reagierte Krenz auf die verspätete Meldung?

Um 23:05 Uhr gab Krenz die Weisung aus, die Personalausweise aller Bürger an den Grenzübergängen durch einen Stempel zu entwerten. Für sie sollte die Rückkehr versperrt sein. Doch zu dieser Massenausbürgerung kam es nicht mehr. Hinterher wollte sich auch niemand mehr an diesen absurden Befehl erinnern.

BEMERKENSWERTES

»Sind sie sicher, Ackermann?«

Bundeskanzler Kohl war gerade auf Staatsbesuch in Polen, als ihm sein Mitarbeiter Eduard Ackermann per Telefon von der überraschenden Maueröffnung berichtete: »Herr Dr. Kohl, halten Sie sich fest, die DDR-Leute machen die Mauer auf.« – »Sind Sie sicher, Ackermann?« – »Das Fernsehen überträgt live aus Berlin, ich kann es mit eigenen Augen sehen.« – »Das ist ja unfassbar!« Kohl unterbrach seinen Besuch, durfte aber nicht direkt von Warschau nach Berlin fliegen, sondern musste einen Umweg über die Bundesrepublik machen. Am Abend des 10. November nahm er an einer Kundgebung vor dem Westberliner Rathaus teil, gemeinsam mit Außenminister Hans-Dietrich Genscher, dem Regierenden Bürgermeister Walter Momper und Altbundeskanzler Willy Brandt.

Nach dem Mauerfall –
»Wir sind ein Volk!«

Woher stammte die Formel »Deutschland, einig Vaterland«?

Mit diesen Worten endete die erste Zeile der DDR-Nationalhymne, deren Text allerdings seit den 70er-Jahren nicht mehr gesungen wurde. Vollständig lautete die Zeile: »Auferstanden aus Ruinen und der Zukunft zugewandt/lasst uns Dir zum Guten dienen, Deutschland, einig Vaterland.«

Wer waren die Unterzeichner des Appells »Für unser Land«?

Zu den 30 Erstunterzeichnern zählten der Gesellschaftswissenschaftler Dieter Klein, der Regisseur Frank Beyer, die Schriftsteller Volker Braun, Stefan Heym und Christa Wolf, die Rocksängerin Tamara Danz, der Bischof Christoph Demke sowie die Bürgerrechtler Sebastian Pflugbeil, Ulrike Poppe, Friedrich Schorlemmer und Konrad Weiß – also vor allem all jene, die zuvor durch Kritik und Opposition aufgefallen waren. Einen Tag nach der Veröffentlichung schlossen sich die SED-Funktionäre Egon Krenz und Hans Modrow an.

Nach dem Mauerfall war alles anders. Aus der Parole »Wir sind das Volk!« wurde auf den Leipziger Montagsdemonstrationen nun »Wir sind ein Volk!« und **»Deutschland, einig Vaterland«.** Damit trennten sich die Wege der organisierten Opposition und der demonstrierenden Massen. Wie sich zeigen sollte, wollte die Mehrheit der Ostdeutschen keine neuen gesellschaftlichen Experimente, keinen »dritten Weg«, sondern tendierte in Richtung westdeutsches System. Einige Wortführer der Revolution waren zutiefst verstört und dachten darüber nach, die erneute Grenzschließung zu fordern, damit die DDR nicht wirtschaftlich ausblute. Andere betrachteten die Maueröffnung als absichtliche Rache der SED gegen die innere Opposition.

In dieser Situation formulierte eine Reihe von kritischen Schriftstellern, Vertretern der Opposition und Kirchenleute den Appell **»Für unser Land«** und schrieben darin noch einmal ihre Ziele nieder. Sie sahen zwei Alternativen: »Entweder: Wir können auf der Eigenständigkeit der DDR bestehen und versuchen, mit allen unseren Kräften [. . .] eine solidarische Gesellschaft zu entwickeln, in der Frieden und soziale Gerechtigkeit, Freiheit des Einzelnen, Freizügigkeit aller und die Bewahrung der Umwelt gewährleistet sind. Oder: Wir müssen dulden, dass [. . .] ein Ausverkauf unser materiellen und moralischen Werte beginnt und über kurz oder lang die Deutsche Demokratische Republik durch die Bundesrepublik vereinnahmt wird.« Sie wollten den ersten Weg gehen, doch der erwies sich als eine Utopie, der die Masse der Bevölkerung nicht folgen wollte.

Doch in welcher Form könnten die beiden deutschen Staaten in Zukunft enger zusammenarbeiten? Wie würden die Nachbarstaaten und Bündnispartner reagieren, wenn sich wieder ein starkes Deutschland formieren würde? Der westdeutsche Bundeskanzler Kohl stellte am 28. November 1989 sein Zehn-Punkte-Programm vor. Eine weitreichende Kooperation machte er von einem unumkehrbaren Systemwandel in der DDR abhängig. Sein Nahziel war eine Konföderation der beiden Staaten, doch damit gab er sich nicht zufrieden: »Wie ein wiedervereinigtes Deutschland schließlich aussehen wird, das weiß heute niemand. Dass aber die Einheit kommen wird, wenn die Menschen in Deutschland sie wollen, dessen bin ich sicher«, lautete sein Kernsatz. Eine solche Einheit dürfe aber nur friedlich innerhalb der Europäischen Gemeinschaft und bei allseitiger Abrüstung geschehen.

Viele Kritiker hielten Kohls Plan nicht nur für viel zu optimistisch, sondern warnten auch vor der Konfrontation mit den anderen Mächten und vor einem neuen Nationalismus. Doch als er am 19. Dezember zu einer großen Kundgebung nach Dresden reiste und frenetisch gefeiert wurde, zeichnete sich ab, dass selbst seine Pläne noch von der Wirklichkeit überholt werden würden. Mit Ministerpräsident Modrow vereinbarte er einige praktische Schritte wie die Aufhebung der Visumpflicht für Bundesbürger und die Öffnung des Brandenburger Tors.

Die Organisationen der Bürgerrechtler reagierten sehr unterschiedlich auf die neue Entwicklung. Den rasantesten Kurswechsel vollzog der »Demokratische Aufbruch« um Rainer Eppelmann und Wolfgang Schnur. Sie entschlossen sich zum Eintritt in die von der westdeutschen CDU ins Leben gerufene **»Allianz für Deutschland«.** Sie setzten sich für eine möglichst schnelle Vereinigung unter Führung von Bundeskanzler Kohl ein. Die anderen Bürgerrechtsorganisationen legten Wert auf Eigenständigkeit und plädierten für ostdeutsches Selbstbewusstsein.

Was war die »Allianz für Deutschland«?

Die »Allianz für Deutschland« setzte sich zusammen aus dem »Demokratischen Aufbruch«, der früheren SED-treuen Blockpartei CDU und der neu gegründeten Deutsch-Sozialen Union (DSU), die eine Art ostdeutsches Gegenstück zur bayerischen CSU sein wollte.

BEMERKENSWERTES

Ein neues Mitglied beim »Demokratischen Aufbruch«

Im Dezember 1989 tritt auch eine 35-jährige Physikerin in den »Demokratischen Aufbruch« (DA) ein und beginnt damit ihr politisches Leben. Ihr Name: Dr. Angela Merkel. Die in Hamburg geborene Pastorentochter war in Quitzow (Uckermark) aufgewachsen und forschte an der Akademie der Wissenschaften der DDR. Angela Merkel machte eine steile Karriere, zunächst als Pressesprecherin, dann als stellvertretende Regierungssprecherin und Abgeordnete. Nach der Wiedervereinigung setzte sich ihr Aufstieg in der CDU fort. 1991 machte Kohl das »Mädchen«, wie er sie gönnerhaft nannte, zur Bundesministerin für Frauen und Jugend, später für Umwelt. Nach dessen Rücktritt stieg sie zur Generalsekretärin und im April 2000 zur Vorsitzenden der CDU auf. 2005 gewann sie die Bundestagswahlen und wurde als erste Frau Bundeskanzlerin der Bundesrepublik Deutschland.

Der Runde Tisch

Was steht hinter der Idee vom »Runden Tisch«?

Der Runde Tisch steht für gleichberechtigte Teilnehmer und den Willen zum Kompromiss. Die Idee geht zurück auf die Tafelrunde am Hofe des englischen Königs Artus im Mittelalter. Anders als in Polen bestand der »Runde« Tisch in der DDR tatsächlich aus einem Rechteck, was der Idee aber keinen Abbruch tat.

Was bedeutet »paritätisch«?

Das Wort kommt von lat. paritas = »Gleichheit«. Paritätisch heißt »mit gleich starker Kräfteverteilung«.

Die Idee eines **»Runden Tischs«** stammte aus Polen und Ungarn. Für einen geordneten Übergang bis zu freien Wahlen und zur Kontrolle der alten Machthaber waren dort solche Gremien geschaffen worden. In der DDR wehrte sich die SED lange gegen die Einrichtung einer solchen Runde. Schließlich setzte die Opposition aber durch, dass unter der Schirmherrschaft der evangelischen und katholischen Kirchen auch hier ein Runder Tisch gebildet wurde. Die SED versuchte, durch die Einbeziehung der Blockparteien und Massenorganisationen zu einer Mehrheit zu kommen, aber letztlich blieb die Grundidee einer **paritätischen Vertretung** mit jeweils 19 Vertretern von Regierungsseite und Opposition erhalten. Außerdem gab es drei von den Kirchen gestellte Moderatoren, die die Sitzungen leiteten, aber kein Stimmrecht hatten. Fast alle Sitzungen des Gremiums fanden öffentlich, meist sogar vor laufenden Fernsehkameras statt.

Am 7. Dezember 1989 trafen sich die Teilnehmer des Zentralen Runden Tisches zum ersten Mal im Kirchsaal des Bonhoeffer-Hauses in Berlin. Später wechselten sie ins Schloss Niederschönhausen, das Gästehaus der DDR-Regierung. Auf der einen Seite saßen die SED, die vier Blockparteien LDPD, DBD, CDU, NDPD sowie der Gewerkschaftsbund FDGB. Die Opposition war vertreten durch das Neue Forum, die SDP, Demokratie Jetzt, den Demokratischen Aufbruch, die Vereinigte Linke, die Grüne Partei, die Initiative Frieden und Menschenrechte und den Unabhängigen Frauenverband. Später kamen noch die Bauernvereinigung VdgB und die Grüne Liga hinzu. Die Fronten verschwammen allerdings bald, weil die Blockparteien sich kräftig von der SED zu distanzieren versuchten.

Durch die starke Orientierung auf die deutsche Einheit verlor der Runde Tisch in der Zeit bis zu den Wahlen im März 1990 zusehends an Bedeutung. Auf einigen wichtigen Feldern hatte er aber eine entscheidende Funktion während des **Interregnums** der Regierung Modrow. Am wichtigsten war seine Rolle als Gremium für einen geordneten Übergang. Damit war der gewaltfreie Weg des Sturzes der SED-Herrschaft gesichert. Zugleich hatte die SED damit endgültig die Berechtigung der Bürgerrechtsgruppen anerkannt.

Außerdem forderte der Runde Tisch von der Regierung eine Fülle von Berichten an, um sich ein Bild vom tatsächlichen Zustand des Landes zu machen. Dies betraf Wirtschaft und Umweltverschmutzung, die Herrschaftspraxis der SED und vor allem den Apparat der Staatssicherheit. An dessen Auflösung hatte der Runde Tisch einen erheblichen Anteil, weil er immer wieder Informationen über dessen Kompetenzen und Machtmittel abforderte und dessen Entmachtung durchsetzte.

Drittens formulierte der Runde Tisch zu erheblichem Teil das Wahlgesetz für die kommende Volkskammerwahl und sicherte damit den Übergang zur Demokratie. Als sich abzeichnete, dass die deutsche Einheit schneller kommen würde als zunächst erwartet, setzte sich das Gremium für die Formulierung eines eigenen Verfassungsentwurfs ein, der viele radikaldemokratische und soziale Elemente enthielt. Die Volkskammer lehnte ihn allerdings nach der Wahl ab und beschritt einen anderen

Weg zur deutschen Einheit. Zum letzten Mal tagte der Runde Tisch am 12. März 1990, sechs Tage vor der Volkskammerwahl.

Was ist ein Interregnum?

Wörtlich bedeutet Interregnum »Zwischenherrschaft«. Damit sind hier die letzten Monate der DDR-Regierung unter Führung der SED gemeint, in denen der Übergang zur Demokratie vorbereitet wurde.

Der »Runde Tisch« – Sitzung am 22. Januar 1990 in Ost-Berlin

BEMERKENSWERTES

Der Runde Tisch in Polen

Am 6. Februar 1989 trat in Warschau das erste Mal dieses Gremium zusammen. An ihm waren Politiker der kommunistischen Partei (PVAP – Polnische Vereinigte Arbeiterpartei) sowie deren Partnerparteien und der unabhängigen Gewerkschaft Solidarność mit dem legendären Lech Wałesa an der Spitze zusammengekommen. Mit der Wahl des Solidarność-Vertreters Tadeusz Mazowiecki zum Ministerpräsidenten am 24. August 1989 war die Zeit des Runden Tischs in Polen vorbei. An die Stelle der Volksrepublik Polen trat die demokratische »Dritte Republik«.

Das Ende der Staatssicherheit

Wer war Erich Mielke?

Erich Mielke (1907–2000) stammte aus dem »Roten Wedding«, einem Arbeiterviertel in Berlin, und engagierte sich während der Weimarer Republik in der kommunistischen Partei. 1931 flüchtete er nach einem Polizistenmord nach Moskau. Während des Krieges lebte er in Belgien und Frankreich. 1945 kehrte er nach Berlin zurück und begann mit dem Aufbau der kommunistischen Geheimpolizei. 1957 wurde er Minister für Staatssicherheit. Immer wieder forderte er die scharfe Verfolgung von Andersdenkenden und baute seinen Geheimdienstapparat weiter aus.

Wofür steht Nasi?

Der Volksmund hatte schnell eine Abkürzung für das neue Amt für nationale Sicherheit parat. Mit der Herabstufung – Amt statt Ministerium – sollte der Eindruck erweckt werden, das neue Amt habe mit der alten Stasi nichts mehr zu tun. Tatsächlich sollte aber der größte Teil des Überwachungsapparates erhalten bleiben.

Nach den gewaltsamen Übergriffen gegen Demonstranten am 7. und 8. Oktober 1989 in Berlin, bei denen Hunderte festgenommen und misshandelt worden waren, zog die Staatssicherheit den Kopf ein. Die Offiziere der Geheimpolizei sammelten die Berichte ihrer Informanten aus den Oppositionsgruppen und warteten auf den Befehl zurückzuschlagen. Doch der blieb aus. Stattdessen stieg der Druck. Die Bürgerbewegung forderte, den Geheimapparat endlich aufzulösen und der Spitzelei ein Ende zu bereiten.

Erich Mielke

Die neue SED-Führung gab dem Druck schließlich nach: Am 7. November erklärte der Minister für Staatssicherheit, der 81-jährige **Erich Mielke,** seinen Rücktritt als Minister und am folgenden Tag als Mitglied des Politbüros. Und wenige Tage später, am 17. November 1989, verkündete der neue Ministerpräsident Hans Modrow, dass das Ministerium in ein Amt für nationale Sicherheit (im Volksmund schnell **»Nasi«** genannt) umgewandelt werden und verkleinert werden sollte. Leiter wurde Generalleutnant **Wolfgang Schwanitz.** Doch die Bürger waren misstrauisch: Noch immer hatte die Staatssicherheit ihre Waffen, wann würde sie zurückschlagen und dem Aufruhr ein Ende bereiten? Außerdem verbreiteten sich Gerüchte über Aktenvernichtungen. Verdächtiger Qualm stieg auf über den Gebäudekomplexen im ganzen Land.

Schließlich machten Demonstranten den gewagten Schritt. In Erfurt verlangten sie am 4. Dezember Zutritt zur dortigen Bezirksverwaltung für Staatssicherheit. Sie bildeten ein Bürgerkomitee, besetzten das Gelände und versiegelten mithilfe von Volkspolizei und Staatsanwälten die Räume, um weitere Aktenvernichtungen zu verhindern. Die Nachricht machte schnell die Runde. In allen Bezirksstädten der DDR bildeten sich daraufhin solche Bürgerkomitees, die die Stasi-Zentralen besetzten.

Am 14. Dezember erfüllte Modrow die Forderung des Runden Tisches nach einer Auflösung des Amtes für Nationale Sicherheit. Er wollte allerdings noch nicht ganz aufgeben und verkündete, einen »Verfassungsschutz der DDR« und einen »Nachrichtendienst der DDR« zu bilden. Auch dagegen gab es Proteste: Die Bürger fürchteten, dass der alte Stasi-Apparat noch nicht tot war und einen Putsch gegen die Demokratisierung der DDR vorbereitete. Am 12. Januar gab Modrow schließlich bekannt, dass er bis zur in Kürze stattfindenden Volkskammerwahl keinen neuen Geheimdienst bilden würde.

Anders als die Bezirkszentralen war zu diesem Zeitpunkt das riesige Hauptquartier des Ministeriums für Staatssicherheit in Berlin-Lichtenberg, Normannenstraße, noch nicht besetzt. Deshalb riefen Bürgerrechtler für den 15. Januar 1990 unter der Parole »Mit Fantasie gegen Stasi und Nasi« zu einer Demonstration auf. Rund 50.000 Demonstranten versammelten sich. Am gleichen Tag waren bereits Vertreter der Bürgerkomitees in das Hauptquartier eingelassen worden und einer davon, ein katholischer Pfarrer aus Suhl, ließ nun die Tore öffnen. Tausende von Demonstranten stürmten auf das Gelände, warfen Akten aus den Fenstern und zerstörten das Mobiliar. Davon war allerdings nur ein kleiner, relativ unwichtiger Teil der Gebäude betroffen. Um diesen Tag ranken sich viele Gerüchte: Offenbar waren unter den Demonstranten auch Geheimdienstler anderer Staaten und die nutzten ihre Chance, in die Zentrale ihrer Gegner einzudringen. Abseits des Tumults sollen sie einige Räume mit besonders geheimen Informationen geplündert haben.

Das wichtigste Ergebnis des »Sturms auf die Normannenstraße« war die endgültige Ausschaltung der Staatssicherheit als politischer Gefahr. Bis zum 31. März 1990 wurden alle 91.000 Mitarbeiter entlassen. Ein Teil von ihnen kam zu den Grenztruppen oder in andere staatliche Behörden, andere gründeten eigene Firmen und verdienten sich ihr Brot als Detektive, Versicherungsvertreter oder private Wachschutzleute.

Wer ist Wolfgang Schwanitz?

Generalleutnant Wolfgang Schwanitz (geb. 1930) war 1989 einer der Stellvertreter Mielkes als Minister für Staatssicherheit. Er hatte vorher für viele Jahre die Bezirksverwaltung für Staatssicherheit in Ostberlin geleitet. Schwanitz hat sogar einen Doktortitel für eine Studie über die Verfolgung von unangepassten Jugendlichen erhalten.

Wolfgang Schwanitz

BEMERKENSWERTES

»Ich liebe doch alle«

Nach seinem Rücktritt musste sich Erich Mielke vor der Volkskammer für die Überwachung und Verfolgung der DDR-Bürger rechtfertigen. Als er behauptete: »Wir haben, Genossen, Abgeordnete, einen außerordentlich hohen Kontakt mit allen werktätigen Menschen«, begannen die Abgeordneten, ihn auszulachen. Nach Zwischenrufen geriet er aus dem Konzept und rief in den Saal: »Ich liebe, ich liebe doch alle.« Diese Worte gingen durch die ganze Republik.

18. März 1990:
die ersten freien Wahlen der DDR

Warum war der 18. März ein historisches Datum?

1848 kam es am 18. März zu Unruhen und Straßenkämpfen in Berlin. Die Aufständischen forderten unter anderem Pressefreiheit und ein freies Parlament. Die Märzrevolution von 1848/49 gilt als erster Grundstein der modernen Demokratie in Deutschland.

Es war eine merkwürdige Atmosphäre in den Wochen vor der Volkskammerwahl am 18. März 1990 – **ein wahrhaft historisches Datum.** Im Haus der Demokratie, dem Sitz der meisten Bürgerrechtsorganisationen, stießen Welten aufeinander: Da liefen bärtige Aktivisten der Demokratiebewegung schicken, jungen Assistenten aus den Bonner Parteizentralen über den Weg. Überall wurde kopiert und organisiert, an Kampagnen gestrickt und auf die neuesten Winkelzüge des politischen Gegners reagiert. Anders als im Westen, wo in der Routine des Wahlkampfes regelmäßige Meinungsumfragen Auskunft über die neuesten Zehntelprozent-Verschiebungen in der Wählergunst gaben und man die programmatischen Unterschiede gelegentlich mit der Lupe suchen musste, prallten hier die Gegensätze hart aufeinander.

Da formierte sich der »Kanzlerwahlverein«, die Allianz für Deutschland aus Block-CDU, Demokratischem Aufbruch und der Deutsch-Sozialen Union. Ihr Kurs war klar: schneller Beitritt zur Bundesrepublik und eine möglichst zügige Angleichung an das dortige politische und wirtschaftliche System. Die Allianz setzte voll auf die Strahlkraft Helmut Kohls. Auf vier großen Kundgebungen sprach er (der gar nicht zur Wahl stand) zu rund einer Million Wählern. Auch eine liberale Gruppierung in Anlehnung an die bundesrepublikanische FDP hatte sich gebildet und die Block-LDPD ins Schlepptau genommen.

Den schärfsten Kontrast hierzu bildeten die Bürgerrechtsgruppen Demokratie Jetzt, Initiative für Frieden und Menschenrechte sowie das Neue Forum, die es trotz ihrer Zersplitterung geschafft hatten, sich zu einem Bündnis 90 zusammenzuschließen. Sie lehnten die Unterstützung aus dem Westen ab. Sie wollten eine basisdemokratische »Einheit von unten«. Die Grüne Partei stand ihnen nahe, verzichtete aber nicht auf den Beistand der westdeutschen Partnerpartei.

Am mächtigsten im Lager der neuen politischen Kräfte schien die SPD. Sie konnte auf die Beliebtheit Willy Brandts rechnen und hoffte, in den alten Stammlanden der deutschen Arbeiterbewegung einen überragenden Sieg einfahren zu können. Mit 70.000 Mitgliedern und Umfragewerten vom Januar 1990 um die 50 Prozent schien der Sieg zum Greifen nahe. Etwas schwieriger war das Verhältnis zur Bonner Partnerpartei, weil deren Spitzenmann Oskar Lafontaine sich durch Kritik an Kohls Einheitskurs profilierte und vor dessen Kosten und Risiken warnte.

Blieb noch die PDS als Nachfolgerin der SED, von der die meisten annahmen, dass sie früher oder später in der Versenkung verschwinden würde.

Der Wahlabend brachte eine handfeste Überraschung. Entgegen aller Meinungsumfragen lag die Allianz für Deutschland mit 48 Prozent der Stimmen uneinholbar vorn, davon allein 41 Prozent für die Ost-CDU. Die SPD folgte abgeschlagen auf 22 Prozent und die tot geglaubte PDS mobilisierte immerhin 16 Prozent der Wähler für sich. Es folgten die Liberalen mit etwa fünf Prozent. Die Gründermütter und -väter der friedlichen Revolution jedoch, das Bündnis 90, kamen gerade mal auf drei Prozent. Nur knapp ein halbes Jahr, nachdem das Neue Forum, getragen von der überwältigenden Masse der Demonstranten, erfolgreich um seine öffentliche Zulassung gekämpft hatte, war es als politischer Faktor bereits wieder von der Bildfläche verschwunden. Gesiegt hatte Helmut Kohl mit seiner Botschaft: schnelle Einheit auf der Basis des bundesrepublikanischen Systems.

Die Regierungsbildung als künftiger Ministerpräsident übernahm der CDU-Vorsitzende **Lothar de Maizière,** der Wert darauf legte, eine große Koalition mit Zwei-Drittel-Mehrheit zu bilden, was Verfassungsänderungen möglich machen würde. Deshalb holte er nicht nur die Liberalen der FDP ins Boot, sondern auch die SPD. Die CDU stellte elf Minister, die SPD sieben, die FDP drei, die DSU zwei und der Demokratische Aufbruch einen Minister.

Wer ist
Lothar de Maizière?
Der Rechtsanwalt aus einer Hugenotten-Familie, geboren 1940, war langjähriges Mitglied der Block-CDU und Angehöriger verschiedener Kirchengremien. Am 10. November 1989 war er überraschend zum Vorsitzenden seiner Partei gewählt worden und vertrat die CDU auch in der Regierung Modrow. Bis zum Beitritt der DDR zur Bundesrepublik am 2. Oktober 1990 führte er die Regierung. Im Kabinett Kohl wurde er danach Minister für besondere Aufgaben. Nachdem im Dezember 1990 bekannt wurde, dass die DDR-Staatssicherheit ihn als Informanten geführt hatte, bestritt er diese Zusammenarbeit. Sie ist bis heute nicht bewiesen, aber er trat im September 1991 von allen Ämtern zurück und arbeitet seitdem wieder als Rechtsanwalt in Berlin.

BEMERKENSWERTES

Stefan Heym: »Fußnote der Weltgeschichte«

Den meistzitierten Ausspruch des Wahlabends machte der Schriftsteller Stefan Heym, der zu DDR-Zeiten als Regimekritiker immer wieder in Konflikt mit der Obrigkeit geraten war. Er sah alle seine Hoffnungen auf eine eigenständige, demokratische DDR oder auch nur eine längere Übergangsregelung enttäuscht und urteilte: »Von der DDR wird nichts bleiben als eine Fußnote in der Weltgeschichte.«

Wirtschaftsunion und Einigungsvertrag

Wie sah die Mischlösung bei der DM-Einführung aus?

Löhne und Renten wurden tatsächlich eins zu eins umgewandelt. Dies galt auch für einen Sockelbetrag an Geldvermögen, der je nach Alter zwischen 2.000 und 6.000 DDR-Mark lag. Alles weitere Barvermögen wurde zwei zu eins umgestellt. Durchschnittlich hoben die DDR-Bürger nach der Umstellung am 2. Juli 1990 833 DM ab, um sich einige kleinere Anschaffungen zu leisten.

Was besagten die Grundgesetzartikel 23 und 146?

Artikel 23 zählte die Bundesländer auf, in denen das Grundgesetz »zunächst« galt, und eröffnete anderen Teilen die Möglichkeit zum Beitritt. Artikel 146 sah die Möglichkeit vor, dass das Grundgesetz durch Verabschiedung einer Verfassung durch das ganze deutsche Volk außer Kraft treten würde.

Das wohl größte Problem der bevorstehenden Wiedervereinigung bestand in der fundamentalen Schwäche der DDR-Wirtschaft. Als die bundesdeutschen Wirtschafts- und Finanzministerien begannen, sich über die richtige Strategie Gedanken zu machen, gingen sie davon aus, dass die Leistungsfähigkeit der DDR-Betriebe bei etwa 40 Prozent derjenigen in der Bundesrepublik lag. Die Lohnhöhe lag in einer ähnlichen Größenordnung. Allen Experten war klar: Es würde Jahre, wenn nicht Jahrzehnte dauern, bis diese Lücke geschlossen ist.

Zur Frage, welches der beste Weg für die Einführung der westdeutschen D-Mark sein würde, gab es zwei Theorien: die »Krönungstheorie« und die »Grundsteintheorie«. Bei der ersten Variante sollte die Planwirtschaft schrittweise zur Marktwirtschaft umgebaut werden und schließlich als »Krönung« die D-Mark eingeführt werden. Im zweiten Fall sollte diese Währungsunion den Grundstein für den wirtschaftlichen Wiederaufbau bilden. Viele Ökonomen warnten vor einem Zusammenbruch der DDR-Betriebe, wenn sie direkt der Konkurrenz mit dem Westen ausgesetzt werden würden. Aber hier ging es nicht um Wirtschaftstheorie. Die Einführung der D-Mark und damit die Möglichkeit für die Menschen, sich ungehindert lange versäumte Wünsche erfüllen zu können, standen ganz oben auf der politischen Tagesordnung.

»Kommt die DM, bleiben wir, kommt sie nicht, gehn wir zu ihr!«, hieß es schon im Februar auf Demonstrationen. Tatsächlich verließen noch immer täglich mehr als 2.000 DDR-Bürger ihre Heimat, um im Westen ihr Glück zu suchen. Im Grunde gab es also kaum eine Alternative: Die D-Mark musste her. Aber zu welchem Umtauschkurs sollte die D-Mark eingeführt werden? Offiziell galt immer eins zu eins, aber mit der realen Kaufkraft hatte das wenig zu tun. Auf dem Schwarzmarkt in der DDR hatte man für vier bis fünf DDR-Mark eine D-Mark bekommen. Nach längeren Verhandlungen einigten sich die beiden Finanzministerien auf eine **Mischlösung.**

Unterdessen hatten auch die Verhandlungen zum Einigungsvertrag begonnen, mit dem der Beitritt der DDR zur Bundesrepublik geregelt werden sollte. Eine wichtige Frage war schon durch die Volkskammerwahl entschieden: Ziel der Koalition unter Lothar de Maizière war ein Beitritt nach **Artikel 23** des Grundgesetzes. Eine Vereinigung auf gleicher Augenhöhe nach **Artikel 146** war nicht mehr beabsichtigt. Die DDR-Vorschläge, anlässlich des Beitritts eine neue Staatsflagge und eine andere **Nationalhymne** zu wählen, fanden bei den Westdeutschen keinen Anklang. Aber Berlin wurde zur Bundeshauptstadt erhoben (wobei die Frage des Regierungssitzes zunächst ausgeklammert wurde).

Neben solchen politischen Symbolfragen mussten auch viele Gesetze ins bundesdeutsche Recht überführt werden, dadurch wurde der Vertrag rund 900 Seiten lang. Am 31. August war der Verhandlungsmarathon vollendet. Bundesinnenminister Wolfgang Schäuble und DDR-Staatssekretär Günther Krause unterzeichneten das umfangreiche Vertragswerk. Am 3. Oktober 1990 sollte der Beitritt der DDR zur Bundesrepublik in Kraft treten.

Zu regeln war auch die Überführung der Volkseigenen Betriebe in die Marktwirtschaft. Zur Privatisierung dieser etwa 8.500 Staatsfirmen wurde am 17. Juni 1990 die Treuhandanstalt gegründet. Sie sollte nach Käufern suchen sowie Betriebe mit Verlusten sanieren oder stilllegen. Der Einigungsvertrag legte auch fest, dass Grundstücke und Gebäude, die nach 1949 enteignet worden waren, nach dem Prinzip »Rückgabe vor Entschädigung« an ihre alten Eigentümer zurückzugeben waren, abgesehen von einigen Ausnahmen.

Schließlich schlossen die beiden Regierungen einen Staatsvertrag über die erste gemeinsame Bundestagswahl am 2. Dezember 1990. Um den ostdeutschen politischen Gruppierungen eine Chance zu geben, wurde eine getrennte Fünfprozentklausel in den beiden Wahlgebieten vereinbart. Dies hatte Folgen: Während die zuvor im Bundestag vertretenen West-Grünen an dieser Hürde scheiterten, schafften es Bündnis 90/Grüne und PDS im Osten.

Welche Nationalhymne schlug de Maizière vor?

De Maizière regte an, die erste Strophe der DDR-Hymne (»Auferstanden aus Ruinen . . .«) und die dritte Strophe des Deutschlandlieds (»Einigkeit und Recht und Freiheit . . .«) zur gewohnten Melodie von Joseph Haydns Kaiser-Quartett zu kombinieren. Innenminister Schäuble ließ ihn wissen: »Liebe Leute, es handelt sich um einen Beitritt der DDR zur Bundesrepublik, nicht um die umgekehrte Veranstaltung.« Damit war die Idee vom Tisch.

BEMERKENSWERTES

6.500 Tonnen Geld

In der Nacht zum 2. Juli 1990 war es so weit. Gepanzerte Lastwagen der Bundesbank hatten 28 Milliarden D-Mark Bargeld an die Banken in der DDR ausgeliefert, 6.000 Tonnen Banknoten und 500 Tonnen Münzen. In der neuen Filiale der Deutschen Bank am Berliner Alexanderplatz öffneten sich um Mitternacht die Türen. Der erste Kunde erhielt ein 100-DM-Sparbuch geschenkt und ein Glas Champagner überreicht. Überall in der DDR gab es Feuerwerke und Rockkonzerte zur Feier des Tages.

Das Stasi-Erbe

Nach der Besetzung der Stasi-Zentrale in Berlin-Lichtenberg war das Ministerium für Staatssicherheit endgültig ausgeschaltet. Damit stellte sich die Frage: Wie weiter mit der Hinterlassenschaft der Geheimpolizei, mit den Gebäuden und vor allem mit den Akten?

Der Runde Tisch beschloss am 22. Januar, dass in dem Gebäudekomplex Normannenstraße eine Gedenk- und Forschungsstätte eingerichtet werden sollte. Die Stasi-Akten sollten dort aber nicht nur für die historische Forschung benutzt werden. Vielmehr sollten auch Bürger die zu ihnen angelegten Akten einsehen können und Gesetzesverletzungen der Staatssicherheit aufgeklärt werden. Damit waren Grundgedanken der Stasi-Aufarbeitung formuliert.

Dann kam ein weiteres Problem hinzu: Mittlerweile kursierten die ersten Gerüchte über die Verstrickungen von führenden Oppositionellen und Wortführern der demokratischen Revolution als Informanten und Agenten der Staatssicherheit. Der bis dahin geheime Begriff »inoffizieller Mitarbeiter« (IM) machte nun öffentlich die Runde. In anonymen Schreiben an den Runden Tisch und in Informationen von MfS-Offizieren an den westdeutschen Verfassungsschutz wurde unter anderem der Spitzenkandidat des Demokratischen Aufbruchs, Wolfgang Schnur, als ein solcher IM genannt. Als langjähriger Rechtsanwalt der Opposition hatte er Hunderte von höchst vertraulichen Gesprächen geführt. Das **Gerücht bestätigte sich.** Auf den Fall Schnur folgten viele andere: Wenige Tage nach der Wahl wurde auch der Vorsitzende der SPD, Manfred Ibrahim Böhme, enttarnt.

Die ersten IM-Fälle sorgten für Verunsicherung am Runden Tisch: Wollte man diese Enttarnungen? Wer würde in Zukunft Zugriff auf diese brisanten Informationen haben? Wie könnte man Missbrauch verhindern? Der Runde Tisch entschied sich dafür, die elektronische Personenkartei zu zerstören: Alle Magnetbänder wurden vor laufenden Kameras zerschreddert. Die Papierkartei blieb aber erhalten. Die neu gewählte Volkskammer beschloss, alle Abgeordneten auf eine IM-Tätigkeit überprüfen zu lassen, nahm die Ergebnisse aber in nicht öffentlicher Sitzung entgegen, was die Gerüchteküche noch mehr anheizte.

Mittlerweile spielten die Stasi-Akten eine wichtige Rolle in den Verhandlungen über den Einigungsvertrag. DDR-Innenminister Peter-Michael Diestel und sein Westkollege Wolfgang Schäuble waren sich schnell einig: Die Akten sollten unter Verschluss beim Bundesarchiv bleiben und möglichst vernichtet werden. Ministerpräsident de Maizière befürchtete »Mord und Totschlag« für den Fall einer Öffnung. Aber die beiden Regierungen stießen mit ihren Plänen auf entschiedenen Widerstand in der Volkskammer und bei der Mehrheit der Bevölkerung.

Das DDR-Parlament verabschiedete am 24. August 1990 ein Gesetz über die Stasi-Akten, das weitreichende Einsichts- und Überprüfungsmöglichkeiten vorsah. Durch den Einigungsvertrag drohte es allerdings, nach wenigen Tagen wieder außer Kraft zu treten. Aus Protest dagegen besetzten Bürgerrechtler am 4. September 1990 die ehemalige Stasi-Zentrale und drohten mit einem Hungerstreik. Nach zwei Wochen harter Verhandlungen gaben die Regierungen nach: Per Zusatzklausel wurde im (bereits unterzeichneten) Einigungsvertrag der Bundestag beauftragt, ein eigenes Stasi-Unterlagen-Gesetz nach den Grundsätzen der Volkskammer zu schaffen.

Am 3. Oktober 1990 ernannte die Bundesregierung **Joachim Gauck** zum »Sonderbeauftragten für die Unterlagen des Staatssicherheitsdienstes der ehemaligen DDR«, Ende 1991 trat die endgültige gesetzliche Regelung in Kraft. Sie sah persönliche Akteneinsichten und Überprüfungen von Politikern und anderen Personengruppen auf eine IM-Tätigkeit vor. Außerdem standen die Akten für die historische Forschung bereit. Trotz einiger **Vernichtungen** blieb eine gigantische Menge von Stasi-Akten übrig: etwa 180 laufende Kilometer Papier, eine Strecke von München nach Nürnberg.

Joachim Gauck

Wie viele Stasi-Akten wurden 1989/90 vernichtet?

In den letzten Wochen des Jahres 1989 liefen bei der Stasi die Reißwölfe heiß. Die Offiziere zerstörten in letzter Minute viele Akten, um IM zu schützen und Spuren der Überwachung zu vertuschen. Die Bürgerkomitees stoppten diese Vernichtungen, mit zwei Ausnahmen: Die elektronischen Karteien wurden mit offizieller Erlaubnis zerstört. Außerdem konnte die Auslandsspionageabteilung (Hauptverwaltung Aufklärung) ihre Akten weitgehend vernichten, weil ihr gestattet wurde, sich selbst ohne genaue Kontrolle aufzulösen. Insgesamt ging etwa ein Viertel der Stasi-Akten verloren. Noch heute gibt es mehrere Tausend Säcke mit zerrissenen Blättern, deren Inhalt jetzt mit Computerhilfe wieder zusammengesetzt wird.

BEMERKENSWERTES

Freiheit für meine Akte

Mittlerweile hat mehr als eine Million Bürger »ihre« Stasi-Akten bei der Gauck-Behörde gelesen, um zu erfahren, wie sie beobachtet wurden und wer die Spitzel waren. Es gab aber auch gute Nachrichten beim Blick in die Akten – zum Beispiel, wenn man erfuhr, dass ein guter Freund sich geweigert hatte, mit der Stasi zusammenzuarbeiten. Manche Leute fanden in den Akten sogar Briefe, die sie nie erreicht hatten.

Der Zwei-plus-vier-Vertrag

Warum hießen die Verhandlungen »Zwei-plus-vier«-Gespräche?

Die westdeutschen Diplomaten legten bei der Vorbereitung großen Wert darauf, dass an erster Stelle die beiden deutschen Staaten standen und die vier Siegermächte die deutsche Einigung lediglich außenpolitisch bestätigten. Andere Staaten wie zum Beispiel Polen oder die Mitglieder der Konferenz über Sicherheit und Zusammenarbeit in Europa (KSZE) sollten nicht mitreden. Deshalb nicht »Vier-plus-zwei«, sondern »Zwei-plus-vier«.

Die Bedingungen der deutschen Einheit wurden nicht nur zwischen den beiden deutschen Staaten ausgehandelt. Auch die Siegermächte des Zweiten Weltkrieges (USA, Sowjetunion, Großbritannien, Frankreich) beanspruchten, ein Wort mitzureden über die Zukunft eines vereinigten Deutschlands, denn einen Friedensvertrag nach dem Ende des Zweiten Weltkrieges hatte es nie gegeben.

Damit verbanden sich grundsätzliche Fragen der Staatenordnung in Europa. Von den bisher vorhandenen zwei Blöcken, dem Westen mit Europäischer Gemeinschaft und NATO und dem Warschauer Pakt im Osten, fiel die eine Hälfte weg. Was sollte nun kommen? Drohte ein starkes Deutschland mit einem neuen, gefährlichen Nationalismus? Oder eine Ausdehnung von EU und NATO bis an die sowjetische Westgrenze? Wie reagierten die östlichen Nachbarn Polen und die Tschechoslowakei?

Am 5. Mai 1990 begannen in Bonn die sogenannten **»Zwei-plus-vier«**-Verhandlungen zwischen Bundesrepublik, **DDR** und den Siegermächten, um die äußeren Bedingungen der Vereinigung zu klären. Frankreich und vor allem England hatten seit Kohls Zehnpunkteplan vom November 1989 erhebliche Vorbehalte gegen ein vereinigtes Deutschland. Die britische Premierministerin Margaret Thatcher befürchtete, es würde automatisch zur Vormacht in Europa werden und das Gleichgewicht auf dem Kontinent durcheinanderbringen. Dagegen setzten sich die USA unter Präsident George Bush von Anfang an für die deutsche Einheit ein und brachten schließlich auch die anderen Westmächte auf ihre Position. Für die USA war die deutsche Einheit Teil des westlichen Sieges im Kalten Krieg.

Entscheidend war die Haltung der Sowjetunion, denn die machte in dem ganzen Geschehen den größten Verlust. Gorbatschow weigerte sich zunächst, einer NATO-Zugehörigkeit der Bundesrepublik zuzustimmen. Bei einem Besuch Kohls in der Sowjetunion erreichte der Bundeskanzler schließlich die Wende. Gorbatschow sprang über seinen Schatten und stimmte der vollen Souveränität Deutschlands zu. Der Westen musste lediglich auf die Stationierung von Atomwaffen in Ostdeutschland verzichten und die Bundeswehr verkleinern. Zugleich wurden der Abzug der sowjetischen Truppen bis 1994 sowie umfangreiche Kooperationen und Wirtschaftshilfen vereinbart. Helmut Kohl wurde damit endgültig zum »Kanzler der Einheit«.

In den Zwei-plus-vier-Vertrag wurde schließlich auch die Anerkennung der Oder-Neiße-Linie als deutsch-polnischer Grenze aufgenommen. Die beiden deutschen Staaten hatten den Verlust der deutschen Ostgebiete in eigenen Verträgen längst akzeptiert, aber der Bundeskanzler hatte sich in den Monaten vor dem Abschluss des Vertrages geweigert, die Anerkennung dieser Grenze zu wiederholen, und sich auf die freie Entscheidung eines vereinten Deutschland berufen. Dies sorgte für einige Verstimmung bei den Polen, die von einer tiefen Angst vor deutschen Gebietsrückforderungen erfüllt waren.

Letztendlich setzte sich bei allen Beteiligten die Überzeugung durch, dass ein starkes Deutschland in der Mitte Europas dann am wenigsten ein Risiko für seine Nachbarn und den Weltfrieden sein würde, wenn es in die militärischen, politischen und wirtschaftlichen Strukturen der NATO und der Europäischen Gemeinschaft eingebunden sein würde. Am 12. September unterzeichneten die sechs Teilnehmerstaaten der Verhandlungen schließlich den »Vertrag über die abschließende Regelung in Bezug auf Deutschland«. Damit war, mehr als 45 Jahre nach der deutschen Kapitulation und der Potsdamer Konferenz der Alliierten, die Nachkriegszeit auch völkerrechtlich beendet.

Welche Rolle spielte die DDR in den Verhandlungen?

Außenminister Markus Meckel aus der Regierung de Maizière saß zwar mit am Verhandlungstisch und hatte ein eigenes Beraterteam zusammengestellt, aber die entscheidenden Verhandlungen liefen zwischen Washington, Bonn und Moskau.

BEMERKENSWERTES

Margaret Thatcher und der deutsche Nationalcharakter

Im Juli 1990 gab es in Großbritannien eine peinliche Affäre, als ein Geheimprotokoll der Premierministerin in die Öffentlichkeit gelangte. Thatcher hatte auf ihrem Landsitz mit Historikern über den deutschen Nationalcharakter diskutiert. Wie in dem Papier notiert war, hielt sie ihn noch immer für von Aggressivität und Egoismus, Selbstmitleid und Minderwertigkeitsgefühlen erfüllt, deswegen blieben die Deutschen unberechenbar. Bei einem Treffen mit dem französischen Präsidenten François Mitterand hatte sie im Dezember 1989 aus ihrer Tasche eine zerknitterte Karte von Europa vor dem Zweiten Weltkrieg gekramt, mit den eingezeichneten Grenzen der deutschen Ostgebiete wie Schlesien, Pommern, Ostpreußen. Dazu rief sie aus: »Das alles werden sie sich nehmen und die Tschechoslowakei dazu.«

3. Oktober 1990: die Wiedervereinigung

Wie kam es zu dem Datum 3. Oktober als Tag des DDR-Beitritts zur Bundesrepublik?

Angestrebt war ein möglichst früher Termin, aber zunächst sollten die Mitglieder der KSZE (Konferenz über Sicherheit und Zusammenarbeit in Europa) offiziell über das Ergebnis der Zwei-plus-vier-Verhandlungen informiert werden. Dies geschah auf einer Außenministerkonferenz am 2. Oktober.

Welche Minister traten am 4. Oktober ins Bundeskabinett?

Dies waren Sabine Bergmann-Pohl, Lothar de Maizière, Günther Krause (alle CDU), Rainer Ortleb (FDP) und Hansjoachim Walther (DSU).

Mit dem Ablauf des 2. Oktober 1990 hörte die DDR auf zu existieren. In einer Nachtsitzung vom 22. zum 23. August hatten die Abgeordneten der Volkskammer (294 dafür, 62 dagegen, 7 Enthaltungen) den Beitritt der DDR zur Bundesrepublik nach Artikel 23 des Grundgesetzes beschlossen und am 20. September auch den Einigungsvertrag bestätigt. Der **3. Oktober** wurde zum »Tag der deutschen Einheit« erhoben. Wieder gab es große Feiern, die größte vor dem Reichstagsgebäude, gleich neben dem Brandenburger Tor. Glockengeläut und Feuerwerk sollten diesem Tag einen weihevollen Rahmen geben. Bei den Feiern am Brandenburger Tor hatten die Regierungschefs verkündet: »Der Tag der Wiedervereinigung, der 3. Oktober, ist ein Tag der Freude und Dankbarkeit für alle Deutschen.«

Das stimmte wohl. Die meisten Menschen im Osten hatten große Erwartungen an die Zukunft, wollten sich Lebensträume erfüllen und die Welt sehen. Aber es mischten sich auch andere Stimmungen hinzu: Am Anfang der vorangegangenen zwölf Monate hatte die mutige und stolze Entschlossenheit gestanden, gegen das verkrustete SED-System aufzustehen und Nein zu sagen. Diese Euphorie der Befreiung war mittlerweile abgeflaut. Durch den Willen der ostdeutschen Mehrheit, schnell den Weg in die Bundesrepublik zu gehen, hatte plötzlich in vielen Punkten das ferne Bonn das letzte Wort. Die Regeln der Demokratie waren damit nicht mehr nach eigenen Vorstellungen entwickelt, sondern vorgegeben. Zudem forderte der wirtschaftliche Zusammenbruch der DDR seine ersten Opfer. Arbeitslosigkeit und Existenzangst machten sich bei vielen breit. Viele erinnern sich an die Worte von Bundeskanzler Kohl zur Währungsunion im Juli 1990: »Blühende Landschaften« hatte er dem Osten versprochen und verkündet, es werde durch die Einheit »niemandem schlechter gehen als zuvor – dafür vielen besser« – das schien sich nun nicht zu bewahrheiten.

Sofort sichtbar wurden die Veränderungen in Regierung und Parlament. Fünf zusätzliche **Minister ohne Geschäftsbereich** aus dem Osten traten am 4. Oktober 1990 in das Bundeskabinett ein. Der Bundestag musste enger zusammenrücken. Er wurde zunächst um 144 ehemalige Volkskammerabgeordnete erweitert, entsprechend dem Anteil ihrer Fraktionen. Am 2. Dezember 1990 fanden dann die ersten gesamtdeutschen Bundestagswahlen statt. Die CDU/CSU gewann mit 43,8 Prozent der Stimmen und konnte ihre Koalition mit der

FDP (elf Prozent) fortsetzen. Die SPD erhielt 33,5 Prozent. Die Grünen, die die schnelle Vereinigung für gefährlich gehalten hatten, scheiterten im Westen an der Fünfprozenthürde, waren aber durch acht Abgeordnete des Bündnis 90 aus dem Osten (5,9 Prozent) vertreten. Die PDS brachte es im Osten auf elf Prozent.

Zu den sichtbaren Folgen der deutschen Einheit gehörte auch die Verlegung des Bundestages und des Regierungssitzes von Bonn nach Berlin, die am 20. Juni 1991 vom Bundestag beschlossen wurde. Es sollte allerdings einige Jahre dauern, bis die Hauptstadt dafür hergerichtet war. 1999 zog Bundeskanzler Gerhard Schröder vorläufig in das alte Gebäude des Staatsrates der DDR als Bundeskanzleramt ein. Der Bundestag wechselte zum gleichen Zeitpunkt in das Reichstagsgebäude.

Vor dem Berliner Reichstag wird die Einheit gefeiert .

BEMERKENSWERTES

Welche möglichen Daten für den Tag der deutschen Einheit waren noch im Gespräch?

Viele bedauerten die Abschaffung des 17. Juni als sommerlichen Feiertag, der an den Aufstand von 1953 erinnerte. Vorgeschlagen war auch der 9. Oktober zur Erinnerung an den Beginn der demokratischen Revolution in Leipzig. Problematisch war hingegen der 9. November als Tag des Mauerfalls. Auf dasselbe Datum fiel 1938 die Pogromnacht gegen Synagogen und andere jüdische Einrichtungen. Letztlich legte die Bundesregierung Wert darauf, die Vollendung der deutschen Einheit besonders herauszuheben – weswegen man schließlich beim 3. Oktober blieb.

Deutschland seit der
Wiedervereinigung 1990

Deutschland seit der Wiedervereinigung 1990

Mit der deutschen Einheit erfüllte sich 1990 nach mehr als 40 Jahren Teilung eine Hoffnung, die die meisten Menschen schon längst aufgegeben hatten. Die friedliche Revolution in der DDR, der Zusammenbruch des SED-Regimes und der Niedergang des sowjetischen Imperiums waren Veränderungen größten historischen Ausmaßes. Sie vollzogen sich in einem atemberaubenden Tempo. Zwischen dem Fall der Mauer im November 1989 und dem Beitritt der DDR zum Geltungsbereich des Grundgesetzes am 3. Oktober 1990 lagen nur elf Monate. In diesem Zeitraum wurden nicht nur die vielen offenen politischen, wirtschaftlichen, rechtlichen und sozialen Fragen auf deutsch-deutscher Ebene geklärt, sondern auch die komplizierten Probleme rund um die Vorbehaltsrechte der vier Siegermächte des Zweiten Weltkrieges.

Vieles veränderte sich im geeinten Deutschland. Nicht nur, dass sich die Bundesrepublik um rund 16 Millionen Menschen und fünf neue Bundesländer vergrößerte. Aus den getrennten Staaten, die am Rand ihrer jeweiligen Machtblöcke gelegen hatten, entstand ein wirtschaftlich und politisch mächtiger Gesamtstaat in der Mitte Europas – das war anfangs mit großen Befürchtungen in den Nachbarländern verbunden. Durch die Wiedererlangung der vollen Souveränität erweiterte sich Deutschlands außenpolitischer Handlungsrahmen. In den 90er-Jahren übernahm die Bundesrepublik zunehmend mehr Verantwortung auf internationaler Ebene. Wurde die deutsche Außenpolitik während des Golfkrieges 1991 noch als »Scheckbuchdiplomatie« belächelt, ist die Bundeswehr heute in verschiedenen NATO- und UN-Missionen auf dem Balkan, in Afrika sowie im Mittleren Osten im Einsatz.

Das vielleicht sichtbarste Zeichen für den Wandel in der Republik war der Wechsel von Parlament und Regierung von Bonn nach Berlin. Der »Hauptstadtumzug« blieb in den 90er-

Jahren ein Dauerthema. Es ging dabei nicht einzig um die Kosten und die neuen Gebäude, sondern vor allem um die Frage, ob die Politik an der Spree eine andere sein werde als zu Bonner Zeiten. Die Befürchtungen haben sich nicht bewahrheitet. Zwar tritt die Politik der »Berliner Republik« selbstbewusster und souveräner auf, sie benennt ihre Interessen klarer und sie wirkt vielleicht entkrampfter. Gleichwohl werden die Grundlinien und Traditionen der alten Bundesrepublik auch im vereinten Deutschland fortgeführt, zumal sie sich als die richtigen erwiesen haben. Das gilt sowohl für die Westbindung und den europäischen Integrationsprozess als auch für die innenpolitischen, wirtschaftlichen und sozialen Leitlinien. Wie zu Bonner Zeiten bleiben die Lehren aus der NS-Zeit und die Erinnerung an den Holocaust weiterhin zentraler Bestandteil des deutschen Selbstverständnisses.

Die Überwindung der Folgen der Teilung gehört immer noch zu den großen Aufgaben, mit denen sich die Bundesrepublik konfrontiert sieht. In der Euphorie der Einigung wurden die eigenen Kräfte überschätzt und allzu große Hoffnungen geweckt. Die vollständige Umgestaltung der maroden Wirtschafts- und Sozialordnung auf dem Gebiet der ehemaligen DDR, die eine hohe Arbeitslosigkeit auslöste, führte zu großen Enttäuschungen und Frustration. Die Deutschen in Ost und West merkten, dass sie sich in den 40 Jahren doch fremder geworden waren als zunächst angenommen. Dennoch suchen die enormen Leistungen des Wiederaufbaus ihresgleichen.

Heute wächst eine gesamtdeutsche Generation heran, die die Teilung nur noch aus Geschichtsbüchern kennt. Diese Generation sieht sich jedoch bereits neuen Herausforderungen gegenüber: Globalisierung, Strukturwandel, Wirtschaftskrisen und internationaler Terrorismus sind nur einige von ihnen. Deutschland kommt im 21. Jahrhundert eine gewichtige Rolle in der Welt zu, die bewältigt werden will.

Beitritt oder Wiedervereinigung?

Was ist der Tiergarten?

Bei dem Großen Tiergarten handelt es sich um eine weitläufige Parkanlage im Herzen Berlins. Der Tiergarten wurde bereits im 18. Jahrhundert der Öffentlichkeit zugänglich gemacht. In den Jahren der deutschen Teilung war er ein wichtiges Naherholungsgebiet für die Bürger Westberlins.

Was besagte der Artikel 23 des Grundgesetzes?

Ursprünglich war im Artikel 23 festgehalten, dass das Grundgesetz in den Ländern der Bundesrepublik Geltung habe. Nach einem Beitritt anderer Teile Deutschlands – etwa der DDR – sei es ebenso auf diese auszudehnen. Im Zuge des Einigungsvertrages vom 31. August 1990 wurde der Artikel 23 in seiner ursprünglichen Fassung aufgehoben.

Der 3. Oktober 1990 war ein warmer, sonniger Herbsttag. In Berlin tummelten sich rund um das Reichstagsgebäude und das Brandenburger Tor zahlreiche Spaziergänger und Schaulustige, die das schöne Wetter genossen und einen Blick auf die Überbleibsel der letzten Nacht warfen. Handwerker bauten Absperrungen ab, in den Bäumen und Sträuchern des **Tiergartens** hingen vereinzelt noch schwarz-rot-goldene Fahnen, die Stadtreinigung war damit beschäftigt, die umherliegenden Sektflaschen und Dosen einzusammeln. Mit einem rauschenden Fest hatten hier wenige Stunden zuvor um Mitternacht Hunderttausende Menschen die Vereinigung Deutschlands gefeiert. Angesichts der Geschwindigkeit, mit der sich die staatliche Einigung vollzogen hatte, konnten viele die Bedeutung des Augenblicks noch kaum ermessen. Doch worum genau handelte es sich bei dem, was sich da in den vergangenen Stunden ereignet hatte? War es eine Wiedervereinigung oder »bloß« der Beitritt der DDR zur Bundesrepublik?

Die Antwort auf diese Frage hängt von der Perspektive ab. Betrachtet man die verfassungsrechtliche Seite, dann wurde die deutsche Einheit durch den Beitritt der DDR zum Geltungsbereich des Grundgesetzes ins Werk gesetzt – so, wie es der **Artikel 23** vorsah. Einige Stimmen, vor allem in der SPD, kritisierten diesen Weg. Ihrer Meinung nach hätte vor der Vereinigung gemäß Artikel 146 eine gesamtdeutsche Verfassung ausgearbeitet werden müssen, über die die Bürger dann abgestimmt hätten. Allerdings wären für ein solches Vorgehen mehrere Monate zusätzliche Zeit notwendig gewesen – Zeit, von der die Regierungen in Bonn und Ostberlin annahmen, dass man über sie nicht verfügte. Außerdem schien die Ausarbeitung einer neuen Verfassung überhaupt nicht notwendig zu sein, denn das Grundgesetz hatte sich seit 1949 bestens bewährt. Aus der Sicht vieler verantwortlicher Politiker in Ost und West gab es dringendere Probleme. Ein Großteil der Bevölkerung sah das ähnlich. Die zügige und unkomplizierte Variante des Beitritts wurde von der großen Mehrheit einer Verfassungsdebatte vorgezogen.

Zahlreiche Vertreter der alten Kräfte in der DDR, aber auch einige demokratisch gesinnte Intellektuelle und Bürgerrechtler stellten die Forderung auf, das »positive« Erbe der DDR in die Einheit mit einfließen zu lassen. Ihre Vorstellung war es, dass beide Staaten ihre jeweiligen Vorzüge einbringen sollten, um daraus etwas Neues zu schaffen. Auf die Nachfrage, über welche Vorteile die DDR denn verfügt habe, kamen dann häufig aber nur vage Antworten. Die Mehrheit der DDR-Bevölkerung wollte nicht die Verhältnisse in der Bundesrepublik verändern, sondern ihre eigenen jenen im Westen angleichen. Manches **Argument** für die angeblich guten Eigenschaften der DDR, das im Nachhinein bemüht wurde, war während des Einigungsprozesses schlicht abwegig.

Während der Begriff »Beitritt« eher die technische Seite der deutschen Einheit bezeichnete, zielte »Wiedervereinigung« auf den größeren nationalen Zusammenhang. Nach 40 Jahren Trennung wurden im Oktober 1990 die Deutschen als ein Volk wieder zusammengeführt. Das galt sowohl für ihre lange gemeinsame Geschichte, ihre Traditionen als auch für ihre Kultur. In den Augen des Bundespräsidenten Richard von Weizsäcker war die Vereinigung deshalb mehr als eine bloße Erweiterung der Bundesrepublik: »Der Tag ist gekommen, an dem zum ersten Mal in der Geschichte das ganze Deutschland seinen dauerhaften Platz im Kreis der westlichen Demokratien findet.« Die Deutschen erhielten in Einheit und Freiheit ihren eigenen Nationalstaat zurück.

Demonstrationsplakat 1989

*** Welche Argumente sollten für die DDR sprechen?***

Die angeblich positiven Errungenschaften der DDR, die ins Gespräch gebracht wurden, zielten vor allem auf den sozialen Bereich. So wurden die fast kostenlosen Mieten, die umfassende Kinder- und Jugendbetreuung sowie die staatliche Garantie auf einen Arbeitsplatz als vorbildlich dargestellt. Verschwiegen wurde jedoch, dass solche Leistungen nicht zu finanzieren waren und sich mit den Prinzipien eines freien Marktes kaum vereinbaren ließen.

BEMERKENSWERTES

Die Wiedervereinigung der Kultur

Auch auf kulturellem Gebiet fand eine Wiedervereinigung statt. Im gesamten Land waren während des Zweiten Weltkrieges zahlreiche Sammlungen aus Museen, Gemäldegalerien, Bibliotheken und Archiven ausgelagert worden, um sie vor der Zerstörung zu bewahren. Mit der Teilung verblieben diese Bestände dann entweder in der Bundesrepublik oder in der DDR. Vor allem die ehemals staatlichen preußischen Sammlungen in Berlin, die Weltruf genossen, wurden so auseinandergerissen. Im Zuge der deutschen Einheit begann man, die Bestände wieder zusammenzuführen. Das war ein sehr langwieriger Prozess, der in einzelnen Bereichen immer noch nicht vollständig abgeschlossen ist.

Das Ende der Nachkriegsordnung

Was versteht man unter Zivilbeschäftigten?

Zivilbeschäftigte sind Personen, die als Angestellte oder Arbeiter für das Militär tätig sind, ohne selbst Teil der Streitkräfte zu sein. Häufig sind sie als Techniker, Handwerker, Hausmeister oder im Verpflegungsbereich für die Versorgung der Truppen und für die Instandhaltung von Gebäuden und anderen Einrichtungen verantwortlich.

Wer war Boris Jelzin?

Boris N. Jelzin (1931–2007) stammte aus einfachen bäuerlichen Verhältnissen. Ab den 60er-Jahren machte er innerhalb der KPdSU politische Karriere. 1991 wurde Jelzin zum Präsidenten der sowjetischen Teilrepublik Russland gewählt. Während des Auflösungsprozesses der Sowjetunion gehörte er zu führenden politischen Persönlichkeiten, die sich für demokratische Reformen einsetzten. Am 31. Dezember 1999 erklärte er seinen Rücktritt vom Präsidentenamt.

Der Niedergang der Sowjetunion und der Zusammenbruch der kommunistischen Regime in Osteuropa waren Ereignisse von großer geschichtlicher Tragweite. Sie bedeuteten nichts weniger als das Ende der alten Ordnung auf dem europäischen Kontinent. Die deutsche Vereinigung war zwar nur ein Teil der gewaltigen Veränderungen, die sich vollzogen. Gleichwohl galt sie als eines der symbolträchtigsten und wichtigsten Ereignisse. Völlig zu Recht nannte Helmut Kohl den 3. Oktober 1990 deshalb »ein europäisches, ja weltpolitisches Ereignis von historischem Rang«.

Für Deutschland brachte die Einheit den endgültigen Abschluss der Nachkriegszeit. Damit waren natürlich nicht die Jahre gemeint, die zwischen der Kapitulation 1945 und der Gründung der beiden deutschen Staaten 1949 lagen. Vielmehr ging es um die langfristigen rechtlichen und politischen Konsequenzen des Zweiten Weltkrieges für Deutschland, die erst mit dem Zwei-plus-vier-Vertrag, der den 1945 nicht zustande gekommenen Friedensvertrag ersetzte, ihren Abschluss fanden. Die Bundesrepublik erhielt ihre vollständige Souveränität in inneren und äußeren Angelegenheiten zurück.

Ein sichtbares Zeichen, dass die Nachkriegsordnung nun endgültig vorbei war, war der Abzug der ausländischen Streitkräfte aus Deutschland. Der Zwei-plus-vier-Vertrag bestimmte, dass die Sowjetunion bis Ende 1994 die Rote Armee aus Ostdeutschland vollständig abziehen werde. Später wurde dieser Termin um einige Monate vorverlegt. Die Rückführung der ehemals sowjetischen Truppen, die rund 338.000 Soldaten, 208.000 **Zivilbeschäftigte** und Familienangehörige sowie einen umfangreichen Waffen- und Maschinenpark umfassten, erwies sich als eine organisatorische Großleistung. Die Bundesregierung war in den Abzug mit eingebunden. Sie stellte Russland zwölf Milliarden DM zur Verfügung und half dabei, den Soldaten in ihrer Heimat neuen Wohnraum zu schaffen und Umschulungsprogramme für Offiziere anzubieten. Am 31. August 1994 verabschiedeten der russische Präsident **Boris Jelzin** und Bundeskanzler Helmut Kohl in Berlin gemeinsam die letzten russischen Truppen.

Auch die westlichen Verbündeten begannen mit einem Abbau ihrer in Deutschland stationierten Einheiten. Bis 1995 zogen Belgier, Franzosen, Niederländer, Kanadier, Briten und Amerikaner den größten Teil ihrer Verbände ab. Erhalten blieben lediglich Stützpunkte, die im Rahmen besonderer Abmachungen und der NATO bestanden.

Der Abzug der russischen und westlichen Streitkräfte, der insgesamt mehr als eine Million Soldaten, Angestellte und deren Familien betraf, hatte auch für die deutsche Bevölkerung Auswirkungen. Kasernen, Stützpunkte und Wohngebiete, die bislang militärisch genutzt worden waren, standen auf einmal leer. Manche Orte verloren mehr als die Hälfte ihrer Einwohner. Auf dem Gebiet der ehemaligen DDR, wo die sowjetischen Truppen in eigenen abgeschirmten Garnisonen gelebt hatten, entstanden regelrechte Geisterstädte, die häufig unter einer **hohen Umweltbelastung** litten. Zehntausende Menschen, die für die Streitkräfte gearbeitet hatten, verloren ihre Arbeit. Vor allem strukturschwache Regionen litten unter den Veränderungen. Mit großem finanziellem Aufwand gelang es zwar, Liegenschaften einer neuen Nutzung zuzuführen – auf diese Weise entstanden ganz neue Stadtviertel mit Wohn- und Gewerbegebieten sowie Sport- und Freizeiteinrichtungen. Allerdings gibt es vor allem in Ostdeutschland bis heute zahlreiche ehemalige Standorte, die leer stehen und verfallen.

Woher rührte die hohe Umweltbelastung?
Über Jahrzehnte hinweg war die Rote Armee rücksichtslos mit der Natur umgegangen. Als die Truppen abzogen, hinterließen sie Übungsplätze, Kasernen und Liegenschaften, die durch Munition, Ölreste, Chemikalien, Müllberge und verrostende Fahrzeuge verseucht waren. Es dauerte viele Jahre, bis die Umweltschäden einigermaßen beseitigt waren.

BEMERKENSWERTES

Freunde erster und zweiter Klasse

Obwohl in den offiziellen Reden bei der Verabschiedung der ausländischen Streitkräfte immer von der tiefen Freundschaft gesprochen wurde, die diese mit den Deutschen verbänden, waren die Sympathien unterschiedlich verteilt. Während viele Bundesbürger im Westen den Abzug der Verbündeten, vor allem der Amerikaner und Briten, ehrlich als den Abschied von Freunden empfanden, galt das im Osten mit Blick auf die ehemalige Rote Armee nur bedingt. Diese Haltung erklärte sich nicht einzig aus der Geschichte und dem Umstand, dass die sowjetischen Soldaten lange Jahre als Besatzer wahrgenommen worden waren. Sie hatte auch damit zu tun, dass die Sowjets im Gegensatz zu den westlichen Truppen kaum direkte Kontakte mit der deutschen Bevölkerung unterhalten hatten.

Das vereinigte Deutschland – Erfolge

Was ist der Solidaritäts-zuschlag?

Der Solidaritätszu-schlag ist ein Zuschlag, der auf verschiedene Steuern, etwa auf die Einkommenssteuer, er-hoben wird. Seit seiner Einführung 1991 unter-lag er mehreren Verän-derungen, zwischen-zeitlich wurde er sogar ausgesetzt. Bei seiner Erhebung wurden ne-ben dem Aufbau Ost auch andere Gründe geltend gemacht, unter anderem die Kosten für den Golfkrieg und die Unterstützung der ost-europäischen Nach-barstaaten.

Welche Maßnahmen umfasste der »Solidar-pakt I«?

Es handelte sich um ein Zehn-Punkte-Pro-gramm, das auf viele Bereiche des wirt-schaftlichen, sozialen und finanziellen Le-bens und auf den Ar-beitsmarkt in den neu-en Bundesländern gro-ße Auswirkungen hat-te. Unter anderem wurden Mittel für ein Wohnungsbaupro-gramm sowie für Ar-beitsbeschaffungsmaß-nahmen bereitgestellt. Außerdem bestimmte der Pakt eine Neuver-teilung der Finanzbe-ziehungen zwischen dem Bund und den Ländern, die Förderung des Absatzes von ost-deutschen Produkten,

Wer heute durch die Innenstädte von Erfurt, Stralsund oder Neu-ruppin bummelt, der wird an ihrem äußeren Erscheinungsbild kaum einen Unterschied zu den Städten in Westdeutschland erkennen. Geschäftige Fußgängerzonen und stolze Bürgerhäuser mit pracht-vollem Fassadenschmuck, herausgeputzte Plätze, Parkanlagen und italienische Eiscafés laden den Besucher zum Verweilen ein. Erst auf den zweiten Blick fällt auf, dass diese Pracht noch relativ jung ist. Vor 20 Jahren bot sich ein gänzlich anderes Bild: Langsam verfallen-de graue Städte von deprimierender Eintönigkeit, über denen in den Herbst- und Wintermonaten der stechende Geruch von Öfen hing, die mit Braunkohle beheizt wurden. Laut Statistik besaßen 1990 mehr als 60 Prozent aller Wohnhäuser in der DDR keine Zentralhei-zung. Einem Viertel von ihnen fehlte ein Bad, häufig lag die Toilette entweder auf dem Hausflur zwischen zwei Etagen oder im Hinter-hof. Zahlreiche Menschen lebten in Wohnungen aus der Kaiserzeit, die seitdem kaum modernisiert worden waren. An vielen Gebäuden konnte man Einschusslöcher und andere Beschädigungen aus dem Zweiten Weltkrieg entdecken. Das SED-Regime hatte mit der sozia-listischen Planwirtschaft das ganze Land vollständig ruiniert. Zwi-schen dem Lebensstandard in Westdeutschland und jenem in den neuen Bundesländern lagen Welten.

In der Absicht, die Lebensverhältnisse im Osten auf das Westniveau anzuheben, sah sich die Politik nach 1990 mit einer Herkulesaufgabe konfrontiert. Es handelte sich um die größte Aufbauleistung seit Kriegsende. Wohnungsbau, öffentliche Einrichtungen, moderne Ver-kehrswege, Telefonnetze – es gab keinen Bereich, wo es nicht Hand-lungsbedarf gab. Im März 1991 leitete die Bundesregierung deshalb das erste große Investitionsprogramm ein. Bei dem »Gemeinschafts-werk Aufbau Ost« handelte es sich um ein Maßnahmenprogramm, das sowohl der Wirtschaftskrise, der wachsenden Arbeitslosigkeit als auch den finanziellen Engpässen, unter denen die neuen Länder stark litten, entgegenwirken sollte. Der Anfang Juli 1991 eingeführte **Soli-daritätszuschlag** trug zur Finanzierung des Aufbaus Ost bei.

Das war nur ein Tropfen auf den heißen Stein. Nach langen Bera-tungen einigten sich die Führungsspitzen von CDU, CSU, FDP und SPD sowie die Ministerpräsidenten der 16 Bundesländer am 13. März 1993 auf den **»Solidarpakt I«,** der die Umsetzung der Aufbau-maßnahmen langfristig sichern sollte. Der Pakt war auf zehn Jahre befristet. Allerdings zeichnete sich bald ab, dass die in ihm vorgesehenen Maßnahmen nicht ausreichen würden. Aus diesem Grund brachten Bundestag und Bundesrat 2001 den sogenannten »Solidarpakt II« auf den Weg, der bis 2019 mehr als 156 Milliarden Euro an die neuen Bundesländer leiten soll. Über die Gesamtausgaben des Aufbaus Ost existieren **unterschiedliche Zahlen.** Zwischen 1990 und 2000 sollen, so schätzen manche Institute, etwa 900 Milliarden Euro von West nach Ost geflossen sein. Hinzu kommen noch weitere Gelder, etwa solche, die von den Ostdeutschen als Steuern selbst aufgebracht wurden.

Trotz der wirtschaftlichen und sozialen Probleme, die die Jahre nach der Einheit überschatteten, erwies sich der Aufbau Ost insgesamt als ein sehr großer Erfolg. Er bescherte den Menschen in den neuen Bundesländern einen Wohlstand, der bei Weitem über jenem lag, der in der DDR existiert hatte. In nicht wenigen Bereichen fanden die neuen Bundesländer den wirtschaftlichen Anschluss. Tatsächlich stehen manche ostdeutsche Regionen – etwa in Sachsen oder in Thüringen – heute besser da als viele Gebiete in den alten Ländern.

Einleitung von Abwässern bei Bitterfeld, 1991

eine Bahnreform sowie die Wiedereinführung des Solidaritätszuschlags.

Wieso gibt es unterschiedliche Zahlen?

Bislang wurden keine endgültigen Zahlen zu den Kosten der deutschen Einheit veröffentlicht. Das hängt zunächst damit zusammen, dass der Prozess noch nicht abgeschlossen ist. Außerdem herrscht trotz der getroffenen Abmachungen und Verträge im Detail eine große Unübersichtlichkeit über die Kosten, was mit der Verteilung und der Verwendung der Mittel zu tun hat. Zudem handelt es sich um eine Frage von hoher politischer Brisanz. Je nach Interessenlage fallen die Zahlen daher mal höher, mal niedriger aus.

BEMERKENSWERTES

Die Beseitigung ökologischer Altlasten

Die Beseitigung der enormen Umweltzerstörungen, die ein Erbe der DDR waren, erwies sich als eine der gewaltigsten Aufgaben für den Aufbau Ost. Vor allem in der Umgebung von Industrieanlagen waren große Landflächen durch Schwermetalle, Quecksilber und Öle schwer belastet. Die Verschmutzungen von Böden, Gewässern und der Luft lagen um ein Vielfaches über den gesetzlichen Grenzwerten. Traurige Berühmtheit erlangte der »Silbersee« bei Bitterfeld – ein künstlich entstandenes Gewässer, in das seit den 30er-Jahren ungefiltert chemische Abwässer, Abfälle und Schlämme geleitet worden waren. Es wurde zum Inbegriff für die gewaltigen Naturschäden in der DDR.

Das vereinigte Deutschland – Probleme

Was war ein Volks-eigener Betrieb?

Bei einem Volkseigenen Betrieb (VEB) handelte es sich um einen Betrieb in der DDR, der sich im Besitz des Staates befand. Nicht selten waren die VEB aus Unternehmen hervorgegangen, die in den 40er- und 50er-Jahren durch das SED-Regime in Staatseigentum überführt worden waren.

Trotz der außerordentlichen Leistungen des Aufbaus Ost machten sich bereits nach kurzer Zeit die Schattenseiten des Umgestaltungsprozesses bemerkbar. Beinahe über Nacht wurde den Menschen in der ehemaligen DDR eine neue Rechts-, Wirtschafts- und Sozialordnung übergestülpt, die im vollständigen Gegensatz zur alten stand. Dies setzte eine Anpassungsbereitschaft voraus, die größer kaum hätte sein können. An die Stelle der staatlich gelenkten Planwirtschaft trat nun die freie Marktwirtschaft. Die zahlreichen Probleme, die sich mit diesem Wandel ergaben, führten in den 90er-Jahren zu einer zunehmenden Belastung des politischen Klimas in der Republik. Die große Freude über die Einheit, die 1989 und 1990 bei den meisten Ostdeutschen vorgeherrscht hatte, trübte sich.

Der katastrophale Zustand der DDR-Wirtschaft war die wichtigste Ursache für die Probleme der Nachwendejahre. Tatsächlich war die wirtschaftliche Lage im ehemaligen »Arbeiter- und Bauernstaat« viel schlimmer, als dies von den meisten Politikern zunächst befürchtet worden war. Das ganze Ausmaß der finanziellen und wirtschaftlichen Misere erschloss sich erst langsam. Obwohl es durchaus Industriezweige wie etwa den Schiffsbau gab, die man im Westen vor 1990 als einigermaßen stabil angesehen hatte, erwiesen sich die meisten von ihnen beim Blick in die Rechnungsbücher und die Produktionsstätten als hoffnungslos veraltet und unrentabel. Im freien Wettbewerb mit westlichen Produkten waren die Waren aus DDR-Betrieben nicht konkurrenzfähig. Zudem brachen mit dem Niedergang des Ostblocks die osteuropäischen Staaten und die Sowjetunion als wichtigste Abnehmer weg. Selbst die eigene Bevölkerung hatte nach jahrzehntelangen Einschränkungen zunächst keinerlei Interesse mehr an Ostprodukten. Wer wollte schon einen Trabant, wenn er auch einen VW oder Opel kaufen konnte?

Als größte Herausforderung stellte sich die Privatisierung der DDR-Wirtschaft heraus. Um die ehemaligen **Volkseigenen Betriebe** in privaten Besitz zu überführen, wurde 1990 die Treuhandanstalt gegründet. Ihre Aufgabe war es, entweder Käufer für die kleinen und großen Firmen, Geschäfte und Fabriken zu finden, sie zu sanieren oder, sollte es keine andere Lösung geben, sie stillzulegen. Zu Beginn ihrer Arbeit verfügte die Treuhand über rund 8.500 Unternehmen. Hinzu kamen zahlreiche weitere Einrichtungen und Liegenschaften. Hatte die Bundesregierung zunächst geglaubt, dass durch den Verkaufserlös der

Betriebe über die Treuhand die Kosten der Einheit einigermaßen gedeckt werden könnten, wurde sie bald eines Besseren belehrt. Viele der zum Verkauf stehenden Firmen und Geschäfte konnten nur zu einem Bruchteil ihres ursprünglichen Preises veräußert werden. Die Sanierung und Abwicklung der Betriebe verschlang Unsummen.

Die großen Umstrukturierungen in der Wirtschaft führten dazu, dass viele Menschen ihre Arbeit verloren. Von den ehemals 4,1 Millionen Arbeitsplätzen, die 1990 über die Treuhand bestanden, wurden bis Ende 1994 2,6 Millionen Stellen abgebaut. Nur wenige Ostdeutsche konnten sich an der Privatisierung der einstigen DDR-Unternehmen beteiligen, weil ihnen die Geldmittel oder die Erfahrung zur Führung eines Betriebes in der Marktwirtschaft fehlten. Hingegen berichtete die Presse immer wieder von westdeutschen Spekulanten, die mit dubiosen Geschäften in den neuen Bundesländern reich wurden. Die hohen Erwartungen, die man in die Vereinigung setzte, wurden in den Augen vieler nicht erfüllt. Sie fühlten sich als **Verlierer der Einheit.**

Bischofferode 1993: Arbeiter streiken, weil ihr Werk geschlossen werden soll.

Kann man wirklich von Verlierern der Einheit sprechen?

Das ist eine sehr schwierige Frage, die man nicht allgemein beantworten kann, weil sie sehr stark von der Sicht der Betroffenen und ihrer Lebenssituation abhängt. Unbestreitbar ist der Lebensstandard in vielen Fällen im Osten niedriger als im Westen, die Arbeitslosigkeit ist hoch, die Löhne sind niedriger, die Wirtschaft hat immer noch nicht das Westniveau erreicht. Allerdings ist unstrittig, dass der Wohlstand insgesamt seit 1990 in Ostdeutschland stark zugenommen hat. Außerdem sollte man die Entwicklung in den osteuropäischen Nachbarländern im Auge behalten, wo die Ausgangsbedingungen ungleich schlechter waren als in der ehemaligen DDR, denn dort gab es keinen reichen Westteil, der zu Hilfe kam. Und kann man den Gewinn von Freiheit als einen Verlust bezeichnen?

BEMERKENSWERTES

»Blühende Landschaften« – ein gebrochenes Wort?

In der Fernsehansprache anlässlich des Inkrafttretens der Währungs-, Wirtschafts- und Sozialunion am 1. Juli 1990 sprach Bundeskanzler Helmut Kohl (CDU) erstmals davon, dass es den Deutschen in einem gemeinsamen Kraftakt gelingen werde, die neuen Bundesländer schon bald wieder »in blühende Landschaften zu verwandeln, in denen es sich zu leben und zu arbeiten lohnt«. Dieses Bild benutzte Kohl in der Folge mehrfach. Obwohl es angesichts der enormen Aufbauleistung im Nachhinein durchaus seine Berechtigung hat, so weckte es bei vielen Menschen die trügerische Hoffnung auf raschen Erfolg und Wohlstand. Später musste das Wort von den »blühenden Landschaften« angesichts der Schließung vieler Betriebe und des Verlustes von Millionen Arbeitsplätzen so manchen Bürger mit Bitterkeit erfüllen.

Was denken eigentlich Ost- und Westdeutsche voneinander?

Woher kommen die Begriffe »Ossi« und »Wessi«?

Diese Frage lässt sich nicht eindeutig beantworten, weil beide Begriffe ihren Ursprung in der Umgangssprache haben. Ihre Bedeutung konnte regional sehr unterschiedlich sein. Mit «Wessis» bezeichneten die West-Berliner ursprünglich die Menschen abfällig, die in Westdeutschland lebten. Andererseits wurden sie selbst von vielen DDR-Bürgern so genannt. »Ossis« bezog sich hingegen häufig auf Ost-Berliner. Der Schriftsteller Hans Magnus Enzensberger verwendete die beiden Begriffe 1987 in dem Buch Ach, Europa! *erstmals gemeinsam.*

Womit beschäftigen sich Soziologen?

Soziologen (von lat. socius = »Gefährte« und griech. logos = »Rede, Wort«) untersuchen die Voraussetzungen, Entwicklungen und Folgen des Zusammenlebens von Menschen in Gesellschaften.

Ost- und Westdeutsche passen nicht zusammen – zu diesem Schluss müsste man kommen, wenn man die unzähligen Umfragen ernst nähme, die seit 20 Jahren in den Boulevardblättern des Landes veröffentlicht werden. Immer wieder wird auf die angeblichen großen Unterschiede zwischen **»Ossis«** und **»Wessis«** verwiesen, die noch bestünden.

Obwohl man die meisten dieser Meinungsumfragen kaum ernst nehmen kann, verweisen sie gleichwohl auf eine Problematik, mit der sich sogar wissenschaftliche Untersuchungen beschäftigen. Seit Langem gehen **Soziologen** der Frage nach, inwieweit die 40–jährige Teilung und das Leben in den unterschiedlichen politischen Systemen die Mentalitäten (lat. *mens* = »Geist, Vernunft«) der Menschen in West und Ost geprägt haben und in welchem Maße auch ihre Vorstellungen voneinander dadurch beeinflusst worden sind. Die Ergebnisse sind erstaunlich: Sie zeigen, dass die **innere Einheit** der Deutschen noch keineswegs erreicht ist.

Eine Langzeitstudie der Universität Bielefeld kam Ende 2008 zu dem Schluss, dass zwischen Ost- und Westdeutschen eine »erhebliche wechselseitige Fremdheit« bestehe. Auch fast zwei Jahrzehnte nach der Wiedervereinigung gebe es immer noch große Vorbehalte gegenüber den Menschen aus dem jeweils anderen Landesteil. Viele Untersuchungen belegen, dass die Vorurteile zwischen »Ossis« und »Wessis« bestimmten Mustern folgen. In Ostdeutschland ist das Klischee vom »Besserwessi« verbreitet – demnach seien Westdeutsche angeblich besserwisserisch, arrogant und rücksichtslos. Sie seien stets auf ihren eigenen Vorteil bedacht. Sie würden, so ein weiterer Vorwurf, den Ostdeutschen ungebetene Ratschläge geben und Urteile fällen, obwohl sie keine Ahnung vom Leben in der ehemaligen DDR hätten. Häufig fühlten sich Ostdeutsche als »Bürger zweiter Klasse«, denn die »Wessis« würden die ehemalige DDR wie eine Kolonie behandeln. Vor allem die älteren Ostdeutschen haben den Eindruck, dass ihre Lebensleistung nicht gewürdigt werde. Alles aus der DDR werde schlechtgeredet.

Demgegenüber nehmen viele Westdeutsche ihre ostdeutschen Landsleute häufig nur als sächselnde »Meckerossis« wahr. Sie seien unselbstständig, rückständig und staatsgläubig. Anstatt an ihrer eigenen Situation selbst etwas zu verändern, würden sie sich nur bemitleiden. Dem westlichen Leistungsprinzip seien sie nicht gewachsen, da sie im Sozialismus nicht gelernt hätten, ordentlich zu arbeiten. Zudem zeigten sie keine Dankbarkeit für die gewaltigen finanziellen Hilfen, die ihnen die Westdeutschen seit 1990 durch ihre Steuermittel gegeben hätten.

Woher kommen solche Vorstellungen? Viele Forscher verweisen auf die unterschiedlichen Entwicklungen in Ost- und Westdeutschland. Während in der alten Bundesrepublik Demokratie und freie Marktwirtschaft dazu führten, dass die persönliche Freiheit und die Eigenverantwortlichkeit jedes Bürgers hohe Güter waren, zählten unter den Bedingungen der SED-Diktatur Einreihung und Unterordnung in das System. In beiden Gesellschaften gab es unterschiedliche Weltbilder und Erziehungsansätze. Soziologen haben nachgewiesen, dass solche Prägungen oft über mehrere Generationen nachwirken können, weil sie innerhalb der Familien weitergetragen werden. Obwohl nun die erste gesamtdeutsche Generation aufwächst, die nach der Wiedervereinigung geboren wurde, wird es wohl noch viele Jahre dauern, bis die alten Klischees wirklich überwunden sein werden.

Was versteht man unter »innerer Einheit«?
Der Begriff meint, dass nach der »äußeren« Einigung des Staates auch eine innere Vereinigung der Deutschen in Ost und West erfolgen soll. Die Menschen müssen ihre unterschiedlichen Lebenseinstellungen, Wertvorstellungen und Geisteshaltungen überwinden und zu einer gesamtdeutschen Überzeugung finden.

In Ratzdorf werden Sandsackwälle gegen das Oderhochwasser errichtet.

BEMERKENSWERTES

Ein Volk rückt zusammen – das Oderhochwasser 1997

Wie kleinmütig Vorurteile sind und wie man sie überwinden kann, zeigte das Oderhochwasser im Juli und August 1997. Gewaltige Wassermassen flossen die Oder in Richtung Ostsee hinab. Obwohl mehrere Deiche entlang des Flusses brachen, konnte die ganz große Katastrophe, die Überflutung des Oderbruchs, verhindert werden. Der Kampf gegen die Flut wurde als eine nationale Herausforderung empfunden. In der Not standen die Deutschen zusammen. Bundeswehrsoldaten, Technisches Hilfswerk, Feuerwehren und Tausende freiwillige Helfer reisten aus Westdeutschland an, um die Landsleute im Osten zu unterstützen. Gewaltige Spendensummen kamen zusammen. Für diejenigen, die an den Oderdeichen mithalfen, machte es keinen Unterschied, ob jemand ein »Ossi« oder ein »Wessi« war.

Fremdenfeindlichkeit und Rechtsextremismus

Was sind Skinheads?

Bei den Skinheads (aus engl. skin = »Haut« und head = »Kopf«) handelt es sich um Mitglieder einer unter jungen Männern verbreiteten Bewegung, die Ende der 60er-Jahre in England entstand. Man erkennt Skinheads an bestimmten äußeren Erscheinungsmerkmalen, etwa am kahl geschorenen Kopf, an Bomberjacke und Springerstiefeln. Allerdings sind Skinheads nicht automatisch Rechtsradikale. Die Bewegung ist äußerst vielfältig. Durch Aufmärsche und Kundgebungen bestimmen jedoch die rechtsextremen Skinheads das öffentliche Bild.

Wieso richteten sich die Gewaltakte gegen Vietnamesen?

Seit Anfang der 80er-Jahre holte die DDR Ausländer ins Land, um dem Arbeitskräftemangel entgegenzuwirken. Die Vertragsarbeiter, die nur für eine begrenzte Zeit in der DDR beschäftigt wurden, stammten aus den »sozialistischen Bruderländern«, so auch aus Vietnam. Offiziellen Zahlen zufolge arbeiteten zwischen 1980 und 1990 rund 70.000 Vietnamesen in der DDR. Sie waren damit eine der größten

Am 17. September 1991 ereignete sich auf dem Marktplatz der sächsischen Stadt Hoyerswerda ein folgenschwerer Zwischenfall: Eine Gruppe junger angetrunkener **Skinheads** pöbelte mehrere vietnamesische Händler an. Schließlich gingen die Jugendlichen auf die Vietnamesen los. Zwar schritt die Polizei ein, allerdings zogen die Skinheads randalierend weiter und bewarfen ein Wohnheim für »Gastarbeiter« mit Pflastersteinen. In den darauffolgenden Nächten kam es in Hoyerswerda zu schlimmen Ausschreitungen. Ein Mob von einigen Hundert Rechtsradikalen griff mehrere Unterkünfte an, in denen Asylbewerber und »Gastarbeiter« untergebracht waren. Molotowcocktails flogen, »Ausländer raus«-Rufe und Nazilieder waren zu vernehmen. Sowohl die Polizei als auch die städtischen Behörden zeigten sich mit der Lage überfordert. Sie beschlossen, die bedrohten Ausländer in andere Orte zu verlegen. Erst danach kehrte wieder Ruhe ein. Die Rechten feierten dies als einen großen Sieg.

Im August 1992 steckten unter dem Beifall zahlreicher Schaulustiger und Anwohner Jugendliche in Rostock-Lichtenhagen einen Wohnblock an, in dem hauptsächlich **Vietnamesen** lebten. In letzter Not konnten sich die Bewohner vor den Flammen und den Randalierern retten. Bei den verheerenden Brandanschlägen von Mölln im November 1992 und Solingen im Mai 1993, die auf Häuser verübt wurden, in denen türkische Familien wohnten, kamen acht Menschen ums Leben. In beiden Fällen stammten die Täter aus der rechtsextremen Szene.

Hoyerswerda, Rostock, Mölln und Solingen markierten die Höhepunkte einer Welle fremdenfeindlicher und rechtsextremer Gewalt, die Anfang der 90er-Jahre die Bundesrepublik erschütterte. Von 1990 bis 1996 fielen über 80 Menschen **Gewalttaten** zum Opfer, die einen rechtsextremen Hintergrund hatten. Trotz der Sympathiebekundungen vor Ort für die Täter lösten die Untaten beim größten Teil der Bevölkerung Entsetzen und Fassungslosigkeit aus. An den zahlreichen Kundgebungen und Lichterketten gegen Fremdenfeindlichkeit, die nach den Anschlägen stattfanden, beteiligten sich im ganzen Land Hunderttausende Menschen. Die Vorfälle erregten weltweites Aufsehen. Im Ausland wuchs die Angst, dass die Deutschen doch nichts aus ihrer Geschichte gelernt hätten und sie nun, nachdem sie wiedervereint seien, zu den alten Ideen aus der Nazizeit zurückkehren könnten. Das war zwar übertrieben, es drückte aber die große Besorgnis aus, die die Geschehnisse auslösten.

Nach dem ersten Schock über die Gewaltakte wurde die Frage gestellt, was die Ursachen für die Taten gewesen waren. Schließlich wird kein Mensch als Rassist geboren. Die Antworten, die Sozialforscher, Politiker und Verfassungsschützer fanden, waren sehr vielschichtig. Für die jugendlichen Gewalttäter seien hauptsächlich Orientierungslosigkeit, die Angst vor Arbeitslosigkeit sowie fehlende Zukunftsperspektiven ausschlaggebende Gründe. Gerade die ländlichen Gebiete Ostdeutschlands, die nach der Wiedervereinigung mit großen wirtschaftlichen und sozialen Problemen zu kämpfen hatten, boten einen guten Nährboden für rechtsradikales Gedankengut. Weiterhin gab es eine Furcht vor »Überfremdung«, die sich mit Abstiegsängsten und Neid auf die Asylbewerber mischte.

Solche Stimmungen spielten rechtsextremen **Parteien** und Organisationen in die Hände. Bis heute bemühen sie sich, gerade in den neuen Bundesländern an Stärke zu gewinnen. Sie sind interessiert, jugendlichen Nachwuchs für ihre Ideen zu finden. Der Rechtsextremismus bleibt auch in Zukunft eine der großen politischen Herausforderungen für die Demokratie.

ausländischen Minderheiten im »Arbeiter- und Bauernstaat«.

Waren alle Opfer rechtsextremer Gewalt Ausländer?
Nein, die Gewalttaten richteten sich nicht nur gegen Ausländer, sondern ebenso gegen Deutsche, die in das Feindbild der Rechtsradikalen passten: Anhänger der linken Szene, Obdachlose oder auch ganz »normale« Bürger, die aus irgendeinem Grund zu Opfern wurden. Weil nicht immer die Hintergründe von Taten aufgeklärt werden können, liegt die Dunkelziffer der rechtsextremen Gewaltverbrechen noch höher.

Welche rechtsextremen Parteien gibt es?
Neben verschiedenen kleineren Gruppierungen sind drei größere Parteien zu nennen, die in der Bundesrepublik aktiv sind: die Deutsche Volksunion (DVU), die Nationaldemokratische Partei Deutschlands (NPD) und Die Republikaner (REP).

BEMERKENSWERTES

Rechtsextreme in den Parlamenten

Zu den erklärten Zielen der Rechtsextremen, die sich durch Ausländerfeindlichkeit und Rassismus auszeichnen, gehört die Abschaffung des demokratischen Rechtsstaats, den sie als »undeutsch« und von außen aufgezwungen empfinden. Gleichwohl bedienen sie sich der Demokratie, um politischen Einfluss zu gewinnen. Ihren Parteien gelingt es immer wieder, in Gemeindevertretungen, Kreistage und sogar in die Landesparlamente einzuziehen. Die Erfolge sind aber gering: Zumeist zerstreiten sich ihre Abgeordneten, die kaum über politische Erfahrung verfügen, nach kurzer Zeit heillos. An der Parlamentsarbeit beteiligen sie sich so gut wie nicht, stattdessen zeigen sie, dass sie einer ernsthaften politischen Arbeit nicht im Mindesten gewachsen sind.

Wieder in der Mitte Europas – die Außenpolitik des vereinigten Deutschlands

Was war der zweite Golfkrieg?

Im August 1990 überfiel der irakische Diktator Saddam Hussein (1937–2006) das kleine Nachbarland Kuwait, um es dem Irak einzuverleiben. Nach mehreren Ultimaten, die die Vereinten Nationen (UNO) an Hussein richteten und die erfolglos verstrichen, begann am 17. Januar 1991 mit der »Operation Wüstensturm« der zweite Golfkrieg. Die Truppen der Verbündeten befreiten Kuwait und rückten in den Irak ein. Ende Februar wurden die Kampfhandlungen eingestellt.

Worum ging es im jugoslawischen Bürgerkrieg?

Wenn man vom Bürgerkrieg in Jugoslawien spricht, meint man genau genommen fünf Kriege, die zwischen 1991 und 1999 geführt wurden. In ihnen ging es um die Unabhängigkeit und die Vormachtstellung der ehemaligen jugoslawischen Teilrepubliken Slowenien, Kroatien, Bosnien-Herzegowina, Montenegro, Mazedonien und Serbien sowie um das Kosovo. Während des Bürgerkrieges wurden Massenmorde, ethnische Säuberungen und andere Verbrechen un-

In den Jahren 1989 bis 1991 veränderte sich die politische Landkarte Europas grundlegend. Der Zerfall des Ostblocks brachte das Ende der seit 1945 bestehenden Ordnung. Hiervon war Deutschland in besonderer Weise betroffen. Aus dem geteilten Land wuchs in der Mitte Europas die wirtschaftlich stärkste und nach Russland bevölkerungsreichste Nation auf dem Kontinent empor. Zugleich bescherte die Einheit der Bundesrepublik einen neuen außenpolitischen Handlungsrahmen ohne Beschränkungen durch andere Mächte. Die Frage, wie die Republik diesen Rahmen nutzen würde, stellte sich umso mehr, als mit dem Ende des Kalten Krieges neue Konfliktherde aufbrachen. Die große Hoffnung, nun werde ein Zeitalter des Friedens beginnen, erfüllte sich nicht. In Afrika und Asien, auf dem Balkan, im Nahen Osten und im Kaukasus brach eine Reihe von Kriegen und Bürgerkriegen aus, die europäische Interessen unmittelbar betrafen. Wie sollte dabei die neue Rolle Deutschlands aussehen?

Die 90er-Jahre standen im Zeichen eines langsamen Wandels der deutschen Außenpolitik. Zunächst galten die bisherigen Leitlinien der Diplomatie – die Einbindung in die NATO und die UN, das Engagement in der Europäischen Union, die deutsch-französische Freundschaft sowie das enge Verhältnis mit Washington – fort. Allerdings trat nun eine verstärkte Ausrichtung nach Osteuropa hinzu. Dort leistete die Bundesrepublik einen wichtigen Beitrag zum Aufbau von Stabilität, Demokratie und wirtschaftlicher Entwicklung. Zu weitergehenden sicherheitspolitischen oder gar militärischen Verpflichtungen ließ sich die deutsche Regierung indes nicht bewegen. Dies begründete man in Bonn mit der eigenen Geschichte und mit den vermeintlichen Ängsten bei den Nachbarn vor einem übermächtigen Deutschland.

Der **zweite Golfkrieg** von 1991 zeigte, dass die Verbündeten das ganz anders sahen. Während die USA und Großbritannien von den Deutschen militärische und logistische Unterstützung bei der Befreiung Kuwaits forderten, verhielt sich die Regierung Kohl zurückhaltend. Um nicht Truppen schicken zu müssen, erklärte sich Bonn zur Zahlung einer Beihilfe bereit, die mit 17 Milliarden DM einen

erheblichen Teil der Kriegskosten deckte. Diese Form der »Scheck-buchdiplomatie« stieß im westlichen Ausland und in Israel auf gro-ßes Befremden, zumal es lange so aussah, als ob die Antikriegsstim-mung in der deutschen Öffentlichkeit eher den eigentlichen Aggres-sor, nämlich Saddam Hussein, und nicht die Alliierten unterstützte.

In den folgenden Jahren bemühte sich die Bundesrepublik um ei-nen allmählichen Abbau der selbst auferlegten Beschränkungen in der Außen- und Sicherheitspolitik. Seit 1992 beteiligten sich deut-sche Einheiten an UN-Friedensmissionen in Kambodscha, Somalia und anderen Ländern. Allerdings handelte es sich dabei nicht um Kampftruppen, sondern um kleinere Verbände, die hauptsächlich für Hilfsleistungen, Polizei- und Sanitätsdienste sowie zur Versor-gung der einheimischen Bevölkerungen vorgesehen waren. Wäh-rend des **Bürgerkrieges** im ehemaligen Jugoslawien war die Bundes-wehr in mehreren Missionen im Einsatz.

Durch ein **Urteil des Bundesverfassungsgerichts** vom 12. Juli 1994 erweiterten sich die verfassungsrechtlichen Spielräume für solche Auslandseinsätze erheblich. Mit der Entscheidung der rot-grünen Regierung unter Gerhard Schröder (SPD) zum Einsatz der Bundeswehr im Kosovo, die der Bundestag am 16. Oktober 1998 fällte, begann ein neues Kapitel deutscher Außenpolitik. Zum ersten Mal seit 1945 wurden deutsche Soldaten für einen direkten Kampf-einsatz gegen Serbien bereitgestellt.

vorstellbaren Ausma-ßes verübt. Er war da-mit der blutigste Kon-flikt seit dem Zweiten Weltkrieg in Europa.

Was besagte das Urteil des Bundesverfassungs-gerichts vom 12. Juli 1994?

Das Bundesverfas-sungsgericht traf die Entscheidung, dass die Bundeswehr auch au-ßerhalb des NATO-Ge-biets humanitäre und militärische Einsätze durchführen dürfe (Out of area). Allerdings müsse die Bundesre-gierung vor einer sol-chen Mission die Zu-stimmung des Parla-ments einholen. Nur in besonderen Ausnah-mefällen könne dies auch nachträglich ge-schehen.

BEMERKENSWERTES

Die rot-grüne Regierung und der Kosovokrieg

Es scheint seltsam, dass es gerade eine rot-grüne Bundesregierung war, die deutsche Soldaten erstmals in den Krieg schickte. Viele der Abgeordneten der Grünen und manche der SPD waren in den 80er-Jahren in der Friedensbewegung aktiv gewesen und lehnten militärische Gewalt ab. Allerdings gab es keine andere Möglichkeit mehr, das von Serbien ausgehende Morden im Kosovo zu stoppen. Außenminister Joschka Fischer (Grüne) erklärte dazu am 26. März 1999, dem Tag des Kriegsausbruchs, vor dem Bundestag: »Wir konnten nicht zulassen, dass sich in Europa eine Politik der Gewalt durchsetzt, eine Politik, [...] die bereit ist, über Leichen zu gehen, auch wenn es Tausende, Zehntausende oder Hunderttausende Tote bedeutet. Das ist keine Theorie, sondern Praxis auf dem Balkan [...].«

Der europäische Einigungsprozess

**Welche Schwierig-
keiten gab es beim
Einigungsprozess?**

*Der Weg zur europäi-
schen Integration setz-
te bei allen beteiligten
Staaten die Bereitschaft
voraus, auf bestimmte
nationale Rechte zu-
gunsten der Gemein-
schaft zu verzichten.
Doch Unabhängigkeit
ist ein hohes Gut, das
man nicht leichtfertig
abtritt. Zudem bestan-
den zwischen den Län-
dern, beispielsweise in
der Landwirtschafts-
oder der Finanzpolitik,
teilweise gegensätzli-
che Interessen. Dies
bedeutete dann, dass
Kompromisse gefun-
den werden mussten.*

Wer ist Jacques Delors?

*Jacques Delors wurde
1925 in Paris geboren.
Der Politiker und Öko-
nom betätigte sich in
der Sozialistischen Par-
tei Frankreichs und
stieg Ende der 60er-
Jahre zum Berater des
französischen Premier-
ministers auf. Von
1981 bis 1984 war er
Wirtschafts- und Fi-
nanzminister. 1985
wurde er Präsident der
EG-Kommission. Die-
ses Amt bekleidete er
bis 1995.*

Mit der deutschen Einheit und den Veränderungen in Osteuropa gewann eine weitere politische Entwicklung an Gewicht, die das Gesicht des Kontinents veränderte: der Prozess der europäischen Integration. Seit den 50er-Jahren war in mehreren Schritten ein gemeinsames »europäisches Haus« entstanden, das vor allem auf wirtschaftlichem, politischem und kulturellem Gebiet die alten Gräben und Konflikte der Nationalstaaten zu überwinden suchte. Obwohl dieser **langwierige und schwierige Prozess** mit Rückschlägen verbunden war, erfolgte in den 80er-Jahren dennoch eine stetige Erweiterung und Vertiefung der europäischen Partnerschaft. Die Bundesregierung unter Helmut Kohl, der französische Staatspräsident François Mitterand und der Präsident der Europäischen Kommission, **Jacques Delors,** hatten daran maßgeblichen Anteil. 1989 bestand die Europäische Gemeinschaft (EG) aus zwölf Mitgliedsstaaten im Westen und Südwesten des Kontinents.

Der folgende historische Umbruch brachte eine neue Dynamik in den europäischen Einigungsprozess. Das hing eng mit der deutschen Frage zusammen. Für Helmut Kohl und Außenminister Hans-Dietrich Genscher (FDP) war selbstverständlich, dass die deutsche Einheit nur Hand in Hand mit der europäischen Einigung erfolgen könne. Es ging nicht nur darum, den Nachbarstaaten die Ängste vor einem vereinten Deutschland zu nehmen, sondern beide waren überzeugt von der historischen und politischen Notwendigkeit der europäischen Integration.

Mit Frankreich fand sich ein Unterstützer dieser aktiven Europapolitik. Für Paris war es ein zentrales Motiv, die wirtschaftliche und finanzielle Macht der Bundesrepublik dauerhaft an eine europäische Kontrolle zu binden. Somit überschnitten sich die Zielsetzungen der beiden Länder in wesentlichen Punkten, wenngleich zum Teil unterschiedliche Interessen dahinter standen.

Ende 1991 beschlossen die Staats- und Regierungschefs der EG-Mitglieder, die Europäische Gemeinschaft zur Europäischen Union (EU) weiterzuentwickeln. Am 7. Februar 1992 unterzeichneten die Außen- und Finanzminister der EG-Staaten in Maastricht den Vertrag über die Europäische Union. Dieser trat am 1. November 1993 in Kraft. Mit dem Vertrag wurde der Rahmen für eine gemeinsame Wirtschafts- und Sozialpolitik, Außen- und Sicherheitspolitik sowie eine polizeiliche und strafrechtliche Zusammenarbeit geschaffen.

Außerdem öffnete der Maastrichter Vertrag den Weg zu einer Währungsunion. Die Staaten verzichteten auf eines ihrer wichtigsten Merkmale nationaler Eigenständigkeit – eine eigene Währung. Gerade in Deutschland herrschte in der Bevölkerung zunächst große Skepsis. Gleichwohl trugen verschiedene Bestimmungen dazu bei, dass die Stabilität des Geldes gesichert wurde. Am 1. Januar 2002 wurden in zwölf EU-Ländern die neuen **Euro**-Münzen und -Scheine ausgegeben.

Die zweite Säule des Einigungsprozesses betraf die Osterweiterung der EU. Bereits in den Umbruchjahren von 1989 bis 1991 wurde deutlich, dass zukünftig die osteuropäischen Staaten in die Integration mit eingebunden werden mussten. Ein neuer Kalter Krieg könne nur verhindert werden, wenn der wirtschaftliche und soziale Wiederaufbau, die politische Erneuerung und die Aussöhnung auch in den Gebieten zum Tragen kämen, die bislang hinter dem »Eisernen Vorhang« lagen. Die Staaten Osteuropas waren ihrerseits sehr daran interessiert, die Bindung an den Westen zu finden. Als Erstes schlossen Polen und Ungarn 1991 Abkommen mit der EG ab, die die Perspektive auf einen Beitritt enthielten. Bis Mitte der 90er-Jahre stellten die meisten osteuropäischen Staaten offizielle Beitrittsanträge bei der EU. Am 1. Mai 2004 erweiterte sich die Union schließlich um Estland, Lettland, Litauen, Polen, die Slowakei, Slowenien, Ungarn und die Tschechische Republik.

Wieso heißt die europäische Währung Euro?

Der Name »Euro« wurde auf der Tagung des Europäischen Rates am 15. und 16. Dezember 1995 in Madrid beschlossen. Der Entscheidung vorausgegangen war ein jahrelanger Streit um die Namensfindung. Viele Ideen wie »ECU«, »Dollar«, »Franken« oder »Krone« waren im Gespräch. Sie wurden aber aus unterschiedlichen Gründen abgelehnt. Letztlich einigte man sich auf die von den Deutschen vorgeschlagene Wortneuschöpfung »Euro«, da sie in allen Sprachen der EU leicht auszusprechen und national »neutral« sei.

BEMERKENSWERTES

Jugendliche heute – eine europäische Generation?

Die meisten Jugendlichen leben heute in einem Europa ohne Grenzen. Es ist kein Problem mehr, nach Prag, Madrid oder Budapest zu gehen, um dort zu studieren oder zu arbeiten. Gut ausgebaute Verkehrswege und günstige Reisemöglichkeiten ermöglichen es, einen Großteil des Kontinents ungehindert zu bereisen und kennenzulernen. Viele Sozialforscher und Politiker sind der Auffassung, dass durch diese Freiheit eine europäische Generation groß werden kann, die über den Tellerrand des eigenen Heimatlandes hinausblickt und Europa als ein Ganzes versteht. Gleichwohl werde ein nationales Selbstverständnis weiter bestehen bleiben.

Eine Hauptstadt zieht um

Was war das Bonner Wasserwerk?

Bei dem Bonner Wasserwerk handelt es sich um ein ehemaliges Pumpenhaus, das in unmittelbarer Nähe zum Rhein liegt. Als zwischen 1986 und 1992 für das Parlament ein neuer Plenarsaal errichtet wurde, diente das Wasserwerk dem Bundestag als Ausweichquartier.

Was versteht man unter Fraktionsdisziplin?

Um in einem Parlament Mehrheiten zu erlangen, mit denen man Politik gestalten kann, bedarf es der Disziplin der Abgeordneten in einer Fraktion, das heißt, sie müssen geschlossen abstimmen. Nur so ist sichergestellt, dass man für die eigenen Ziele die erforderliche Unterstützung erhält. Das bedeutet, dass sich die Abgeordneten vorab auf eine gemeinsame Linie festlegen und sich ihr gegebenenfalls unterordnen müssen.

Die Erschöpfung war den Anwesenden ins Gesicht geschrieben. Nach einer langen Debatte von elf Stunden, die um zehn Uhr vormittags begonnen hatte, verkündete Bundestagspräsidentin Rita Süssmuth (CDU) am Abend des 20. Juni 1991 um 21.49 Uhr das mit Spannung erwartete Ergebnis: Mit 338 Stimmen beschloss der Bundestag den Antrag »zur Vollendung der Einheit Deutschlands«. Die Mehrheit der Abgeordneten sprach sich damit für einen Umzug von Parlament und Regierung von Bonn nach Berlin aus. Das Ergebnis war denkbar knapp, 320 Abgeordnete stimmten dagegen. Mit diesem Beschluss erhielt Berlin nach 46 Jahren seine einstige Hauptstadtfunktion zurück. Während die Volksvertreter entweder erleichtert Beifall spendeten oder müde in ihre Sitze zurücksanken, stürzten die Journalisten von der Pressetribüne im **Bonner Wasserwerk** los, um das historische Abstimmungsergebnis schnellstens weiterzuleiten.

Bereits im Frühjahr 1990 war die Frage aufgeworfen worden, welches die künftige Hauptstadt im vereinten Deutschland sein solle. Hierfür kamen sowohl Bonn als auch Berlin in Betracht. 40 Jahre war Bonn die bundesdeutsche Hauptstadt gewesen. Obwohl die Stadt am Rhein 1948/49 lediglich als eine Übergangslösung betrachtet worden war, machten die Jahrzehnte der Teilung aus dem Provisorium einen Dauerzustand. Das bescheidene, überschaubare und gemütliche Bonn verkörperte auf seine Weise die erfolgreichen und glücklichen Jahre der Bundesrepublik. Andererseits sprachen die Geschichte und der immer aufrechterhaltene Hauptstadtanspruch für Berlin. Würde ein Umzug an die Spree nicht auch der Wiedervereinigung guttun, fragten manche. Diese und viele weitere Argumente bestimmten die Hauptstadtdebatte, die öffentlich ausgetragen wurde. Weil die Parteien in der Frage sehr gespalten waren, hob man vor der Debatte und der entscheidenden Abstimmung am 20. Juni 1991 die **Fraktionsdisziplin** auf.

Nachdem die Entscheidung zugunsten Berlins gefallen war, standen die 90er-Jahre im Zeichen der Vorbereitungen des Umzugs an die Spree. Zahlreiche rechtliche, organisatorische und finanzielle Fragen galt es vorab zu klären. Sofern sie sich nicht in Bundesbesitz befanden, mussten Baugrundstücke und andere Liegenschaften erworben, Architekturwettbewerbe ausgeschrieben, die städtische Infrastruktur Berlins modernisiert werden. In der Mitte der Stadt wuchs ein neues Regierungsviertel aus dem Boden. Weil mehrfach Verzögerungen auftraten, musste der **Umzug in mehreren Schritten** erfolgen. Um den alten Regierungssitz Bonn vor einer wirtschaftlichen Katastrophe zu bewahren, hatte man sich statt für einen Totalumzug für ein **Kombinationsmodell** entschieden.

Natürlich brachte der Umzug in eine pulsierende Millionenstadt große Veränderungen mit sich. Während die Politik am Rhein in zurückhaltenden und eher zweckorientierten Gebäuden gemacht worden war, bezogen die Politiker in Berlin nun äußerst repräsentative Regierungsbauten, Botschaften, Ländervertretungen und Parteizentralen, die von namhaften Architekten gestaltet wurden. Berlin galt als ein Mekka der modernen Architektur.

Manche »Bonner« fremdelten anfangs mit ihrem neuen Lebens- und Arbeitsumfeld, die meisten begriffen es jedoch als eine große Chance. In den letzten Jahren mehren sich Stimmen, die für einen kompletten Umzug aller Ministerien in die neue Hauptstadt eintreten.

Stehender Applaus für die Rede von Wolfgang Schäuble vor der Hauptstadtabstimmung am 20. Juni 1991

BEMERKENSWERTES

Christo und Jeanne-Claude verhüllen den Reichstag

Bevor die Umbaumaßnahmen am Reichstagsgebäude in Berlin begannen, erhielt das Künstlerehepaar Christo und Jeanne-Claude die Möglichkeit, eine schon seit mehr als 20 Jahren geplante künstlerische Großaktion durchzuführen. Lange hatten sich die Politiker geweigert, dieses Symbol deutscher Staatlichkeit für ein solches Happening zur Verfügung zu stellen. Unter dem Titel »Verhüllter Reichstag« wurde im Juni und Juli 1995 das Parlamentsgebäude in große silbrig glänzende Stoffbahnen vollständig eingehüllt. Mehr als fünf Millionen Menschen aus aller Welt sahen sich dieses Ereignis an. Obwohl die Aktion anfangs belächelt wurde, erinnern sich viele Berliner heute gern an diese zwei Wochen im Sommer 1995. Plötzlich stand der verpackte Reichstag für ein Deutschland, das nicht mehr aggressiv und verbissen war, sondern zivil, friedlich und weltoffen.

In welchen Schritten erfolgte der Umzug?
Als Erster zog Bundespräsident Richard von Weizsäcker Anfang 1994 um. Im April 1999 konnte dann der Bundestag seine Tagungsstätte im Reichstagsgebäude übernehmen. Das neue Bundeskanzleramt wurde erst 2001 fertiggestellt.

Was sah das »Kombinationsmodell« vor?
Das »Kombinationsmodell«, das Ende 1991 entstand, sollte dazu beitragen, die wirtschaftlichen und sozialen Belastungen für Bonn abzumildern. Es sah eine »faire Arbeitsteilung« zwischen Berlin und Bonn vor. Zwar sollten Bundespräsidialamt, Bundestag und Bundeskanzleramt vollständig nach Berlin gehen, allerdings würden die Bundesministerien weiterhin mit großen Teilen ihrer Verwaltung am Rhein verbleiben. Dadurch sollten etwa zwei Drittel der Arbeitsplätze in den Ministerien vom Umzug ausgenommen werden.

Die »Berliner Republik« – auf der Suche nach einem neuen Selbstverständnis

Welche drei deutschen Republiken waren gemeint?

Man bezog diese Äußerungen auf die Weimarer Republik (1919–1933), die »Bonner Republik« (1949–1990) und die »Berliner Republik« (seit 1990).

Wer ist Gerhard Schröder?

Gerhard Schröder wurde 1944 im Land Lippe (heute Nordrhein-Westfalen) geboren. Aus bescheidenen Verhältnissen stammend, arbeitete er sich über den zweiten Bildungsweg bis zum Abitur und Jurastudium empor und war ab 1976 als Rechtsanwalt tätig. Nachdem er 1963 in die SPD eingetreten war, vollzog sich sein politischer Aufstieg über die Landespolitik in Niedersachsen. Von 1990 bis 1998 amtierte er dort als Ministerpräsident, bevor er 1998 nach Willy Brandt und Helmut Schmidt zum dritten sozialdemokratischen Bundeskanzler gewählt wurde. Seit seiner Wahlniederlage 2005 ist er wieder als Rechtsanwalt sowie als Berater bei dem russischen Energielieferanten Gazprom tätig.

Mit der Wiedervereinigung veränderte sich mehr als nur der äußere Rahmen der deutschen Politik. Ebenso zeichnete sich ein innerer Wandlungsprozess ab, der das Selbstverständnis der Deutschen betraf. Nicht wenige politische Beobachter sind der Auffassung, dass dieser Wandel viel mit dem »Hauptstadtumzug« vom Rhein an die Spree zu tun hat.

Bereits Anfang der 90er-Jahre tauchte der Begriff der »Berliner Republik« in den politischen Feuilletons der großen Zeitungen auf. Er entstand im Umfeld der Hauptstadtdebatte und war anfangs eher negativ besetzt. Viele Intellektuelle und Beobachter des politischen Geschehens meinten, dass mit der Einheit ein neuer Staat, eine **»dritte deutsche Republik«** entstanden sei. Durch das vermeintliche Ende der alten Bundesrepublik, wie sie von Bonn verkörpert worden war, wären auch deren große Tugenden – innenpolitische Stabilität, außenpolitische Zuverlässigkeit und wirtschaftlicher Erfolg – in Gefahr. Andere betonten hingegen, dass man von einem wirklichen Neuanfang nicht sprechen sollte: Die Grundlinien der Politik seien durch die 40 Jahre Demokratie so stark gefestigt, dass die Republik gar nicht auf Abwege geraten könne. Ganz gleich, welchen Standpunkt man in dieser Frage einnahm – die rege Diskussion darüber bewirkte, dass die Bezeichnung »Berliner Republik« in den allgemeinen Sprachgebrauch einging.

Will man den Wandel des Selbstverständnisses verstehen, der mit dem Übergang von der »Bonner« zur »Berliner Republik« einherging, muss man in erster Linie den Generationenwechsel berücksichtigen, welcher sich in den 90er-Jahren in Politik und Gesellschaft vollzog. Die letzten Zeitzeugen, welche die Schrecken des Zweiten Weltkrieges und die bittere Not der Nachkriegsjahre noch bewusst miterlebt hatten und deren Politikvorstellungen dadurch tief geprägt worden waren, zogen sich aus der aktiven Politik zurück. Sie wurden von der Generation der Nachgeborenen abgelöst.

Der Regierungswechsel von 1998 bot hierfür ein gutes Beispiel. Nach 16 Jahren Kanzlerschaft wurde Helmut Kohl (CDU) abgewählt. An seine Stelle trat die erste rot-grüne Bundesregierung unter **Gerhard Schröder** (SPD). Eine neue Generation von Politikern übernahm jetzt die Verantwortung. Sie waren in den 50er- und 60er-Jahren aufgewachsen und verstanden sich als »Kinder der Bundesrepublik«. Obwohl in ihrem geschichtlichen Bewusstsein das Jahr 1945 immer noch eine wichtige Rolle spielte, fühlten sie sich gleichwohl nicht persönlich betroffen oder belastet. Während für Helmut Kohl und andere Spitzenpolitiker die Vergangenheit immer ein wichtiger Bezugspunkt gewesen war, aus der sich eine besondere moralische Verantwortung ableitete, strebten ihre Nachfolger nach einer »Normalisierung« des Verhältnisses zwischen Geschichtsbewusstsein und ihrem politischen Handeln. Nationale Interessen wurden nun klarer und selbstbewusster benannt und nach außen hin vertreten, als dies in der Vergangenheit häufig der Fall gewesen war. Das bedeutete jedoch keinesfalls, dass man das Erbe der NS-Herrschaft herunterspielte. Aber es wurde nach einem neuen und unverkrampfteren **Umgang** mit den Lehren der Geschichte gesucht.

Nach der Wiedervereinigung waren die Folgen des Zweiten Weltkrieges und der Teilung endgültig überwunden, sodass sich die Erinnerung an den Nationalsozialismus als Teil der Tagespolitik veränderte. Das sich wandelnde Selbstverständnis hatte vielerlei Auswirkungen. Eine war das zunehmende Engagement der Bundeswehr in Friedensmissionen und bei militärischen Einsätzen im Ausland. Aber auch in der Europa- und der Innenpolitik konnte man einen unbefangeneren Ton vernehmen als noch wenige Jahre zuvor. Das verleitete manchen Kommentator, davon zu sprechen, dass die Deutschen eine »normale Nation« geworden seien – was auch immer man unter »normal« genau verstand.

Wie stellte man sich den neuen Umgang mit der Geschichte vor?

In seiner ersten Regierungserklärung 1998 führte Gerhard Schröder dazu aus: »Es ist das Selbstbewusstsein einer erwachsenen Nation, die sich niemandem über- oder unterlegen fühlen muss, die sich der Geschichte und ihrer Verantwortung stellt, aber dabei nach vorne blickt.«

BEMERKENSWERTES

Das Ausland, die Deutschen und die Geschichte

Wie sehr sich ebenfalls der Blick des Auslands auf die Deutschen in Bezug auf ihre NS-Vergangenheit verändert hat, belegen die Gedenkveranstaltungen zur Erinnerung an den Zweiten Weltkrieg. Gerhard Schröder war der erste Bundeskanzler, der zu den offiziellen Gedenkfeiern der einstigen Alliierten USA, Großbritannien und Frankreich anlässlich des 60. Jahrestages der Landung in der Normandie im Juni 2004 eingeladen wurde. Noch zehn Jahre zuvor unter Helmut Kohl wäre dies nur schwer denkbar gewesen.

Das Holocaust-Mahnmal – deutsche Vergangenheit in Denkmälern

Bei jedem Berlinbesucher steht das Holocaust-Mahnmal ganz oben auf der Liste der Orte, die man unbedingt besuchen muss. Längst hat sich das Denkmal für die ermordeten Juden Europas, wie es offiziell heißt, zu einer der bekanntesten Sehenswürdigkeiten der Hauptstadt entwickelt. Seit seiner Eröffnung 2005 haben schätzungsweise über acht Millionen Menschen das Denkmal besichtigt.

Aber die Gedenkstätte ist mehr als nur eine Touristenattraktion oder ein künstlerisch hoch spannendes Bauwerk, das zahlreiche internationale Architekturpreise gewonnen hat. Sein eigentlicher Zweck besteht darin, die Erinnerung an den Völkermord an etwa sechs Millionen Juden während der nationalsozialistischen Gewaltherrschaft wachzuhalten. An der Form, wie dieses unfassbaren Verbrechens gedacht wird, wird ersichtlich, welchen zentralen Stellenwert die Erinnerung an den Holocaust im offiziellen Gedächtnis der Bundesrepublik weiterhin einnimmt.

Das Holocaust-Mahnmal hat eine lange und sehr kontroverse Entstehungsgeschichte. Ende der 80er-Jahre bildete sich im damaligen Westberlin eine Bürgerinitiative, die sich in Anlehnung an **Yad Vashem** für den Bau einer Erinnerungsstätte in Deutschland einsetzte. Mit der deutschen Einigung rückte die Frage eines nationalen Mahnmals für den Judenmord zunehmend in den Blickpunkt des öffentlichen Interesses.

1992 stellte die Bundesregierung unter Helmut Kohl, der sich in die Mahnmal-Frage persönlich einbrachte, dem Förderkreis ein weiträumiges Gelände in den ehemaligen **Ministergärten** zur Verfügung. Als im Sommer 1995 der erste Entwurf für die Stätte auf die Ablehnung Kohls und anderer Verantwortlicher stieß, entfachte eine regelrechte Mahnmal-Debatte. In ihr ging es darum, in welcher Form man im geeinten Deutschland des Holocausts gedenken sollte, ob eine so monumentale Anlage im Herzen Berlins wirklich notwendig sei und ob man das Geld dafür nicht sinnvoller zur Erhaltung der bestehenden Gedenkstätten einsetzen sollte. Kritiker wie der Philosoph Jürgen Habermas befürchteten gar, dass mit dem Bau des Denkmals bei vielen Deutschen das Gefühl eintreten könnte, nun genug für die Vergangenheit gebüßt zu haben. Von einer »Schlussstrich-Mentalität« war die Rede. Dem gegenüber erklärte Bundespräsident Roman Herzog 1995 den **27. Januar** zum nationalen Gedenktag für die Opfer der NS-Herrschaft und des Völkermordes.

Ende der 90er-Jahre wurde das Konzept für das Berliner Mahnmal vollständig umgearbeitet. Am Ende eines langwierigen Entscheidungsprozesses stand der Entwurf des New Yorker Architekten Peter Eisenman sowie des Bildhauers Richard Serra. Trotz mehrerer Eingriffe und baulicher Abänderungen seitens des Bundes wurde ihr Konzept für ein abstraktes Denkmal in Form eines wellenförmigen **Stelenfeldes** umgesetzt. Das Mahnmal wurde am 10. Mai 2005 feierlich eröffnet. Seine zentrale Lage zwischen Potsdamer Platz und Brandenburger Tor, in unmittelbarer Nähe des Reichstagsgebäudes und der neuen Regierungsbauten, bringt zum Ausdruck, dass unter das dunkelste Kapitel der deutschen Geschichte nach der Wiedervereinigung keineswegs ein Schlussstrich gezogen wird, sondern dass der Holocaust auch künftig in der »Berliner Republik« eine wesentliche Bezugsgröße für das nationale Selbstverständnis bleiben wird.

Holocaust-Mahnmal in Berlin

Weshalb wurde der Gedenktag auf den 27. Januar gelegt?

Am 27. Januar 1945 befreite die Rote Armee das Vernichtungslager Auschwitz. Weil Auschwitz als Inbegriff des Massenmordes an den Juden und anderer verfolgter ethnischer, religiöser, politischer und sozialer Gruppen gilt, wurde der Gedenktag auf dieses Datum gelegt.

Wie sieht das Stelenfeld aus?

Es wurden auf dem unebenen Gelände insgesamt 2.711 dunkelgraue Betonstelen aufgestellt, die von unterschiedlicher Höhe sind und an Grabsteine erinnern. Zwischen ihnen kann sich der Besucher durch schmale Gänge frei bewegen. Unter dem Gelände befindet sich ein Museum, in dem man sich über den Holocaust informieren kann.

BEMERKENSWERTES

Abstrakt oder bildlich – wie sollte ein Denkmal aussehen?

Im Laufe der Debatte um das Mahnmal war der Vorwurf zu vernehmen, dass das geplante Denkmal von Eisenman viel zu abstrakt sei. Weil die künstlerische Formensprache keine offensichtliche Beziehung zum Holocaust aufweise und Erklärungen am Denkmal fehlten, könne ein Besucher, der nicht über den Ort Bescheid wisse, es auch einfach nur für ein modernes Kunstobjekt halten. Dem hielten die Verteidiger des Mahnmals entgegen, dass die gewählte abstrakte Form eine Auseinandersetzung mit dem Denkmal viel besser unterstütze und eher zum Nachdenken über den Holocaust anrege als ein bildlich gehaltenes Monument, das seine Botschaft dem Besucher quasi aufdränge.

Club-Cola, Sonnenallee und Co. – die »Ostalgie«-Welle

Woher kommt der Begriff Ostalgie?

Die Wortneuschöpfung kam Mitte der 90er-Jahre auf. Sie leitet sich ab aus dem Wort Nostalgie (griech. nostos = »Rückkehr, Heimkehr, Vergangenheit« und algos = »Schmerz«).

Wie sah die »Ostalgie«-Welle im Fernsehen aus?

Unterhaltungsshows und Dokumentationen beschrieben die DDR häufig als einen Sammelladen von Kuriositäten, in welchem sich die Bürger als gewitzte Bastler und Tüftler mit den Widrigkeiten des Alltags herumschlugen. Filmkomödien wie Sonnenallee (1999), Good Bye, Lenin (2003), Kleinruppin forever (2004) und NVA (2005) bedienten die nostalgischen Gefühle der Zuschauer. In den vielen Details boten sie einen hohen Wiedererkennungswert. Der Stasi-Mann tauchte zumeist als engstirniger und etwas tumber Zeitgenosse auf.

Wer als Westdeutscher Ende der 90er-Jahre in einem Supermarkt in den neuen Bundesländern einkaufen ging und genauer auf die dort aushängende Reklame achtete, der konnte manchmal auf Überraschendes stoßen. Nicht selten waren Sätze zu lesen wie »Wir führen auch Ostprodukte«, »Ostmarken hier« und sogar »Kauft Ostprodukte!«. In den Regalen fand sich ein großes Sortiment an Waren, das gezielt mit seiner ostdeutschen Herkunft warb. Reklame für regionale Spezialitäten ist zwar normal, aber für einen ganzen Landesteil erscheint sie schon ungewöhnlich. Wer den Slogans nachging, der fand heraus, dass durch diese Werbeform die Verkaufszahlen stiegen – ganz gleich, ob die Produkte wirklich in Ostdeutschland hergestellt wurden oder nicht. Doch woher kam die offenkundige Vorliebe für Ostprodukte? Steckte dahinter vielleicht mehr als nur die Verbundenheit mit einer bestimmten Region?

Bereits wenige Jahre nach der Wiedervereinigung machte sich in den neuen Bundesländern ein Phänomen bemerkbar, das **»Ostalgie«** genannt wird. Viele Ostdeutsche begannen, ihre eigene Vergangenheit in der DDR, die man nach 1989 zunächst freudig abgestreift hatte, wiederzuentdecken. Die Ursachen dafür waren vielfältig. In den Augen zahlreicher Menschen hatten sich die großen Hoffnungen in die Einheit nicht erfüllt. Die enormen Probleme, die durch den Umbau des wirtschaftlichen und sozialen Lebens entstanden, führten dazu, dass sich viele als »Verlierer« der Einheit sahen. Das Zusammenwachsen von Ost und West dauerte länger und war schwieriger als gedacht. Umso mehr besann man sich auf die eigenen Wurzeln in der DDR. Ein Gefühl der Wehmut und des Verlustes von Heimat verbreitete sich.

Die Suche nach dem alten Lebensgefühl führte dazu, dass DDR-typische Lebensmittel und andere Waren auf den Markt zurückkehrten, nachdem sie zunächst von westlichen Produkten verdrängt worden waren. Club-Cola, Röstfein-Kaffee und Ostschokolade erlebten ihre große Wiederkehr. In den Städten und Dörfern wurden spezielle Ostpartys veranstaltet, auf denen man in DDR-Kleidung zum Ostrock der 70er- und 80er-Jahre tanzte. Beliebter Höhepunkt solcher Abende war der Auftritt eines Erich-Honecker-Imitators. Von der Ostsee bis zum Erzgebirge entstanden Automobilklubs, die sich der liebevollen Traditionspflege des Trabbis widmeten. Auch das **Fernsehen** erlebte eine »Ostalgie«-Welle.

Diese beschwingt-ironische Zeichnung des Lebens in der DDR hatte aber auch Schattenseiten, denn die Nostalgie führte zu einer Verklärung der einstigen Wirklichkeit. Im Nachhinein erschien die DDR als eine »gute alte Zeit«. Der tatsächliche Charakter der SED-Diktatur, die persönliche Unfreiheit und die staatliche Bevormundung, wurden dabei übersehen. Dass viel von dem Erfindungsreichtum der DDR-Bürger schlicht aus der Not geboren war und mit der Mangelwirtschaft zu tun hatte, wurde verschwiegen. Nicht wenige betrauerten die sozialen Segnungen der DDR, ohne wahrzunehmen, dass diese für den wirtschaftlichen Bankrott des Staates mit verantwortlich gewesen waren.

Auch auf politischer Ebene ließ sich eine **Verharmlosung** der DDR feststellen (»So schlimm ist es ja nicht gewesen«). Diese wurde von Anhängern des alten Systems geschürt und spielte vor allem der PDS zu, die sich als die einzige »wahre« Vertreterin ostdeutscher Interessen darstellte. Unter diesen Umständen bleibt die historische Aufklärung über die tatsächlichen Verhältnisse in der DDR auch in Zukunft eine vordringliche Aufgabe.

Filmszene aus Good Bye, Lenin *(2003)*

> **Welche Formen hatte die Verharmlosung der DDR?**
>
> *Die Verharmlosung bezog sich auf alle Bereiche des Lebens in der DDR, wobei natürlich jene Aspekte im Mittelpunkt standen, welche den größten Anlass zur Kritik boten. Vor allem ehemalige Stasi-Mitarbeiter und SED-Politiker bemühten sich, ihr Handeln zu rechtfertigen und als völlig normal darzustellen. Der einstige Überwachungsstaat und die Maßnahmen, die gegen politische Gegner unternommen worden waren, wurden weichgezeichnet. Eine wichtige Rolle spielten auch der »Schießbefehl« (die Anweisung an die Grenzsoldaten, auf Flüchtlinge im Grenzbereich scharf zu schießen) und die Zahl der Toten an der Berliner Mauer. Es wurde versucht, sie zu relativieren. Man lasse sich, so war häufig zu hören, die DDR und ihre Leistungen nicht »kaputtreden«.*

BEMERKENSWERTES

Eine andere Sicht auf die DDR – *Das Leben der Anderen*

Im März 2006 kam mit *Das Leben der Anderen* ein Streifen in die Kinos, der bewusst mit der Ostalgie-Welle des deutschen Films brach. Er zeigte die dunklen Seiten der SED-Diktatur – die vollständige Überwachung eines Ostberliner Künstlerpaares durch die Stasi, die harten Repressionen, unter denen unangepasste Künstler zu leiden hatten, die fehlende Freiheit, die Intoleranz und Willkür des Systems. Zwar stieß der Film des Regisseurs Florian Henkel von Donnersmarck unter Historikern teilweise auf Kritik, gleichwohl bot er eine andere Sicht auf die DDR als die zahlreichen Komödien. 2007 gewann der Streifen als bester fremdsprachiger Film den Oscar.

Zonenkinder, Superstars und Loveparade – Jugendkulturen am Beginn des neuen Jahrhunderts

Wer ist Jana Hensel?

Die Schriftstellerin, Journalistin und Literaturkritikerin Jana Hensel wurde 1976 im sächsischen Borna geboren. Nach einem Studium in Deutschland und Frankreich arbeitete sie als Mitherausgeberin der Literaturzeitschrift EDIT. Zonenkinder ist ihr bislang größter Buchererfolg.

Worum geht es in Zonenkinder?

Jana Hensel berichtet darin von den großen Herausforderungen, denen sich die Zwölf- bis 15-Jährigen gegenübersahen, als das System, in das sie eigentlich hineinwachsen sollten, 1989/90 zusammenbrach und durch ein neues ersetzt wurde. Die westdeutschen Kinder und Jugendlichen waren einer solchen dramatischen Umbruchsituation, in der die alten Werte und Helden über Nacht von der Bildfläche verschwanden, nicht ausgesetzt.

In den 90er-Jahren wuchs in der Bundesrepublik eine erste gesamtdeutsche Generation von Jugendlichen heran. Die meisten dieser jungen Menschen waren zwar in den Jahren der Teilung auf die Welt gekommen, allerdings beim Fall der Mauer 1989 noch zu jung, als dass sie vom Leben in einem der beiden deutschen Staaten, vor allem in der DDR, stärker geprägt worden wären. Lediglich diejenigen, die Ende der 70er-Jahre geboren worden waren, hatten die letzten Jahre des »Arbeiter- und Bauernstaates« bewusst miterlebt und verfügten demnach über tiefer gehende Erinnerungen. Sie verstanden sich als eine »Generation des Übergangs«. Die ostdeutsche Schriftstellerin **Jana Hensel** hat sich mit ihnen in dem Buch ***Zonenkinder,*** das 2002 erschien, ausführlich beschäftigt.

In den beiden Jahrzehnten nach dem Ende des Kalten Krieges aufzuwachsen, hieß, in einer Welt groß zu werden, in der sich eine nahezu grenzenlose Freiheit an Möglichkeiten und Lebensperspektiven bot. Die Jugendkulturen gestalten sich heute vielfältiger und weltoffener, zugleich aber widersprüchlicher und schnelllebiger denn je zuvor. Weltweit setzt der westliche Lebensstil die Maßstäbe. Hinsichtlich der Mode, der Musik, der Freizeitaktivitäten und der Filmstars, die man verehrt, macht es kaum einen Unterschied, ob man in Kassel, Leipzig, Kapstadt oder Tel Aviv aufwächst. Viel stärker als bei früheren Generationen verschwimmen die Grenzen zwischen den **Szenen,** in denen man sich bewegt. So kann man ganz selbstverständlich morgens im Hip-Hop-Outfit zur Schule gehen, nachmittags mit Freunden skaten oder chillen und am Wochenende als Mitglied der freiwilligen Feuerwehr auf dem Stadtfest helfen. Das alles schließt sich nicht gegenseitig aus, sondern zeugt davon, dass die Lebens- und Freizeitgestaltung vieler Jugendlicher äußerst flexibel sind.

Ein wichtiges Unterscheidungsmerkmal der Jugendszenen bleibt die Musik. Verschiedene musikalische Richtungen verfügen über einen eigenen Kleidungsstil und äußere Erkennungsmerkmale, Verhaltensweisen und teilweise sogar einen eigenen Sprachjargon. Beispielsweise pflegen die Anhänger des *Gangsta Rap* das Image von gesellschaftlichen Außenseitern, die mit ihren teils Gewalt verherrlichenden und aggressiven Liedern bewusst provozieren wollen.

Der weitaus größte Teil des musikalischen Geschmacks bewegt sich aber im Rahmen des Mainstreams, wie er auf den Musiksendern MTV und VIVA zu sehen ist. Obwohl in der Popmusik die englische Sprache vorherrscht, gibt es auch deutschsprachige Künstler und Gruppen wie Udo Lindenberg, Herbert Grönemeyer, *Die Toten Hosen* oder *Die Ärzte*, die sich über Jahrzehnte hinweg auf dem hart umkämpften Markt erfolgreich behaupten können. Um die Jahrhundertwende ist das Phänomen der Casting-Bands und -Sänger aufgetreten. Wegweisend hierfür ist die Sendung *Deutschland sucht den Superstar*, die 2002 erstmals ausgestrahlt worden ist.

Die musikalischen Stile und Modetrends ändern sich in einem rasanten Tempo, wozu nicht zuletzt das Internet, das sich zum meistgenutzten Medium unter Jugendlichen entwickelt hat, einen wesentlichen Beitrag leistet. Eine gewisse Beständigkeit zeigt hingegen die **Loveparade** – ein Technofestival, das als weltgrößtes Massenspektakel für elektronische Musik über mehrere Jahre hinweg Hunderttausende Menschen nach Berlin gezogen hat.

Loveparade in Berlin

Was versteht man unter einer Szene?

In seiner soziologischen Bedeutung meint der Begriff »Szene« (von griech. skene = »Schauplatz, Bühne«) ein soziales Netzwerk oder eine Gruppierung, in welcher die Mitglieder bestimmte gemeinsame Interessen, Weltsichten und Vorlieben teilen.

Seit wann gibt es die Loveparade?

Die erste Loveparade fand am 1. Juli 1989 in Westberlin statt. Damals zogen etwa 150 Technofans zu den wummernden Bässen einer Musikanlage, die auf einem VW-Bus installiert worden war, über den Kurfürstendamm. In den 90er-Jahren nahmen die Teilnehmerzahlen stark zu. Die Loveparade 1999 zählte etwa 1,5 Millionen Besucher. 2007 wurde die Veranstaltung von Berlin ins Ruhrgebiet verlegt.

BEMERKENSWERTES

Ist die Jugend heute unpolitisch?

Immer wieder wird die Behauptung aufgestellt, dass die Jugend von heute unpolitisch und nur an dem eigenen Wohl interessiert sei. Dies wird unter anderem mit der schwindenden Beteiligung von jungen Erwachsenen bei Wahlen und dem geringen Interesse, sich in Parteien zu engagieren, begründet. Manche sehen dadurch sogar die Demokratie in Gefahr. Dem halten Sozialwissenschaftler entgegen, dass sich das Engagement der Jugend im Vergleich zu früher lediglich verändert habe: Heute wollen sich die wenigsten langfristig an politische Richtungen binden, die Jugendlichen sind kritischer und weltanschaulich weniger festgelegt als noch vor 20 Jahren. Vielmehr gehe es ihnen darum, in ihrem unmittelbaren Lebensumfeld Dinge zu bewirken und zu verändern.

Vom Reformstau zur Agenda 2010 – der Umbau des Sozialstaats

Wer war der Fürst von Hardenberg?

Karl August Freiherr von Hardenberg (1750–1822) war ein preußischer Politiker und Staatsmann. Neben dem Freiherrn vom und zum Stein (1757–1831) zeichnete Hardenberg als Staatskanzler für die großen innenpolitischen Reformen in Preußen zu Beginn des 19. Jahrhunderts verantwortlich. 1814 wurde er in den Fürstenstand erhoben.

Was war die »Hartzkommission«?

Im Februar 2002 setzte die Bundesregierung die fünfzehnköpfige »Kommission für moderne Dienstleistungen am Arbeitsmarkt« ein. Sie sollte Vorschläge für eine Umstrukturierung der Bundesanstalt für Arbeit erarbeiten. Rasch wurde es gebräuchlich, die Kommission nach ihrem Vorsitzenden, dem VW-Personalvorstand Peter Hartz, zu benennen.

In kurzärmeligen, sommerlichen Hemden saßen die Minister im Schatten der alten Parkbäume und diskutierten. Bereits zum zweiten Mal hatte Bundeskanzler Gerhard Schröder (SPD) die Mitglieder seines Kabinetts Anfang Juli 2004 ins Schloss Neuhardenberg eingeladen, um auf einer zweitägigen Klausursitzung über die anstehenden großen Reformen im Sozialwesen zu beraten. Der Ort war nicht zufällig gewählt: Sprach zunächst die idyllische Umgebung für das Schloss, galt es darüber hinaus als ein historisch bedeutsamer Ort. Der preußische König Friedrich Wilhelm III. hatte das Anwesen einst dem **Fürsten von Hardenberg** geschenkt – jenem Mann, der als Staatskanzler mit dazu beigetragen hatte, das am Abgrund stehende Preußen nach der furchtbaren Niederlage gegen Napoleon 1806/7 von Grund auf zu reformieren. Zwar wurde dieser Bezug nicht betont, er war aber für jeden politischen Journalisten in der Hauptstadt naheliegend.

Obwohl man die Situation nur schwer mit den Zuständen von 1806 vergleichen konnte, so bestand für die Bundesrepublik am Beginn des 21. Jahrhunderts trotzdem dringender Reformbedarf. Ein Blick auf die Staatsfinanzen zeigte, dass die Republik seit Jahrzehnten über ihren Verhältnissen lebte. Der Wohlfahrtsstaat, dessen Grundlagen in den 50er-Jahren gelegt worden waren, war immer weiter ausgebaut worden. Das umfassende soziale Absicherungssystem verschlang Unsummen. Allein im Jahr 1998 wurden in den öffentlichen Haushalten von Bund, Ländern und Gemeinden 495 Milliarden Euro für soziale Zwecke aufgewendet – das waren mehr als 53 Prozent der Gesamtausgaben. Die Steuereinnahmen konnten den Bedarf längst nicht mehr decken. Den letzten ausgeglichenen Haushalt hatte die Große Koalition 1969 vorgelegt! Seitdem war der Schuldenberg jedes Jahr gewachsen. Allein für die Zinsen, die durch die Staatsverschuldung entstanden, mussten Milliarden aufgebracht werden. Mit dem Aufbau Ost kamen in den 90er-Jahren weitere Verbindlichkeiten hinzu, von denen niemand genau wusste, wann und wie man sie zurückzahlen sollte.

Lange war die Bundespolitik der Auffassung, dass die enorme Wirtschaftskraft des Landes und die Steuereinnahmen ausreichten, um die Situation unter Kontrolle zu halten. Weil keine Regierung bereit war, der Bevölkerung Einschnitte bei den staatlichen Leistun-

gen zuzumuten und mit harten innenpolitischen Auseinandersetzungen gerechnet wurde, schoben die Verantwortlichen das Thema
über 20 Jahre vor sich her. Die von Helmut Kohl (CDU) angekündigten großen Finanz- und Steuerreformen wurden entweder ausgesetzt oder scheiterten am Widerstand der Opposition im Bundesrat.
Die finanzielle Neuordnung des Staates blieb Stückwerk. Man
sprach vom »Reformstau«.

Erst in ihrer zweiten Amtszeit begann die Regierung Schröder Anfang 2003 damit, eine umfassende Reformpolitik einzuleiten. Diese
beruhte auf den Vorschlägen der **»Hartzkommission«** und zielte auf
den Umbau des Sozialstaates sowie auf eine Verbesserung der Ar-
beitsmarktstruktur, denn die wachsende Arbeitslosigkeit und der
Stillstand der wirtschaftlichen Entwicklung, der Mitte der 90er-Jahre
aufkam, gehörten zu den größten Problemen.

Durch die Veränderung der Rahmenbedingungen sollte der Teu-
felskreis des Schuldenmachens durchbrochen werden und der So-
zialstaat erhalten bleiben. Die **»Agenda 2010«** war genau diesem
Ziel verpflichtet. Sie sah eine Modernisierung des Sozialwesens vor,
was mit zum Teil **großen Einschnitten** verbunden war. Ob die getroffenen Maßnahmen erfolgreich gewesen sind und ob sie ausreichen, ist sehr umstritten, weil die Reformen erst seit wenigen Jahren
in Kraft sind. Trotz heftiger Kritik, die teilweise zu Nachbesserungen
an der Agenda führte, werden die Reformen überwiegend jedoch als
schmerzhafter, aber längst überfälliger Schritt in die richtige Richtung bewertet.

***Woher kommt die
Bezeichnung »Agenda
2010«?***
*Der Begriff »Agenda
2010« (von lat. agere =
»tun, treiben, handeln«)
ist dem sogenannten
Lissabon-Prozess ent-
lehnt. Im Frühjahr 2000
beschlossen die euro-
päischen Staats- und
Regierungschefs auf ih-
rem Treffen in Lissa-
bon, Europa bis zum
Jahr 2010 zum »wett-
bewerbsfähigsten und
dynamischsten wissens-
basierten Wirtschafts-
raum der Welt« auszu-
bauen.*

***In welchen Bereichen
kam es durch die
»Agenda 2010« zu Ein-
schnitten?***
*Große Veränderungen
erlebte die Arbeits-
marktpolitik. So wur-
den der Kündigungs-
schutz gelockert, be-
stehende Ordnungen
für handwerkliche Be-
triebe reformiert und
die Zahlung des Ar-
beitslosengeldes zeit-
lich stark einge-
schränkt. Der Druck
auf Arbeitslose, sich ei-
ne neue Beschäftigung
zu suchen, hat sich er-
höht. Im Gesundheits-
wesen wurden die
Krankenversicherten
stärker als bisher durch
Eigenleistungen in die
Pflicht genommen.
Auch die Anhebung
des Rentenalters gehört
in den Zusammenhang
der »Agenda 2010«.*

BEMERKENSWERTES

Roman Herzogs »Ruck-Rede« 1997

Bereits einige Jahre vor der »Agenda 2010« war die Notwendigkeit
für Reformen offenkundig. In seiner ersten großen Berliner Rede,
die er am 26. April 1997 im Hotel Adlon vor den Spitzen aus Politik,
Kultur und Wirtschaft hielt, mahnte Bundespräsident Roman Herzog
zu umfassenden Veränderungen. Um die Gesellschaft zu
modernisieren, Arbeitsplätze zu erhalten oder neu zu schaffen, die
Wirtschaft zu festigen und die lähmende Bürokratie abzubauen,
müsse »ein Ruck« durch Deutschland gehen. Obwohl die »Ruck-
Rede« großen Beifall fand, änderte sich an den Zuständen
zunächst kaum etwas.

Angela Merkel
und die zweite Große Koalition

Wieso sprach man von Montagsdemonstrationen?

Die Protestkundgebungen fanden jeweils montags statt. Das geschah in Anlehnung an die berühmten Montagsdemonstrationen vom Herbst 1989 in der DDR. Wie auch damals, so betonten die Veranstalter, ginge das Volk nun wieder auf die Straße, um die Regierung zum Einlenken zu bewegen. Ehemalige DDR-Bürgerrechtler kritisierten jedoch die Verwendung dieses Begriffs.

Was war die WASG?

Die Abkürzung stand für die »Wahlalternative Arbeit und Soziale Gerechtigkeit e.V.«. Dabei handelte es sich anfangs um einen Verein ehemaliger Sozialdemokraten und Gewerkschafter, die eine politische Alternative zum Kurs der SPD verfolgten. Aus dem 2004 gegründeten Verein ging dann 2005 die Partei WASG hervor. Diese schloss sich im Juni 2007 mit der Linkspartei PDS zur Partei »Die Linke« zusammen.

Der Mut, den die rot-grüne Regierung unter Gerhard Schröder (SPD) aufbrachte, als sie mit der »Agenda 2010« das größte Reformvorhaben in der Geschichte der Bundesrepublik startete, wurde von den Wählern nicht belohnt. Die Einführung der Reformen war von großen Widerständen in der Bevölkerung begleitet. Gewerkschaften, Wohlfahrtsverbände und Bürgerinitiativen sahen das Ende des Sozialstaates kommen; an Massenkundgebungen wie den **Montagsdemonstrationen** beteiligten sich Zehntausende Menschen.

Selbst innerhalb der eigenen Partei stieß Schröder auf heftige Kritik. Viele SPD-Mitglieder kehrten ihrer Partei den Rücken und gingen zur **WASG** über. Bei den Kommunal- und Landtagswahlen 2004 erlebte die SPD dramatische Einbrüche. Als schließlich die Landtagswahl in Nordrhein-Westfalen, dem bevölkerungsreichsten Bundesland und traditionell eine SPD-Hochburg, im Mai 2005 verloren ging, schlug Schröder über die **Vertrauensfrage** im Parlament den Weg zu Neuwahlen ein.

Bei den Wahlen am 18. September 2005 verlor die bisherige Regierung ihre Mehrheit. Gewinnerin war die Union mit ihrer Spitzenkandidatin Angela Merkel. Gleichwohl fiel die Siegesfreude verhalten aus. Die CDU/CSU lag mit 35,2 Prozent der Stimmen nur einen Prozentpunkt vor der SPD. Das war eines der schlechtesten Ergebnisse der Union überhaupt. Weder für eine rot-grüne Koalition noch für eine Regierung aus CDU/CSU und FDP gab es eine Mehrheit. Nach langen Verhandlungen einigten sich die CDU/CSU und die SPD schließlich auf die Bildung einer Großen Koalition – die zweite seit 1966 auf Bundesebene.

Die Wahl Angela Merkels zur Bundeskanzlerin am 22. November 2005 war in doppelter Hinsicht bemerkenswert. Zum ersten Mal in der Geschichte der Bundesrepublik übernahm eine Frau das wichtigste Amt im Staat. Dass hiermit ein neues Kapitel in der Bundespolitik begann, wird daran deutlich, dass es im Umfeld der Vereidigung Merkels eine Debatte darum gab, wie man sie nun offiziell nennen sollte, denn das Grundgesetz sah nur die männliche Amtsbezeichnung »Bundeskanzler«

Angela Merkel

vor. Zudem stammte Merkel aus den neuen Bundesländern. Die Pfarrerstochter war in der DDR aufgewachsen und hatte als Physikerin gearbeitet. Im Umbruchjahr 1989 war sie in die Politik gegangen und bekleidete 1990 das Amt der stellvertretenden Sprecherin der letzten, frei gewählten DDR-Regierung. In den 90er-Jahren gelang Merkel in der CDU ein eindrucksvoller politischer Aufstieg. Von Helmut Kohl gefördert, was ihr den spöttischen Beinamen »Kohls Mädchen« einbrachte, war sie zunächst Bundesministerin und stellvertretende Parteivorsitzende und wurde dann 1998 zur Generalsekretärin gewählt. Nach der **Parteispendenaffäre,** die die CDU in eine tiefe Krise stürzte, arbeitete sie maßgeblich an der Neuausrichtung der Partei mit. 2000 übernahm sie den CDU-Vorsitz.

Die Große Koalition bedeutete keinen einschneidenden Politikwechsel. Vielmehr ist sowohl in der Innen- als auch in der Außenpolitik der Kurs von Gerhard Schröder weitgehend fortgesetzt worden. Wie ihr Vorgänger hält Angela Merkel an der Agendapolitik fest. Ein Schwerpunkt der Regierungsarbeit lag deshalb zunächst auf der Sanierung des Staatshaushaltes, der 2006 und 2007 dank der wachsenden Wirtschaft fast ohne neue Schulden auskam. Die unter Gerhard Schröder begonnene Gesundheitsreform ist fortgeführt worden. Eine weitere Absicht der »Agenda 2010«, das Renteneintrittsalter von 65 auf 67 Jahre anzuheben, ist 2007 umgesetzt worden. Im Ausland genießen sowohl Merkel als auch ihr Stellvertreter, Außenminister Frank-Walter Steinmeier (SPD), für ihre auf Ausgleich zielende Politik hohes Ansehen.

BEMERKENSWERTES

Wie arbeitet eigentlich eine Regierungskoalition?

Eine Regierungskoalition aus zwei oder mehreren Partnern zusammenzuhalten, ist ein schwieriges Geschäft, zumal wenn sie aus so großen Volksparteien wie der CDU/CSU und der SPD besteht. Neben einer gewissen Disziplin und Rücksichtnahme der Beteiligten aufeinander gehört auch der gute persönliche Umgang zu den Voraussetzungen. Ein wichtiger Teil der Arbeit findet nämlich nicht am Kabinettstisch oder im Koalitionsausschuss, sondern hinter den Kulissen bei Gesprächen, Sitzungen und anderen Treffen statt, etwa beim gemeinsamen Essen. Wenn die Partner »gut miteinander können«, erleichtert das die Regierungsarbeit erheblich.

Was ist die Vertrauensfrage?

Der Bundeskanzler bittet die Abgeordneten, ihm in einer Abstimmung zu bestätigen, dass er als Regierungschef noch ihr Vertrauen genießt. Wenn die Abstimmung für ihn negativ ausfällt, kann er dem Bundespräsidenten die Auflösung des Parlaments vorschlagen. Die Vertrauensfrage ist nicht dasselbe wie das konstruktive Misstrauensvotum: Hier werden die Abgeordneten aktiv, um einen ungeliebten Kanzler aus dem Amt zu befördern.

Worum ging es in der Parteispendenaffäre der CDU?

Ende 1999 wurde Helmut Kohl vorgeworfen, in den 90er-Jahren mehrere Millionen D-Mark an Spendengeldern für die CDU entgegengenommen zu haben, ohne sie nach dem Parteispendengesetz ordnungsgemäß auszuweisen. Der Exkanzler weigerte sich, die Namen der Spender preiszugeben. Durch diesen ungeheuerlichen Vorgang wurden der CDU hohe Strafzahlungen auferlegt. Die Affäre erschütterte das Vertrauen vieler Bürger in die Parteiendemokratie.

Deutschland und die Folgen der Globalisierung

Was ist das Weltwirtschaftsforum?

Bei dem Weltwirtschaftsforum (engl. World Economic Forum – WEF) handelt es sich um eine in der Schweiz ansässige Stiftung, die von 1.000 weltweit tätigen Unternehmen finanziell getragen wird. Das Jahrestreffen des WEF findet jeweils im Februar in Davos statt, zu ihm werden auch führende Politiker, international anerkannte Wirtschaftsexperten, Journalisten und andere Persönlichkeiten eingeladen, um über die drängenden Fragen der Globalisierung und deren Auswirkungen zu diskutieren.

Seit wann gibt es die Globalisierung?

Manche Historiker datieren die Anfänge ins frühe 16. Jahrhundert, als die Europäer nach der Entdeckung Nord- und Südamerikas damit begannen, ihren Einfluss auf sämtliche Erdteile auszuweiten und weltweite Handelsrouten aufzubauen. Im Zeitalter des Imperialismus im späten 19. Jahrhundert erreichte die Globalisierung dann ihren ersten Höhepunkt. Ebenso gibt es Forscher, die die Ansicht vertreten, dass man auch die Handelsbeziehungen

Seit Ende der 90er-Jahre beherrscht ein Begriff die öffentliche Debatte, der stets Anlass zu hitzigen Auseinandersetzungen gibt: die Globalisierung (aus lat. *globus* = »Kugel, Ball«, auch »Weltkugel«). Die Verfechter der Globalisierung heben ihre großen Chancen hervor. Sie führe dazu, dass der Wohlstand weltweit rasant wachse. Am Rande der großen internationalen Zusammenkünfte der Regierungschefs und während der Tagungen des **Weltwirtschaftsforums** kommt es dagegen regelmäßig zu Massenprotesten von Globalisierungsgegnern; diese arten nicht selten in Gewalt aus. Doch was genau ist die Globalisierung? Und welche Auswirkungen hat sie auf Deutschland?

Unter dem Begriff »Globalisierung« wird der komplizierte Prozess der internationalen Verflechtung von Wirtschaftsmärkten, Unternehmen und Staaten sowie des weltweiten Zusammenwachsens von Kulturen und Gesellschaften verstanden. Zwar gab es diesen Prozess auch schon **in der Vergangenheit.** Dennoch hat die Globalisierung gerade in den letzten Jahrzehnten einen gewaltigen Entwicklungsschub erlebt. Moderne Kommunikationsmittel wie Telefax, Telefon, E-Mail und Videoschaltung ermöglichen es, dass wir bequem und schnell mit fast jedem Ort auf der Welt in Verbindung treten können. Die Verbesserung der Transport- und Reisemöglichkeiten erleichtert und verbilligt den Warenaustausch. Ein Apfel aus Neuseeland kann heute günstiger im Supermarkt angeboten werden als einer aus heimischem Anbau. Die Beseitigung nationaler Zollschranken hat zur Ausweitung des freien Welthandels geführt. Mit dem Niedergang des Ostblocks erschlossen sich neue Wirtschaftsräume. Schließlich hat der wirtschaftliche Aufstieg der asiatischen Staaten wie Japan, China und Indien neue Märkte geschaffen, die für die Weltwirtschaft von enormer Wichtigkeit sind. Durch die Globalisierung ist die Welt im übertragenen Sinne kleiner geworden.

Als Industrienation, deren Wirtschaft wesentlich vom Export abhängt, gehört die Bundesrepublik zu den Gewinnern der Globalisierung. Zwischen 1995 und 2005 haben sich die Ausfuhren mehr als verdoppelt. Deutsche Produkte wie Fahrzeuge, Fahrzeugteile, Maschinen und hochwertige Elektronik sind auf der ganzen Welt begehrt. Neben Frankreich, den USA, den Beneluxstaaten, Großbritannien und Italien gewinnen China, Russland und Japan als Handelspartner immer mehr an Bedeutung. Asien ist bereits heute die zweitwichtigste Handelsregion für Deutschland. Ohne einen globalen Warenverkehr wären viele ausländische Produkte wie Kleidung, Spielzeug, Lebensmittel und Elektroartikel gar nicht oder nur sehr viel teurer zu kaufen. Der gesellschaftliche Wohlstand ist durch die Globalisierung gewachsen.

Allerdings birgt die weltweite Verflechtung große Risiken. So hat der Konkurrenzkampf für deutsche Unternehmen auf dem globalen Markt stark zugenommen. Firmen müssen schließen, weil ihre Produkte in anderen Ländern aufgrund niedrigerer Löhne und günstigerer **Rahmenbedingungen** so billig produziert werden, dass die deutschen Unternehmen nicht mithalten können. In den 90er-Jahren wanderten viele Firmen ab, weil sie durch eine Verlagerung in die osteuropäischen Nachbarländer oder sogar nach Asien höhere Gewinne zu erzielen hofften. So gingen hierzulande Tausende Jobs verloren. Um weiterhin bestehen zu können, wurde damit begonnen, in bestimmten Bereichen die sozialen Standards für die Arbeitnehmer zu senken – was einen Rückschritt in puncto Lebensstandard für diese bedeutet. Letztlich wird die bundesdeutsche Wirtschaft in der Globalisierung aber nur dann bestehen können, wenn es ihr gelingt, durch hohe Qualität und Innovation der Konkurrenz immer einen Schritt vorauszubleiben.

und den kulturellen Austausch, wie er in der Antike und im Mittelalter sowie im alten China stattfand, als eine Form der Globalisierung bewerten könne.

Was versteht man unter den äußeren Rahmenbedingungen?
Darunter lassen sich beispielsweise die Höhe der Steuerabgaben, die ein Unternehmen entrichten muss, die Kosten für Sozialleistungen wie eine Kranken- oder eine Rentenversicherung, die Bindung an festgelegte Lohntarife sowie staatliche Subventionen fassen.

BEMERKENSWERTES

Die Weltwirtschaftskrise

Welche enormen Gefahren von der Globalisierung ausgehen können, führt derzeit die Weltwirtschaftskrise vor Augen. Die Vernetzung von Banken, Kreditinstituten und Versicherungsunternehmen über Ländergrenzen und Kontinente hinweg sowie die enge Verflechtung der Märkte haben dazu geführt, dass sich aus der amerikanischen Immobilienkrise, die 2005 einsetzte und zunächst nur die USA betraf, bis Ende 2008 eine weltweite Finanz- und Wirtschaftskrise entwickelt hat. Deren langfristige Folgen in Hinsicht auf die Staatsverschuldung, die deutsche Wirtschaft und den Arbeitsmarkt sind noch gar nicht abzusehen.

Sterben die Deutschen aus?
Der demografische Wandel

Was ist ein Demograf?

Ein Demograf (aus griech. demos = »Volk« und grafé = »Schrift, Beschreibung«) untersucht die Größe und Zusammensetzung menschlicher Bevölkerungen und ihre Veränderungen.

Weshalb gibt es keine genauen Bevölkerungszahlen?

Um genaue Zahlen zum Einwohnerstand zu erhalten, bedarf es einer Volkszählung. Die ist aber stets ein sehr aufwendiges und kostspieliges Unterfangen. Zudem bestehen manche datenschutzrechtliche Bedenken. So wurde die letzte Volkszählung in der Bundesrepublik, die eigentlich 1981 stattfinden sollte, aufgrund großer Proteste aus der Bevölkerung mehrfach verschoben. Die letzte gesamtdeutsche Volkszählung fand 1946 statt. Die nächste ist für das Jahr 2011 geplant.

In unregelmäßigen Abständen kann man immer wieder in den Zeitungen die besorgniserregende Nachricht finden, dass die Deutschen aussterben. Man denkt beim Wort »aussterben« gleich an Dinosaurier und an den Neandertaler, von dessen Existenz außer ein paar Knochen und Werkzeugen so gut wie nichts übrig geblieben ist. Soll dieses Schicksal auch die Deutschen treffen? Gibt es in 200 Jahren von uns keinen mehr? Über diese Fragen braucht man sich jedoch nicht ernsthaft Sorgen zu machen, denn in der verkürzten Form der Meldung trifft die Nachricht nicht zu. Die Deutschen sind nicht vom akuten Aussterben bedroht. Trotzdem zeichnen sich in der Bevölkerungsstruktur Veränderungen ab, die weitreichende Auswirkungen haben werden.

Seit den 90er-Jahren beobachten **Demografen,** dass die Bevölkerung in der Bundesrepublik schrumpft. Zwar gab es bereits in den 70er- und 80er-Jahren Hinweise auf diesen Trend, weil mehr Menschen starben, als geboren wurden. Damals glich die freizügige Einwanderungspolitik der Bundesregierungen diese Ausfälle jedoch aus. Seitdem die Regelungen Anfang der 90er-Jahre verschärft worden sind, fällt der Zuwachs jedoch weg. Derzeit leben **schätzungsweise 82 Millionen Menschen** in Deutschland, von denen rund 7,2 Millionen Ausländer sind. Bis zum Jahr 2050 wird die Bevölkerung laut den Berechnungen des Statistischen Bundesamtes auf etwa 69 bis 74 Millionen Menschen sinken. Die Deutschen sind vom baldigen Aussterben also weit entfernt, zumal niemand weiß, ob sich die Entwicklung nicht wieder umkehren wird. Weiter hat man festgestellt, dass der Rückgang keineswegs überall gleichmäßig erfolgen werde. Betroffen seien vor allem ländliche Regionen, während die Bevölkerung in den städtischen Ballungsgebieten weiter zunehme.

Trotzdem ist klar: Wir Deutschen werden zumindest weniger. Die Gründe für diese Entwicklung sind sehr vielschichtig. Sie haben vor allem mit der Veränderung der Lebensweise der Menschen zu tun. Das traditionelle Modell der Ehe und des Kinderkriegens sind ersetzt worden durch vielfältige Formen des Zusammenlebens und der Lebensplanung. Viele Sozialforscher betonen, dass mit dem wachsenden Wohlstand in einer Gesellschaft der Kinderwunsch abnehme, denn anders als früher sei der Nachwuchs nicht mehr notwendig, um im Alter versorgt zu sein. Durch die Emanzipation der Frau sind die alten Rollenbilder aufgebrochen – viele Frauen stehen heute voll im Berufsleben. Kinder lassen sich allerdings häufig nur **schwer mit der Arbeitswelt in Einklang bringen.** Auch deshalb ist die Geburtenrate in Deutschland die niedrigste Europas. Manche Forscher meinen, dass sich die Erfindung empfängnisverhütender Mittel seit den 60er-Jahren negativ auf die Bevölkerungsentwicklung ausgewirkt habe.

Der demografische Wandel ist eine große Herausforderung. Infolge des Geburtenrückgangs gibt es immer weniger junge Menschen, wohingegen der Anteil der älteren beständig zunimmt. Die steigende Lebenserwartung unterstützt diesen Trend: Wurden Männer um 1900 im Durchschnitt 46,4 und Frauen 52,5 Jahre alt, hat sich die Lebenserwartung für einen heute geborenen Jungen auf 81,7 und für ein Mädchen auf fast 88 Jahre **erhöht.** Die klassische Alterspyramide, derzufolge es viele junge Menschen gibt und nur wenige Alte, dreht sich um: Die Gesellschaft überaltert. Zur Mitte des 21. Jahrhunderts, rechnen die Demografen vor, wird fast die Hälfte der Bundesbürger über 65 Jahre alt sein. Das wird enorme Folgen haben.

Das heutige Rentensystem, das darauf baut, dass die Arbeitnehmer durch ihre Abgaben die Rente ihrer Eltern und Großeltern finanzieren, wird sich so nicht weiter aufrechterhalten lassen. Vielmehr wird stärker auf Eigenvorsorge gesetzt werden müssen.

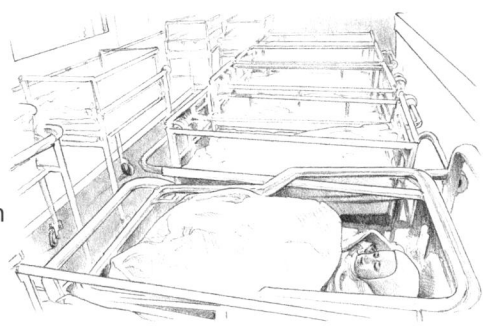

Jedes Jahr werden in Deutschland rund 700.000 Kinder geboren.

Warum ist es so schwer, in Deutschland gleichzeitig Mutter und berufstätig zu sein?

In Deutschland gibt es nicht ausreichend Kindergarten- und Kinderkrippenplätze, sodass Mütter zur Arbeit gehen können. In anderen Ländern Europas, zum Beispiel in Dänemark oder Frankreich, gibt es bessere Betreuungsmöglichkeiten für Kinder. Das wirkt sich positiv auf die Geburtenrate auf, weil Frauen so beruflich nicht zurückstecken müssen, wenn sie Kinder bekommen. Seit kurzer Zeit bemüht sich die Regierung in Berlin darum, diesem Problem durch den Ausbau von Betreuungsangeboten für Kinder und durch finanzielle und steuerliche Anreize entgegenzuwirken.

Wieso werden die Menschen immer älter?

Im 20. Jahrhundert haben sich die Arbeitsbedingungen und die Versorgung der Bevölkerung sehr stark verbessert. Der gesellschaftliche Wohlstand ist bedeutend vermehrt worden. Seit 1945 herrscht in Mitteleuropa Frieden. Außerdem erhalten die Menschen heute eine bessere medizinische Versorgung, die sich ständig weiterentwickelt.

BEMERKENSWERTES

Der Osten entvölkert

Vom Bevölkerungsrückgang sind im besonderen Maße die neuen Bundesländer betroffen. Das liegt am Wegzug vieler junger Menschen in die großen Städte im Westen und Südwesten der Republik, wo die Berufsaussichten besser sind und höhere Löhne gezahlt werden. Manche Experten gehen davon aus, dass in 150 Jahren ganze Landstriche im Osten unbewohnt sein werden. Schon heute macht sich in diesen Regionen ein Mangel an Fachkräften im Pflegebereich und an Ärzten bemerkbar.

Die postindustrielle Gesellschaft – wer bekommt Arbeit?

Woher kommt der Begriff »postindustrielle Gesellschaft« und was bedeutet er?

Der Begriff wurde von dem amerikanischen Soziologen Daniel Bell geprägt. In seinem 1973 erschienenen Buch The Coming of Post Industrial Society *(deutscher Titel* Die nachindustrielle Gesellschaft, *1975) beschreibt Bell die Folgen des strukturellen Wandels auf die Gesellschaft. Demnach zeichne sich die »postindustrielle Gesellschaft« (von lat. post = »nach, danach«) durch eine Zunahme der Bedeutung des theoretischen Wissens sowie durch die zentrale Rolle der Dienstleistungen für die Gesamtwirtschaft aus.*

Welche Wirtschaftssektoren gibt es?

In der Volkswirtschaft werden drei Wirtschaftssektoren unterschieden. Der primäre (von lat. primus = »der Erste«) Sektor umfasst die Land- und Forstwirtschaft sowie das Fischereiwesen. Unter dem sekundären (von lat. secundus = »der Zweite«) Sektor wird das Waren produzierende Gewerbe verstanden, also die Industrie, der Bergbau, ebenso die Energiewirtschaft. Dem tertiä-

In der zweiten Hälfte des 20. Jahrhunderts vollzog sich in der Arbeitswelt der westlichen Industrienationen ein tief greifender Strukturwandel. Das Industriezeitalter, das im 19. Jahrhundert mit der Industrialisierung Europas eingesetzt hatte, ging zu Ende. An seine Stelle trat die **postindustrielle Gesellschaft.** Die klassischen Wirtschaftsbereiche wie die Kohle- und die Schwerindustrie, die bis dahin die Wirtschaft geprägt hatten, wurden nach und nach von der modernen Dienstleistungsgesellschaft verdrängt. Die Arbeitsplätze verlagerten sich aus den Fabriken und Werkshallen in Büros, Geschäfte und Amtsstuben. Um 1980 war schon die Hälfte der deutschen Arbeitnehmer im sogenannten **tertiären Sektor** beschäftigt. 2007 entfielen auf die Dienstleistungsbranchen etwa 70 Prozent des volkswirtschaftlichen Gesamterwerbs. Mehr als 28 Millionen Menschen sind heute im Dienstleistungssektor tätig. Ihnen stehen etwa acht Millionen Arbeiter in den Industriesparten wie dem Fahrzeug- und Maschinenbau sowie der Chemieindustrie gegenüber.

Durch den Strukturwandel sind im Laufe der letzten vier Jahrzehnte mehrere Hunderttausend Arbeitsplätze im sekundären Sektor verloren gegangen. Die zunehmende Automatisierung der Produktion seit den 1960er- und 1970er-Jahren hat den Jobabbau verstärkt: Waren in den 50er-Jahren Dutzende Werksarbeiter damit beschäftigt, eine Maschine von Hand zusammenzubauen, wird diese Aufgabe heutzutage nahezu vollständig automatisch durch Roboter erledigt. Der Mensch ist nicht mehr in den technischen Entstehungsprozess eingebunden, sondern häufig überwacht er nur noch das Geschehen. Dadurch sind große Teile der Arbeiterschaft, vor allem Arbeiter in der Landwirtschaft, dem Bergbau und vielen traditionellen Industrien wie der Textilindustrie und dem Maschinenbau, freigesetzt worden. Die in den 70er- und 80er-Jahren stark anwachsende Arbeitslosigkeit in der Bundesrepublik war in erster Linie eine Folge dieses Wandels.

Er forderte von den Menschen mehr als nur den Wechsel des Arbeitsplatzes. An die Stelle von langfristigen Bindungen an Unternehmen, die manchmal über mehrere Generationen bestanden, ist nun die Flexibilität getreten – verbunden mit der Bereitschaft, für den Arbeitsplatz den Wohnort zu wechseln und in einen anderen Landesteil zu ziehen. Lebenslange Anstellungen bis zur Rente sind heute die Ausnahme. Verfügte man früher nach dem Ende der Ausbildung über einen Kenntnisstand, der oft das ganze Berufsleben ausreichte, leben wir heute in einer Wissensgesellschaft, in der lebenslanges Lernen und fachliche Weiterbildung unerlässlich sind. Die fließende Beherrschung von mindestens einer Fremdsprache, in der Hauptsache Englisch, wird inzwischen selbst in manchen traditionellen Handwerksberufen erwartet.

Inwieweit das Schulsystem auf diese Veränderungen bereits angemessen ausgerichtet ist, wird seit den Ergebnissen der **PISA-Studien** in der Öffentlichkeit heftig diskutiert. Immer wieder beklagen sich die Betriebe darüber, dass sie unter den zahlreichen Bewerbungen für Ausbildungs- und Arbeitsstellen, die bei ihnen eingehen, kaum Leute fänden, die ausreichend qualifiziert seien.

Gerade in den Ingenieursberufen und anderen mathematisch-naturwissenschaftlichen Arbeitsfeldern besteht heute akuter Nachwuchsmangel. Gleichzeitig herrscht in Deutschland eine hohe Arbeitslosigkeit, von der über 3,5 Millionen Menschen betroffen sind.

Jugendliche beim PISA-Test

ren (von lat. tertius = »der Dritte«) Sektor rechnet man die Dienstleistungen, Handel und Verkehr sowie die staatliche Verwaltung zu.

Was sind die PISA-Studien?

Seit 2000 führt die Organisation für wirtschaftliche Zusammenarbeit und Entwicklung (engl. Organization for Economic Co-operation and Development, OECD) in ihren Mitgliedsstaaten Studien durch, bei denen das Wissen von Schülern in den Bereichen Mathematik, Naturwissenschaften und Lesen geprüft wird. Die Ergebnisse der ersten Studie, die Deutschland im internationalen Vergleich nur einen mittelmäßigen Rang bescherten, lösten in der Bundesrepublik 2001 den sogenannten »PISA-Schock« aus.

BEMERKENSWERTES

Strukturwandel in Deutschland – das Ruhrgebiet

In der Bundesrepublik war besonders das Ruhrgebiet, seit der zweiten Hälfte des 19. Jahrhunderts das Herz der deutschen Kohle- und Stahlindustrie, vom Strukturwandel betroffen. Die alte Industrie erlebte dort zwischen 1960 und 1985 ihren Niedergang. Von den etwa 400 Steinkohlezechen, die zur Hochphase des Ruhrbergbaus exlstierten, ist heute nur noch ein halbes Dutzend in Betrieb. Mithilfe von groß angelegten Entwicklungsplänen und Programmen, die in den 60er- und 70er-Jahren aufgelegt wurden, konnte ein wirtschaftlicher Zusammenbruch verhindert werden. Heute sieht es so aus, als habe der Strukturwandel an der Ruhr insgesamt funktioniert. Auf vielen ehemaligen Industrie- und Zechengeländen sind Hightech-Parks, Kultur- und Freizeiteinrichtungen entstanden.

Die Entstehung des Prekariats

Woher kommt der Begriff Prekariat?

Der Begriff Prekariat (aus lat. precari = »beten, erbitten«) wurde in den 80er-Jahren von französischen Soziologen eingeführt. Er richtete sich zunächst nur auf die Teilzeitarbeit und wurde dann später auf andere Beschäftigungsverhältnisse ausgedehnt.

Was ist Hartz IV?

Hartz IV ist ein Bestandteil der von der Hartzkommission 2002 erarbeiteten Vorschläge zur Umstrukturierung der Arbeitsmarktpolitik. Es handelt sich dabei um ein Gesetz, durch das die Arbeitslosenhilfe und die Sozialhilfe zusammengelegt werden. Zudem werden die Leistungen aus der Arbeitslosenversicherung zeitlich auf maximal 24 Monate begrenzt (Arbeitslosengeld I). Danach wird der Antragsteller auf den Hartz-IV-Satz heruntergestuft. Das Gesetz trat am 1. Januar 2005 in Kraft. Es bedeutete für viele Empfänger von Staatsleistungen massive finanzielle Einschnitte.

Im Dezember 2006 präsentierte die SPD-nahe Friedrich-Ebert-Stiftung eine Studie, die hohe Wellen schlug. Mehr als 3.000 Bundesbürger waren nach ihrer persönlichen Lebenssituation, ihrer politischen Haltung, ihren Werten und Zukunftsplänen befragt worden. Die Auswertung der Antworten deckte tief greifende gesellschaftliche Probleme auf: Viele der Interviewten zeigten sich mit ihrer finanziellen und beruflichen Lage unzufrieden. Sie waren verunsichert, hatten große Zukunftsängste und fürchteten den sozialen und wirtschaftlichen Abstieg. Ganze 14 Prozent meinten sogar, dass sie auf der Schattenseite der Gesellschaft stünden.

In der Studie zeichnete sich ein neuer Bestandteil der Gesellschaft ab: das **Prekariat.** Dabei handelt es sich nicht um eine bestimmte, in sich geschlossene gesellschaftliche Schicht, sondern um eine Sammelbezeichnung für all jene Gruppen, die am Wohlstand der modernen Arbeitswelt nicht oder nur kaum teilhaben, da sie in ungesicherten, schlecht bezahlten Arbeitsverhältnissen ohne jeden arbeitsrechtlichen oder gewerkschaftlichen Schutz stehen. Insgesamt hat die Studie der Ebert-Stiftung rund 6,5 Millionen Menschen zum Prekariat gezählt – rund acht Prozent der Gesamtbevölkerung.

Die Ergebnisse der Untersuchung lösten die sogenannte Unterschichten-Debatte aus. Sie ist umso heftiger geführt worden, weil die Politik lange Zeit annahm, dass man durch die Segnungen des Sozialstaates, den wirtschaftlichen Erfolg der Bundesrepublik und ihren großen Reichtum das Problem der sozialen Armut überwunden hätte. Prekariat, das klang nach Proletariat, Klassenkampf und einer längst vergangenen Zeit. Nun musste man feststellen, dass sich die prekären Lebens- und Arbeitsbedingungen durch alle gesellschaftliche Schichten zogen.

Zunächst gab es die Gruppe der Langzeitarbeitslosen und Sozialhilfeempfänger. Zwar bemühten sich die meisten von ihnen um eine neue Arbeitsstelle, allerdings hatten viele aufgrund des Alters oder ihrer geringen Qualifikationen in Zeiten des ohnehin schrumpfenden Arbeitsmarktes kaum eine Aussicht auf eine neue Stelle. Der Versuch, durch die **Hartz-IV-Gesetzgebung** mehr Druck auszuüben, hat zumindest bei den Langzeitarbeitslosen kaum etwas bewirkt. Vielmehr haben sich ihre Lebensverhältnisse weiter verschlechtert. Andererseits gehört es zu den Schattenseiten des Sozialstaates, dass sich manche in der Arbeitslosigkeit eingerichtet haben, da ihnen die staatlichen Leistungen zum Leben ausreichen. 2003 sorgte die Geschichte von »**Florida-Rolf**« für große öffentliche Erregung.

Eine zweite Gruppe von Personen, die man dem Prekariat zurechnet, sind jene, die zwar einer Arbeit nachgehen, aber so gering entlohnt werden, dass sie nicht davon leben können. Nach Berechnungen des Deutschen Gewerkschaftsbundes gab es im Jahr 2007 etwa 1,5 Millionen Menschen, die ihr Gehalt in irgendeiner Form mit staatlichen Leistungen aufbessern mussten. Ferner sind die Zeitarbeiter zu nennen, die von einer Agentur auf Zeit an Unternehmen vermittelt werden, ohne dass dadurch feste Arbeitsverhältnisse mit entsprechender Bezahlung und Kündigungsschutz entstehen.

Das Problem der Prekariatisierung betrifft auch gut Ausgebildete. An den Universitäten müssen hoch qualifizierte Nachwuchswissenschaftler aufgrund von Einsparungen und Stellenabbau immer häufiger von unterbezahlten und befristeten Stellen leben, die nicht ausreichen, um davon den Lebensunterhalt für eine Familie zu bestreiten. Diese Entwicklung betrifft in erster Linie Geistes- und Sozialwissenschaftler. Sie führt dazu, dass die jungen Forscher in die USA oder ins europäische Ausland abwandern, weil ihnen dort bessere Arbeitsbedingungen geboten werden – was wiederum bedeuten kann, dass in Deutschland in kommenden Jahren qualifizierter Nachwuchs fehlen wird.

Wer war »Florida-Rolf«?

Im Sommer 2003 berichtete die Bild-Zeitung über einen deutschen Sozialhilfeempfänger, der seit mehreren Jahren in Florida lebte und seine staatlichen Leistungen nach Miami Beach überwiesen bekam. Das Blatt startete eine große Kampagne gegen »Florida-Rolf«, der zum Paradebeispiel für Sozialmissbrauch stilisiert wurde. Die von »Bild« stark vereinfacht dargestellte Geschichte führte letztlich dazu, dass die Bundesregierung die Richtlinien zur Zahlung der Sozialhilfe ins Ausland verschärfte.

BEMERKENSWERTES

Generation Praktikum

Da viele Akademiker nach ihrem Universitätsabschluss nicht sofort einen Arbeitsplatz finden, treten sie zunächst ein Praktikum an. Einerseits wollen sie dadurch Berufserfahrung sammeln, um ihren »Marktwert« zu erhöhen. Andererseits geht es ihnen darum, Kontakte zu knüpfen. Allerdings werden sie nicht selten in den Firmen als billige Arbeitskräfte eingesetzt, ohne dass die Absicht besteht, sich unter den Praktikanten Nachwuchs für die Firma zu suchen. Wenn ihr Praktikum vorbei ist, müssen sie sich auf die Suche nach einer neuen Stelle begeben. So kann es vorkommen, dass man bereits ein Dutzend Praktika oder mehr absolviert hat, bevor sich eine reguläre Anstellung ergibt.

Neue internationale Verpflichtungen – der Kampf gegen den Terrorismus

Der 11. September 2001 veränderte die Welt. Die Terroranschläge von New York und Washington, bei denen islamistische Terroristen drei entführte Passagierflugzeuge in das World Trade Center und das Pentagon stürzen ließen und fast 3.500 Menschen töteten, markierten den Beginn eines neuen Kapitels in der Weltpolitik. Der internationale Terrorismus erweist sich heute als die größte sicherheitspolitische Herausforderung. Allein die großen Anschläge in Tunesien und Indonesien (2002), Saudi-Arabien, Marokko und in der Türkei (2003), in Madrid (2004), London und Ägypten (2005) sowie in Mumbai (2006/2008) haben Hunderte Opfer gefordert. In vielen Fällen hat man direkte Verbindungen zwischen den Attentätern und dem internationalen Terrornetzwerk Al Kaida um **Osama bin Laden** nachweisen können.

Deutschland ist von diesem Konflikt in mehrfacher Hinsicht betroffen. Als eines der wirtschaftlich führenden und politisch einflussreichen Länder des Westens und als enger Verbündeter der USA und Israels wird es immer wieder in den Videobotschaften der Terroristen als mögliches Anschlagsziel genannt. Bei den bisherigen Attentaten kamen häufig auch deutsche Staatsbürger ums Leben. Die versuchten Bombenanschläge auf deutsche Regionalzüge im Juli 2006, die glücklicherweise scheiterten, sind ein Beleg dafür, dass die Bundesrepublik mit im Fadenkreuz des Terrorismus steht.

Die neue Rolle, die Deutschland seit 1990 auf der internationalen Bühne zukommt, spiegelt sich in den wachsenden politischen und militärischen Verpflichtungen wider. Nach den Anschlägen vom 11. September rief die NATO zum ersten Mal in ihrer Geschichte den Bündnisfall aus: Die Mitgliedsstaaten wurden aufgefordert, sich militärisch am Krieg gegen den Terror zu beteiligen. Die Bundesrepublik übernahm in der **»Operation Enduring Freedom« (OEF)** militärische Verantwortung. Der Einsatz war innerhalb der rot-grünen Regierung allerdings umstritten. Nur dadurch, dass Gerhard Schröder (SPD) die Abstimmung über die Beteiligung am 16. November 2001 im Bundestag mit der Vertrauensfrage verknüpfte, bekam er eine eigene Mehrheit zusammen.

Im Rahmen der OEF gehört es zu den Aufgaben der Bundesmarine, das Seegebiet am Horn von Afrika, das zu den Versorgungsrouten für den internationalen Terrorismus zählt, zu überwachen und den Handel mit Waffen und Drogen zu unterbinden. Nach dem Sturz des islamistischen Taliban-Regimes in Afghanistan Ende 2001 entsandte Berlin Anfang 2002 ein Bundeswehrkontingent dorthin, das die internationale Sicherheitsunterstützungstruppe ISAF beim Aufbau einer neuen zivilen Ordnung am Hindukusch verstärkt. Insgesamt befanden sich Anfang 2009 rund 7.300 deutsche Soldaten auf Auslandseinsätzen. Allerdings stehen nicht alle Missionen im Zusammenhang mit dem Antiterrorkampf. Neben den Verpflichtungen, die sich aus dem NATO-Bündnis ergeben, sind deutsche Auslandseinsätze in erster Linie an Beschlüsse der **Vereinten Nationen** gebunden – in der Regel geht beides Hand in Hand.

Obwohl die westliche Welt im Kampf gegen den Terror eng zusammensteht, kam es 2002 und 2003 im Umfeld des Irakkrieges gegen Saddam Hussein zu ernsten Verstimmungen im Bündnis. Während die USA unter Präsident George W. Bush den Krieg damit begründeten, dass der irakische Diktator den Terrorismus unterstütze und über Massenvernichtungswaffen verfüge, teilten die Bundesregierung und einige andere Staaten wie Frankreich und Russland diese Ansicht nicht. Die deutsch-amerikanischen Beziehungen gerieten in eine schwere Krise, die nur langsam überwunden wurde. Im Nachhinein betrachtet scheint die Entscheidung aber eine vernünftige gewesen zu sein, obgleich der undiplomatische Ton bei der Ablehnung des Kriegseinsatzes unnötig viel Porzellan zerschlagen hat.

Was sind die Vereinten Nationen?

Die Vereinten Nationen (engl. United Nations, UN) sind ein Zusammenschluss von mittlerweile 192 Staaten. Die Organisation, in der viele eine Art Weltparlament sehen, wurde 1945 gegründet mit der Absicht, den Weltfrieden künftig zu erhalten und Konflikte zwischen Staaten auf dem Verhandlungsweg zu lösen. Außerdem setzen sich die Vereinten Nationen, die ihren Sitz in New York haben, für den Schutz der Menschenrechte, die Einhaltung des Völkerrechts sowie für die internationale Zusammenarbeit ein.

BEMERKENSWERTES

Die »Petersberger Konferenzen« 2001 und 2002

Vom 27. November bis zum 5. Dezember 2001 fand in dem Grandhotel auf dem Petersberg bei Bonn eine historische Konferenz statt. Auf Einladung der Bundesregierung und unter Mitwirkung der Vereinten Nationen trafen sich hier die Vertreter der größten ethnischen Gruppen aus Afghanistan, um über die Zukunft und die Neuordnung ihres Landes zu beraten. Am Ende der schwierigen Verhandlungen stand eine Vereinbarung zur Einsetzung einer Übergangsregierung und zum Wiederaufbau staatlicher Strukturen. Auf der zweiten Petersberger Konferenz Ende 2002 wurden diese Ziele bekräftigt.

Prof. Dr. Christoph Kleßmann (Herausgeber und Autor),

geboren 1938, studierte Geschichte, klassische Philologie und Politik in Göttingen, München und Tübingen. Nach Tätigkeiten am Ostkolleg Köln und der Ruhr-Universität Bochum war er von 1977 bis 1992 Professor für Zeitgeschichte an der Universität Bielefeld, seit 1993 an der Universität Potsdam. Von 1996 bis zur Emeritierung 2004 war er Direktor des Zentrums für Zeithistorische Forschung in Potsdam.

Dr. Jens Gieseke (Herausgeber und Autor),

geboren 1964, studierte Geschichte, Politologie und Rechtswissenschaften in Hannover und Potsdam und wurde 2000 in Potsdam promoviert. Nach langjähriger Tätigkeit in der Abteilung Bildung und Forschung des beziehungsweise der Bundesbeauftragten für die Stasi-Unterlagen (BStU) ist er seit 2008 Projektleiter am Zentrum für Zeithistorische Forschung in Potsdam.

Michael C. Bienert, M. A. (Autor),

geboren 1978, studierte Geschichte und Germanistik/Literaturwissenschaft in Potsdam und an der Freien Universität Berlin. 2006 schloss er sein Studium ab. Er ist Lehrbeauftragter am Historischen Institut der Universität Potsdam und arbeitet an einer Dissertation zu den Landtagen in der SBZ/DDR. Seit Januar 2007 ist er Bundesstipendiat der Stiftung zur Aufarbeitung der SED-Diktatur.

Martin Zimmermann (Hrsg.)

Ingo Loa (Hrsg.)

978-3-401-05445-2

978-3-401-05571-8

Allgemeinbildung

Allgemeinbildung
Naturwissenschaften

Wissen ist ein spannendes und faszinierendes Abenteuer – das zeigen die Beiträge dieses Standardwerks. Frei von Wissenschaftsjargon, dennoch präzise und fundiert werden alle relevanten Wissensbereiche, orientiert an den Lehrplänen, in ihren historischen und kulturellen Zusammenhängen dargestellt. Der Herausgeber Prof. Dr. Martin Zimmermann hat dieses Werk unter dem ganz entscheidenden Aspekt zusammengestellt: Bildung macht Spaß und ist eine Bereicherung des Lebens!

Die Naturwissenschaften erfassen die Dinge, die unser alltägliches Leben bestimmen. Wie spannend ist es doch zu erfahren, warum der Himmel blau ist und wie Ebbe und Flut entstehen. Was ist Licht und worin unterscheiden sich die verschiedenen Farben? Aber auch: Wie funktionieren ein Laser, die Kettenreaktion in einem Kernkraftwerk und vieles andere mehr? Dieses Buch beschäftigt sich ausführlich mit den Phänomenen der Natur, der Technik und dem Wunder des Lebens. Ein interessantes Leseabenteuer zu einem wichtigen Bereich der Allgemeinbildung.

Jeder Band:
Gebunden
Mit zahlreichen Illustrationen
www.arena-verlag.de

Martin Zimmermann (Hrsg.)

Dieter Lamping
Simone Frieling (Hrsg.)

978-3-401-06100-9

978-3-401-05950-1

Allgemeinbildung
Weltgeschichte

Allgemeinbildung
Werke der Weltliteratur

Der Mensch betritt das 3. Jahrtausend. Seine Geschichte ist geprägt von sozialen, technischen und kulturellen Errungenschaften, aber auch von Krieg und Leid. Dieses Buch nimmt den Faden vor vielen Tausend Jahren auf, verfolgt ihn durch die frühen Hochkulturen und antiken Weltreiche, durchs Mittelalter in die Zeit der Entdeckungen. Kolonialismus und Imperialismus folgen einander, Weltkriege erschüttern die Erde, die Technologie katapultiert uns ins Zeitalter der Globalisierung. Es entsteht ein farbenprächtiges Bild einer jahrtausendelangen und spannenden Entwicklung – der Geschichte der Menschheit.

Herausragende Werke der europäischen, russischen und amerikanischen Literatur im Portrait: eine beispielhafte Sammlung berühmter Bücher von der Ilias bis zum Fänger im Roggen, von der Göttlichen Komödie bis zum Faust, von Don Quijote bis zur Dreigroschenoper und Doktor Schiwago – die muss man wirklich gelesen haben. Der Band ist chronologisch nach Epochen geordnet; jedem Kapitel geht eine fundierte Einführung des Herausgebers in die jeweilige Epoche voraus. Die illustrierten Werkportraits liefern kurze, lebendige Inhaltsangaben und viele Zusatzinformationen zu Entstehungs- und Wirkungsgeschichte, berühmten Zitaten und relevanten biografischen Daten.

Jeder Band:
Gebunden
Mit zahlreichen Illustrationen
www.arena-verlag.de

Frank Kolb (Hrsg.)

Martin Zimmermann (Hrsg.)

978-3-401-05810-8

978-3-401-05722-4

Allgemeinbildung
Der große Kulturführer

Allgemeinbildung
Große Persönlichkeiten

Wer hat sich nicht schon beim Betrachten eines bekannten Gemäldes oder beim Hören eines schönen Musikstückes gefragt: Aus welcher Zeit stammt das eigentlich? Und vor allem, was ist in dieser Zeit noch passiert? Was machte die Welt aus, in der Hieronymus Bosch seine unheilvollen Bilder gemalt hat? Warum sind die Naturwissenschaften so viel „jünger" als die Geisteswissenschaften? Welche Bücher wurden geschrieben, als im 17. Jahrhundert der Krieg 30 Jahre durch das Land tobte? Es ist faszinierend, wie verschiedene kulturelle Bereiche sich gegenseitig inspiriert haben. Oft überrascht aber auch die Ungleichheit des Gleichzeitigen.

Hinter allen geschichtlichen Ereignissen und technischen Neuerungen stehen Menschen, die sie in Gang setzten und begleiteten. Wer waren sie und welche Auswirkungen haben ihre Denkanstöße und Erfindungen auf unser heutiges Leben? Nach Fachbereichen geordnet lernen wir in diesem Band durch alle Epochen hindurch Persönlichkeiten kennen, die besonders wichtig für ihre Zeit waren und deren Werk bis in die Gegenwart fortwirkt. In spannenden Porträts tauchen wir ein in ihr Leben und entdecken Zusammenhänge in Politik, Kultur und Wissenschaft.

Jeder Band:
Gebunden
Mit zahlreichen Illustrationen
www.arena-verlag.de